文治堂

我欲因之梦吴越

江南文化十二讲

主　编　刘士林

副主编　王晓静　姜晓云　李正爱

朱逸宁　陈　璇　孔　铎

上海交通大学出版社
SHANGHAI JIAO TONG UNIVERSITY PRESS

内容简介

本书追寻江南区域文化的历史逻辑，围绕"江南的地方有多大""江南的历史有多长""江南何时长大成人""江南人有哪些个性性格""江南人怎么生活和思考""江南文化的个性与特点""江南有什么好东西""江南有哪些深刻的东西""江南和一条人工河流的关系""江南的城市故事""江南与长三角的前生今世""今天该如何研究江南"十二个主题展开，以一种更灵动的思维和更简洁的话语阐释江南文化的内涵和变迁。

本书适合对中国传统文化尤其是江南文化感兴趣的读者。

图书在版编目（CIP）数据

我欲因之梦吴越：江南文化十二讲/刘士林主编.
上海：上海交通大学出版社，2025.1（2025.5重印）. —（文治堂）.
ISBN 978 - 7 - 313 - 31820 - 6

Ⅰ．K295

中国国家版本馆 CIP 数据核字第 20240CW014 号

我欲因之梦吴越：江南文化十二讲
WO YU YIN ZHI MENG WUYUE: JIANGNAN WENHUA SHIER JIANG

主　　编：刘士林

出版发行：上海交通大学出版社　　　　　　地　　址：上海市番禺路 951 号
邮政编码：200030　　　　　　　　　　　　电　　话：021 - 64071208
印　　制：上海颛辉印刷厂有限公司　　　　经　　销：全国新华书店
开　　本：710mm×1000mm　1/16　　　　　印　　张：27.25
字　　数：413 千字
版　　次：2025 年 1 月第 1 版　　　　　　 印　　次：2025 年 5 月第 2 次印刷
书　　号：ISBN 978 - 7 - 313 - 31820 - 6
定　　价：79.00 元

绪论

人人尽说江南好

从 2000 年开始，我们团队就开始研究江南，研究范围涉及江南文化、江南美学、江南城市和作为传统江南地区当代形态的长三角城市群等。我们最早出的一本书叫《江南的两张面孔》，主要讲的是江南的历史和现在。本书开篇我想谈的是"江南的三个问题"，具体是江南的历史、文化和城市。这三者很难截然分开，历史积淀在文化里，文化蔓延于历史中，同时又交集、汇聚于城市并通过这个"容器"的压缩和聚变而生发出种种"新声"和"新态"，深刻影响和有力推动了上海、江南和中华文明的现代化进程。

一 历史的"变"与"不变"：人面不知何处去，桃花依旧笑春风

历史属于时间范畴。正如康德说没有和空间相分离的时间，江南的历史也是和江南的空间密切结合在一起的。在这个意义上，对江南要提的第一个问题是"什么是江南"。但这个问题也很难明确，因为江南的版图在历史上一直处在变动之中。到底哪个时代、谁的江南才是要研究的对象？对此各有各的说辞和论证。我们借用了马克思"人体解剖对于猴体解剖是一把钥匙"的理论方法，历史上尽管有很多的"江南"，但由于只有其中"最成熟的形态"才完美体现了"江南的本质"，所以也只有"这个江南"才是我们要研究的

"江南"。尽管魏晋以后，由于北方与中原人口和文化的南移，江南地区在经济与文化上逐渐后来居上，但成熟形态的江南无疑是在明清两代。据此我们把李伯重提出的"八府一州"说作为江南的"核心区"，同时将"江南十府说"中的宁波和绍兴，以及尽管不直接属于太湖经济区，但在自然环境、生产方式、生活方式与文化联系上十分密切的扬州、徽州等也作为"江南的外延"，由此绘制出一幅以文化为边界同时又较好照顾了历史的"江南"地图。有了这样一份地图，就可以避免纠缠在"什么是江南"的争论中，把江南研究深入下去。

尽管江南最直接的存在形式是空间，但在历史长河中也必定有其源头。在江南文明起源研究中，长期以来占主导地位的是"黄河中心论"，即"中华文明的起源是一元的，其中心在黄河中下游，由之向外传播，以至各地"。由此导致的直接后果是，中原文明成为认识和研究江南的基本语境和判断标准。如果江南文明确系由黄河文明传播而来，自然也无可厚非。但正如李学勤说，"黄河中心论"最根本的问题是"忽视了中国最大的河流——长江"。而综合20世纪考古学、历史学、人类学的研究，早在新石器时代，作为江南母体且自成一体的长江文明就已发育得相当成熟。由此出现了一个颠覆性的新发现，江南文明是长江文明的"亲生子"，而不是黄河文明的传播产物。在解决了这个原则性的问题后，以往很多解释不通、解释歪了的东西，才有可能被纠正过来。

斯宾格勒有句名言："世界历史，即是城市的历史。"也可以说，"江南的历史，就是江南城市的历史"。在任何时代，集聚着大量人口、财富和文化资本的城市，都代表着一个时代在物质文明和精神文明两方面的最高成就。对于江南城市而言，一方面，各种零零碎碎、遍布江南大地的技术创造和文化智慧，正是由于最后汇集到了南京、扬州、苏州、杭州、上海等城市才发扬和传承下来的，另一方面，也主要是要满足江南人民在历史和现实中的种种生活生产需要，江南城市才日益形成了自己的形态、功能和特色。从空间类型上看，历史学家习惯于把中国古代城市分为政治型和工商型，他们也比较一致地认为江南城市属于后者，而北方城市多属于前者。江南的工商型城市有一个很突出的特点，不是政治与军事，而是经济和文化成为影响城市发展的主要机制。这是一条始终贯穿江南城市发展的重要线索。南宋时期的临安就已开始挣脱"政治型城市"的约束。临安尽管是南宋首都，始终面临着政治和军事的压力，但与唐代长安、洛阳、北宋汴梁不同，它的文化消费功能异常发达，有时甚至可以与政治和军事平起平坐。这也是诗人林升说"西湖歌舞几时休"的主要原因。在明清时代，江南地区就出现了一个规模很大的城市网络，有着明确的层级体系和经济分工，这和几百年以后西方的"城市群"已经很接近。当时的江南城市群对中国历史的影响，不仅在经济财力上支撑整个国家机器的运转，同时也在意识形态、生活方式、审美趣味、风俗时尚等方面占据了"文化领导权"，后者的影响有时还甚于前者。在从近代向现代演变过程中，江南所培育出的上海，特别是在中西文明交流和文化杂交下缔造出的海派文化，不仅一直是中国现代都市文化的杰出代表，也在很大程度上重建了 20 世纪中华民族的价值观念和生活方式。

20 世纪中期以来，作为城市高级形态的城市群成为世界城市发展的主流，也是我国新型城镇化的主体形态。江南这个美丽的名称逐渐淡出，今天人们说得最多的是长三角城市群。和历史上的江南地区一样，长三角的范围也先后经历了 1996 年的 14 城市版、1997 年的 15 城市版、2003 年的 16 城市版、2008 年的 25 城市版和 2016 年的 26 城市版等变化。表面上看来，今天的长三角已在很大程度上突破了江南地区的传统版图，两者已不可同日而语。但实际上并非如此，一方面，长三角城市群之所以有今天，离不开明清时代的苏州、杭州、南京、扬州和近现代的上海、无锡等城市几百年的积累和奋斗；另一方面，以 2017 年上海"2035 规划"提出的"上海大都市圈"为标志，长三角的核心区仍未超出明清时代的"八府一州"的范围。这可以称之为"万变不离其宗"，也是今天研究江南和江南文化的旨归。

二 文化的"是"与"不是"：日暮乡关何处是? 烟波江上使人愁

多年以前，在《江南话语丛书》的总序中，我曾写下这样一句话：黑格尔曾说古希腊是"整个欧洲人的精神家园"，而美丽江南无疑可以说是中华民族灵魂的乡关。但同时也表示了深深的忧虑，这个农业文明时代创造的典雅、精致、意境优美、情味隽永的精神家园，在经历了工业化、城市化和消费社会的几度风雨之后，正变得越来越遥远和陌生，正所谓"脱有形似，握手已违"。如何找回中华民族魂牵梦萦的江南？其实并没有什么方便法门，我们给出的一个答案是"先知后行"，即先要在头脑中弄清"什么是江南"，或者说"什么是江南的美"，然后才是在现实中的重建或复兴。事实上，由于不认真研究"什么是江南"，现实中的"东施效颦"已经很多。本着这个初心，我们便开始了江南文化和美学的研究。

尽管人们常说"知易行难"，但我们体验更多的却是"知难行易"。以往的江南研究，一是偏重于文献整理与研究，它们或是卷帙浩繁的集大成，或是各类专学的资料汇编，但大都局限在文字、版本校订和资料收集上，这种"故纸上的江南"很少去触及"江南文化的现代价值与美学意义"，与人们的生活关系不大。二是经济史与社会史研究。尽管突破了"资料文献整理与汇编"的局限，但它们主要揭示的是"江南文化的功利价值与实用意义"，而诸如"春水碧于天，画船听雨眠""沾衣欲湿杏花雨，拂面不寒杨柳风""小楼一夜听春雨，深巷明朝卖杏花""人生只合扬州老""三生花草梦苏州"——这些中华民族心目中最看重的江南意境和精神差不多"集体失踪"了。尽管可以说，没有文献学、经济学、历史学的研究，就不可能还原出江南的历史真面目，但在当下更要强调的却是，如果只有文献学的江南、经济学的江南和历史学的江南，那绝对不是中华民族内心深处那个能够安顿生命和灵魂的家园。

为了把在现代学术中"被遮蔽的诗性江南"找回来，我们尝试提出和建立了"江南诗性文化"的理论和方法。这和我个人过去的"中国诗性文化"和"中国诗性美学"研究有关。其间的历史关系和逻辑关系既密切又复杂，这里从两方面予以简要说明。

首先，"中国诗性文化"主要是在和"西方理性文化"的比较中提出的。从文化起源的角度看，人类文化的第一个形态是诗性智慧。在轴心时代，即公元前800年至前200年之间，诗性智慧一分为三，出现了以理性文化为核心的希腊文明、以佛教文化为核心的古印度文明和以诗性文化为核心的中国古代文明。从历史流变的角度看，中国古典诗歌，既是人类诗性智慧最直观的物化形态，也是中国诗性文化最重要的历史载体。以"情"见长的唐诗和以"理"胜出的宋词，在本质上是一种"诗化的感性"和一种"诗化的理性"。有了这两样东西，中华民族既不会走向高度抽象的西方逻辑系统，也不容易走向西方非理性的欲望狂欢。从中西比较的角度看，西方民族给人类最大的贡献是科学和理性文化，中华民族最重大的创造则是诗学和诗性文化，这两者也再现了中西民族在本体论上的根本差异。科学和理性文化的最大问题是造成了感性与理性、主体与自然的二元对立，在此基础上形成了机械地对待生命和残酷地征服自然的西方生产生活方式。而诗性文化最深刻的精髓在于：在肯定个体感性欲望的同时，又能较好地控制个体与群体的冲突程度；在征服改造自然世界的同时，也能有效避免天人关系走向彻底的分裂与对立。中国诗性文化为江南文化研究提供了一个基础性的语境和方法。比如以往人们在讲到明清江南的感性解放思潮时，总喜欢套用西方的自然人性论、现代生命哲学、存在主义等，但从中国诗性文化理论出发，就可以知道，江南人的"情"是一种"诗化的感性"。这种经过诗性文化改造的本能与西方人讲的"原欲""本能"并不是一回事儿。

其次，"中国诗性美学"主要是在和李泽厚的"审美积淀说"的比较中提出的。"审美积淀说"的基本意思是，艺术与审美活动最初都是实用的，有着明确的功利目的。只是随着历史和社会的变迁，原有的政治、伦理、宗教等现实功利逐渐失去，然后才成为无利害关系的"自由"和"愉快"。笔者一直认为，这是目前把美和美感的本质讲得最"通透"和最"通俗"的学说，即使在今天我们仍然不能说积淀说"错"了。客观而公允的评价是，它只能解释人类审美实践中的部分经验，对中国则是比较适合解释中原文化圈的审美经验。从世界范围看，艺术人类学的研究表明，早在3万年甚至更早以前，人类就开始有了审美体验和艺术创作，根本不需要等到政治、宗教等都比较成熟的文明时代。这意味着审美能力是人的天性，而不一定是后天的经验的产物。从中国范围看，这就涉及历史上一直存在的"南北文化之辩"。由于自然地理条件和生产生活方式的不同，在古代中国一直居于主流地位的中原文化，在深层结构上主要呈现为一种"政治—伦理文化"，并在此基础上形成了实用性很强的"伦理美学"。但在长期处在政治边缘的江南地区，从一开始就强烈地表现为一种"经济—审美文化"，同时也在这种相对独立的环境中孕育了相对纯粹的"诗性美学"。这是两种不同的文化价值和审美判断标准，也是不应该混淆在一起的。比如江南地区自古就盛产优美、多情的爱情诗，但在古代诗歌评论和士大夫的文章中，它们却常被冠以"有伤风化""有失风雅""淫佚"等恶名，这主要是因为戴上了伦理文化和伦理美学的"有色眼镜"。如果从"诗性美学"的角度看，它们都是基于恩格斯所讲的"体态的美丽、亲密的交往、融洽的旨趣等"，[①] 是两性之间最自然的感情流露和最正常、健康的感性生命活动。

西方人说"有一千个读者就有一千个哈姆雷特"，这未免有些夸张。但如果我们说至少有三种江南文化应该是完全成立的。一是"江南物质文化"，如所谓的"鱼米之乡""苏湖熟，天下足"等，它们奠定了江南的经济基础。二是"江南社会文化"，如所谓的"晴耕雨读"的乡村、"西湖歌舞"的城市、工于算计和遵守规则的众生相等，它们构成了江南的社会环境。三是"江南人文文化"，这是诗人、作家和艺术家的江南，也是中华民族倾心向往和追求的精神家园。那么，究竟哪一个才最能代表江南？笔者一直认为，尽管江南以富甲天下著称，但古代的天府之国在物质文化上并不输于江南，故物质的江南并无根本的独特性。江南自古也崇文好礼，但在这方面孕育了儒家学派的齐鲁地区也许更有代表性。在这个意义上，真正使江南成为江南的，不是财富，也不是礼教，而是由于江南有一种最大限度地超越了中原实用文化、代表着生命最高理想的审美自由精神。审美自由精神是古代江南民族对中国文化最独特的创造。所以说，江南诗性文化是江南文化的核心内涵与最高本质。

"失去了才知道珍贵"，这是人类社会在现代化进程中的普遍经验教训，也适用于江南文化。例如在空间和建筑方面，古代江南园林集中体现了诗性文化的审美理念与要求，融入大自然和融入社会成为主要的空间功能和特征。但在今天的江南城乡，由于西方理性建筑文化在理论、技术和方法上沧海横流，各种"洋大怪"的地标建筑已把传统的江南机理和文脉改造得面目皆非。

---

① 恩格斯：《家庭、私有制和国家的起源》，见《马克思恩格斯全集》第 21 卷，人民出版社 1965 年版，第 89 - 90 页。

这是"西方理性文化"驱逐了"中国诗性文化"的结果。在衣食住行等日常生活方面也是如此。在李渔等江南文人的笔记中，经常会看到一个很有意思的叙事，就是江南人的精致、讲究与北方人的粗放、毛糙的对比叙事。如《长安客语》中有一首歌，写得既夸张又形象："门前一阵骡车过，灰扬。那里有踏花归去马蹄香？绵袄绵裙绵裤子，膀胀。那里有佳人夜试薄罗裳？生葱生蒜生韭菜，腌脏。那里有夜深私语口脂香？开口便唱冤家的，歪腔。那里有春风一曲杜韦娘？"[①] 但受社会的"麦当劳化"和网络粗口"漫天飞"的影响，历史上"铁马秋风塞北"和"杏花春雨江南"、"关西大汉"和"吴侬软语"的区别，也早已成为追忆之梦。

当然，一种文化的沧桑巨变，涉及政治、经济、社会、技术、思想观念和价值体系各方面，不会只是由于一个原因。但有一点可以确定，不是今天的江南地区不富裕，也不是因为这里的文教事业落后，但为什么今天的江南变得越来越不像江南，我们只能说这是因为失去了"江南诗性文化"的灵魂。如果认可这种典雅、精致的古典文明生活是中华民族最重要的乡愁之一，它的传承和重建与新时代人民幸福生活的追求高度一致，那么从美学、文化角度研究和阐释江南文化，就不再是发思古之幽情，而是拥有了独特、隽永、厚重、深长甚至有些紧迫的时代意味。

三 城市的"返本"与"开新"：虎踞龙盘今胜昔，天翻地覆慨而慷

当今世界是城市世界。中国是全球最大的城市化国家。人们一切的努力与奋斗，最终都要落脚在城市中"过上美好生活"。而在中国文化谱系中最具诗意和诗性的江南，自然也是"让人民群众过上美好幸福生活"最重要的生态和人文资源。

但在当下江南文化的研究和重建中，却有一种很不好的思潮和做法，它们希望通过远离城市和在与城市化"对着干"中去守护和传承。这些思潮和做法的主要问题有二：一是不了解今天的城市化是全球性的现代化进程，想

---

① 蒋一葵：《长安客话》，北京古籍出版社1982年版，第34页。

以"在山泉水清"的方式"遗世而独立"，不仅无异于痴人说梦，而且也只能把生动活泼的江南变成博物馆里的"标本"；二是不了解江南诗性文化和江南城市在历史上的内在密切关系，也忽略了今天的长三角对江南诗性文化特有的深层和强烈的需要。尽管出现这些思潮和实践有现实原因，由于经济开放发展尺度较大以及与世界发达城市联系比较密切，各种"贪大、媚洋、求怪"现象在长三角比在其他地区更加突出。但这种拒绝现实的方式过于消极，也不是解决问题的有效办法。江南城市在现代化进程中遭遇的异化问题，本质上是因为只有一个西方参照系的结果。对西方城市发展观念、规划理论、设计技术等的机械模仿和盲目崇拜，是导致长三角城市规模失控、功能紊乱和越来越不适合人们生活的根源。要从根本上扭转这种城乡空间的"去中国化"和"去江南化"，最重要的是要找回另一个参照系，这就是历史上的江南城市。

从形态上看，在作为江南成熟形态的明清时代，当时的城市已发展到令人吃惊的成熟程度。据城市史家的统计，在明代全国 50 个重要的工商城市中，位于江南就有应天（南京）、镇江、苏州、松江（上海）、常州、扬州、仪征、杭州、嘉兴、湖州、宁波等 10 余个。在世界范围看，在 18 世纪共有 10 个人口超过 50 万的大城市，其中中国就占了 6 个，分别是北京、南京、苏州、扬州、杭州和广州，江南地区占据了 4 席。也有研究认为，到了清朝中叶，苏州已发展成一个以府城为中心、以郊区市镇为"卫星城"的特大城市。江南地区星罗棋布的大中小城市，为这个地区城市化的进一步升级奠定了雄厚基础。所以我们提出，借助环太湖地域独特的自然环境与生产生活方式，以及在这个基础上形成的具有内在一致性的区域经济社会与文化模式，明清时代的江南城市已不再是一个个孤零零的城市，而是最终形成了我们命名的"江南城市群"。而今天的长三角城市群，最早就可以追溯到这里。

从功能上看，江南城市群可以说已很接近理想的城市群。正如芒福德认为希腊城市比罗马城市、比今天的西方大都市都更好地实现了城市的本质一样，这不是因为经济发达和交通便捷，而是因为提供着"生活价值和意义"的城市文化。文化的核心作用在于提供一种良好的价值纽带，使原本在经济利益上激烈冲突的城市结成命运共同体。众所周知，改革开放以来长三角城市群的建设一直十分曲折，至今在资源、产业等方面的冲突与无序竞争仍比较严重。其主要原因是中心城市和大城市只想"支配"和"虹吸"而不想"服务"和"外溢"。但在明清时代的江南城市群，天然地形成了中心城市"支配"功能与"服务"职责的和谐，这非常有利于江南城市群的功能互补和共存共荣，所以在明清时代都发展得非常好。还可以补充一句，如果说，今天的长三角之所以在中国城市群中表现优秀，在很大程度上得益于明清时代江南城市数百年的"家底"，那么也可以说，自20世纪80年代就开始推进的长三角一体化进程之所以历经曲折和反复，与维系区域经济社会的江南文化机制老化和新的文化联系机制一直未能建立起来直接相关。

改革开放40多年来，长三角城市群一直是中国城市的骄傲。但与西方相比，最大的差异不是经济体量和人口规模，甚至也不是高科技，而主要是城市文化和现代服务功能。在新时代推进长三角城市群走向高质量发展的新阶段，需要研究和建构两个参照系，一个是已经学习得太多、需要加以规范和治理的西方理论和模式，另一个则是长期以来一直被冷落和被忽视的江南文化和江南城市群。以后者为根基和资源，在已有的经济社会发展目标中增加上海"文化大都市"和"长三角世界级文化城市群"的战略定位，既是江南文化在新时代的新使命，也是上海改革开放再出发应有的战略考量。

目　录

第一讲

江南的空间范围

江南概念的形成和确立，经历了一个漫长的、复杂的演化与建构过程。一轮轮的集聚与发散、积淀与决荡、守成与变革，必然要在历史上留下很多关于"江南"的解析版本，这是导致当今江南研究在关于"什么是江南"这个基本问题上出现不同观点的主要原因。但这并不意味着这些"大大小小的江南"彼此无关，相反可以说，它们是以某个特定区域为核心不断扩张或收缩的结果，在江南空间形态演化中具有"众星拱月"性质的核心功能区，还是解决"婆说婆有理，公说公有理"乃至"婆说公没有理，公说婆没有理"等认识困境和理论纠葛的重要基础。

一 以江东为主体空间的古典江南

江南既是一个空间范畴，也是一个行政区划概念，这两者往往是一体两面，具有不可分割的密切关系。后者依托前者，在茫茫宇宙中最终确立明确的地理疆界和空间形态，前者与后者相结合，则在历史沧桑和洗礼中升华为"人化的自然界"。在考古学意义上，从良渚文化的起源开始，中间经过唐代天宝年间江南东道从江南道中分出这一重要节点，再到明代南直隶和清朝江南省的设立，经过一次次地理与行政区划的变化和调整，江南在空间内涵上

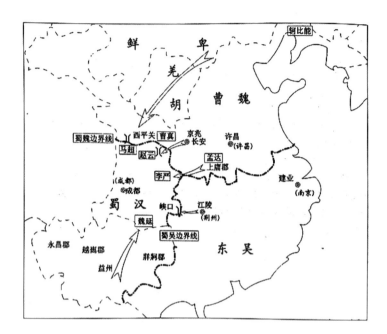

江东（吴）地区
空间图

来源：吴德慧《地
图三国》，第 212
页

逐渐稳定在长江中下游地区。如"泛指长江以南，但春秋、战国、秦、汉时一般指今湖北的江南部分和湖南、江西一带"。① 如"其范围大体上先秦时为吴越，汉属扬州，六朝则称江左、江东或江表……唐代江南道的范围也几乎包括整个长江中下游……元以后行省的设置，更强化了这种趋向"。② 概而言之，"古代的江南往北可涵盖皖南、淮南的缘江部分，往南则可以达到今天的福建一带，往西则沿着长江以南一直延伸到四川盆地边沿"。③ 这是江南第一个比较成熟和稳定的空间格局，其主体形态就是三国时期的江东地区。

江东是长江以东地区的简称，古代又称"江左""江

① 杨金鼎主编：《中国文化史词典》，浙江古籍出版社 1987 年版，第 49 页。
② 严耀中：《江南佛教史》，上海人民出版社 2000 年版，第 1—2 页。
③ 刘士林：《江南与江南文化的界定及当代形态》，《江苏社会科学》，2009 年第 5 期，第 228—233 页。人大复印资料《文化研究》， 2010 年第 1 期全文转载。

表"。这三个概念在不同时期也不尽相同。关于江东，"长江在芜湖、南京间作西南南、东北北流向，汉代以后，隋唐以前，是南北往来的主要渡口，习惯上称自此以下的长江南岸地区为江东。三国时江东是孙吴的根据地，故当时又称孙吴统治下的全部地区为江东"。关于江左，"泛指长江下游的地区。古人在地理上以东为左，以西为右。魏禧《日录杂说》：'江东称江左，江西称江右，盖自江北视之，江东在左，江西在右耳。'东晋和南朝宋、齐、梁、陈的根据地都在长江下游的东部，所以历史上也常把它们的全部统治区成为江左"。关于江表，"泛指长江以南地区。'表'的意思是外，从中原来看，长江以南地区在长江以外，所以叫作江表"。① 就此而言，关于江东地区的形成和发展，既有地理空间沿袭与演化的原因，也是不同政治势力斗争和兴替的结果。但这两种力量有一个重要的交互点，就是三国时期孙吴政权的建立。孙吴政权对江东地区长达五六十年的经营，对于古典江南形态的形成与确立具有阶段性的作用和影响。

从空间演化的角度看，这与江东地区特有的"长江在芜湖、南京间作西南南、东北北流向"的地理特征密切有关，在以中原为主要舞台的黄河文明成为中华文明主脉，同时长江文明也获得了较高程度的发展之后，原本作为中原南下进入吴地的重要通道的江东一带，迅速成为古代中国地缘政治和军事博弈的战略要地，在地理边界上呈现出不断扩张的发展趋势。据《史记·项羽本纪》记载，项羽率八千"江东子弟"铩羽而归，乌江亭长对他说："江东虽小，地方千里，众数十万人，亦足王也。"② 从这条记载看，秦朝末期的江东，无论是空间还是人口规模都还比较有限，但也是江东地区发展的一个重要起点。又据《三国志·孙策传》记载："请张昭等谓曰：'中国方乱，夫以吴越之众，三江之固，足以观成败。公等善相吾弟！'呼权，佩以印绶，谓曰：'举江东之众，决机于两陈之间，与天下争衡，卿不如我。举贤任能，各尽其心，以保江东，我不如卿。'"③ 从这份著名的政治遗嘱中不难看出，此时的"江东六郡"在空间和人口上与秦末的"江东"相比均有较大增长，因

① 杨金鼎主编：《中国文化史词典》，浙江古籍出版社 1987 年版，第 49 页。
② 司马迁：《史记》，中华书局 1982 年版，第 336 页。
③ 陈寿、裴松之：《三国志》，崇文书局 2009 年版，第 496 页。

此孙吴政权才认为自身具备"与天下争衡"的实力，而不再满足于仅仅做割据一方的诸侯王。

在推动原本松散的"长江中下游"向联系日趋紧密的"江东地区"的演化发展中，最具标志性的是孙吴政权在江东地区的建立和发展。

第一，东吴建国并迁都建业（今南京），本质上是为长江中下游地区确立一个新的"中心地"，不仅使长江中下游地区此前分散的各种资源和势力获得了更高水平的集聚与整合，构建了以吴郡、会稽郡、丹阳郡、豫章郡、庐陵郡、庐江郡为主要支点的区域新格局。同时，也使战国时期一直在楚、越、吴之间漂移的区域政治中心稳固下来，为以南京为核心向周边更广大地区的开拓与发展建立了大本营。

第二，以南京为中心的江东六郡，是一个英雄割据、南北争雄的政治军事舞台，同时开启了不同于中原地区的江南区域文化新纪元。正因如此，历史学家往往把江南文化的源头追溯到东吴都城建业。在《客座赘语》卷八中，有几条关于"建康俗尚"的记载："杜佑《通典》曰：'江宁，古扬州地。永嘉之后，帝室东迁，衣冠避难多所萃止，艺文儒术，斯之为盛。今虽闾阎贱隶，处力役之际，吟咏不辍，盖因颜、谢、徐、庾之风扇焉。'……《祥符图经》曰：'君子勤礼恭谨，小人尽力耕植。性好文学，音辞清举。'颜介曰：'南方水土柔和，其音清举而切，天下之能言，唯金陵与洛下耳。'杨万里曰：'金陵，六朝之故国也。有孙仲谋、宋武之遗烈，故其俗毅且美；有王茂弘、谢安石之余风，故其士清以迈；有钟山、石城之形胜，长江、秦淮之天险，故地大而才杰。'"[1]

就此而言，直到江南在明清时期进一步浓缩、集聚为太湖经济区之前，以南京为政治中心的江东地区构成了江南概念的第一个形态。

▦ 以"八府一州"为核心空间的明清江南

从明清至近代，以行政区划的"八府一州"为核心空间载体，以不同于

---

[1] 顾起元：《客座赘语》，南京出版社 2009 年版，第 232 页。

农业文明的城市社会和消费文化为主流精神方式，江南在内涵上发生了具有结构性和本体性意义的巨大变迁。一方面，江东地区传统的政治军事功能逐渐让位于经济商贸功能，在地理空间上进一步聚焦凝固在以苏、松、常、镇、应天（江宁）、杭、嘉、湖八府和太仓州为主要支点的太湖经济区，政治地理的"江东"逐渐让位于经济地理的"江南"；另一方面，魏晋以来形成的原本属于贵族士大夫阶层、品位高雅、意境玄妙的江南诗性文化，也发生了"感官快乐取代玄学思辨、日常生活的美学取代日常生活的悲剧性、熙熙攘攘的城市生活取代田园生活"的深刻变革，日益被充满商业气、烟火气甚至庸俗化的消费意识形态和大众文化所取代。在经济更加发达、空间更加紧凑的"八府一州"基础上，以一种调和着出世和入世、审美与功利、崇高理想与世俗享乐的江南城市诗性文化为精神代表，在明清资本主义萌芽时期的"江南酒瓶"中，早已灌入了各种不同于古典时代的"人生美酒"。对这一时期江南历史的变化过程加以还原和阐释，是完整理解和辩证把握江南概念内涵的重要组成部分。

在地理空间变迁上，在明清两代大一统王朝的统治下，作为长江中下游地区政治中心的江东地区，与此前的秦汉、三国、魏晋南北朝、五代、宋金等时期不同，基本上丧失了传统的政治军事外向扩张功能。同时，随着唐宋时期全国经济中心不断南移并稳固下来，进一步加强了人口、资源和文化在环太湖沿岸的高度集聚，极大地刺激了"八府一州"商品经济和城市功能的发展，可知正是由于"去行政化"和"再经济化"的反复循环，江东地区逐步完成了自身传统功能体系的蜕变，演化为以"八府一州"为核心区的明清江南新格局。经济基础决定上层建筑，这一主要基于经济和商业联系而形成的太湖经济区，不仅在内部比传统的政治联系更加密切，而且在现实发展中也更加强韧，不容易解体。此后，江南地区的繁荣与繁华虽会出现短暂间歇或停顿，但再未彻底中断过，至今仍是长三角城市群最发达和最有活力的"经济高原"。

第一，明清江南的形成基于优越的区域自然地理环境。"这一地区亦称长江三角洲或太湖流域，总面积大约 4.3 万平方公里，在地理、水文、自然生态以及经济联系等方面形成了一个整体，从而构成了一个比较完整的经济区。

这'八府一州'东临大海，北濒长江，南面是杭州湾和钱塘江，西面则是皖浙山地的边缘。……江海山峦，构成了一条天然的界限，把这'八府一州'与其毗邻的江北（即苏北）、皖南、浙南、浙东各地分开，这条界线内外的自然条件有明显差异。其内土地平衍而多河湖；其外则非是，或仅具其一而两者不能得兼。"① 在某种意义上，相对封闭的自然环境有助于各类生产生活要素资源向心集聚，在区域内建立各种交流交换和协同合作网络，形成错落有致的城镇层级体系和相互依赖、有机循环的经济同盟关系。在明清城市网络中具有重要影响力的"八府一州"，就是在这种地理和经济环境条件中自然而然生长出来的城市体系。

"八府一州"

来源：央视纪录片《诗画江南》

第二，明清江南拥有当时优越便利的交通体系。"八府一州"虽然是一个相对独立的地理单元，但与中西部那些交通不便的山区完全不同，它不仅有较为宽阔、适合发展农业的内部空间，还拥有以"一河二溪三江五湖"为主体的太湖水系。"一河，即江南运河，北起镇江，南抵杭州，纵贯江南平原中心地域，是京杭大运河的南段。二溪，即太湖水系的上流和水源，在西北是荆溪，西南是苕溪。……荆溪、苕溪两水系，把太湖西部的宁、镇、常、湖、

① 李伯重：《多视角看江南经济史》，生活·读书·新知三联书店 2003 年版，第449页。

杭五府，与东部苏、松、嘉三府联系了起来。……一般都认为三江是介于长江与钱塘江之间、位于太湖东面的入海河流。这些河流情况变化很大，到了明代中叶以后，只有黄浦江成为太湖东部的主要河流和太湖水出海的主干。当然，中小河流仍然很多，形成了著名的江南平原水网，把太湖以东苏、松、嘉三府紧密地联系在一起。……太湖上纳二溪之水，下通三江出海，形成了太湖水系的中心。太湖水系的主要河流，都是东西流向。但江南运河则纵贯南北，将东流各河连贯起来，使江南水网更为完备。另外，应天（江宁）府的大部分地区本不属于太湖水系，但通过人工开挖的胥溪，亦与江南水网相接。说明这'八府一州'确实是一个由太湖水系紧密联系的整体。"[①] 太湖水系具有良好的空间布局功能，不仅有利于发展农业生产，作为得天独厚的交通基础设施，还极大畅通了区域内外的交流和循环，在内部是把"八府一州"紧密地联系为一个有机整体，对外则不仅通过大运河联通了中国的南北东西，也通过海上丝绸之路与更为广阔的世界市场联系了起来。如宋代朱长文《吴郡图经续记》称苏州"舟航往来，北自京国，南达海徼，衣冠之所萃聚，食货之所丛集，乃江外之一都会也"[②]。

从以上两方面看，"八府一州"城市体系的形成，符合区域和城市发展的自然规律，有力带动了江东地区从自然地理、政治地理向经济地理、人文地理的演化，为古典江南向明清江南转型发展创造了良好的基础条件。在这个历史嬗变进程中，有一个重要的逻辑转折点需要高度重视，即"政治军事联系松散，经济商业联系紧密"。在天宝时期，唐代将江南道分为江南东道、江南西道和黔中道三个监察区。江南东道驻苏州，辖今江苏省苏南地区、上海市、浙江省全境、福建省大部分地区及安徽省徽州市。江南西道驻洪州（今江西南昌市），辖今江西省（婺源县、玉山县除外）全部，安徽宣城市（绩溪县除外）、芜湖市、马鞍山市、铜陵市、池州市，湖北鄂州市，湖南岳阳市、长沙市、衡阳市、永州市、道县、新田县、江永县、宁远县、江华瑶族自治县、郴州市、邵阳市和广东连州市。黔中道驻黔州（今重庆市彭水苗族土家族自治县），辖今四川部分、重庆东南、两湖西部和贵州大部分。其中，江南

---

① 李伯重：《多视角看江南经济史》，生活·读书·新知三联书店2003年版，第450－451页。
② 朱长文：《吴郡图经续记》，江苏古籍出版社1999年版，第25页。

东道从江南道中析出，对于以"八府一州"为主体形态的明清江南的形成至关重要。首先，尽管唐代将江南道"一分为三"的主要原因是便于行政管理，在客观上却使在江南道中泛化了的"江南"重新回归于江东地区。其次，这还表明江东作为古典江南的空间主体形态，在地理和行政区划上的自成一体很难被解构。因此，用政治力量"强行捆绑在一起"的"唐代江南道"，终究要因为经济地理和经济社会联系的内在张力而被打破。最后，尽管区域政治中心在经历了唐代江南道的绍兴、江南东道的苏州之后，在明清又重新回到孙吴时期的南京并逐渐稳定下来，但其在政治、军事上的控制已大不如前，江南地区也出现了政治中心、经济中心等各自独立、均衡分布的新格局。如林达·约翰逊说："江南地区最大的城市是苏州、杭州和南京。……在长江下游地区繁荣的背景下，没有哪一个城市能长时期处于支配地位，而且没有一座城市能压倒其他城市，即使在它鼎盛时期也做不到这一点。"[1] 这不仅印证了中国城市史学者把江南城市界定为"工商型"的论断十分准确，而且对于今天我国区域和城市发展也具有重要的参考和借鉴意义。

三 以长三角为基本空间的当代江南

从 1843 年上海开埠到 2019 年长三角一体化国家战略实施，以全球化、工业化和都市化[2]为三大主题，一个以江苏、浙江、安徽、上海"三省一市"为主体的当代江南不断演进并日益稳定下来。在这不足 200 年的历史中，尽管江南在内涵和边界上发生了很多重要变化，但当代江南与古典江南、明清江南的一脉相承是无可置疑的。在空间上，"三省一市"的主体部分没有超出古代江东地区的范围，并仍以明清时期的"八府一州"为长三角核心区；在文化上，作为长三角共同文化品牌和共有精神家园的当代江南文化，不仅直接来源于吴文化、越文化、徽州文化和海派文化四大谱系，而且在精神性格

---

① 林达·约翰逊主编，成一农译：《帝国晚期的江南城市》，上海人民出版社 2005 年版，第 193 页。
② 都市化是城市化的升级版本与当代形态。以"国际化大都市"与"世界级都市群"为中心的城市化进程，即都市化进程（刘士林：《都市化进程论》，《学术月刊》，2006 年第 12 期，第 5-12 页）。

上与江南诗性文化、江南城市诗性文化更是具有直接的传承关系，因此可得出一个基本结论，今天的长三角就是古代江南的新形态。

从当代江南形态演化的角度，可以分为两个重要发展阶段。一是从 19 世纪中期上海开埠到 20 世纪 30 年代上海成为中国最大的城市，直接改变了古代江东地区、明清以"八府一州"代表的区域政治、经济与文化格局，上海从明清江南城市体系中的"小跟班"，一跃成为长三角地区的"首位城市"；二是从 20 世纪 70 年代末的改革开放到 21 世纪中国进入新时代，以 2019 年 12 月《长江三角洲区域一体化发展规划纲要》的发布实施为标志，长三角地区又重新拾起曾一度丢失的江南文化传统，以当代江南文化引领长三角"世界级城市群"发展的新模式正在加速构建。对这两大阶段的逻辑和历史进程进行深入研究，不仅有助于三省一市协力共建当代江南文化精神家园，而且对推进长三角高质量一体化发展同样具有重要的战略引领意义。

首先，在从 19 世纪中期到 20 世纪 30 年代的第一个阶段，最重要的历史事件是江南的中心地从苏州转移到上海。

关于当代江南形态的历史起点，应确立在 1843 年 11 月 17 日上海开埠。这不仅意味着古代中国开始进入近代历史，还使上海这座在江南地区名不见经传的边陲小县迅速崛起，成为江南、长江流域乃至远东地区的首位城市。对江南地区而言，同时还拉开了整个区域从以苏州为中心到以上海为"中心"的现代重构的序幕。这是一个持续了上百年、包含了多个层面、经历了不少曲折复杂的历史性进程，既包括区域空间格局的巨大变化和调整，也包含区域文化体系的深层变革和创新。

在江南区域史上，经过与南京、扬州、杭州等地激烈博弈，明清时期的苏州已稳居江南中心城市的地位。① 如美国学者施坚雅说："东西方学者都一致同意，至少在 16 世纪之前，苏州已经成为中古时期最富裕、城市化程度最高和最先进的经济文化中心。而且它一直作为中心大城市整合并支配这一地区直至 19 世纪。"② 国内学者同样认为："到了明清时期，苏州成为'工艺之

---

① 刘士林：《江南文化中心城市规划与长三角高质量发展》，《苏州大学学报（哲学社会科学版）》，2022 年第 2 期，第 17 - 25 页。

② 施坚雅主编，叶光庭等译：《中华帝国晚期的城市》，中华书局 2000 年版，第 3 页。

都'、全国著名的商品集散中心、全国经济十分发达的地方、除北京以外的第二大城市，苏州城外的阊门一带被誉为'天下第一码头'。"① 苏州在明清时期是"一城独大"的存在，一直延续到上海作为"远东第一大都市"崛起。

关于上海取代苏州，有两大事件值得关注：一是 1860 年 6 月 2 日，太平天国忠王李秀成率军攻破苏州，如同古代中原地区的"衣冠南渡"，苏州人携带着累世财富纷纷逃难至上海。日本汉学家宫崎市定认为："近现代上海的繁荣，无非是以太平天国为契机，苏州的繁荣转移过来的结果。与此同时，苏州的风气也转移到上海来。上海并非突然出现的，其历史背景即是苏州的存在。"② 如果说这属于被动选择，那在此之前，一些对时代变化敏感的苏州人，就已开始逐鹿上海滩。正如包天笑《钏影楼回忆录》所说："上海开埠以来，最先到的便是苏州商家。"由此可知，近现代上海作为江南区域中心、远东第一大都市的崛起，主要是承接了苏州人口和财富转移的结果。二是 1927 年 7 月 7 日，上海特别市成立、直辖于中央政府，结束了两千年来上海地区或从属于浙江或从属于江苏的命运，由此很快改写了上海和苏州在中国城市史、江南区域史上的排序，即从明清时期上海以被称为"小苏州"为荣，转换为 20 世纪以来苏州以被称为"小上海"为荣。此外，杭州、嘉兴、湖州、无锡、常州等江南名城，也纷纷打起了"上海的后花园"的名片，在很大程度上推动上海成为区域经济中心乃至全国最大、最开放的城市。

其次，在从 20 世纪 80 年代到今天的第二个阶段，最重要的历史事件是长三角的形态演化和最终确立。

关于长三角的概念和空间范围，本身也是一个地理、政治和文化等因素不断博弈的结果。总体上看，改革开放以来，长三角已形成了六个主要形态：简而言之，一是 1982—1984 年的"上海经济区"；二是 1984—1988 年的上海经济区扩大版；三是 1992—2008 年以江浙沪 16 城市为主体形态的长三角城市群；四是 2008 年长三角地区 2 省 1 市 25 城市版；五是 2016 年长三角城市

---

① 钮雪林主编：《精致苏州与工匠精神》，古吴轩出版社 2018 年版，第 24 页。
② 宫崎市定：《明代苏松地方的士大夫与民众》，载刘俊文主编：《日本学者研究中国史论著选译第 6 卷　明清》，栾成显、南炳文译，中华书局 1993 年版，第 261 页。

群 3 省 1 市 26 城市版；六是 2019 年长三角一体化规划的 3 省 1 市全域版。[①] 关于这个稳定形态的形成，有两个重要时间节点需要关注：第一，2018年 11 月 5 日，习近平总书记在首届中国国际进口博览会开幕式上表示支持长江三角洲区域一体化上升为国家战略；第二，2019 年 12 月，《长江三角洲区域一体化发展规划纲要》发布并明确提出"共同打造江南文化等区域特色文化品牌"。与此同时，上海、浙江、江苏、安徽均提出江南文化建设的目标和任务，一个以"越水、皖山、吴韵、海风"为主体构架的江南文化新格局快速登上新时代的历史舞台。同时，还要看到，正是在长三角城市群这个更高的发展阶段和环节上，在古代江南中精神压倒物质、在近代江南中物质压倒精神等不平衡不协调的问题，才获得了解决的最好条件和重大战略机遇。

与古典江南以广大农业地区为腹地不同，当代江南建立在长三角发达的城镇体系之上。与明清江南"八府一州"这个农业文明的城市高地不同，当代江南建立在中国城市化高级形态的长三角城市群之上。关于长三角的空间范围，《纲要》明确提出："规划范围包括上海市、江苏省、浙江省、安徽省全域（面积 35.8 万平方公里）。以上海市，江苏省南京、无锡、常州、苏州、南通、扬州、镇江、盐城、泰州，浙江省杭州、宁波、温州、湖州、嘉兴、绍兴、金华、舟山、台州，安徽省合肥、芜湖、马鞍山、铜陵、安庆、滁州、池州、宣城 27 个城市为中心区（面积 22.5 万平方公里），辐射带动长三角地区高质量发展。"总之，长三角城市群的未来，就是江南地区的未来。

阅读材料

本讲所选的阅读材料凡五篇，姜晓云的《江南的地理环境》，概述了江南地区自然环境的形成过程，对于认识和了解江南文化发生的背景具有重要意义。李正爱的《鱼米之乡》，以江南核心地区的苏州一带为对象，阐述了江南

[①] 刘士林：《长三角一体化的发展历程与文化选择》，《中国名城》，2021 年第 8 期，第 7 - 13 页。

作为鱼米之乡最突出的人文地理景观。朱逸宁的《梅雨时节》，以江南气候最具节令特色的梅雨为对象，阐述了江南文化与自然气候的联系。冯保善的《金陵王气》，根据古代历史文献记载，对南京的地理环境与城市文脉精神演化进行了追溯分析，为深入了解江南空间和文化的相互作用机制提供了一个细读文本。刘士林的《打开江南之门的"钥匙"》，提出了界定江南的马克思主义理论方法，并就"八府一州"说的不足，及当代长三角与江南地区的传承关系做了阐述。

一 姜晓云：江南的地理环境[①]

江南地区为长江泥沙淤积所形成的低海拔平原。一方面东临大海，受海洋气候影响，温暖湿润，降水丰沛，河流广布，湖泊众多，是著名的"水乡泽国"；另一方面受全球气候变化影响，海面时常有波动，当温度升高或降水增多时，海面升高，内侵沿海，低洼地区被淹，反之，海面下降，陆地面积扩大，平原增多。江水、降水和海水不断塑造和改变着古江南的地形地貌，深刻影响着江南的地理环境和早期江南文明的兴衰。

在更新世末期，气候寒冷，海平面较低，古长江在大陆架外缘入海，上海地区的海岸线位于现今海平面－137米的东海大陆架外，[②]陆地面积较大。在距今1.1万至1万年前，发生了"新仙女木事件"，全球性气候回暖、冰川消退，开始进入温暖湿润的全新世。在全新世早期，海面已达到－40米，海水沿谷底侵入，海岸线逐步内退。[③]从距今8500年到7500年前，温度与降水持续升高，在8000年前达到最高值。可见，这个时期江南地区是高海面、高降水的气候条件，适宜人类生存的地方并不多。在距今7500年前时，气温和降水量有所下降，海平面上升速率趋于缓慢。[④]古长江流至长江下游时，地势

---

① 姜晓云：《江南学术文化发展史》，南京师范大学出版社 2018 年版，第 18 - 22 页。
② 许世远、黄仰松、范安康：《全新世以来上海地区滨海平原发育》，《地貌及第四纪研究进展》，1991 年第 2 期，第 206 页。
③ 耿秀山：《中国东部晚更新世以来的海水进退》，《海洋地质与第四纪地质》，1981 年第 1 期，第 114 - 130 页。
④ 陈中原、王张华：《长江与尼罗河三角洲晚第四纪沉积对比研究》，《沉积学报》，2003 年第 1 期，第 66 - 74 页。

变缓，河道渐宽，河水挟持的泥沙逐渐沉积，并淤积至近海。在潮汐的作用下，重新分配，形成了土地肥沃的三角洲，为人类生存提供了条件。

距今7000年前，气候温暖湿润，海平面基本稳定，江南地区开始出现先民活动的遗迹，先后出现了河姆渡文化和马家浜文化，在河姆渡文化遗址中，发现了陶器、稻谷、榫卯、家畜等，还有制作难度较大的企口板，反映了江南灿烂的早期文明。距今7000～6000年前，年均温与降水量增高，比现今水平还要高，朱诚等根据长江下游地区古贝壳堤海波高程和其区域分布状况研究得出：距今7000～6500年前依旧为高海面期。到了晚期，海平面不断升高，长江入海口到达扬州、镇江附近。海水入侵杭嘉湖平原形成大片泄湖，除一些高岗外，绝大部分被水淹没，先民多在地势相对较高的丘陵地带上生活，后来一部分迁至苏锡一带的高原上。①

距今6000～5000年前，江南出现了崧泽文化。崧泽文化早期为高海平面稳定阶段，气候温暖湿润，王开发、张玉兰通过对太湖地区第四纪沉积的孢粉组合分析，认为此时江南为湿热的中亚热带气候。② 中期，气候转为干凉，湖泊面积缩小，从遗址发掘中，首次在本地区发现了水井，这也反映了崧泽文化时期，有段时间气温下降，降水量减少，先民不得不挖井饮水。此时先民仍沿循择高而居的生存方式，崧泽文化开始逐渐发展繁荣，但到晚期后，气温开始回升，降水增多，水域面积开始扩大，③先民的生存活动空间减少，文化发展受阻。

距今5000～3800年前为良渚文化时期，气温与降水虽然有小幅波动，但总趋势是年均温和年降水量都大幅度降低，平均值低于现今水平，海水退去，上海滨海平原西部和杭嘉湖平原南部发育成岸外砂咀，属于低海面时期。江南此时进入了先民最适宜生存的时期，水域面积缩小，平原面积增大，气候宜人，人类采集与狩猎范围也逐渐增大，成为本地区新石器时代最辉煌的时

① Stanley DJ，Warne GA. Nile Delta：Recent Geological. Evelution and HumanImpact. *Science*，1993，pp.628-634.
② 王开发、张玉兰：《太湖地区第四纪沉积的孢粉组合及其古植被与古气候》，《地理科学》，1983年第1期，第17-26、95-96页。
③ 倪华、吉磊：《从古文化遗址看阳澄湖地区环境变迁与湖泊群形成》，《湖泊科学》，1997年第1期，第35-41页。

期。距今4000年以后，气温开始上升，降水增多，海面又开始上升，江水回灌，水域面积扩大，差不多恢复到了6000年之前的状况。江南很多区域被淹没，人类的许多居住地被淹，尤其是生活在低洼或小盆地地区的良渚先民，遭到重创。在阳澄湖湖底考古过程中，就发现了大量良渚文化遗址，从遗存方面来看，属于良渚文化后期，这也说明了海水或洪水的侵袭，是良渚文化突然消亡的一个重要原因。

距今3800年前，进入马桥文化时期，早期气候温暖湿润，降水量大，海面较高，太湖平原环境较为恶劣，湖泊和沼泽广布，先民生存空间狭小，遗址主要分布在太湖东部与上海西部之间狭长的区域范围内，文化发展缓慢，因此目前发现的马桥文化早期遗址数量较少。到了晚期，气温开始下降，降水量减少，湖泊面积减小，海面降低。在马桥文化时期起到防洪和阻止海水内侵作用的沙堤两侧都发现了先民生活的遗迹，尤其是东侧发现的许多遗存，正反映了马桥文化晚期，海平面下降，海岸线东移，先民的生活范围扩大。

总之，从考古学、沉积学和地理学等角度的研究，反映了江南地区在全新世时期，气候的冷暖变化与降水多少，影响到本地区水域面积的大小，尤其是在7000年前，江南文明开始兴起，先民的生存状况与自然环境变化密切相关。气候的波动直接作用于海水的进退，降水的多少深深影响着本地的旱涝情况。自7000年前以来，江南地区不但海面有几次较大升降，还至少出现过9次特大水灾，迫使江南先民不断迁移。当高海面和洪涝期时，就择高而居；当海水退去或降水减少，则逐渐向海岸带推进。① 可以说，海水的进退与湖泊水域大小的变化迫使先民不断迁徙和改变生存方式，深刻影响着本地区文明的兴衰。

由于海侵不断，海水沿河道或地势低处侵入与退回，使本地区的地形受强烈切割，形成了深切的河槽和相对崎岖的丘陵。② 这些纵横的河槽和高低不一的丘陵相组合，与众多的湖泊水域共同组成了江南地区的地理环境。随着

---

① 于世永、朱诚、王富葆等：《太湖流域全新世气候海面短期震荡事件及其对新石器文化的影响》，《地理科学》，2000年第1期，第331-336页。
② 王富葆、曹琼英、李弘等：《长江口南岸平原第四纪沉积与环境研究进展》，《第四纪研究》，1998年第4期，第370页。

先民们改造自然能力的提高，海陆变化也受到人们活动的影响，先民们的开荒拓土、围湖造田等生存活动，加快了水土流失，造成长江三角洲河口的泥沙沉积量增加，三角洲面积增大。先民们在发展中不断适应和改造着多水的环境，多水的自然环境也影响和滋润着江南地区的早期文明。

二　李正爱：鱼米之乡①

苏州地处吴中，古即称吴、吴郡者。苏州的"苏"字，繁体作"蘇"，意为水草丰美的地方，鱼、禾所自出。据考证，"吴"即"鱼"或"吴"源于"鱼"，太湖畔的古吴族最早为捕鱼之部落。先秦时吴王阖闾名号意为船，指最尊贵的船；季札名字取船桨之意；余昧其号之义为鱼之祭。苏州地名多与鱼有关，如鱼行桥、炙鱼桥、乘鲤坊等。现代汉语解释"稻"为一年生草本，子实叫稻谷，去壳为大米，通常指水稻。释"禾"为禾苗，特指水稻的植株。"蘇"字取"禾"说明这地方的稻米丰赡。"食鱼与稻"（《吴县志》）自古吴之俗也。

明　文伯仁《泛太湖图》

吴门青山外，渺渺湖荡波。在想象中，古时吴人出入都要借助舟楫的便利，人们依水筑屋垒室，门前屋檐下的一条条小河大渠四通八达，贯穿江湖，构成了水街。地理上在太湖的东面是苏州，苏州往下东南是美丽的江南水乡昆山、吴江和吴县。这里除太湖之外还有太湖上游的洮、滆湖群，下游的吴江湖群、淀泖湖群、阳澄

---

① 刘士林主编：《人文江南关键词》，上海音乐学院出版社 2003 年版，第 198 页。

明　张宏《舟泊
吴门图》（局部）

湖群。据统计，太湖流域河网密度平均每平方公里为 4.8
公里以上，昆山一带老河网区每平方公里可达 7.2 公里。
其中千亩以上的大湖有 150 多个，千亩以下的湖荡，仅吴
江县就有 3 000 多个，大小河港 5 000 多条，水面积占了
全县土地面积的 38%。①

　　太湖盛产白鱼、鲥鱼、太湖银鱼、刀鱼、白虾、鲈
鱼……和菱角、莼菜等水产。俗话说：靠山吃山，靠水吃
水。鱼自然成了吴人饭桌中的主要内容之一。《清稗类钞》
有："苏人以讲求饮食闻于时，凡中流社会以上之人家，
正餐小食无不力求精美。"② 清人袁枚说："苏州沈观察煨
黄雀，并骨如泥，不知如何制法。炒鱼片亦精，其厨馔之
精，合吴门推为第一。"③ 虽是一般百姓的家常菜肴，但也
求精工细作。北宋范仲淹就非常好鱼，因此闹出过一段趣

① 杨晓东：《灿烂的吴地鱼稻文化》，苏州大学出版社 1993 年版，第 2 页。
② 徐珂：《清稗类钞》，中华书局 2010 年版，第 6240 页。
③ 袁枚：《随园食单》，三秦出版社 2005 年版，第 143 页。

事。他上京赶考那年，因贪嘴误吃了渔民早已筌住的大鱼，最后为了赔偿人家竟将自己行囊里的一条大咸鱼钩到鱼钩上，权作弥补，渔翁取鱼时发现钩上竟是条大咸鱼，以为神怪，惊骇不已。

最具吴地特色的菜品大概是太湖船家的船菜。船菜如清蒸鲥鱼、银鱼炒蛋、雪花蟹斗、太湖云块鱼、香酥鲜鸭等，都以太湖水产为主料，辅以鹅鸭、鲜笋、香菇、蘑菇、海蜇等，经过船妇巧手的炒、爆、炸、汆、煎、炖、焖、煮、焯，就做出了香郁鲜美而不油腻的佳肴了。传说康熙南巡到苏州，微服出游恰巧遇上太湖民间彩船会，肚子饿了登上一只渔船吃饭，渔妇给做了一道精致的太湖鱼。康熙觉得那渔妇的菜乃人间美味，于是叫太监暗中记下制法，驾銮回京后就命人仿制出来作为一道御膳，但康熙觉得原来的名字不够雅致，于是改名"龙舟鱼"。

对于食必精细的文化，江南总是显得更能掌握其精要。江南的小碟细盏，给人一种亲近温和的感觉，雅致而不浅陋，明净中又透着一种干练。犹如江南女子那样纤小细腻，文静而不张扬，宁静中深藏韵味。那种对吃的精雕细琢是北方大碗大盆的粗犷无法望其项背的，还会使西部挥汗如雨般的爽快感到有些尴尬，即使同是南方也一样在它的精雕细刻面前显得粗糙不堪。明人笔记记载了江南"蟹会"上的一段吃蟹经历："食品不加盐醋而五味全者，为蚶、为河蟹。河蟹至十月与稻粱俱肥，壳如盘大，坟起，而紫螯巨如拳，小脚肉出，油油如蟾蜍。掀其壳，膏腻堆积，如玉脂珀屑，团结不散，甘腴虽八珍不及。"[①] 极有品食美名和文化修养的张岱吃起蟹来也自然与一般的文人小吏不同，更追求情趣。与几个友人、弟兄相约于午后赶蟹会，于人声僻静处的小船煮蟹食之，食不求多，恐怕冷后变腥膻就一个一个地煮食，细细品味不急于饕餮天物；再佐以肥腊鸭、牛乳酪、晶莹的醉蚶，用鸭汁煮的白菜像一块玉板；以不腻口的谢橘、风栗、风菱精致小果做果脯；喝的酒叫"玉壶水"，听起来都会让人有飘飘如仙的感觉，外加兵坑笋作菜，新的"余杭白"为饭。就是张岱本人也不免"齝今思之，真如天厨仙贡"。一舟轻泛湖上，众人围坐船头，或拍板歌词，右手持酒杯，左手持蟹螯，拍浮酒船中，

---

① 张岱：《陶庵梦忆》，西湖书社 1982 年版，第 105 页。

率然有"酌酒坐中流，高天月如镜。此际不放歌，何和复乘兴"（吴桥《过太湖》）。最后再小酌以兰雪茶，轻啖芬香细品悠长，不急不促，于热闹中独享一份宁静，情趣高远。酒足饭饱后竟不免要感叹一声："惭愧惭愧。"甚为有趣。先人们那种悠闲自在的吃法，今天忙碌的人们怎么也找不到这种心境了。我很向往那种真正的江南日常的饮食方式和精馔的食品。一张小小的白木方桌，两三小凳放置在门檐下，用景德镇出产的青花细瓷碗碟盛几样精致小菜，再与家人一起不紧不慢地细嚼慢咽，说一些乡里乡亲的旧事现闻，体会一种娴静而从容的生活气息，一种清淡而悠远的诗意。

古谚有："苏湖熟，天下足。"

江南水系发达，灌溉充分，气候温和而湿润，雨量充沛，日照时间长。太湖冲积平原堆积的湖泥土质肥沃，是水稻生长的一个良好条件。史载南宋孝宗淳熙七年（1180年）"江东修建圩田（即江南东道）共修陂塘沟堰二万二千四百余所"，而"淮东修治一千七百余所，浙西修治二千一百余所"[1]。每一所陂塘有水田五六百亩以上，相比之下江南水田的发达足以令世人惊叹。因此北宋吴中著名水利家郏亶指出："天下之利，莫大于水田，水田之美，无过于苏州。"[2]"西塞山前白鹭飞。桃花流水鳜鱼肥。青箬笠，绿蓑衣，斜风细雨不须归。"（张志和《渔歌子》）这是我能想到的最好的用来描绘、形容遍地明绿青翠禾稻的江南水田的话语。披蓑衣戴斗笠的农人劳作在秀丽的小山和细水长河之间的一方方青绿水田中，或停或飞的水鸟在斜阳余晖里追逐嬉戏，那种清新而明净的诗意似是江南才特有的一道风景。

江南稻种繁多，北宋朱长文编《吴郡图经续记》中："稻有早晚，其品名甚繁。农民随其力之所及，择其土之所宜，以次种焉。"[3] 明清之际，吴人黄省曾《稻品》曾对吴地水稻进行过分类："以粘者谓之糯，亦曰秫。以不粘者谓之秔，亦谓之粳……月令之秫稻糯也。糯无芒，粳有芒。粳小者谓之籼，籼之熟也早，故曰早稻。粳之熟也晚，故曰晚稻。"[4] 实际上吴中有记载的稻

---

① 马勇主编：《国事全书》第2册，团结出版社1997年版，第1621页。
② 范成大：《吴郡志》，江苏古籍出版社1999年版，第264页。
③ 朱长文：《吴郡图经续记》，江苏古籍出版社1999年版，第23页。
④ 黄省曾：《理生玉镜稻品》，商务印书馆1937年版，第1页。

品达数百种，有名的如香粳稻、箭子稻、大小乌芒、乌赤籼、小白籼、胭脂糯、水晶糯……不仅如此，这些稻种其中一些名称极具吴文化特色和情趣。如品位高又极其不耐风不耐水的小娘糯就像吴语中被称作小娘的豆蔻年华的少女一样，十分娇宠柔弱，故吴人以之相类而呼之；而不道糯则因品位低产量高，"粜之则价减"，卖不了大钱，吴人多以此代晚稻租，因为吴语中"不道"意思为"不能讲"，只可意会不可言传。

至明代吴中已是名副其实的天下粮仓。明洪武二十六年（1393 年），苏州府征粮 2 746 990 石，占全国实际征收秋粮的 11.11％，比四川、广东、广西、云南四省总和还要多。正如唐寅诗所咏："四百万粮充岁办，供输何处似吴民！"

正是因为有江南水田之利才能成全范仲淹的一个心愿。范仲淹少年时曾在苏州天平山下的咒钵庵里专心读书。由于贫困他只能"断齑划粥"，每天烧一锅粥冻成绿豆糕一般，然后划成四块，早晚各吃两块充饥。没有钱买书，除了借书只能跑到书摊边站在那儿看。有一次他在书摊上看到一本书，里面记载了一些人舍家捐田给寺庙的事，颇有触动，想到要是自己今后做个官也要办个学馆帮助贫苦弟子读书。他出仕入相后，在家乡范庄前建了所文正书院，对范氏贫苦弟子实行免费入学，又于宋皇祐元年（1049 年）在家乡买下一千亩田地，首创范氏义田与范氏义庄，即由他出资"置义田里中，以赡族人"，作为本族的公益田庄。田庄的收入除了用于保证书院正常运转和让穷苦子弟免费读书之外，还用于扶持救济范氏家族内的一些贫苦者。

各地大族纷纷效仿范仲淹创办义庄的举动，竞相资助教育，这种风气一直延续到明清，仅吴县等地就有六十多处义田，对明清以来江南教育文化水准的提高起了很大的促进作用。明清科举考试中江南的突出表现或多或少都与这一制度有些关联吧。明万历二十六年（1598 年）至清康熙四十五年（1706 年）科举录取的进士为 11 375 人，前四名的状元、榜眼、探花和传胪各 39 人共有 156 名，出身于江南（包括苏浙赣）的有 115 名，占总数的74％。其中出于苏锡常三府的有 40 多人，占三省总数的近 40％[1]那些从草堂

---

① 朱保炯、谢沛霖：《明清进士题名碑录索引》，上海古籍出版社 1980 年版。

乡野一步步走出来的士子们对这种义庄制度不知道会存有怎样的感激，在庆幸自己能够有这样的机会之余，更会对范仲淹平添几分崇敬。

记得有一次在江南水乡旅游时，看见一个富商老宅的厅堂有两壁以"渔樵耕读"为主题的精致木花雕，后门门楣上也刻着"耕读传家"的字样。"渔樵耕读"一贯被儒家看作农耕家庭的理想，一个商贾之家竟如此看重，不禁有几许感慨。在江南这样一个"渔"与"耕"都极为发达之地，所剩下来的似乎就是要把余下的"读"做好。明清江南人文迅速繁荣的前景，昭示着读书科举似乎是一种非常好的选择。而江南优越的经济条件为更好地创办书院、学塾提供了有力的经济支持，使更多的人能读书，才能培养出一批批的冯梦龙、沈璟、黄宗羲、顾炎武、钱谦益、张惠言、李玉等学者俊才。十七八世纪的江南实是一个人文荟萃、令人神往的地方。

三 朱逸宁：梅雨时节①

初夏时节的江南。这时，枝头的梅子已经黄熟，当雨点洒落在地面上的时候，人们便会说："入梅了。"这里的"入梅"实际上指的是进入了江南的梅雨季节。

"梅雨"，也有人叫它"霉雨"，顾名思义，一是得名于梅子成熟，二是因为在这段时间，江南一带空气非常潮湿，衣物容易发霉，故有此称。其实，梅雨季节是江南地区，特别是长江中下游一带的一种特殊的气候，它影响的范围不仅包括我国的江南，还一直延伸到邻邦韩国和日本南部。每逢进入一年之中的六七月，江南总会有这么一段时间，一般有二十几天阴雨不断，天气潮湿闷热，于是，江南的人们习惯性地把进入梅雨期称为"入梅"，把梅雨的结束称为"出梅"。梅雨时节虽然还不是真正意义上的酷暑，但在人们的心中，梅雨的到来却是标志着夏天的开始。

毫无疑问，梅雨是江南地区的一个重要特征，这不仅是因为它成就了江南的千里沃野，更重要的在于，这簌簌的雨声，已然是丰厚的江南文化中不

---

① 刘士林主编：《人文江南关键词》，上海音乐学院出版社 2003 年版，第 123 页。

可或缺的一块内容。"南朝四百八十寺，多少楼台烟雨中。"我无法想象，倘若没有梅雨的滋润，诗人是否还会吟出这样的诗句，而江南也是否还会有这如画般的烟雨盛景。

　　大凡是生于江南，或是在江南生活过的文士，大都不会对每年初夏连绵的梅雨熟视无睹，因为梅雨在他们的眼中有着独特的地位，它就像流觞的曲水，一直流进心中，激发出无尽的文思。梅雨不仅承担了春与夏的过渡，更使这种季节的转换变得自然且富于诗意，它既没有夏日里暴风骤雨的急狂，又非初冬令人瑟瑟生寒、裹挟着雪珠的冷雨，而是具有水乡那独有的一种温存。于是乎，在诗人的笔下，梅雨便携着江南的韵致在人们的注视中深情款款地走来。唐代的文人在诗篇中总略带几分唐代幕天席地般的气度，显出一种歌者的洒脱，柳宗元看到梅雨，就曾挥毫

傅抱石《万竿烟雨》（局部）

写道："梅实迎时雨，苍茫值晚春。"（《梅雨》）在这位诗人的眼中，梅雨到来之时，不仅意味着梅熟，也标志着春天的即将远去，放眼远眺，四下烟雨蒙蒙，江南的景物也仿佛渐渐模糊起来，让人看不清了。他的梅雨之诗，简约而疏朗。晚唐诗人罗隐也对梅雨有着很深的印象，只见他欣然提笔："村店酒旗沽竹叶，野桥梅雨泊芦花。"他所见到的，应是梅雨之中的乡间景色，只十余字，却已勾勒出一幅梅雨村舍之画，恬淡清秀，颇让人流连。试想，如果置身其中的话，那种感觉，一定是初夏时分沁人心脾的凉爽。相对来说，赵师秀的诗作《约客》所描写的梅雨景象就更为著名了："黄梅时节家家雨，青草池塘处处蛙。"这两句中，不仅有梅雨季节的显著特征，而且更有池塘蛙声，节奏明快，雨中的画面不由变得灵动起来。

宋代的词人，居江南者甚多，因此梅雨也成了他们歌咏的对象，且来看，辛弃疾写道："野草闲花不当春，杜鹃却是旧知闻。漫道不如归去住，梅雨，石榴花又是离魂。前殿群臣深殿女，赭袍一点万红巾。莫问兴亡今几主。听取，花前毛羽已羞人。"（《定风波》）辛弃疾笔下的梅雨，略带些沧桑之感，直教听者唏嘘。而周邦彦词中的梅雨，却有几分闲适："梅雨霁，暑风和。高柳乱蝉多。小园台榭远池波。鱼戏动新荷。薄纱厨，轻羽扇。枕冷簟凉深院。此时情绪此时天。无事小神仙。"（《鹤冲天》）你瞧，梅雨初停，这词人闲来无事，在院中乘凉，手摇小扇，眼观池波鱼戏，耳听柳枝蝉鸣，倒也惬意。不过，贺铸可就没有这样的心境了，他写道："试问闲愁都几许，一川烟草，满城风絮，梅子黄时雨。"（《青玉案》）梅雨洒在词人的心中，拨动的是点点愁绪，雨打风吹之下，望见的只是伤感与悲凉。

在众多诗词名家之中，女词人朱淑真对梅雨有自己的独特感受，她说："恼烟撩露，留我须臾住。携手藕花湖上路，一霎黄梅细雨。娇痴不怕人猜，和衣睡倒人怀。最是分携时候，归来懒傍妆台。"（《清平乐》）在梅雨氛围之中，作者尽显江南女子娇柔婉约之态。其间写梅雨骤来，极有韵致的便是那一句"携手藕花湖上路，一霎黄梅细雨"。这首词以梅雨作衬，写女子粉面含羞，美目盼兮，与恋人雨中缠绵，作者写来不仅动人，更带着些许天真可爱。"娇痴不怕人猜，和衣睡倒人怀。最是分携时候，归来懒傍妆台。"此情此景，让词人寥寥几笔，显得多么具有浪漫情调！

　　梅雨，原本只是一种普通的天气现象，它却给江南染上了一层湿润的艺术光彩，而且在经过了几千年之后，我们才蓦然发现，原来这层颜色早已渗入江南精神的深处。

　　江南一带的夏天，真正意义上的酷暑大概只有那么一个多月，与北方的燥热不同，江南的初夏，由于湿气重的缘故，在梅雨期间，人们迎来的是一种闷热。在南京这样古老的城市中，屋舍交错，树影婆娑，一旦梅雨开始，便是户户房檐滴水，整座城市如同浸泡在水中一样。在梅雨天里，雨水淅淅沥沥总也不见停，除非必须出门，否则最好待在家中，雨声时时萦绕在耳际，这种感受很难得。刚一开始，还有些怨气，外出的脚步竟被梅雨挡住了，可时间一长，待心情平静下来，倒觉得这雨天有几分别致了，夜晚坐在窗前，窗外的雨水显得亲切了许多，一切喧嚣与嘈杂顿时消散得无影无踪，只有时松时紧的雨声仿佛在诉说着江南的过往。此时的雨声分外衬托出夜的静谧，坐在屋中的人们正被这天地造化的神奇包容着，因为雨声所环绕的人的内心趋向于安宁与满足。我忽然间明白了，这大约就是韦庄所说的"画船听雨眠"的意境吧。

　　都说金陵是"六朝烟雨"之地，这怕是多少也和梅雨有些许关系，曾在南京居住的作家吴敬梓在《儒林外史》中借杜慎卿之口说道："真乃菜佣酒保都有六朝烟水气，一点也不差！"[①] 似南京这样的江南古都，梅雨并未冲刷去历史的沧桑，倒在水气雾霭中平添了几分对过往的怅然。在雨丝中，我们依稀可以望见那王谢故居，秦淮画舫，还有低头吟唱的李后主，轻启朱唇的柳如是。有时我想，这番城市的记忆该是永久地保存在梅雨中吧，但愿不要失落它才好。

　　梅雨时节的江南水乡，实在是另有一种情趣。若是来到古镇，乘一叶扁舟，耳中听着那披着蓑衣的老艄公在船头摇桨的声音，眼前是一座爬满了古藤的石拱桥，桥上正传来一声声叫卖栀子花的吴侬软语，伴随着花香，夹杂着绵绵的雨丝飘进了乌篷船。这才是"人在画中游"。这时，在游人的心中，大约只剩下了对江南梅雨的眷恋。

---

① 吴敬梓：《儒林外史》，古吴轩出版社 2020 年版，第 270 页。

江南本就是一个并不缺少雨水的地区，可以说一年四季都有下雨的时候，人们形容春雨"贵如油"，那是就春雨对农作物的影响而说的；秋天的雨水给人的感觉则是"一场秋雨一场凉"；只有梅雨显得那么与众不同，梅雨期间，天气闷热、潮湿，东西易生霉。更为奇特的是，有时烈日当空，雨却仍旧下个不停，真正称得上是"东边日出西边雨"了。记得我小时候，家里住的是典型的南京城南的那种平房，房子偏又朝西，每当梅雨季节，家里地面上总是湿漉漉的，叫人觉得不舒服，似乎感到周围的一切家具什物都带着水气。如果是下午时分雨后日出，灼人的阳光直射进屋中，那时，大约只剩下汗涔涔的感觉，是决计不会像文人辞章中一样富有诗意的。

可以说，正是梅雨赋予了江南与众不同的历史文化气息，这当然不仅指那些凝结于文人墨客笔端的情结，还蕴含着一种对开阔明亮之境的向往。在梅雨之中的人们，往往企盼着雨过天晴，即使梅雨过后到来的是伏旱酷暑，也觉得比这种"淫雨霏霏，连月不开"的湿热来得舒坦，因此，人们往往于"出梅"之后的晌晴天把衣物拿出来在热辣辣的太阳下暴晒，那是一种长久不遇的畅快。早在数千年前，生活在吴越一带的先民们，过的是"饭稻羹鱼"的日子，江南被视作蛮荒之地，但偏就出了个吴王叫阖闾的，在纷纷的雨丝中厉兵秣马，向强大的楚国发起挑战，竟然攻破了郢都，继之而起的吴王夫差、越王勾践，更是把目光移向了广袤的中原，挥动着潮湿的利剑，成为身带水乡泽国之气的霸主。当他们渐渐远去之后，人们的眼前蔚然已是一个清朗的江南。

沐浴着梅雨的江南，十分宽容地吸纳着各种文化的果实，把一个原本尚武、苍劲的江南变得丰富、清秀而又略带些绮靡和婉约。江南的梅雨，让文士的才情挥洒得淋漓尽致，就像韦庄诗中所说的那样："若有前山好烟雨，与君吟到暝钟归。"千百年过去，江南一如既往地迎来每年初夏的梅雨，这是生活的一个组成部分，因此人们平静地看着大地上流淌的雨水，然而在内心深处，却有着一份豁然，那是属于江南的气质。

四 冯保善：金陵王气

在有关金陵王气的诸多古代文献里，大概要数唐朝诗人刘禹锡的《西塞山怀古》最著名了。诗曰：

> 王濬楼船下益州，金陵王气黯然收。
>
> 千寻铁锁沉江底，一片降幡出石头。
>
> 人世几回伤往事，山形依旧枕寒流。
>
> 今逢四海为家日，故垒萧萧芦荻秋。

这首诗，乃唐穆宗长庆四年（824 年），诗人由夔州刺史调任和州刺史，沿江东下，经西塞山，触景生情，吊古伤今而作。王濬奉晋武帝之命，率水军讨吴，时当太康元年（280 年）。最终，王濬的大军一路势如破竹，在焚烧了东吴沿江设下的铁锥横锁之后，直捣金陵，孙皓政权宣告灭亡。

如果寻根讨源，再考索金陵王气的出处，那么要回溯到东周显王三十六年（前 333 年），楚威王灭越，在石头山建金陵邑之时。相关史料记载，金陵的得名，正是因为楚威王欲在此筑城，因听信人言，此地有王气，乃埋金以镇之，故名。看来，金陵与王气的结缘，是从金陵一地命名之始，就已经存在了的。

此后，关于金陵王气的说法，便近乎无代无之，传说不绝。秦始皇东巡，途经小丹阳（位于今江苏、安徽交界处），望气者也向他说起了金陵有王气，于是，他一方面命令凿断方山地脉，以泄王气；又以"气见水止"的理论，开凿秦淮河，破坏其地气；再就是改"金陵"为"秣陵"，"秣"乃喂牛养马之草料，正如乡下给人起名阿狗阿猫之类，虽有轻之贱之、蔑视其存在的意义，却也更见出他们对于金陵其地的高度重视。

《太平寰宇记》卷九十《升州》条云："《金陵图经》云昔楚威王见此地有王气，因埋金以镇之，故曰金陵。秦并天下，望气者言江东有天子气，乃凿地脉，断连冈，因改金陵为秣陵，属丹阳郡。故《丹阳记》则云始皇凿金陵方山，其断处为渎。则今淮水经城中入大江，是曰秦淮。"① 正是对于以上两种说法的综合记录。

西汉司马迁的《史记·高祖本纪》提道："秦始皇帝常曰：'东南有天子气'，于是因东游以厌之。"② 如果这里尚没有明确指出王气所在的具体方位，那么《魏书》卷六十五《李平传附李谐传》云："金陵王气兆于先代，黄旗紫盖，本出东南，君临万邦，故宜在此。"③ 则首次确切地提出了金陵王气的说法。

汉献帝建安十六年（211 年），车骑将军、徐州牧孙权将其治所从京口（今镇江）迁到秣陵，并将秣陵改名建业，在《三国志·吴志》卷八《张纮传》裴注引晋代《江表传》中有具体记载。据说正是因张纮向孙权讲了一番金陵王气的往事，称此乃天意所在，才使得孙权最后下了搬迁于此的决心。张纮的原话是这样说的："秣陵，楚威王所置，名为金陵，地势冈阜连石头。访问故老，云昔秦始皇东巡会稽，经此县，望气者云，金陵地形，有王者都邑之气，故掘断连冈，改名秣陵。今处所具存，地有其气，天之所命，宜为都邑。"④

588 年，隋文帝五十一万大军兵分八道，"东接沧海，西拒巴、蜀，旌旗舟楫，横亘数千里"⑤，已经兵临城下，荒唐的南朝陈后主却说："王气在此，齐兵三度来，周人再度至，无不摧没。今虏虽来，必应自败。"⑥ 金陵王气却没能成为他的"护法"，胭脂井中被俘，南朝寿终正寝，从此结束了它的气数。而在灭陈之后，隋文帝为了斩绝金陵王气，也下令将昔日的六朝宫殿，"平荡耕垦"，废为耕地，并在石头城设立了蒋州。

元朝末年，刘基"与鲁道原游西湖，有异云起西北，光映湖水。道原皆以为庆云赋诗。基持杯满引不顾曰：'此王气应在金陵，十年后王者起，佐之者其我乎！'众咋舌避去。"⑦ 这却是明朝建都金陵的神话了。

---

① 乐史：《太平寰宇记》，中华书局 2007 年版，第 1772 页。
② 司马迁：《史记》，崇文书局 2010 年版，第 68 页。
③ 魏收：《魏书》，中华书局 1974 年版，第 1460 页。
④ 陈寿、裴松之：《三国志》，崇文书局 2009 年版，第 557 页。
⑤ 魏征：《隋书》，中华书局 1973 年版，第 31 页。
⑥ 许嵩：《建康实录》（齐豫生，夏于全主编：中国古典文学宝库，第 40 辑），延边人民出版社 1999 年版，第 430 页。
⑦ 吴之鲸：《武林梵志》，杭州出版社 2006 年版，第 200 页。

傅抱石《龙蟠虎踞今胜昔》（局部）

看来，金陵王气的说法由来已久。这金陵王气虽然被人讲得十分玄虚神秘，也终竟有它的内涵。那么，"金陵王气"到底指的是什么东西？

在目前的有关研究中，主要有以下两说。

一种认为，根据《河图》《洛书》及伏羲氏的《先天八卦图》，古南京所在的扬州，地处南方，与荆州在五行属性上都属于"火"，而在五行相克的关系中，"火克金"，于是楚威王埋金，意在将古南京的地气属性调整为"金"，利用扬州火的属性，克制金陵"金"的属性，以此削弱古南京的地气。另外，南京作为山水交会的吉壤，有着在风水术中所说的"蟠龙"形态。呈回环形态势的山川融结、互为依靠，形局完整灵秀，孕天地清气。北临长江，城北有玄武湖、莫愁湖，四周群山环绕，首尾相连，西面为象山、老虎山、狮子山、八字山、清凉山，南面有牛首山、岩山、黄龙山，东面有紫金山、灵山、青龙山，北面有乌龙山、燕子矶、幕府山，构成了南京极罕见的地理概貌。南京城内的石头山（即今清凉山）也是风水中的吉山，因

为它的状貌形同一只两脚前拱弯抱伏蹲地的老虎，古人把这种山称作虎踞或伏虎。（徐刚《金陵王气》）

　　另一种说法认为晋人《吴录》中所说的诸葛亮出使东吴，在路过金陵时有云"钟阜龙蟠，石头虎踞，此乃帝王之宅也"①，尽管根据《三国志》的记载，诸葛亮从未到过金陵，也不可能有上面的赞叹，但此传说使南京从此有了一个著名的代称——"龙蟠虎踞"。关于所谓的这几句诸葛亮的名言，后人一直解释为"钟山像条蜿蜒的龙，石头山像只蹲踞的猛虎"，说这仅是一个文学性的比喻，只是用来形容南京地形的雄壮险要显然不确切。风水术喜欢将山川附会星象，以达到地与天的对应，如最常见的便是用山水地形，附会天上的苍龙、白虎、朱雀、玄武星象，这种方法最早见于《三国志》中。而令人惊异的是，房、心、尾三宿苍龙星座（今为天蝎座）的形象正是"龙蟠"，参、觜二宿白虎星座（今为猎户座）的形象正是"虎踞"。原来，"龙蟠虎踞"是古人对苍龙、白虎星座的形象描述。这一星座图，也把汉代天文学家张衡所说的"苍龙连蜷于左，白虎猛踞于右"的星象，重新展现了出来。如此，"龙蟠虎踞"便来源于星象术，它的真正意思是"以钟山为苍龙星象，以石头山为白虎星象"，应该是风水术的星象比喻。这正是东吴建都金陵时，风水家以地形对应星象而得出的基本认识。天上有龙虎星象，金陵有龙虎地形，出土的六朝砖画有龙虎雕刻，六朝墓葬中有龙虎形插件，六朝铜镜上有龙虎，六朝都城的朱雀门上曾悬有木刻龙虎，也可为此说之佐证。此外，六朝人又用了术数中的其他方法来补充。《宋书·符瑞志》说："汉世术士言：'黄旗紫盖见于斗、牛之间，江东有天子气。'"②这是占星术，认为在天上二十八宿的斗宿和牛宿之间出现了一种云气，类似皇帝所用的黄旗紫盖式样，这就是"王气"。按古代星野所分，斗宿、牛宿对应地上的江东地区，那么江东就有王气，这是为孙权称帝所造的舆论。又说："吴亡后，蒋山上常有紫云，数术者亦云，江东犹有帝王气。"这是借助气象现象，把钟山上的紫云说成是"王气"，是为东晋立国所造的舆论。南朝庾信在《哀江南赋》中所说的"昔之虎踞龙盘，加以黄旗、紫气"，指的正是金陵王气的三种表现形式。在以钟山为

---

① 李昉：《太平御览》第 6 册，四部丛刊三编子部，上海书店出版社 1989 年版，第 19 页。
② 沈约：《宋书》，中华书局 1974 年版，第 782 页。

苍龙、以石头山为白虎之后，六朝又以金陵南面的秦淮河为朱雀，以北面的覆舟山（今九华山）为玄武，又以北湖为玄武，改名玄武湖，形成了东苍龙、西白虎、南朱雀、北玄武四神拱卫皇都的布局，这就是所谓的"象天设都"。[①]（刘宗意《解开"金陵王气"之谜》）

金陵王气既然是古来就有的说法，在古代文化的语境中，从风水术、星象术等对其进行阐释，自然各有道理，也都存在合理的一面。然而，还有更重要的方面不能轻忽：南京作为十朝古都，开国者并不都是因为相信了金陵王气的说法，才建都于此；郑板桥诗中说"南人爱说长江水，此水从来不得长"，建都金陵的多是短命王朝，或者是分裂、偏安的小朝廷，这不光彩的评语，也并没有影响到后来者继续建都于此；还有金陵王气的说法，之所以盛传不衰，也正是与它不断作为都城的事实有关。所以，要理解金陵王气的内涵，在风水术、星象术之外，必然还有更重要的内容可以发掘。

我们还是来看一下古人对金陵的描述。

晋人张勃《吴录》中所谓的诸葛亮对南京的考评："钟山龙蟠，石头虎踞，此乃帝王之宅也。"[②] 除了风水术、星象术所说的意思，当然还可以理解为是一种对南京地势雄伟险要的形象概括。

初唐王勃《江宁吴少府宅饯宴序》："蒋山南望，长江北流。伍胥用而三吴盛，孙权困而九州裂。遗墟旧壤，百（一作数）万里之皇城；虎踞龙蟠，三百年之帝国。关连石塞，地实金陵。霸气尽而江山空，皇风清而市朝改。昔时地险，曾为建邺之雄都；今日太平，即是江宁之小邑。"[③] "关连石塞""昔时地险"云云，自然说的是金陵地势之险要雄奇无疑。

唐李白《金陵歌送别范宣》"石头巉岩如虎踞"，元白朴《沁园春》"我望山形，虎踞龙盘，壮哉建康"，《水调歌头》"好在龙盘虎踞，试问石城钟阜，形势为谁雄"，元胡炳文《游钟山记》"江以南形胜无如昇，钟山又昇最胜处……蟠龙踞虎，亘以长江，其险也如此"，明高启《登金陵雨花台望大江》"大江来从万山中，山势尽与江流东。钟山如龙独西上，欲破巨浪乘长风。江

① 刘宗意：《解开"金陵王气"之谜》，《江苏地方志》，2015年第4期，第4－12页。
② 李昉：《太平御览》卷516，中华书局1960年版，第758页。
③ 王勃：《王子安集》，上海古籍出版社1995年版，第246－247页。

山相雄不相让，形胜争夸天下壮。秦皇空此瘗黄金，佳气葱葱至今王"，清郑燮《念奴娇·金陵怀古·石头城》"悬岩千尺，借欧刀吴斧，削成江郭。千里金城回不尽，万里洪涛喷薄"，清陆嵩《金陵》"崔巍雉堞尚前朝，形胜东南第一标"，南社诗人余天遂《初发金陵》"钟山高拥石头城，虎踞龙蟠旧帝京。地势不须说天堑，共和战胜在民情"，都说到了金陵地势的险要。

在兵器业不发达的古代，地理形势对于战争，往往有着决定性的作用，所谓的天时、地利、人和，地利就成为决定战争胜负的三大要素之一。兵书里也大都有专门研究地利的篇章，如早已成为世界军事名著的《孙子兵法》，其中有《地形篇》，探讨了不同地形条件下军队的行动原则，特别强调了三军统帅必须格外重视地形的研究与利用；又有《九地篇》，分析了九种地理形势下不同的用兵方法。"夫地形者，兵之助也。料敌制胜，计险阸远近，上将之道也。知此而用战者必胜，不知此而用战者必败"[1]。长江天堑，三面环山，石头城如虎踞大江之滨，天然具备成为政治军事中心的条件，所谓的金陵王气，也指的是它在地理形势上适宜成为都城的一个层面的内涵。

南朝诗人谢朓《入朝曲》中的两句诗为千古绝唱："江南佳丽地，金陵帝王州。"江南佳丽之地，事实上也是金陵成为帝王之州的重要原因。

孙中山在《建国方案》的《南京·浦口》一章中说："南京为中国古都，在北京之前，而其位置乃在一美善之地区。其地有高山，有深水，有平原，此三种天工，钟毓一处，在世界中之大都市诚难觅如此佳境也。而恰居长江下游两岸最丰富区域之中心，虽现在已残破荒凉，人口仍有一百万之四分之一以上。且曾为多种工业之原产地，其中丝绸特著，即在今日，最上等之绫及天鹅绒尚在此制出。当夫长江流域东区富源得有正当开发之时，南京将来之发达，未可限量也……南京对岸之浦口，将来为大计划中长江以北一切铁路之大终点。在山西、河南煤铁最富之地，以此地为与长江下游地区交通之最近商埠，即其与海交通亦然。故浦口不能不为长江与北省间铁路载货之大中心。"[2]

经过三国吴几十年的开发，到了东晋南渡以后，一方面，中国的经济中

---

① 孙武：《孙子兵法》，吉林人民出版社 2005 年版，第 152 页。
② 孙中山：《建国方略》，辽宁人民出版社 1994 年版，第 145 – 146 页。

心逐渐向江南转移。至唐朝中期，已经有"辇越而衣，漕吴而食"（吕温《韦府君神道碑》，《文苑英华》卷九百一），"当今赋出于天下，江南居十九"（韩愈《送陆歙州诗序》，《韩昌黎集》卷十九），国家财富多倚赖江南的说法。另一方面，随着大批士人南迁避乱，文化上也渐成重镇。《北齐书·杜弼传》记高澄语："江东复有一吴儿老翁萧衍者，专事衣冠礼乐，中原士大夫望之，以为正朔所在。"①陈寅恪说："永嘉之乱，中州士族南迁，魏晋新学如王弼的《易》注、杜预的《左传》注，均移到了南方，江左学术文化思想从而发达起来。"②再就文学来看，整个六朝时期，北方虽不能说是一片荒漠，却成果无多；而在南方，文学创作则云蒸霞蔚、群星璀璨。举其知名者，如晋宋之际的陶渊明，南朝宋谢灵运、颜延之、鲍照，南朝齐王融、孔稚珪、谢朓，南朝梁萧衍、范云、江淹、任昉、丘迟、沈约、柳恽、何逊、吴均、王僧孺、萧统、陶弘景、刘孝绰、刘孝威、萧纲、庾肩吾、萧绎，南朝陈阴铿、张正见、陈叔宝、徐陵、江总等，多不胜数。而北朝创作，则显得寥若晨星，其硕果仅存者王褒、庾信两大家，也都是由南朝这片沃土培养，成名后因为不同的原因到了北朝的。诚如李白诗曰："六代更霸主，遗迹见都城。至今秦淮间，礼乐秀群英。地扇邹鲁学，诗腾颜谢名。"作为长江下游一个重要的滨江城市，位于长江转正东流向的转弯处，南京是沟通江南与中原的最佳枢纽站，前有淮河、长江这样的天然防线，拥有地理之优势，后有富庶的吴会为经济上的后盾，得天独厚，先天就是建立都城的首善地区。

有关金陵王气的种种说法，不无神秘玄虚的成分在。其实，三国孙权之定都金陵，与东晋、朱明的在此建都，他们所谓的金陵王气，无非都是在强调王气所在、天命所归，彰显只有自己代表正统，从而增强其号召力，在他们看来，这是一种政治上的宣传策略。而痴迷金陵王气者，如南朝陈后主，则难免有国破人被俘的结局。正如唐刘禹锡在《金陵怀古》诗中说："兴废由人事，山川空地形。"

---

① 李百药：《北齐书》，中华书局 1972 年版，第 347 页。
② 万绳楠整理：《陈寅恪魏晋南北朝史讲演录》，黄山书社 1987 年版，第 331 页。

江南的文化变迁

文化是文明的灵魂，文明是文化的产床。江南文化的源头可追溯到良渚文明时期。良渚文明距今只有5 000多年，晚于距今7 000年的马家浜文化和6 000年的崧泽文化，但以其出土的玉器、丝织品、城市遗址、稻作农业等为代表，江南文化的形态与精神特征已初步形成，不仅在稻作农业生产生活方式不同于中原地区，也出现了不同于中原实用理性的审美观念和艺术实践。过去人们把古代江南描述为一片"蛮荒未化之地"，以为只是到了南北朝时期才得到开发，是不符合客观事实的。20世纪中后期以来，人们更多地把江南文化看作长江文明的产物，解释了其与黄河流域的中原文明存在着明显差异，并认为它们共同构成了中华文明和中国文化，这也是我们了解江南文化发生发展的基本语境。与第一讲中江南地理空间的三个形态保持一致，本讲主要讨论江南文化三次重要的形态变迁。

一 第一期发展：中古江南诗性文化

在江南从未定型走向定型的过程中，不只是因为有了地理、政治、军事、经济意义上的江东，因为这是很容易变动、更迭的。关键还在于这一地理行政单元有着属于自身的文化形态和精神性格，并因此而与中国的其他区域区别开。

与空间上"江东地区"的确定相一致，在时间上生成的"江南诗性文化"成为江东地区的灵魂。自汉末至南朝，以魏晋玄学、陶渊明的田园诗、谢灵运的山水诗、王羲之的书法、顾恺之的绘画、南朝的乐府民歌、秀骨清像的佛教艺术等为代表，一种不同于汉代伦理文化，也不同于中原实用理性的新的文化形态和审美精神成为主流，使原本偏重于地理和政治、军事内涵的江东，拥有了与中国其他区域完全不同的精神风貌和文化价值，这就是江南诗性文化。

江南诗性文化是江南形成和确立的精神标志。关于江南诗性文化的发生和发展，需要借助"江南轴心期"的概念来认识。轴心期最早由德国哲学家雅斯贝尔斯提出，在公元前 8 世纪至前 2 世纪，以古希腊哲学、古印度哲学和中国先秦哲学为标志，此前一直浑浑噩噩的人类获得了精神觉醒，从此拉开人类历史的序幕。引申言之，"在江南文化的历史过程中，有相当长的时间是没有江南精神的，或者说在此期间它与中国文明中的其他区域文化是差别不大的。只是在它经历了一个脱胎换骨的精神觉醒过程之后，后世人们津津乐道的江南文化精神及其每一个审美细节，才获得了真实的诞生以及自身再生产的条件与土壤"。① 而这个特殊和极其重要的历史时段，就是从汉末延续到南朝的江南轴心期。

在此前吴越争霸的时代，江南人和中原人乃至北方的草原民族并无本质差异。如《汉书·地理志》所谓"吴、粤之君皆好勇，故其民至今好用剑，轻死易发"。② 在江南轴心期，一方面，是人民性格"从'好勇'到'尚文'的转换"，"他们不是凭借祖传的膂力、技击以及诸如越王剑、吴王戈一类的形而下的东西，而是通过学习文化知识、改变野蛮人简陋的人生观念与自然的生活方式，从而实现了他们自身在历史上的翻身解放"。③ 另一方面，在主体生命内部出现了一种新的精神觉醒，不同于先秦诸子在轴心期的哲学意识，这是作为"哲学中的哲学"的审美意识的觉醒，"它的核心是一种在两汉文化

① 刘士林：《西洲在何处》，东方出版社 2005 年版，第 28 页。
② 班固：《汉书》，中华书局 1962 年版，第 1667 页。
③ 刘士林：《西洲在何处》，东方出版社 2005 年版，第 29 页。

中极其稀有的审美精神"，"在它的精神结构中充溢的是一种不同于北方政治伦理精神的诗性审美气质"。① 正是因为审美生命在江东地区的觉醒，使没有江南文化特点的江东地区越来越有了江南诗性，并和其他区域的差别越来越明显。而这种充满超功利、审美化的江南诗性文化，经过此后数百年的发展，在南宋时期发展到了顶峰，同时也将中国古代文化推向了最高境界。由此可知，江东地区不仅为古代江南奠定了基本的地理边界和空间范围，同时也为原本没有什么精神特点的自身培育出独特的区域文化。正是随着江南诗性文化的出现，在空间上一直变动不居的江东才有了永恒不变的灵魂。同时，正是在江东之上增加了江南诗性文化，才使地理的、经济的、军事的、行政的江南获得了更加完整的内涵。

对此可以补充的是，江南诗性文化不仅是长江中下游区域文化的一次飞跃式发展，同时也是江东文化传统的一次更高水平的复归。与其他地区相比，尽管江南在上古时代也有政教合一、把生存作为第一需要的童年时期，但作为一种与北方草原文明、中原礼乐文化差异显著的文化谱系，它从一开始就比其他区域拥有更突出的审美基因和艺术要素。考古学表明，"良渚文化的玉器数量之多和工艺水平之高也远远超过同时期的任何文化，同时还有漆器、象牙器、丝绸和精美陶器等高档手工业，全部都是为贵族所

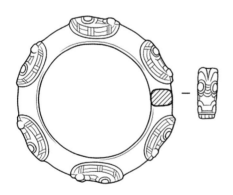

龙首镯三维模型
来源：良渚博物院

---

① 刘士林：《西洲在何处》，东方出版社 2005 年版，第 33、38 页。

享用的，对于发展经济并无直接的好处"。[①] 因此，在中古时代形成的江南诗性文化，不应该被看作是一种偶然的现象，正如马克思所说"在一个更高的阶梯上把儿童的真实再现出来"，[②] 在江南诗性文化中充分展开的审美精神、艺术品位和诗性智慧，与良渚文化中那些"对于发展经济并无直接的好处"的玉器、漆器、象牙器、丝绸和精美陶器等，也是一脉相承的。这是江南文化不仅是中华民族精神文化生活的极高代表，也部分代表了人类共同审美价值的主要原因，因此，江南不仅为中华各族人民所喜爱和向往，同时也是世界上很多国家和人民共同喜爱和向往的。

因此，我们把中古时期的江东地区看作是江南的古典形态，同时把行政区划上的"江东六郡"和区域文化上的"江南诗性文化"看作是江南古典形态的主要标志。一言以蔽之，江南既是江东地理和行政区划不断演化和重构的结果，也是江东地区和江南诗性文化不断结合与融汇的结晶。同时，这也可以看作是江南文化的古典空间形态和古典文化形态。

二　第二期发展：明清江南城市诗性文化

正如第一讲提到的，从明清至近代，以不同于农业文明的城市社会和消费文化为主流精神方式，江南在内涵上发生了具有结构性和本体性意义的巨大变迁。

从文化和精神生产上看，以明中叶江南地区资本主义的萌芽为开端，一方面，异军突起的商品经济直接影响了农业经济生产方式；另一方面，快速发展的城镇化进程引发了传统城乡格局的巨大变革，这两股新生力量在市场原则下充分结合在一起，深刻改变了古典时期江南诗性文化生存发展的经济基础和社会环境，并从中演化出主要代表商业社会理想和新兴市民阶层文化利益，既不同于中原城市文化，也不同于江南乡镇文化的江南城市诗性文化新形态。[③] 在诗性文化的城市形态中，江南诗性文化背叛了古典江南的诗性与

---

① 严文明：《早期中国是怎样的？》，《光明日报》，2010年1月14日。
② 《马克思恩格斯全集》（第46卷上），人民出版社1972年版，第50页。
③ 刘士林：《江南城市与诗性文化》，《江西社会科学》，2007年第10期。

审美性，在很多方面走向了它的反面，但与此同时，又培育出一种与近代商业文化、现代都市文化密切相通的新型消费文化和生活方式。在某种意义上，这是古代精英文化在近代化进程中的世界性现象，正如西方古代"素朴的诗"蜕变为近代"伤感的诗"一样。对明清江南文化的历史进程和内在变化进行还原分析，是深入了解和把握江南诗性文化复杂和多重内涵的重要工作之一。

由江南诗性文化向江南城市诗性文化演化，与明清时期江南地区生产生活环境的城市化密切相关。古代江南地区，属于"不大富亦不大贵"。如《史记·货殖列传》所载："楚越之地，地广人稀。饭稻羹鱼，或火耕而水耨，果隋蠃蛤，不待贾而足。地势饶食，无饥馑之患。以故呰窳偷生，无积聚而多贫。是故江淮以南，无冻饿之人，亦无千金之家。"[1] 但从精神生产的内在规律看，相对不足的物质生产生活条件，恰是进行丰富精神生产和文化创造的最佳环境。如芒福德说："希腊城邦即使在其最繁荣的时代也没有十分丰富的产品，他们拥有的是充足的时间，也就是：闲暇、自由、无拘无束，不羁身于铺张的物质消费——像当今美国这样的铺张消费——却能从事交流谈话、发展性爱、进行智力思考和追求审美享受。"[2] 在中国的魏晋时期就是如此，如宗白华指出的，一方面这是"中国政治上最混乱、社会上最苦痛的时代"，另一方面又是"精神史上极自由、极解放，最富于智慧、最浓于热情的一个时代"。[3] 在这个时期出现了一系列大哲学家、大文学家、大艺术家及其伟大作品，如王弼的玄学哲学、陶渊明和谢灵运的诗歌、王羲之的书法、顾恺之的绘画等，充分证明了相对不足的物质环境，正是培育审美精神和产生高级艺术文化的沃土。

江南诗性文化与江南城市诗性文化的本质差异在于是"要精神"还是"要物欲"，如果说在魏晋时代是通过压抑物质欲望而将人的生理需求升华到美学境界，那么在明清时期则是一个逆向的过程，即遗弃了诗性与审美而重新回归世俗和肉身。在谈到明代江南奢侈之风流行时，归有光曾说："大抵起

---

① 司马迁：《史记》，崇文书局 2010 年版，第 754 页。
② 刘易斯·芒福德著，宋俊岭、倪文彦译：《城市发展史——起源、演变和前景》，中国建筑工业出版社 2005 年版，第 134 页。
③ 宗白华：《美学与意境》，人民出版社 1987 年版，第 183 页。

于城市，而后及于郊外；始于衣冠之家，而后及于城市。"① 这不仅说明城市是明清江南文化最重要的起源地，同时还明确画出江南城市诗性文化的传播链，即一是源起于城市然后扩散到农村地区，二是源起于士大夫阵营然后影响到社会各阶层。总之，与陶渊明的回归田园和谢灵运的登山临水完全相反，这是以城市为中心、以世俗生活和肉体享乐为旨归的重大文化变迁过程。

　　就前者而言，与重农抑商、以理节情的中原文化不同，在江南城市流行的是吃喝玩乐甚至穷奢极欲的消费文化。这同样以城市和商业发达的"八府一州"为代表。如张瀚说："至于民间风俗，大都江南侈于江北，而江南之侈尤莫过于三吴。"② 如清人顾公燮论苏州："即以吾苏郡而论，洋货、皮货、绸缎、衣饰、金玉、珠宝、参药诸铺，戏园、游船、酒肆、茶店，如山如林，不知几千万人。有千万人之奢华，即有千万人之生理。若欲变千万人之奢华而返于淳，必将使千万人之生理亦几于绝。此天地间损益流通，不可转移之局也。"③ 如常熟地区，"迨天顺、成化之际，民称富庶，颇以矜侈相高。……其迨于季，崇栋宇、丰庖厨、溺歌舞，丧葬嫁娶，任情而逾礼者有之矣"。④ 城市是文化的"容器"，当明清江南的核心空间集聚了与传统农业文明完全不同的精神能量和价值取向之后，必然要向四周城市化水平较低的农村地区广泛传播与扩散。如《乐府诗集》的《城中谣》所说："城中好高髻，四方高一尺。"在"八府一州"中集聚并发生了质变的江南城市诗性文化，很快成为周边农村地区竞相模仿、追逐的生活时尚。如"'不论贫贱富贵，在乡在城，男人俱是轻裘，女人俱是锦绣，货物愈贵，而服饰者愈多'，胥吏、倡优等下层人士竞相效尤。时人以布为耻，绫缎绸纱，争新色新样。即使僻处海隅的上海地区，随着商贸气氛的日渐浓重，商人的消费方式、生活形态被极大地张扬，奢靡之风渐而在整个区域弥漫开来"。⑤ 如"从地方文献记载中，我们经常可看到城镇属于社会底层的人群正在向原来的消费阶层挑战……所谓'服饰器用竞相僭越，士庶无别'，'自明末迄今，市井之妇，居常无不服罗绮，

---

① 归有光著，周本淳校点：《震川先生集》（卷三），上海古籍出版社1981年版，第84页。
② 张瀚：《松窗梦语》（卷四），中华书局1985年版，第79页。
③ 顾公燮：《消夏闲记摘抄》卷上，商务印书馆1917年版，第26页。
④ 庞鸿文等：《重修常昭合志》卷六，成文出版社1975年版，第225页。
⑤ 马学强：《近代上海成长中的"江南因素"》，《史林》，2003年第3期。

娼优贱婢以为常服，莫之怪也'，'至今日而三家村妇女，无不高跟履'"。[1]出现这种"乡下向城里一边倒"的情况并不奇怪，城市不仅是文明创造和文化消费的集聚地，同时在文化和生活方式上也拥有重要的话语权和示范性。

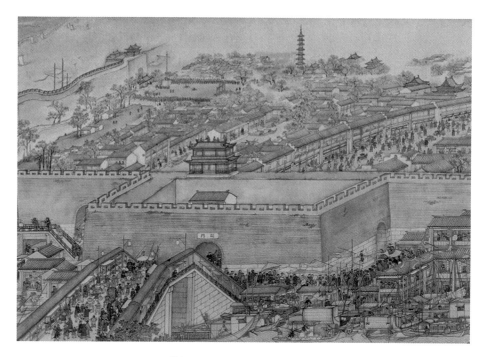

徐扬　《姑苏繁华图》（局部）

就后者而言，在中国古代社会，"农业文明的生活理念主要表现在两方面：一是要尽可能地从事生产和劳动，以便创造出更多的物质生活资料；二是由于无论人的生命力还是大自然所能提供的劳动对象都是有限的，因而农业社会的第二个基本观念就是要节俭地消费，以便使有限的物质生活资料可以养活更多的劳动者"。[2] 农业文明的生活理念起源于先秦的墨家学派，后又作为中原文化的精神核心传播到江南地区，并在秉持耕读为本的江南村镇中

---

① 王家范：《明清江南消费性质与消费效果解析》，《华东师大学报》，1988年第2期。
② 刘士林：《谁知盘中餐——中国农业文明的往事与随想》，济南出版社2003年版，第19-20页。

扎根和有序传承。但随着明清江南地区城市化进程的加深，直接打破了在"生产"和"消费"、"节欲"与"享乐"之间的传统平衡与协调关系，一种以满足物欲为目标的消费文化蔚然成风。《论语·颜渊》说："君子之德风，小人之德草，草上之风必偃。"明清江南地区社会风气的转移，首先是因为士大夫精英阶层的"精神哗变"。以马可·波罗眼中的苏州为例，在主体方面，"这里的人生性谨小慎微，他们只是从事工商业，并在这个方面确实表现出相当大的才能"。[①]在客观方面，"苏州下辖十六座富庶的名城和重镇，商业和手工业都很发达"。[②]这两方面的相互作用，使苏州的士大夫不仅与农业文明彻底脱钩，也是最离经叛道的一个群体。如曾任吴县知县的袁宏道，就把"目极世间之色，耳极世间之声，身极世间之鲜，口极世间之谭"列为"快活"。[③]这与先秦时期孟子、荀子极力反对的杨朱哲学可谓完全"臭味相投"。如嘉靖时期上海县人陆楫明目张胆地为奢侈辩护："今天下之财赋在吴越，吴之奢，莫盛于苏杭之民。有不耕寸土而日食膏粱，不操一杼而身衣文绣者，不知几何也，盖欲者而逐末者众也。只以苏杭之湖山言之，其居人按时而游，游必画舫肩舆，珍羞良酿，歌舞而行，可谓奢矣。而不知舆夫舟子，歌童舞妓，仰湖山而待爨者不知其几。故曰："彼有所损，则此有所益。若使倾财而委之沟壑，则奢可禁。不知所谓奢者，不过富商大贾，豪家巨族，自侈其宫室车马，饮食衣服之奉而已。彼之粱肉奢，则耕者疱者分其利；彼以纨绮奢，则鬻者织者分其利。……若今宁、绍、金、衢之俗最号为俭，俭则宜其民之富也。而彼诸郡之民，至不能自给，半游食于四方，凡以其俗俭而民不能相济也。"[④]又如，做一个"为官一任、造福一方"的清官，本是在中原文化中培养出来的士大夫的基本人生准则，但在拜金主义流行的明代也发生了根本逆转。"正（德）、嘉（靖）以前，仕之空囊而归者，闾里相慰劳，啧啧高之。反之，则不相过。嘉（靖）、隆（庆）以后，仕之归也，不问人品，第问怀金多寡为重轻。相与姗笑为痴牧者，必其清白无长物者也。"[⑤]在某种意义上，

---

① 谦诺笔录，余前帆译注：《马可·波罗游记》，中国书籍出版社 2009 年版，第 229 页。
② 谦诺笔录，余前帆译注：《马可·波罗游记》，中国书籍出版社 2009 年版，第 330 页。
③ 袁宏道著，钱伯城笺校：《袁宏道集笺校》，上海古籍出版社 1981 年版，第 205 页。
④ 陆楫：《兼葭堂杂著摘抄》，商务印书馆 1936 年版，第 3 页。
⑤ 王燕玲：《商品经济与明清时期思想观念的变迁》，云南大学出版社 2007 年版，第 10 页。

这些言论代表的新观念和新价值，不仅彻底解构了儒家建立的"义利之辨"，也完全背叛了始于魏晋名士的江南诗性文化。在这个时期，始于东晋南朝、肇极于南宋的江南诗性文化发生了巨大逆转，曾被它一度抛弃的政治、经济、商业、功利等实用性内涵又卷土回来，这不仅直接动摇了江南诗性文化、士大夫文化的主体地位，也以一种"理性的狡黠"的方式，把本来玉洁冰清、具有超越性的"江东"改造为充满世俗气息和欲望的"江南"。

对此如果能够超越对江南城市诗性文化的道德评价和贬斥，或者说不纯是从中原文化和实用理性的正统角度出发，就不难发现，尽管这些言论难免走极端，但它们不仅区分了江南城市诗性文化新形态与江南诗性文化旧系统，本身也是唐宋江南地区城市文化的进一步发展，特别是在精益求精的工匠精神、日常生活的审美化等领域成为全国的标杆。以明清江南新形态的中心苏州为例，"宋代以来，随着经济、文化和社会的发展，苏州人做工做事愈来愈求精细周密。经济发展促使人们生活水平和文化素质提高，从而使苏州市民阶层的审美情趣趋高趋精，产品重质量、求美观，生活用品日益工艺化。苏州刺绣精细雅洁，是全国四大名绣之一，以针线细密、构思精巧而著称于世；缂丝也以工艺精细而见长；宋锦工艺精湛，华而不炫，贵而不显，色彩典雅，古色古香，具有独特的风格。苏州玉雕精雕细琢，有'鬼斧神工'之称"。① "苏州乐器、苏州服饰、苏州戏曲、苏州书法、吴门画派等，均独树一帜，自成一体，以'苏派'而享誉天下，皆极为讲究，以精工细作、精致文雅、精心刻意、精益求精为创作的最高精神境界，闻名遐迩"。② 同时，这也有力推动了江南文化进入更高的发展阶段，并放射出独特和其他区域不能比拟，也不能替代的光辉。如陶思炎说："其休闲服务业的完备细致、工艺品技艺的精湛，也正是因为贵族、士绅、文人、美女、隐居阶层的特殊需要而发展起来的，并孕育了这些城市特有的书卷气息与绮丽精致的文化气氛。"③ 但无论如何，这早已不是魏晋名士"振衣千仞岗，濯足万里流"（左思《咏史》）的精神趣味和审美人格了，并使各种日常生活的诗意和世俗化的审美

① 钮雪林主编：《精致苏州与工匠精神》，古吴轩出版社 2018 年版，第 25 页。
② 钮雪林主编：《精致苏州与工匠精神》，古吴轩出版社 2018 年版，第 26 页。
③ 陶思炎等：《中国都市民俗学》，东南大学出版社 2004 年版，第 121－122 页。

实践，成为江南城市诗性文化的主旋律。

三　第三期发展：当代江南文化

以长江三角洲为基本空间范围、以江南文化品牌为共建主题的当代江南，是古代江东地区和江南诗性文化、明清"八府一州"和江南城市诗性文化的直系后裔与合法继承人，同时也可以看作是江南的第三种内涵和江南文化的第三期发展。

与近代以来江南中心由苏州转移至上海相一致，在文化价值和生活方式上，作为上海现代都市文化主体形态的海派文化也日益成为长三角的文化旗帜。以苏式、苏工、苏服、苏器、苏食等为代表，苏州在明清时期一直是中国古代社会的最高标准和理想范式。如清乾隆《元和县志》记载："吴中男子多工艺事，各有专家，虽寻常器物，出其手制，精工必倍于他所。女子善操作，织纴刺绣，工巧百出，他处效之者，莫能及也。"① 如张岱《陶庵梦忆》记载："陆子冈之治玉，鲍天成之治犀，周柱之治嵌镶，赵良璧之治梳，朱碧山之治金银……俱可上下百年保无敌手。"② 上至皇家高端用品，如所谓"凡上供锦绮、文具、花果、珍羞奇异之物，岁有所增，若刻丝累漆之属，自浙宋以来，其艺久废，今皆精妙，人性益巧而物产益多。至于人材辈出，尤为冠绝"。③ 下至普通百姓的日常生活，如风靡全国妇女发型，"近日苏州妇人有'牡丹头''钵盂髻'，后梳长髻，名'背苏州'。有《背苏州》一词最妙，诗曰：'吴鬟且莫唱，越髻且莫讴。四座静勿哗，我歌背苏州'，苏州肌理嫩如水，苏州颜色焕如蕾。相君之背亦风流，时样妆梳斗娇美。灵蛇新式到杭州，日日凝妆上翠楼。"④当其时也，举国上下不是以道德批判的眼光看待三吴地区，而是以竞相模仿和克隆复制为时尚，甚至更多的是"欲学苏州而不得法"。⑤

---

① 沈德潜等：《（乾隆）元和县志》，江苏古籍出版社 1991 年版，第 108 页。
② 张岱：《陶庵梦忆》，商务印书馆 1939 年版，第 8 页。
③ 王锜：《寓圃杂记》，中华书局 1984 年版，第 42 页。
④ 丁柔克：《柳弧》，中华书局 2002 年版，第 156 页。
⑤ 丁柔克：《柳弧》，中华书局 2002 年版，第 156 页。

上海仙乐书场上演评弹

但随着上海成为江南区域的新中心，海派文化很快取代苏州文化等，成为现代文明、现代都市社会、现代生活方式和文化时尚的代表。以源于上海的旗袍为例，"旗袍从大中城市流行，迅速传遍全国，又传至某些乡村。至30年代，几乎成为中国妇女的礼服，从达官显宦、富商财主的太太、小姐，到学生、工人、家庭主妇，无不普遍穿着，既可以作为人们日常的便服，也能成为社交场合和外交活动的正式礼服。后来甚至传到国外，外国妇女也把旗袍作为时装之一"。① 以率先在上海登陆的电影为例，从开始引进西方电影，仅仅二三十年，上海就获得了"东方的好莱坞"的美誉，"电影不仅是休闲娱乐，也是流行和时尚的创造者之一，潮流和时尚使上海真正具有了一个国际大都市的气派"。② 在苏州作为江南中心城市时，张瀚曾说："吴制服而华，以为非是弗文也；吴制器而美，以为非是弗珍也。四方重吴服，而吴益工于服；四方贵吴器，而吴益工于器。"③ 但到了20世纪二三十年代，在江南地

① 熊月之、周武主编：《上海：一座现代化都市的编年史》，上海书店出版社2007年版，第281页。
② 熊月之、周武主编：《上海：一座现代化都市的编年史》，上海书店出版社2007年版，第348–349页。
③ 张瀚：《松窗梦语》，浙江古籍出版社2019年版，第69页。

区乃至全国，则演变为"人人都学上海样，学来学去难学像；等到学了三分像，上海早已翻花样"。[①] 也可以说，过去以苏州为中心的文化和生活方式，不仅把它的"温柔富贵"全盘转移到上海来，同时在这个现代化的"魔都"中，还获得了更高水平的发展，实现了更大范围的传播。这集中体现在西方现代文明对江南诗性文化的改造升级上，一方面，延续了明清江南城市文化的世俗化和欲望化，进一步剔除了古典江南文化中的士大夫气和超功利审美旨趣；另一方面，又借助西方现代商业文化和资本主义精神，把明清江南城市诗性文化发展为以"十里洋场"为标志的"魔都"文化。这不仅是文化中心随经济中心转移的直接表现，也是江南空间和功能在现代时期不断演化和重构的必然结果。

2019 年 12 月《长江三角洲区域一体化发展规划纲要》提出"共同打造江南文化等区域特色文化品牌"，是在国家层面首次就长三角区域文化建设作出的战略设计和规划安排，也是三省一市近年来共同谋划、合力推进江南文化建设的重大成果。从地理上看，古代江南地区与长三角城市群的核心区在空间上基本吻合。在人文上，包含吴文化、越文化、徽州文化、海派文化的江南文化构成了长三角历史文脉的主体形态。2018 年 4 月，上海市率先提出建设红色文化、海派文化、江南文化三大品牌。作为对首位城市文化建设目标的呼应，浙江、江苏、安徽均提出江南文化建设目标和任务。

站在新的历史起点上，作为长三角共有精神家园的江南文化，不仅要为长三角世界级城市群提供基础文化支撑，还要发挥江南文化引领长三角一体化高质量发展的重要作用。传承发展优秀江南文化，推动江南文化的创造性转化和创新性发展，契合习近平总书记在党的二十大报告中将"丰富人民精神世界"作为中国式现代化的本质要求之一的历史命题。以品质优雅的江南文化为文化资源，建立高品质的长三角城市文化，建设面向未来的诗性和理性、非功利和功利性相互融合、包容发展的当代江南文化，不仅可以为人民群众提供高质量的文化消费产品和服务，也有助于切实促进和引导长三角真正发展成为一个"命运共同体"，是新时代推进长三角高质量发展的必由之路，需要尽快提上历史议事日程。

---

① 熊月之、周武主编：《上海：一座现代化都市的编年史》，上海书店出版社 2007 年版，第 281 页。

本讲所选的阅读材料凡三篇，刘士林的《上古江南的文明创造》重点探讨了上古太湖时期以良渚遗址为中心的文明与文化创造，对解决古代江南是否落后于中原文明等问题具有重要参考意义。刘士林的《江南文化与宋朝文化略谈》，以在古代最具士大夫气质的宋代文化为对象，分析阐述了其与江南诗性文化的内在关系，为全面认识和评价江南文化提供了一个案例。周武的《海派文化是江南文化的新形态》，回顾了上海文化从江南文化到海派文化、从海派文化到红色文化深刻、复杂的变迁历程，展示了不同历史阶段的样态和面貌。

一 刘士林：上古江南的文明创造①

关于古代江南是否真的"落后"，可以从历史的角度加以检讨。在中国早期文明的起源和发展中，始终存在着独立于黄河文明的长江文明。对作为古代江南核心区的环太湖流域，以及作为古代江南文化的吴、越文化而言，考古发现同样显示出这些地方曾存在高度发达的史前文明和文化，有些因素不仅独特且早于中原地区。

关于史前的江南文明，浙江河姆渡文化具有里程碑的意

河姆渡遗址出土的猪纹陶钵

① 摘自刘士林：《"古代江南落后"的知识考古与文化阐释》，《河南大学学报》，2014年第3期。

义，特别是其出土的 7 000 年前栽培的水稻、迄今为止最早的木结构水井，以及最早的漆器制品等，使之享有"7 000 年前的文化宝库"的美誉。但实际上，河姆渡文化并不是江南地区最早的文明。就在河姆渡文化遗址开始发掘时，专家就推测它周围可能存在着更早的新石器时代遗址。近年来的考古发掘很快证明了这一点。如萧山跨湖桥 8 000 多年前的稻作文明遗存，比河姆渡还早 1 000 多年。在金华的上山，发现了长江下游及东南沿海地区迄今为止年代最早的新石器时代遗址，揭示了 1 万年前长江下游原始人的生活，比河姆渡文化又早了 3 000 年。上山遗址具有鲜明的地域特色，是长江下游地区新石器时代文化的源头。它的发现，不仅表明上山遗址所在的长江下游地区是世界稻作农业的最早起源地之一，也揭示了上山人已将稻米作为重要的食物资源，并从一个侧面反映出 1 万年前长江下游就已确立了文化优势地位。①

在江苏境内，史前文明最早可上溯到 1985 年在吴县三山岛发现的三山文化遗址，它属于旧石器时代晚期，距今同样有 1 万年的历史。有学者认为，三山文化就是江南文化的源头。此外，在锡山市②鸿声镇彭祖墩遗址——长江三角洲最早的新石器时代文化遗址，出土了一大批距今 6 000 年至 7 000 年的新石器时代文物，其中包括石刀、石斧、石纺轮、陶盆、陶豆、陶釜、陶鼎及玉器等。彭祖墩是长江三角洲文化层次堆积最厚、包含物最多、保存最好的历史文化遗址，其中一个收获被专家称为"荆蛮须新解"，因为从发掘出来的 6 000 年前的精美石纺轮看，当时人们已会捻植物纤维线、缝衣捆物，其出土的玉耳坠无论是圆度、光洁度，还是缺口的平直度，都可同今天的玉耳坠媲美。这表明当时的文明程度已很高，因而那种以蛮夷称之的传统称谓明显已不再合适。③ 由于锡山市是吴文化的发源地，因而这一发现对于了解上古时代江南的文明与文化状况，具有十分重要的意义。

除了作为江南核心区的吴、越两地，在安徽、江西和福建的一些考古发现，也证明"大江以南"在史前时代已相当发达。2008 年，安徽芜湖发现距

---

① 严红枫、盛锋：《"上山文化"改写长江下游史前文明史》，《光明日报》，2006 年 11 月 13 日。
② 2000 年，锡山市撤销，分设为锡山区和惠山区。
③ 《七千年历史从这里打开》，新华网江苏频道，2005 年 5 月 22 日。

今6000年的月堰遗址。这是皖江下游地区目前正式发掘且揭露面积最大、文化遗存延续时间最长的一处新石器时代晚期遗址，共发现新石器时代和宋至明清时期墓葬38座，房屋建筑基址9处，与房屋建筑相关的红烧土遗迹26处，还有窖穴、灰坑、沟等各类遗迹200余处；出土陶器、石器、玉器等各类珍贵文物700余件，各类陶器、石器标本近千件。[1] 2007年，江西省靖安县发现了春秋中晚期东周古墓，出土了大量的丝织品、人骨架、竹木漆器、玉石器、瓷器和青铜器等。其中纺织品文物的出土和清理是重大收获，已得到的纺织品品种有方孔纱、丝绢和真丝朱砂印花织物及篆组织物（经编织物组带）等。丝绢密度多为每厘米经线60～80根不等，织造平、整、匀、密，颜色多为黑色或深褐色。经编织物组带和印花织物的出土，填补了这一时期此类织物的空白，还有棺木中随葬的细密精巧的纺织工具，证明高精丝织物产于本地，并更新了人们对中国纺织织造史的认识。墓葬中还出土有青铜器和青瓷器。青铜器造型简单，没有装饰纹样，属越系青铜器的制作风格。青瓷器制作较精美，烧成火候高，釉色灰绿，是不可多得的珍贵文物。专家初步判定，靖安东周墓葬代表的是一支受越文化影响较为深厚又具有某些楚文化风格的新型青铜文化，具有很高的考古价值和历史价值。[2] 此外，2006年对福建浦城县管九村的土墩墓葬群的发掘，出土一大批相对完整的青铜器、原始瓷器和印纹陶器组合，有40多件铜器，器类丰富，年代约在西周至春秋阶段。[3] 以上说明，从旧石器时代晚期至春秋时代，长江以南地区在文明和文化创造上有很大的独特性，在某些方面甚至影响了同期中原文明。

二 刘士林：江南文化与宋朝文化略谈

（一）宋代"最江南"

编辑给开出了一个题目，要写一篇"江南文化与宋朝文化的渊源"。开

---

[1] 熊润频：《安徽芜湖发现6000年前聚落遗址》，新华网，2008年3月1日。
[2] 丰帆、聂贝妮、胡晓军：《靖安东周墓葬发掘取得突破性进展》，《光明日报》，2007年7月29日。
[3] 《东南地区青铜文化的新探索——福建浦城县管九村周代土墩墓群》，《光明日报》，2007年2月2日。

始一直想不好怎么写，因为不明白为什么会有这个题目。在我看来，这两者不是什么渊源关系，基本上就是一个共同体。江南文化是在宋代（包括北宋南宋）达到它最完美的精神境界，而宋朝文化也是在江南才实现了自己的内在本质。在早些时候的魏晋南北朝，尽管有"人的觉醒"和"江南的开发"，但过多的现实苦难和文化悲剧，使那个江南既不够温存也不够富贵。在晚些时候的明清时代，在经济和文化上都成为领头羊的江南，却因烂熟而沉溺于世俗、庸俗、低俗中，江南特有的"秀骨清像"已变污浊。即使就唐宋而论，前者还处处表现着野性的胡气，而与温润如玉的后者也没有可比性。

随手引几句宋词和江南楹联，就可以窥见两者的声气相投：

忆昔午桥桥上饮，坐中多是豪英。长沟流月去无声。杏花疏影里，吹笛到天明。

一曲新词酒一杯，去年天气旧亭台。夕阳西下几时回？无可奈何花落去，似曾相识燕归来，小园香径独徘徊。

呼船径截鸭头波，岸帻闲登玛瑙坡。弦管未嫌惊鹭起，尘埃无奈污花何。宦情不到渔蓑底，诗兴偏於（于）野寺多。明日一藤龙井去，谁知伴我醉行歌？

王者五百年，湖山具有英雄气；

春光二三月，莺花全是美人魂。

应有些逸兴雅怀，才领得廿四桥头，箫声月色；

切莫把牛花浊酒，便当作六一翁后，余韵风流。

真实的历史也是如此。和"诸事皆能，独不能为君耳"[1] 的宋徽宗在即将到来的"靖康之变"时的表现一样，蒙元入侵前夜的杭州，同样是一片和平宁静的氛围，以至于当代汉学家谢和耐说："没有理由说此一时期乃是纷扰的时期……直至兵临城下，杭州城内的生活仍是一如既往的悠哉闲哉。"[2]

---

[1] 王士禛：《池北偶谈》，中华书局 1982 年版，第 202 页。
[2] 谢和耐著，刘东译：《蒙元入侵前夜的中国日常生活》，江苏人民出版社 1995 年版，第 4 页。

在这些文字中，既没有必要区分是北宋还是南宋，也很难辨明是在杭州还是汴州。但前和魏晋南朝，后和元明清，都泾渭分明。只有宋代的江南，才是最像江南的江南。

（二）江南文化与宋朝文化渊源关系的误读

为什么会提出江南文化和宋朝文化的"渊源"问题呢？

我想，这很可能是人们早已习惯于把江南文化等同于明清时代的江南文化。这不是完全没有道理，一方面，正是以明清"八府一州"为核心区，江南的行政与区域范围才明确稳定下来；另一方面，江南文化也是在这个时期才达到了盛年时期或成熟形态。由此出发，宋朝文化好像成了江南文化的"渊源"。

这是一种广为流行而又根深蒂固的观念。其立论的基础在于，古代江南在文化上远远落后于中原，只是到了宋代中国文化中心南移后才改变。在北宋时，这种观念就已存在。仁宗嘉祐年间，抚州吴孝宗在《余干县学记》中写道："古者江南不能与中土等，宋受天命，然后七闽、二浙与江之西东，冠带《诗》《书》，翕然大肆，人才之盛，遂甲于天下。"[①]

这一误读之所以传承不绝，还有两方面的重要原因：

第一，学术研究的问题。长期以来，在黄河文明中心论的影响下，古代江南一直被看作"蛮荒未化之地"。如刘师培在《南北学派不同论》中说："三代之时，学术兴于北方，而大江以南无学。……及五胡构乱，元魏凭陵，虏马南来，胡氛暗天，河北关中，沦为左衽，积时既久，民习于夷。而中原甲姓避乱南迁，冠带之民萃居江表，流风所被，文化日滋"。[②]

第二，文化传播的原因。在我们的历史教科书中，一直这样讲，江南地区本来十分落后，只是由于中原人口的三次大规模南迁，带来了先进的生产技术和文化，江南地区才快速发展起来。这也被解释为江南地区"后来居上"，先在唐代成为经济中心，又在宋代成为文化中心，并最终在明清时代成为核心区。

但实际上，这既不符合江南地区越来越多的考古学发现，也夸大了中原

---

① 洪迈：《容斋随笔·续笔·三笔四笔·五笔》下册，中华书局 2005 年版，第 682 页。
② 刘师培：《刘师培史学论著选集》，上海古籍出版社 2006 年版，第 177 页。

文化对江南地区的影响。把江南文化与宋朝文化真实的"渊源"关系重建起来，远比在两者之间找形形色色的相似性更加重要。

（三）共同的文化渊源与理智之年的选择

宋朝文化和江南文化最大的相似，在于都是一种女性文化。李泽厚曾比喻说：唐代的精神在马上，而宋代的精神在闺房。这也可以看作南北文化的最大不同，如诗人所谓"铁马秋风蓟北，杏花春雨江南"。但它们还有一个共同的源头，就是新石器时代的女性文化。

芒福德曾推测：早在新石器时代，人类发生过一场"性别革命"，"这场变革把支配地位不是给了从事狩猎活动，灵敏迅捷和由于职业需要而凶狠好斗的男性，而是给了较为柔顺的女性"，"在田地里挥锄操劳的是女人；在园子里管理作物的是女人；采用选择杂交的方法把野生物种转化成高产的、营养丰富的农家品种，完成选择杂交伟大功绩的也是女人。制造器皿，编结筐篮，用泥条缠绕成最早的泥罐的也是女人"。其中，芒福德还特别提到"玩耍消遣的时间"，这与喜欢踏青秋游的江南士女，以及沉溺于艺术创作和文化娱乐的宋人，都是高度一致的。新石器时代的女性文化毁灭于城市的出现，"在这种新形成的城市雏形环境中，男子成了领导人物，女人则退居次要地位……男人的力量开始表现出来，表现为侵略和强力所建树的功业"。[1] 后者也像是中原与北方文化的精神与价值体系。

早已消失的女性文化，为什么会在宋代复活？简单地说，"人过中年日过午"，到了宋代，中华民族从"以天下之美尽在己""运天下于指掌"的少年，终于到了萨特所说的"懂事的年龄"。如邵雍说"老来才会惜芳菲"，如朱熹在《中庸章句》中说："南方风气柔弱，故以含忍之力胜人为强，君子之道也……北方风气刚劲，故以果敢之力胜人为强，强者之事也。"[2] 在这样一个午后的世界中，在空间上继承着女性文化的"江南"，与在"时间"上厌倦男性文化的"大宋"终于碰面，握手言和，于是，我们就看到了中华民族在文化和美学上充分展示着自己的另一面。

---

① 刘易斯·芒福德著，倪文彦，宋俊岭译：《城市发展史起源、演变和前景》，中国建筑工业出版社1989年版，第20页。
② 朱熹：《四书章句集注》，中华书局2015年版，第785页。

周武：海派文化是江南文化的新形态

一部上海文化演进的历史，依次出现了三种文化形态，即开埠前的江南文化、开埠以后由江南文化与西方文化融汇而成的海派文化和 1949 年以后引领全局的红色文化。当然，这三种文化形态的递嬗，并不是相互取代的关系，而是一种承传与层层递进的关系。江南文化是海派文化的底色，海派文化赋予江南文化"现代性"；红色文化以海派文化为内在景深，又决定着海派文化的历史走向。

（一）海派文化脱胎于江南文化，是江南文化的一种新形态

任何一种文化都是由长久的历史积淀而成，又伴随着生产方式和生活方式的变化而变化，不可能"一成而不可易"。《上海县志》中称："上海故为镇时，风帆浪舶之上下，交广之途所自出，为征商计，吏鼎甲华腴之区。镇升为县，人皆知教子乡书，江海湖乡，则倚鱼盐为业。工不出乡，商不越燕齐荆楚。男女耕织，内外有事。田家妇女，亦助农作，镇市男子，亦晓女工。嘉靖癸丑，岛夷内讧，闾阎凋瘵，习俗一变。市井轻佻，十五为群，家无担石，华衣鲜履，桀黠者舞智告讦，或故杀其亲，以人命相倾陷。听者不察，素封立破。士族以侈靡争雄长，燕穷水陆，宇尽雕楼，臧获多至千指，厮养舆服，至陵轹士类，弊也极矣。"[①] 这段话说的就是置镇以来上海文化随社会变迁而来的文化变迁。但就总体而言，开埠前上海所在的文化区域从属于江南文化圈，但那时江南的文化中心在苏州和杭州等中心城市，上海则处于"慕苏、扬余风"的边缘地带。

开埠后，特别是太平军扫荡江南之后，上海迅速取代苏、杭等江南传统的中心城市，一跃而成江南新的中心城市。江南中心城市的位移过程，从某种意义上说，也就是人才、财富和文化的位移过程。在这个过程中，上海由江南文化的边缘跃居江南文化的中心。从边缘到中心，是移民造成的。上海是一个典型的移民城市，移民来自 18 个省区，但江南移民人数最多，其中又

---

① 陈梦雷：《古今图书集成·职方典》卷 696《松江府风俗考》"上海县"，巴蜀书社 1984 年版，第 14030 页。

以江苏、浙江为最。按 1950 年 1 月的统计，在总共 498 万人口中，江苏籍和浙江籍移民分别占了 239 万和 128 万，超过三分之二。也就是说，上海市民的主体乃是江南移民的后代，作为文化移动的主要载体，移民的这种籍贯构成显示出江南文化在上海文化构造中的特殊位置。这种特殊位置从上海方言的结构中也可以非常典型地反映出来。现在的上海话并不是开埠前上海方言的简单延续，开埠后最初的三四十年，来沪移民基本上是"各操土音"，大约在 1880 年代，上海话已经形成。民国年间，一位日本学者曾研究过上海方言的结构，他认为上海话由四个部分组成：第一是苏州语系，包括宝山、南汇、昆山、嘉兴、崇明、湖州、无锡、常州、杭州等地方言；第二是宁波语系，包括绍兴、严州、金华、衢州、台州等地方言；第三是粤语系；第四是其他方言，包括苏北方言等。其中苏州语系占 75％，宁波语系占 10％，粤语系占 0.5％，其他方言占 14.5％。上海方言的构造，从一个侧面反映了上海都市文化构造的江南文化底色。

但海派文化并不是江南文化的简单接续。开埠后的上海是中国最世界化的城市，有人称近代上海是两个世界之间的城市。不管是哪一种说法，受西方影响最大无疑是近代上海显著的特征。从器物到制度，从建筑到语言，从生活方式到价值观念，无不受到西方广泛而深刻的影响。这是一个渐推渐广的过程，由器物而制度而文化，逐渐扩展到衣、食、住、行等日常生活的各个层面，有些买办甚至"视吾中国同洲之人皆如土块粪壤，目中意中惟有一洋商，虽为之走狗，为之涤溺而不惜"。1883 年，上海报纸上有一篇文章曾议论过这种心理，其中说："上海为通商大埠，西人之处此者最多，华人类多效其所为。其制造灵巧不能学乃学其浅近者，效其语言，而语言仍微有不同之处，俗称洋泾浜语，西人谓之'别禽'。'别禽'（Piaqin）云者，义取生意场中通行之意。至于坐马车、登轮舟，华人亦皆以为乐，甚至雪茄之烟衔于口中，弹子之房游于暇日，大餐之馆座客常满，左手持叉右手执刀，以恣大嚼者，皆华人也。'温都的爱''爱皮西提'会一二句便刺刺不休，以为时路。酒则香饼（槟）、茶则加非（咖啡），日用之物皆以一洋字者为佳，此皆华人学西人之明证也。"① 如果说在中西交冲之初上海人对西事西物存在着自觉或不自觉的排拒心理的话，那么随着崇洋心理的形成，上海人对欧美文化的态度亦逐渐由排拒转变为自觉认同与接受，"洋"字在近代上海人的心目中成了最具魔力的字眼。

海派文化脱胎于江南文化，但又有别于江南文化。江南文化是在吴文化、越文化和徽州文化的基础上融汇不同区域文化而成的产物，以精致、优雅著称，从某种意义上说，它代表和体现了中国传统文化的极致。海派文化则是开埠以后江南文化与西方文化融汇的产物，它的孕育与发展依托上海高度商业化的社会，又以开新和灵活多样拓展市场，就其精髓而言，海派文化与江南文化一脉相承，海派文化可以说是江南文化的一种新形态。

（二）红色文化以海派文化为内在景深，又决定着海派文化的历史走向

红色文化诞生于海派文化赖以生成的多元文化格局中，最终决定海派文化的历史走向。它以海派文化为内在景深，海派文化又在某种程度上赋予红色文化以上海特色。

当然，红色文化并不是突然出现在上海的，实际上，早在 20 世纪 20 年代以后，在全球文化的激进化和中国革命凯歌行进的氛围中，由中国共产党领导的红色文化就已在上海蓬勃兴起，并成为上海多元文化格局中的活跃力量。

近代上海是中国最多元化的一个都市，这种多元性不仅体现在市政管理和城市社会控制上，而且体现在社会构造、城市生活和文化形态上。正是这种多元的城市格局，为红色文化在上海的孕育与繁衍提供了必不可少的生存空间。而且，上海贫富差距悬殊，存在着一个巨大的边缘社会阶层，为"贫者"代言的中国共产党也比较容易找到自己的同盟者。由于上海与世界的联系紧密，特别易受国际思潮的影响。夏衍在回顾 20 世纪 30 年代上海的左翼思潮时曾分析道："二十世纪二十年代末到三十年代初，不仅在中国，而且在苏联、欧洲、日本都处于极左思潮泛滥之中，苏联文艺界有一个'拉普'，日本文艺界有个'纳普'，后期创造社同人和我们这些人刚从日本回来，或多或少地都受到过一些左倾机会主义的福本主义的影响。"实际上，20 世纪二十年

---

① 《论西人渐染恶之习》，《申报》，1883 年 10 月 25 日。

代末到三十年代初，左翼文化一度席卷整个世界，几乎所有重要的国家都建立了左翼文化团体，如苏联的无产阶级作家联盟（即所谓"拉普"）、德国的无产阶级作家联盟（1928 年成立）、奥地利的无产阶级作家联盟（1930 年成立）、美国的约翰·里德俱乐部、英国的罗伯特·特来赛尔俱乐部、日本的无产阶级艺术家联盟等，甚至还成立了一个国际革命作家联盟这样的国际性组织。上海的红色文化就是在这样一个国际思潮背景下逐步发展壮大的。1927年南京国民政府建立后推行的一系列政策不是致民于生而是致民于死的，亦使整个社会特别是激进青年倍感压抑和失望，更强化了上海文化界的左翼化趋势。一位曾经亲历过这段历史的作家回忆说："一般文人，对于政治现状非常失望、烦闷，走向愤激的路；除了极少数'御用'的作家，思想左倾已成为必然的共同趋向。"这种说法不免有点过甚其词，但对现实政治的不满确实加剧了上海文化界的左翼化。抗战时期空前的民族危机，以及由危机导致的民族主义的激扬，在一定程度上遮蔽了内部矛盾，但抗战胜利后国民政府的内战政策，以及由战争导致的经济与社会局势的急剧恶化，使整个社会的离心倾向越来越严重。在这种背景下，他们非常自然地把与国民党对峙的共产党看作是另一种希望。从这个角度看，远在 1949 年 5 月 27 日上海解放之前，红色文化在上海多元文化格局中就已开始取得某种优势，或者说，红色文化的影响已渐渐超越了党派文化的范围。但是，即使是这样，基于上海这样一个高度多元的城市，红色文化并未取得主导性的地位。换句话说，红色文化只是上海多元文化中的一元。1949 年以后，情况发生了巨大的变化。中国共产党取得政权，红色文化遂迅速由一个党派的文化变为全国普适的主导文化。

（三）三种文化的递嬗及传奇魅力

从江南文化到海派文化，从海派文化到红色文化，上海文化经历了极其深刻、复杂的变迁，不同历史阶段呈现出不同的样态和面貌，但在看似断裂的历史中又存在着不易抹去的连续性。江南文化由吴文化、越文化和徽州文化融汇而成，海派文化因融汇西方文化而赋予江南文化"现代性"，红色文化则因以海派文化为内在景深而具有上海特色。因此，从表面上看，上海也是红色文化一枝独秀，和中国其他城市并无差别，但实质上，上海并没有完全成为北京、广州等其他城市，仍然具有迥异于其他城市的文化个性。尽管，

1949 年以后，上海和其他城市一样，红色文化成为主导性的意识形态，对上海都市文化形态产生了深刻的影响，并成为当代上海文化最显豁的形态，甚至在许多方面"再造"了上海文化。

但红色文化并没有也不可能斩断历史，海派文化、江南文化当然也并没有退出历史，上海人仍然保持着许多心照不宣的生活秩序和内心规范。至少在日常生活中，江南文化和海派文化仍然在发挥着正面的影响，这种影响不是批判和呐喊可以随意抹去的。尽管它们曾经被视为应该淘汰的东西，但在事实上它们仍然是现实的，是上海文化构造中的内在风景。这是一个方面，另一方面上海三种文化形态虽然各不相同，但就其精髓而言，是一以贯之的，三种文化都具有超强的融汇能力，它们的枝繁叶茂也都得益于相对成熟发达的商业化环境和商业化力量。江南文化、海派文化不用说了，改革开放以来红色文化又何尝不是借助商业化的力量丰富和发展自己。

红色文化、江南文化、海派文化，共同支撑起当代上海的文化大厦。因为承传江南文化，所以当代上海文化有着深厚的历史底蕴，并与中国源远流长的文化传统保持着一脉相承的联系；因为长期浸润在海派文化中，所以上海人比较开放包容，并在内心深处始终保持着对西方文化的宽容，一旦形势许可，便比较易于与世界接轨；因为经受红色文化的洗礼，所以上海文化又存在着与中国其他城市文化趋同的倾向，由西方化回归于中国化和意识形态化，这又是上海文化与世界其他城市文化的最大区别。

第三讲

江南的诗性精神

　　南北之别是中国地理和文化上的一个重要特征。中国历史上有一幅名联，"骏马秋风冀北，杏花春雨江南"，也作"铁马秋风蓟北，杏花春雨江南"，恰好揭示了南北文化在地理环境方面的重要区别。但这同时又是两种不同的文化精神和美学风格，如朱光潜曾用它来形象地说明刚与柔两个美学范畴的差异（《刚性美与柔性美》），如明代王骥德说："北则辞情多而声情少，南则辞情少而声情多。……北气易粗，南气易弱。……南北二调，天若限之。北之沉雄，南之柔婉，可画地而知也。"[1] 在南北自然环境和文化价值对立的基础上，古代中国又衍生出诗分南北、音分南北、曲分南北、文章分南北、学术分南北、武术分南北、饮食分南北、性格分南北、城市分南北等一系列既对立又互补的二元结构，它们在历史进程中相互缠绕、融会贯通，成为推动中华文明创造和中国文化发展的内在机制。在第二讲中，我们曾讲到江南第一期发展中的审美精神觉醒，本讲从江南诗性精神的发展、主体生命价值的转变、江南文化精神的定型三方面，对江南诗性文化的内涵和性质做进一步的阐述和论说。

---

[1] 中国戏曲研究院：《中国古典戏曲论著集成》，中国戏剧出版社 1959 年版，第 27 页。

一 黄河与长江的二元背景

如果把中国古代在文化地理上一分为二，北中国的中心区在黄河中下游一带，形成了以儒家文化为核心的中原文明，南中国的中心在长江中下游一带，形成了以道家思想为源头的江南文明。关于后者，近代梁启超曾说："气候和，其土地饶，其谋生易，其民族不必惟一身一家之饱暖是忧，故常达观于世界以外。初而轻世，既而玩世，既而厌世。不屑于实际，故不重礼法；不拘拘于经验，故不崇先王。又其对于北方学派，有吐弃之意，有破坏之心。探玄理，出世界；齐物我，平阶级；轻私爱，厌繁文；明自然，顺本性。"① 关于南北文化的差异，以及江南文化是一种以水为根基、以阴柔和秀美为美学品质的文化，在今天已是一种常识，主要问题是江南文化起源于何时何地，这是本节要讨论的主要问题。这不仅是江南文化的源头和初心，在某种意义上也是长江文明的文化之源。

关于早期中华文明的版图，可以从三方面来了解：首先，长江流域和黄河流域是两个最重要的板块，"新石器时代中期，地处中原的裴里岗文化与磁山文化崭露头角，一方面向周围扩张，同时又吸收周围文化的有利因素，加强了相互之间的联系。一个以中原为核心，以黄河流域和长江流域为主体的圈层结构初步显现。这就是早期中国文化圈的萌芽"。② 其次，中原文化是中华文化的主流和代表。"中原文化是夏文化、华夏文化的发源地及其形成、发展的核心地区，中原文化在这一格局中具有重要的无可替代的地位。中原文化是华夏文明形成阶段的核心，也是中华民族文化的主流。"③ 最后，中原龙山文化是中华文明总进程的核心与引领者："中原地区的龙山文化称中原龙山文化，分布范围包括今河南、山西、陕西等地，河南境内的龙山文化又称河南龙山文化。这一时期工具种类增多，磨制更加规范、光滑、锋利，铜工具的使用提高了生产效率，出现了较多的剩余产品，私有制的发展，氏族成员

---

① 梁启超：《清代学术概论》，中国人民大学出版社 2004 年版，第 23 页。
② 李绍连主编：《中原文化通史》（第一卷），河南人民出版社 2019 年版，第 28 页。
③ 李绍连主编：《中原文化通史》（第一卷），河南人民出版社 2019 年版，第 22 页。

分化，阶级、阶层开始出现。在河南登封王城岗、淮阳平粮台等地发现了十余座城址，山西南部的襄汾县陶寺发现特大型城址，表明中原地区出现了邦国（方国）林立的局面社会开始向文明社会过渡。距今 3 800 年前后，中原地区形成了更为成熟的文明形态，并向四方辐射其文化影响力，成为中华文明总进程的核心与引领者。"① 以上是长期流行的"黄河中心论"——"中华文明的起源是一元的，其中心在黄河中下游，由之向外传播，以至各地"② 的背景和基础。在这一考古和文化知识谱系中，江南文明和文化，也被看作是黄河文明和中原文化向南传播、延伸的结果，也就是说，江南文化是中原文化的一种衍生品。

正如绪论中提到，20 世纪以来，考古学证明，早在史前时代，独立于黄河文明的长江文明就已经存在，主要证据如下：

第一，证明了早自史前时代，长江地区已有相当高度的文化。例如浙江的河姆渡文化，年代不晚于仰韶文化，而有着很多自身的特点，其发达程度已使许多人深感惊奇。

第二，显示出夏商周三代的中原文化，不少因素实源于长江流域的文化。比如说三代最流行的器物纹饰饕餮纹，便很可能系自江浙一带良渚文化玉器上的花纹蜕变而成。

第三，从上古到三代，南北之间的文化交往实未间断。以前人们总是过分低估古人的活动能力，以致长江流域一系列考古发现都出于人们意外。最近四川广汉三星堆商代器物坑和江西新干大洋洲商代大墓的发现，轰动海内外，是最典型的事例。

第四，中原王朝在很多方面，其实是依赖于南方地区。一个例子是，商周时期十分繁荣的青铜器工艺，其原料已证实多来自南方。在江西、湖北、安徽等地发现了当时的铜矿。还有线索表示，有的原料或许出于云南（有待进一步证实）。

第五，南方还存在通向异国的通道。已有一些科学证据告诉我们，早

---

① 李绍连主编：《中原文化通史》（第一卷），河南人民出版社 2019 年版，第 3 - 4 页。
② 李学勤等主编：《长江文化史》，江西教育出版社 1995 年版，第 7 - 8 页。

在商代便有物品从东南亚来到殷墟，同时商文化的影响也伸展至遥远的南方。[①]

当代考古学的大量新发现，"使新石器时代的长江文化第一次以全新的面貌出现在世人面前，对传统的中国文化以黄河文化为单一中心的论点提出了强有力的挑战"。[②] 目前，关于中华文明起源的普遍看法是长江黄河两水分流，又相互交织、相互促进。"长期以来，大家讲黄河是中华文明的摇篮，这句话今天仍然是正确的。特别是作为文明早期的几个朝代，确实都建都在黄河流域。可是谈到文明的起源，考虑到近年的考古成果，应该认为长江流域有着同样重要的作用。长江地区从考古文化来看，是相当进步的，绝对不是一个落后的地区。这一点凡是关心中国考古学发展的人都会有同样认识，所以有的学者提出中国也有一个'两河流域'，就是黄河与长江。黄河流域的文化和长江流域的文化，有联系又有区别，互相影响、沟通和融会。"[③] 长江文明和黄河文明的主要差异在于，后者以儒家哲学和实用理性为"精神—实践"方式，由此导致的一个直接后果是，对包括江南在内的中国区域文化的认识与判断，均将以黄河文明为核心的"政治—伦理"标准作为基本立场和价值原则，这对以"审美—诗性"为基本内涵的长江文明和江南文化尤其不适用。如古代道学家一讲到江南民风便嗤之以鼻，以至于古代色情小说也主要以江南的苏、杭为发生地。这在很大程度上扭曲了江南文化的真实精神与感性形象，也相当严重地干扰了人们对江南文化的认识与评价。必须回到上古时代自成一体的长江文明，找到江南文化发生的真实的历史摇篮，才能为了解和把握真正的江南文化精神提供一种可靠的语境。

良渚文明是江南诗性文化的源头

关于江南文化与中原文化的差异，实际上早在中华民族的童年时代就已

---

① 李学勤等主编：《长江文化史》，江西教育出版社 1995 年版，第 3 页。
② 李学勤等主编：《长江文化史》，江西教育出版社 1995 年版，第 7 - 8 页。
③ 李学勤：《失落的文明》，上海文艺出版社 1997 年版，第 99 页。

比较清晰地显示出来。大体上说，这种差异始于远古时期，在良渚时期明确形成，此后一直绵延至今。

由于自然环境、气候条件等方面的差异，南北文化在原始时代就出现了明显的差别。神话学研究表明，在原始崇拜中，就出现了"北方文化英雄多为男神，而南方文化英雄多是女神"的重要区别。在芒福德"性别革命"的推测中，较为柔顺的女性被赋予了支配地位。① 这说明，早在新石器时代，一种以女性为领导者、带有很强的情感色彩和审美功能的母性文化就已经出现。人类运用何种社会生产改造自然世界，反过来也影响着人的主体机能、生活方式和精神文化的形成。与原始男性文化主要崇尚武力、蛮力不同，在新石器时代女性文化中已经出现的游戏与审美活动，无疑可以看作是中华民族审美机能与艺术实践的萌芽或原型。从中华文明的早期形态看，这在新石器时代以太湖为中心的江南地区表现得尤为突出，已微微流露出后世所说的诗性和审美生活的曙光。其本质是一种马克思主义所说的原始社会的自由劳动，即人的生活和劳作，不仅是为了满足直接的物质生活需求，同时也有了感性享受与心灵愉悦的性质。在这个意义上，以细腻、柔和、优美、注重生活细节与质量著称的江南生活方式，很可能就起源于这场性别革命及其带来的女神崇拜，并与新石器时代的女性文化和自由劳动有着一脉相承的历史渊源，而与文明时代一直作为主流与中心的男性文化有霄壤之别。换言之，这就是江南诗性文化独特的历史源头。②

在上古时期的太湖，江南先民逐水而居、与水共生，先后创造出距今7000年的马家浜文化、6000年的崧泽文化和5000年的良渚文化，特别是以太湖平原为中心、北到江苏北部、南至杭州湾、西到南京的良渚文化，不仅初步勾勒出江南地区的核心范围，也代表了中华文明在那个时代的最高发展水平。良渚文明是江南地区最重要的一次集大成。以这里出土的玉器、丝织品、城市遗址、稻作农业等为代表，不仅有不同于中原地区的稻作农业生产生活方式，也出现了不同于中原实用理性的审美观念和艺术实践，更重要的

---

① 刘易斯·芒福德著，宋俊岭、倪文彦译：《城市发展史——起源、演变和前景》，中国建筑工业出版社2005年版，第11页。
② 刘士林：《江南诗性文化》，上海文艺出版社2020年版，第34-41页。

是，良渚文化还显示出文化中心的开放性和影响力，这个范围非常广阔，向北到辽西地区，向南则到岭南地区，说明良渚文化深度参与了远古时期中华文明的发展进程。因此可以说，在良渚时期的江南地区，后来所说的江南文化已初步形成。

与中原地区的青铜文化不同，玉文化是良渚文明的代表。"到了良渚文化时期，玉器的精美和工艺水平达到巅峰，它们既是先民对灵物或某种自然崇拜的物化写照，揭开了中华七千年玉文化的序幕。同时，也体现了环太湖流域文化特有的思维模式，这是一种完全不同于狰狞、冷漠的北方青铜文明的文化品质。杭州地区在良渚文化时期的玉石制作水平，至少说明：一是整个环太湖地区早期遗址都发掘过大量的玉器，由此造就了杭州与作为江南核心区的环太湖流域地理区域内的文化认同；二是与其他文明遗址中的玉器文化有着本质上的差异，这种差异是在制作工艺上的高度艺术化及心理意识上的玉器崇拜心理，后来弥漫于整个江南社会的巫风及浪漫神奇的诗性审美精神，在很大程度上与良渚文化时期的玉石文化繁荣相关。"[1] 进一步说，中原诗性文化与江南诗性文化的差异，最早在中原青铜文化和良渚玉文化上就已相当明显。不仅表现在材料选择、工艺技术及文化观念上，还表现在前者主要承载政治、军事等实用功能，而后者的突出特点则是实用性与审美性的高度结合。可知上古时期江南文明并不落后，在某些方面比中原还先进。

由于一般的中国历史教科书的灌输与传播，"古代江南落后于中原"已成为一种普遍的认知，江南甚至被看作是一块"蛮荒未化之地"，[2] 只是到了六朝，由于中原人口大规模南迁，带来了先进的生产技术和文化，江南地区才启动了自身"从野蛮向文明"的升级程序，这就是教科书上经常提到的"江南的开发"。但这个与上古时期并不符合。关于江南落后的真正原因，主要是在人类的轴心期。在 20 世纪德国哲学家雅斯贝尔斯那里，轴心期（或译作轴心时代）是指公元前 8 世纪至前 2 世纪。按照他的观点，尽管此前人类已存在了很长时间且有了很多了不起的创造，但由于他们作为人的最根本标志的

---

① 刘士林、朱逸宁、张兴龙等：《江南城市群文化研究》，高等教育出版社 2015 年版，第 563 页。
② 柳诒徵：《中国文化史》，东方出版中心 1988 年版，第 367 页。

良渚文化玉琮
来源：良渚博物院

哲学意识尚未觉醒，所以还不能说此前就有了人类的历史。只是在经历了轴心时代的精神觉醒之后，人类才真正完成了从自然形态向文明形态的历史飞跃。人类在轴心时代的精神觉醒有三个代表，即中国先秦哲学、古印度佛教与古希腊哲学，它们既是人类精神生命诞生的主要标志，也是文明历史拉开序幕和持续发展的第一推动力。

　　在这个时期，黄河流域孕育了中国哲学的第一个黄金时代，以孔子、老子等为代表，成为人类轴心期精神觉醒的最强音之一，并为黄河流域发展提供了强大的精神动能，使之一跃成为中华文明最重要的核心区，在思想、历史、文化和价值体系上，始终拥有不容挑战的文化话语权。在中国人的日常生活中，有一个作为知识来源和生活准则的重要成语——"子曰诗云"。其中的"诗"即《诗经》，又称"周六诗"，作为中华文明核心的周代礼乐制度的重要组成部分，深深植入中华民族的日常生活和精神实践中。其中的"子"是指诸子百家，作为中华民族在轴心期精神觉醒的最高代表，他们提出和阐释的问题、方法、范畴、学说、思想、准则，在中国和世界文明史上均具有永恒的价值和重要的地位。这些都是以中原为主场的黄河流域文明的精髓，也是其他区域文明无法相比的。同时，这种优势延续超过了千年以上，直到北宋以后才逐渐淡化和消失。

与之相对，从东周到战国时期，江南不仅在文化创造上已远远落后于中原，如梁启超在《清代学术概论》中说：（南地）"发达较迟，中原之人，常鄙夷之，谓为蛮野"。① 同时还可以说进入了一个以军事争霸为核心的"野蛮化"时期。如后来被视为江南文化最典型的"六朝烟水气"的金陵（南京），最初不过是吴王夫差为了应付战争而建的兵工厂，这是南京又名"冶城"的原因。由于"吴越为邻，同俗并土"，出身于"文身断发"之邦的越王勾践也毫不示弱，他不仅有举世闻名的越王剑，手下的敢死队也令人震惊。据《史记·越王勾践世家》记载："元年，吴王阖庐闻允常死，乃兴师伐越。越王勾践使死士挑战，三行，至吴陈，呼而自刭。吴师观之，越因袭击吴师，吴师败于槜李，射伤吴王阖庐。"② 即使在宋代，源自吴越的刁悍习性也一仍其旧，黄庭坚曾说："江西之俗，士大夫多秀而文，其细民险而健，以终讼为能。由是玉石俱焚，名曰珥笔之民，虽有辩者，不能自解免也。"③ 这与近代天津卫的小混混，在性格和行为上十分相近。这样一块贫瘠、野蛮的社会土壤，之所以可以演变为"东南财赋地，江左文人薮"（康熙帝《示江南大小诸吏》），当然需要一个特殊的历史时期和一种十分特殊的现实条件。对此最值得人们关心的，当然是究竟在什么时候，江南完成了与它卑微出身的分离，可以与"先进于礼乐"的北方文化相提并论甚至是"后来居上"的？

三 东晋六朝与江南诗性精神的生成

到了东晋南朝时代，江南迎来了自己的轴心期。在第二讲中已经提到，不同于先秦诸子在轴心期的哲学意识，在江南发生的是作为"哲学中的哲学"的审美意识的觉醒，其核心是一种在两汉文化中极其稀有、不同于北方政治

---

① 梁启超著，夏晓虹校：《清代学术概论》，中国人民大学出版社 2004 年版，第 23 页。
② 司马迁：《史记》，中华书局 1982 年版，第 1740 页。
③ 曾枣庄、刘琳：《全宋文》第 104 册，安徽教育出版社 2006 年版，第 233 页。

伦理精神的诗性审美精神。本讲对这个过程进行还原分析，以揭示江南诗性精神生成的历史逻辑。

　　轴心期作为影响人类精神变革的重大阶段，它的发生当然需要特殊的历史和社会条件。综合相关研究，轴心时代的要义有三：一是突如其来的巨大变革彻底中断了人类自然形成的原始生活方式与原始文化系统；二是人类在回应挑战中创造出一种全新的生产生活方式和精神文化系统；三是人类从此开启了一种全新的历史进程。一般说来，轴心时代的变革都是灾难性的，因为不这样就不足以迫使人们改变其习惯的生活方式和思维模式。同时，在这个濒临毁灭的过程中，人类巨大的精神创造不仅解决了一时所需，同时也为后来的历史进程提供了宝贵的思想文化资源。正如雅斯贝尔斯所说："直到今日，人类仍然靠轴心期所产生、思考和创造的一切而生存。每一次新的飞跃都回顾这一时期，并重新被它激发思想才智。自那以后，情况就是这样，轴心期潜力的苏醒和对轴心期潜力的回忆，或曰复兴，总是提供了精神动力。复归到这一开端是中国、印度和西方不断发生的事。"[①]

　　具体到江南轴心期，可以这样来确定，即江南地区在某个历史时期发生了"质变"，使本来"好勇""轻死"的人民发现他们祖先的一套已经行不通，被迫改变自己获得物质生活资料的传统方式，并在思想、情感与意志三方面压抑、改造其自然天性与文化习惯。只有这样一种刻骨铭心的现实经验，才能使江南民族启动从野蛮到文明、从本能到审美的升级程序。就此而言，最符合轴心期条件的，无疑是中国历史上最重要的东晋南北朝时期。

　　首先，如同人类在轴心期所经历的巨大现实变革一样，东汉末年的"天下大乱"可以看作是江南轴心期的始基。由诸侯割据与争霸而引发的各种残酷战争，彻底打乱了人们早已习惯的日常生活节奏，此时美丽富饶的江南开始成为人们争相前往的乐土。

　　　　永嘉之乱时，长江以南就广泛流传着各种谚语，如"永嘉世，九州空，余吴土，盛且丰"和"永嘉中，天下灾，但江南，尚康乐"等。这

---

① 雅斯贝尔斯著，俞新睦等译：《轴心期》，《史学理论》，1988年第1期。

些谚语被刻在墓砖上，反映了当时人们对江南的向往。永嘉之乱后，人口大批南渡的原因，主要是北方的战乱。南渡规模之大，人口之多，远远超过东汉末年。当时，北方士族带领宗族、宾客、部曲，汇合流民，聚众南下。如范阳祖逖，本"北州旧姓"，"及京师大乱，逖率亲党数百家，避地淮泗"，后再迁至京口，其兄祖纳，弟祖约，亦皆南渡。高平郗鉴，当永嘉之乱时，"举千余家，俱避难于鲁之峄山"，而以郗鉴为主，后受司马睿诏，渡江至建邺。河东郭璞，"潜结姻妮及交游数十家，欲避地东南"，因至江东。山东士族徐邈，"永嘉之乱，遂与乡人臧琨等率子弟并同里士庶千余家，南渡江，家于京口"。也有独自逃亡的，如河内郭文，在洛阳沦陷后，"步担入吴兴余杭大辟山中"，靠"区种菽麦，采竹叶木实，贸盐以自供"。据谭其骧先生统计，当时南渡人口共约 90 万之众，约占北方人口 1/8 强。南渡人口以侨居今江苏者为多，约 26 万左右。侨民聚集之地，长江以南以今之江宁、镇江、武进为最多；长江以北以今之江都、淮阴诸县为最众。东晋初年将相大臣，很多来自侨姓士族。琅邪王氏、颍川庾氏、谯国桓氏、陈郡谢氏、太原王氏左右东晋政局，实行门阀政治百年之久。北方人口的大量南迁，加快了中原文化与长江文化的交流，使长江流域的经济文化提高到一个新的水平。[①]

但所谓的南北冲突与交融，并不是诗人所谓的"取诸怀抱，晤言一室之内"，由于它直接关系到不同地区、人民的政治经济利益与现实命运沉浮，因而其中各种剧烈的矛盾冲突与残酷斗争是可想而知的。在这一段时间的历史文献中常见的南人与北人从口音到政见的激烈冲突，实际上还表明他们双方固有的思维与生活方式统统被葬送了。正是这样一种剧烈而痛苦的文化震荡，才迫使所有生存在这方水土上的人们去找根源、想办法，直至生产出一种可以回应现实挑战的新智慧来。而这一切与人类在轴心期的所作所为是极其相似的。

其次，如果说要概括一下这个时代的精神新产物，那么用"人的觉醒"与"文的自觉"是十分合适的，它的核心是一种在两汉文化中极其稀有的审

---

① 李学勤等主编：《长江文化史》，江西教育出版社 1995 年版，第 363－364 页。

美精神。

正如前文所写的，魏晋六朝一方面是"中国政治上最混乱、社会上最苦痛的时代"，另一方面却是"精神史上极自由、极解放，最富于智慧、最浓于热情的一个时代"。① 而至于这种精神产物的"新"，则可以通过它与中国轴心期的比较来了解。如果说，中华民族在轴心期（约西周至战国前后）最重要的精神觉醒是"人兽之辨"，即由于意识到人与动物的不同而把自身同它与自然的原始混沌中区分出来，那么也可以说，江南轴心期所带来的最根本的精神觉醒则是唤醒了个体的审美意识，它使人自身从先秦以来的伦理异化中摆脱出来并努力成为自由的存在。

对以务实著称的中华民族来说，由于持续的文化压抑，所以它的审美机能是严重匮乏的。中华民族审美意识的精神觉醒，最关键的问题就在于如何从沉重的政治伦理异化中解脱出来。这个充满苦难、又在苦难中生产出巨大生命热情的江南轴心期，则恰好为这样一种纯粹的中国审美精神提供了必要的"物质条件"。

最后，中华民族的审美精神，不仅是在江南文化背景中生产出来的，而且如同轴心期的诸子哲学一样，它还构成了这个民族一切审美活动的"原本"与"深层结构"。以后大凡真正的或较为纯粹的中国审美经验，可以说都是与江南轴心期的精神结构密切相关的。

具体说来，南朝审美精神的两个关键文本即《世说新语》与"南朝乐府"。前者正如宗白华在《论〈世说新语〉和晋人的美》一文中所说："这晋人的美，是这全时代的最高峰。《世说新语》一书记述得挺生动，能以简劲的笔墨画出它的精神面貌、若干人物的性格、时代的色彩和空气。"② 而关于后者，则正如笔者在谈南朝民歌《西洲曲》时所指出的：历代诗人的江南情怀，实际上也都与她的原唱有关。《西洲曲》是中国诗性精神的一个基调，所有关于江南的诗文、绘画、音乐、传说，所有关于江南的人生、童年、爱情、梦幻，都可以从这里找出最初的原因。③ 中华民族的审美精神，正是在一唱三叹

① 宗白华：《美学与意境》，人民出版社 1987 年版，第 183 页。
② 宗白华：《美学与意境》，江苏文艺出版社 2008 年版，第 141 页。
③ 刘士林、万宇：《江南的两张面孔》，上海音乐出版社 2008 年版，第 38 页。

的江南抒情组诗中成长起来的。

正是在这样一种内在的精神历程之后，一种不同于北方道德愉悦，一种真正属于江南文化的诗性精神，才开始在血腥的历史风云中露出日后越来越美丽的容颜。在它的精神结构中充溢的是一种不同于北方政治伦理精神的诗性审美气质，这不仅奠定了南朝文化的精神根基，也奠定了整个江南文化的审美基调。从此，中华民族的审美意识才开始获得了一个坚实的主体基础，使过于政治化的中国文明结构中出现了一种来自非功利的审美精神的制约与均衡，所以说正是在有了这"半壁江山"后，中国文化的基本构架才真正明确下来。如果说北方文化是中国现实世界最强有力的支柱，那么江南文化则构成了中华民族精神生活的脊梁。

阅读材料

本讲所选的阅读材料凡五篇，刘士林的《碧螺春》显示，在这个最能代表太湖自然与人文的特产——碧螺春上，完美地演绎了江南文化从实用到审美的发展历程。洛秦的《昆曲》和万宇的《豫剧与昆曲》，前者通过最地道的江南戏曲品种，把纯粹的江南诗性精神展示出来，后者则通过比较昆曲与豫剧，形象展示了中原文化与江南文化的差异。张婕的《江南地区的私家园林》一文，则以最具个性化的江南人文空间为对象，揭示了一种审美的诗性日常生活的丰富内涵。李正爱的《春花秋月何时了》，寄托"春社"对江南地区气候和节令的人文价值和审美内涵进行了诗意的讲述。李燕的《一勺西湖水的诗性表达》，生动展现了西湖人间天堂的形象。

刘士林：碧螺春①

在跟友人吃饭聊天时，偶尔会讲到自己青年时代的两大遗憾之一，那就是在最能喝酒的时候，只能喝一块钱多一点的伏牛白。后来尽管有好酒了，

---

① 刘士林主编：《江南人文关键词》，上海音乐学院出版社 2003 年版。

但自己已无福消受。这时便会以一个当代笑话自我解嘲，就是"贼心贼胆贼机会都有了——贼没有了"。不能大碗喝酒以后，人生的乐趣当然丢掉许多，但好在天生万物中有意思的东西极多，我很快就喜欢上了饮茶。差可慰藉的是，在经历了许多风雨的中年以后，终于可以有一杯碧螺春和自己"相濡以沫"。

江南的名茶很多，我为什么偏偏喜欢碧螺春呢？这当然是有足够的理由的。

一是它的名字，比起铁观音、龙井、乌龙茶、雨前、毛尖等，碧螺春一名简直是悦耳极了。一个美丽的东西应该有一个充满诗意的名字，才能做到形式与内容的完美结合。在日常生活中经常可以碰到，一个天生丽质的女孩子，如果她们的名字难登大雅之堂，就难免美中不足甚至深感遗憾了，因为一看到类似这样的名字，不用问就可知她的出身和渊源。在古代文人笔记中，常有士大夫为贫寒子女易名的记载，大约也是因为古人希望名实能更相宜一些吧。记忆中就有一个女子被主人改作"小茶"，但至于其中更详细的细节，比如是否与主人喜爱茶有关，就搞不清楚了。但在今天推测起来，那个本来很土气的女子，在有了这样一个雅号以后，在精神气质上应该有不小的变化吧。想到这个细节，是因为碧螺春的得名也有一个类似的"先质而后文"的故事。清人在一则笔记中对此解说甚详：

> 洞庭东山碧螺峰石壁产野茶数株。每岁土人持竹筐采归，以供日用，历数十年如是，未见其异也！康熙某年，按候以采，而其叶较多，筐不胜贮，因置怀间，茶得热气，异香忽发，采茶者争呼"吓杀人香"。"吓杀人"者，吴中方言也，因遂以名是茶云……（王应奎《柳南续笔》"碧螺春条"）[1]

直到康熙三十八年（1699 年），皇上南游太湖，江苏巡抚宋荦以"吓杀人香"进献。我想文化品位很高的康熙，在当时一定别扭极了，如此好的东西竟背着如此恶名，于是他御笔一挥书写下"碧螺春"三字。康熙做这件事情一定是极畅快的，就好像是又平反了一桩大案一样。而"天生丽质难自弃"

---

[1] 王应奎：《柳南笔记续笔》，中华书局 1983 年版，第 157 页。

的"吓杀人香"，则像唐代那些骁勇的胡人被赐姓一样，一个新的家族便从此开始在历史中和记忆里繁衍起来。

二是它的产地。如同一个人的出生环境一样，碧螺春从一开始就生活在江南的中心地带。尽管一般的说法是长江以南都叫江南，但实际上很多地方难免有"高攀"的嫌疑。在知识考古中，南朝文化滋养了江南，不仅在于这个时代江南才进入政治家们玻璃体异常浑浊的眼球，更重要的还在于，如同西方哲人所说人类文明产生于轴心时代的精神觉醒一样，也正是在充满血腥和灾难的六朝时期前后，那种具有诗意栖居和人文内涵的江南意象才真正成为一个务实民族倾心向往的对象。在人文阐释学的语境中，江南的中心就应该设定在南京和苏州一带。尽管历史上政治中心与文化中心的变迁不定，使"江南"概念的内涵总是受到这样那样的冲击与涂改，但从古代诗人经常吟咏的"江南曲"来看，它无疑就在由扬子江和太湖所环围的那片青山绿水间。如果把依托长江的南京看作是江南的政治中心，那么它的人文中心和生活世界无疑就散落在环太湖沿岸。在太湖的东南是美丽的吴县，在吴县的西南就是碧螺春的故乡洞庭山。洞庭山一名包山，又分作东西两山，如果说东山是刚刚泊岸的巨舟，那么西山则如在风浪中行驶的航船。古人笔记中碧螺春的最初产地碧螺峰，就是洞庭东山的第一峰。好像是"南方嘉木"的共同特征，碧螺春很容易使人想到屈原的《橘颂》："后皇嘉树，橘徕服兮，受命不迁，生南国兮。"尽管茶树不像橘树那样"深固难徙"或"过淮为枳"，但在种植时也是需要特殊条件和环境的，一如美丽、干净和高尚的江南，容不得平庸、肮脏和卑俗一样。明人《茶解·艺》说："茶园不宜杂以恶木，唯桂、梅、辛夷、玉兰、苍松、翠竹之类与之间植，亦足以蔽覆霜雪，掩映秋阳。"[1]在这样优越的精神条件和人文环境中，当然可以生长出三闾大夫所期冀的"木兰"和"宿莽"。

三是它的形式与色泽。先说形式。在古人笔记《随见录》中，就有"洞庭山有茶，微似芥而细"[2]的记载，可见它在形制上古来如此。据说，上等的碧螺春只能在春分至谷雨之间采摘，而且一般只摘取刚刚生出的一叶一芽，

---

[1] 罗廪：《茶解》，见叶羽编：《茶书集成》，黑龙江人民出版社2001年版，第207页。

[2] 杨廷燦：《续茶经》卷下之四，《景印文渊阁四库全书》第844册，台湾商务印书馆1986年版，第756页。

其中作为极品的"雀舌"在尺寸上更是讲究，它的芽长要在 1.6 厘米～2 厘米之间，它的叶子在形状上也一定要如同雀舌。一般说来，一斤高级碧螺春需要采摘 7 万颗左右的芽头，在历史上也有一斤碧螺春需采摘芽头 9 万颗的纪录。碧螺春在工艺制作上则更加繁复，一般是早上 5 点到 9 点采，9 点到下午 3 点拣剔，下午 3 点到晚上炒制。如同古人讲的"今日事，今日毕"一样，炒隔夜茶是制茶工艺中的大忌。想一想这些就难免叫人心惊胆战，像这样一种"玄之又玄"的精工细作，大约也只能是以细腻著称的江南文化的特产。再说它的颜色，碧螺春的颜色好看极了，特别是和花茶一类的相比。碧螺春的颜色是包含在它的名字之中的，"碧"在现代汉语中已经不大用了，但它无论是在声音上还是在外观上都是一个最文人化的概念。一种像碧玉一样的叶芽，在清澈的白水中舒展开来，就像一个艺术家在纸上泼出的一幅水墨丹青一样。如果一说到颜色就会想到女子，那么碧螺春最容易使人联想到小家碧玉。它不是金碧辉煌的大家闺秀，但更加朴素、本色、真实。

　　碧螺春最好的一点是它不走味，不知道这能否算我自己喝茶的一点独得之秘。过去在中原时喝得最多的是花茶，有时晚上忘了泼掉剩茶，第二天早上咕咚喝上一大口，一种怪异的味道有时会使人反胃一整天。而碧螺春完全不是这样，即使放了一夜，它第二天也只是变淡了一些，而不会有什么质的变异，如同女人一件越洗越白的素花衣服，它总能使人想到曾经简单的生活和简单的心。除了不变味，碧螺春最难得的是它的气息，那是一种说不清、道不明的神秘存在。以前只知道文学史上惯用的"隽永"一词，最初就是唐人用来指称他们以为最佳的第一杯茶的，但是碧螺春好像不是这样，据说，它的特色是"头酌色淡、幽香、鲜雅；二酌翠绿、芬芳、味醇；三酌碧清、香郁、回甘"，尽管实际上不可能这样清清楚楚，但碧螺春的确有它不足为外人道也的内涵。关于碧螺春的本质，我能想到的一个形容就是"清而且纯"，无论是形式、颜色还是它的内容，都是如此。它常能使人想到唐诗、宋词或昆曲中十七八岁的江南女子的明眸、皓齿和清音，想到扬子江和环太湖一带江南山水的清洁和无尘。在看着那螺纹般的叶片慢慢舒展开来的时候，我总是不由自主地体会到一种幽静而透明的江南气质，一种出水芙蓉般的清丽和纯洁。这时也就深深理解了陆羽所说的"不羡黄金罍，不羡白玉盏。不羡朝入省，不羡暮入台"，① 有了一杯清澈碧绿的碧螺春，如同一个贪杯之徒"有酒万事足"一样，不会再有更多的欲望和非分的想望了。

明　唐寅《事茗图》

古人喝茶的讲究和技术很多，如陆羽所谓的喝茶"九难"与煮茶"三沸"，还有更加复杂的包含着极其深微的中国文化妙理的苏廙"十六汤法"，对于我们这些已经破落不堪的不肖子孙来说，要想像先人那样正襟危坐地摆谱儿，无异于痴人说梦。时至今日，像水呀、茶叶呀、炭火呀等，实际上都不能讲究了，而唯一可以满足一下自己颇愿的，就是用心去挑一种茶具。我常想，对于碧螺春来说，最好的应该是印有蓝色花纹的白细瓷小碗，如果要

① 陆廷燦：《续茶经》，《景印文渊阁四库全书》第 844 册，台湾商务印书馆 1986 年版，第 704 页。

用有些名贵的青花，那也是以青花疏散者为佳。淡青色的小碗，细细的白瓷，碧绿的茶芽，若有若无的茶气，这就是我现在所能想象的一个最有诗意的江南早晨的美丽光景吧。实际上我常常是选一个自己喜欢的小茶馆，比如像南京鼓楼茶艺馆那样的，古香古色，茶客稀疏，旧式的木桌木椅，房间中有些薄阴之感。闲暇中与妻子或两三知己，在一片古香古色的静谧之中坐定，等身着明清服装的侍者问"您喝什么"时，我会用一种异乡人的口音轻轻地说"碧螺春"。每当在茶馆中说出这三个字的时候，出于一种莫名的感伤，以至于我常感到自己的嗓音都在轻轻地发颤……

二　昆曲二章（洛秦：昆曲，万宇：豫剧与昆曲）

（一）洛秦：昆曲①

最早接近"昆曲"一词是在 20 世纪 70 年代末。改革开放使得曾以演出《十五贯》"一出戏救活了一个剧种"走红的浙江昆剧团再度新生。"右派摘帽"后的父亲被调回省城，重新恢复研究工作，其中的一项内容便是帮助整理浙江昆剧团的历史。昆曲，从此似乎再也没有离开过我。

在父亲的言谈中，周传瑛是我当年有关昆曲最耳熟的名字，是浙江昆剧团的台柱老艺人。1920 年，在苏州由一些爱好昆曲的商人和几个名师建立了"昆剧传习所"，培养了一批"传"字辈艺人，周传瑛为其中一员。9 岁进入传习所，取了艺名周传瑛，从此，原名周荣根再也不为人所知了。这批"传"字辈演员为拯救当时已经奄奄一息的昆曲，做出了令人心酸的努力。例如，坚持下来的南昆著名艺人沈传芷、朱传茗，《十五贯》中扮演娄阿鼠的王传淞，还有就是扮演况钟为一绝的周传瑛。周老不怎么有"文化"，可是肚子里的戏上百出，口中的词曲句句成章成调，脚下的戏步子数十年从未乱过方阵，心中感情是"生为昆曲之魂，死为昆曲之灵"。

之后，我对昆曲在文字上的朦胧崇敬印象，慢慢转为了现实的体验。汗水圆了我的少年梦，进入浙江歌舞团成了专业小提琴演奏员。浙江歌舞团一

---

① 刘士林主编：《江南人文关键词》，上海音乐学院出版社 2003 年版。

《牡丹亭》第十
出《惊梦》石林
居士序本插画

直与浙江昆剧团邻邦相依，都坐落在杭州著名园林黄龙洞边上。每每傍晚，听到的一面是园林里黄龙嘴中呼出的水流声，伴随着龙井茶香，另一面便是隔壁窗口，时而缓缓的曲笛、鼓板中传来的昆腔的舒缓"水磨"之音。久而久之，对昆曲不由得更为亲近了。

昆曲的产生要归功于江南吴地的山水、语言和人文，归功于昆山曾有过的山腔小调，更要归功于那位"足迹不下楼者数十年"潜心钻研的魏良辅。世人对魏良辅的历史知之甚少，只知道其大约生活在嘉靖、隆庆年间，江西人，长期居住太仓。据资料，他熟谙当时"四大声腔"中的江西弋阳腔、浙江余姚腔和江苏昆山腔三大腔。"足迹不下楼者数十年"当然是有一点夸张，但良辅先生凝神探究并对昆山腔进行了改良是事实。

第一次听昆曲是我赴上海音乐学院读研究生前夕。听人说，清代演出一场完整的洪昇《长生殿》要三天三夜，而且士大夫们是伏案读本、逐字逐句、一拍一眼地看戏听曲的。因此，我带着神秘、崇敬和好奇的心情，直盯盯地看着字幕，一刻也不敢走神，听了一出折子《游园·惊梦》。有了真实的听曲经验，这才知道昆曲为什么会被称为"水磨调"。

昆山腔原为地方小调，并无任何章法规矩，今人也不知道其究竟"潦草""业余"或甚至"讹陋"到什么程度。但就我们所知道的，经良辅先生改良后的昆山腔有一套谨然有序的艺术规范。他在其著名的《曲律》中这样说道，"曲有三绝"，一是"字清"，二要"腔纯"，三为"板正"，

"曲有两不杂"，南曲不可杂北腔，北曲不可杂南字；"曲有五不可"，高不可、低不可、重不可、轻也不可，更不可自作主张；"曲有五难"，开口难、出字难、过腔难、低难，转收入鼻音则更难；还有，"曲有两不辨"，不知音者，不与其辨；不喜欢者，亦不与之辨。

在良辅先生的这一番"清规戒律"下，昆曲被称为坐"冷板凳"式的"水磨调"。沈宠绥将昆曲的唱总结为"声则平上去入之婉协，字则头腹尾音之毕匀"。那究竟是一种什么样的演唱风格和方式呢？

留学美国后，我将昆曲的精华介绍给了西方社会。我告诉他们，昆曲承袭了唐宋以来华夏文化最重要、最根本，也是最经典的音乐传统——"以文化乐"，即以文词作为声调的基础，以语言作为旋律的根本，以韵律作为节拍结构的核心而形成的音乐文化风格，俗称"依字行腔"。

我们常把音乐比喻成一种语言，这是因为音乐像语言那样有词汇、句法、结构等。但是，在我看来，说音乐类似于语言并非完全是因为它们在形式上有很大的相似性，而主要是由于音乐和语言一样具有表达的功能，表达情感、思想，甚至文化的功能。这种表达功能是一种历史的积淀、文化的积淀，是人对于音乐这样一种特殊的"语言"的认识。从另一个侧面来讲，音乐作为一个独立的艺术形式具有"音乐叙述"性，这种性质是自足的、内在的、结构性的。从本体论意义上来说，它"自己说着自己的话"，就像欧洲交响乐有着"自己的语言"，中国京剧有着"自己的腔调"，印度尼西亚"佳美兰"有着"自己的音程语汇"，印度拉加有着"自己的微音体系"等。然而，这还只是对事物现象上的理解。当我们带着究其原因的态度来进行"音乐叙述"时，就能注意到这些"自足自给"的"音乐叙述"是一种历史文化的积淀。

中国音乐中"文"与"乐"的关系与其他国家和民族的音乐是不同的。中国民族音乐的特征是以"文"化"乐"，也就是说，音乐是建立在文辞语言的基础上的，是"依字行腔"的。最典型的就是昆曲的唱。昆曲的音乐哪里来的？它不是像现代作曲家那样"作曲"作出来的，不是设想一个动机然后再发展成一个作品的，也不是以音乐来带动歌词内容的，更不是只听旋律就能够理解文字的意思的。昆剧的音乐是地地道道、彻头彻尾地按照语言的声韵、文字的意思而来的。"平上去入"各有其"打谱"和演唱的规定。一首没有平仄格律的新诗是不能"打谱"的，也是不能演唱的，比如，七个华丽浪漫的平声字，"打"出来的音乐要么是七个 Do，要么是七个 Mi（或别的什么音），是不能成调调的。其中，"打谱"演唱中对字的"头、腹、尾"的"切韵"是有严格要求的，文辞的格律结构中板眼的节拍是有规定的。这种情形下产生的音乐完全依附于文字语言，不认识字词、不了解词意、读不懂诗文，是听不懂昆剧的唱的，说实话，也是没有听头的。这就是为什么很少有单独的昆曲中的旋律成为器乐音乐。因此，魏良辅在《曲律》中总结："五音以四声为主，四声不得宜，则五音废矣。"①

昆曲之所以能够成为"一代之文艺"，除了魏良辅以及他的一些同志者们，另一位重要的人物就是梁辰鱼（伯龙），他将"依字行腔"的方式和"以文化乐"的理念实施到了舞台，一出开天辟地的剧目《浣纱记》，使得魏良辅的新昆山腔"冷板凳"成为集念、打、做、唱为一体的综合性舞台艺术。从而"清唱"走向了"剧唱"，昆剧诞生了！

总结来看，昆曲是中国最典雅、最具文学性的戏剧。它盛行于 16 至 18 世纪之间。在音乐、戏剧和文学这三方面，昆曲在当时都到达了巅峰，它可以称得上是中国历史上最成熟和完善的艺术表演形式。从戏剧角度说，昆曲建立了完整的舞台表演体系，角色制一直作用在今天的传统戏剧舞台上；昆曲发展了自身独特的舞台语言规范，它唱腔道白的语音推动中国音韵学趋于成熟；昆曲音乐创作是语言与音乐相辅相成的典范，又是音乐和词文完美结合的样板，从而形成了中国曲牌体音乐的特殊风格；昆曲的唱，更是以"水磨调"的演唱修养、"头腹尾"的吐字技巧、魏良辅十八节《曲律》规范，对后世的传统戏曲和民族歌曲的演唱产生了巨大影响；昆曲的价值不仅在音乐，而且它的剧目中有不少是中国古典文学的经典，诸如著名的"玉茗堂四梦"、《桃花扇》《长生殿》等。因此，在很大程度上，昆曲包含了整个中国古典文化的内容。

作为文化，它的发生和成熟或衰败，都不是哪一个人的意愿能够左右的。

---

① 中国戏剧研究院编：《中国古典戏曲论著集成》第 5 册，中国戏剧出版社 1959 年版，第 5 页。

尽管魏良辅及梁辰鱼他们为昆曲的问世做出了不朽的功绩，但就整体而言，昆曲的诞生是在一个特定的地方环境、特定的时代条件下。

昆曲之所以出现在江南，一方面是因为江南的自然地理环境。没有水，怎能"水磨"？没有那样多姿秀丽的景象，怎能坐得了"冷板凳"？那当然也是因为有了昆山的小调和江南的话语声调，才能"依字行腔"。另一方面，是因为明代的江南商品经济发达，不仅农业很是发展，而且手工业中也滋生出不少资本经济的苗头。明人蒋以化《西台漫记》卷四中有一段记载：

> 我吴市民罔藉田业，大户张机为生，小户趁织为活。每晨起，小户百数人，嗷嗷相聚玄庙口，听大户呼织。日取分金为饔飧计。大户一日之机不织则束手，小户一日不就人织则腹枵，两者相资为生久矣。[1]

虽然从中看到了不少剥削，但通过雇佣关系产生了资本运作方式。昆山靠着苏州的丝织产业，"机声轧轧，子夜不休，贸易惟花、布"。[2] 明人冯梦龙在《醒世恒言》中曾对江南的工商业繁荣景象描述道："镇上居民稠广，土俗淳朴，俱以蚕桑为业，男女勤谨，络纬机杼之声，通宵彻夜。市上两岸绸丝牙行约有千百家，远近村坊织成绸疋，俱到此上市。四方商贾来收买的，蜂攒蚁集，挨挤不开，路途无伫足之隙。"[3] 在这样一个商贸繁华的"锦绣之乡"，人们怎能不需要歌舞戏曲的陪伴消闲？白日里，人们埋头于喧哗嘈杂的生意经；夜晚中，市民们便要求在轻缓优雅的丝竹管弦声中，聆听功深熔琢、气无烟火、启口轻圆、收音纯细的曲唱。

可是，仅那些口袋里有几个铜钱的市民、商贾是造就不了艺术的，一个文人阶层的存在和参与，决定了昆曲的成熟。江南自古出才子，从明代末期到清代初期约两百年间，有四百余位文人作家参与"传奇"的写作，产生了近三千部作品，其中江南文人占据了大部分。家父洛地著有《戏曲与浙江》，他提到，就浙江而言，嘉靖到明亡百余年的历史中，剧作家有109

① 蒋以化：《西台漫记》卷四，明万历刊本，第5页。
② 陈梦雷：《古今图书集成·职方典·苏州府部》，中华书局1985年版。
③ 冯梦龙：《醒世恒言》上册，人民出版社1956年版，第359页。

人，剧作 350 种；清代约三百年间，剧作家 125 人，剧作 294 种。虽然这只是浙江地区，而且统计也未必精确，但足以反映江南文人在"传奇时代"中的作用。

江南，昆曲的故乡，这是我们每一个江南人为之骄傲的地方。自南宋有了戏文，继之发展到了"传奇"，进而成为今天的昆曲，江南的水土、人文为人类文化创造了举世瞩目的财富。因此，江南不仅是一个山清水秀的江南，也是凝聚了无数有识之士和艺人心血的江南。

江南是美丽的，江南更是有文化的。

（二）万宇：豫剧与昆曲①

江南这个格外曲折与晦涩的春天，似乎真有点昆曲的味道。春天最合闲情绮思，在江南莺飞草长的自然景观之上附加"玉人何处教吹箫"的文化想象，这才符合人们对于江南的审美想象与兴味，哪管她已是一片水泥森林。那里没有杏花春雨，而这缠绵婉转的昆曲无疑成为最能体现江南记忆与想象的表征之一。

"良辰美景奈何天，便赏心乐事谁家院？"苏州的拙政园里，有一座古色古香的小舞台，在平常日子里这是戏剧史陈列的一处实物标本，而一旦管弦声起，那凝固在历史尘灰中的"活化石"又重新生动鲜活起来，明艳不可方物。舞台四面是回廊，廊上有一排玻璃明窗，朴素蓝布幕帏，台前左右挂着大小十来盏宫灯。四周错落的藤椅充当观众席，不只是正面，坐在左右两侧也能很好地观赏台上的表演。

在这座古典舞台上，没有现代化的音响装置，也不需要。台前没有难看的扩音器，也不必担心突然传来震耳欲聋的怪声。纯净的本色喉咙，真是好听。对声音的控制、节奏速度的顿挫疾徐、咬字吐音的讲究使被围困在电子噪音中的现代人如闻天籁。昆曲表演中所强调的"圆"字也从演唱、舞姿当中体现出"完整的、立体的美"，不只满足于构成一幅理想的平面舞台场景。昆曲被联合国教科文组织命名为"人类口头遗产和非物质遗产代表作"，就是因为其文词、曲调、舞蹈三者完美结合。昆曲行腔优美，以缠绵婉转、柔

---

① 万宇：《豫剧与昆曲：地域性格与文化想象》，《中国文化报》，2005 年 1 月 27 日。

曼悠远见长。音乐婉丽妩媚，一唱三叹，伴奏乐曲齐全，以声若游丝的笛为主奏乐器。曲词典雅美丽，具有文学审美价值。《游园·惊梦》两折是昆曲代表作之一，富有浪漫色彩，至今仍长演不衰。"原来姹紫嫣红开遍，似这般都付与断井颓垣"，淡淡的哀伤意味与"雨丝风片，烟波画船"自然风物相映成趣，不再仅仅是"如花美眷，似水流年"的幽闺自怜，更像是一种"徒唤枉然"的追忆。对于一个逝去的时代与江南意象的追忆，那个已逝的江南春天与正在逐渐变成文化标本的昆曲一样，徒唤了枉然。曲词的晦涩文言，唱腔的宛转缓慢，行腔转调的细密，昆曲渐渐失去了绝大多数人的欣赏与关注。伴随着戏曲这种文化形式的日渐式微，尤其是偏重曲词欣赏的昆曲，其内容、题材范围难以更新，生存空间日渐狭窄，逐渐成为文化"活化石"。

江南还是乍暖还寒、春江水暖时节，而北方正是朔风连日、沙尘满天的多事之春，在这广袤的平川沟壑与漫漫风沙中产生了急管哀弦、紧锣密鼓的豫剧也不足为奇了。豫剧曲调高亢激越，曲词质朴、多用口头语言，声调慷慨，闻之血气动荡，这与浅斟低唱、婉转曼妙的昆曲截然不同。豫剧深深根植于普通民众中，寻常街巷中往往能遇到捧着收音匣子忘神听戏的人们，听之唱之，怡然自得。无论鹤发老翁还是垂髫稚子都能字正腔圆地吼上那么几句。河南电视台的豫剧卡拉OK节目《梨园春》长期保持着高收视率，业余演员的表演水准相当专业。这些来源于民众对豫剧不计功利回报的兴趣与热爱，如同种子被播洒在每一个河南人的心田当中。发芽、开花，乡音、乡情融汇在豫剧的唱腔中，浓得化不开。

豫剧有着独特的板式结构和比较完整的音乐程式，在吸收了坠子、大鼓、京剧的唱腔、剧目和表演技巧的基础上不断发展。以唱功见长，唱腔流畅、节奏鲜明、极具口语化。唱词通俗易懂，多为七字句或十字句，一般吐字清晰、行腔醇畅、易为听众理解。表演风格朴实、乡土气息浓厚，带有浓重的地方戏色彩，深受民众欢迎。曲调流畅，节奏鲜明，文场柔和舒畅，武场炽烈劲切，艺术风格豪迈激越。它也被称为河南梆子、河南高调。因早期演员用本嗓演唱，起腔与收腔时用假声翻高尾音带"讴"，又叫"河南讴"。在豫西山区演出多依山平土为台，当地称为"靠山吼"。因为河南省的简称为

"豫"，新中国成立后定名为豫剧。戏曲的主要人物多以民众耳熟能详的传说故事为背景，多以英雄人物为主线，比如"谁说女子不如男"的花木兰、忠勇传家的杨家将"穆桂英挂帅"、家喻户晓的三国诸葛孔明的故事，都是豫剧的经典剧目。豫剧中所张扬的忠肝义胆、精忠报国、忧国忧民、鞠躬尽瘁的入世情怀，也是为广大观众所接受的精神内核。中华人民共和国成立后又有《朝阳沟》等现实主义题材的改良豫剧，其中《花木兰》《穆桂英挂帅》《唐知县审诰命》(《七品芝麻官》)、《秦香莲》(《包青天》)、《朝阳沟》《人欢马叫》等均被摄制成影片。

伴随着"刘大哥讲话，理太偏，谁说女子享清闲"的激越唱腔，被路遥称为"中国吉卜赛人"的河南人走遍大江南北，也将他们的豫剧带到了五湖四海。河南人之所以为河南人，缘于地域，缘于历史，缘于血脉，从某种意义上讲，也同样源于这样慷慨激越的豫剧精神，这是他们的精神血脉。豫剧不仅代表着一种文化消费，也逐渐成为河南的文化符号之一。如同遭受过太多屈辱与灾难的中原土地，豫剧那种与生俱来的悲凉色彩在高亢激越的唱腔中充分体现，对命运的抗争，对正义的传诵。仔细体味，豫剧是一种很有尊严的戏剧，有着勃勃正气与铮铮傲骨。而在昆曲中绝对没有的武戏又体现了河南地域性格的另外一面。伴随着每一个闯荡世界的河南人，无论是失败的悲苦，成功的欢欣，还是挣扎的惨酷，奋进的豪壮，豫剧和河南人共同体味着这些强烈甚或不免粗糙的情感。如果你想理解河南人，不妨从听豫剧开始，这是中原人向你敞开心扉的精神线索。

而昆曲则与当时江南士大夫的生活情趣、艺术趣味相一致。对闲适与空灵的欣赏形成昆曲轻灵曼妙、节奏舒缓的艺术境界。江南的春天，花谢花飞，内心深处不免涌起对青春、对人生的淡淡哀愁与悲凉。昆曲的音乐、唱腔中也时常显现出这种惆怅、缠绵的情致。直到今天，对于江南的整个文化想象仍能在轻灵曼妙的昆曲演出中得到极大的满足。昆曲的舒缓、惆怅、轻灵、曼妙，不仅代表着明清江南士大夫的欣赏趣味，更负载了我们今天对于江南的文化想象。这种集体无意识的力量相当强大，甚至可以改变我们观察外在世界的视角，完全忽视了日新月异的江南风物。

地方戏剧所负载的不仅仅是一种地域的标签，它还体现了当地的精神内核与文化性格，更深层次地打上了文化想象的烙印。这不是一朝一夕、一砖一瓦所搭建的，而是经过漫长的历史文化沉积与不断的文化塑造层累而成。

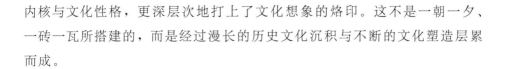

三　张婕：江南地区的私家园林①

（一）概述

留存至今的江南古典园林中，范围最广，数量最多，最具有代表性的便是私家园林，大多为"文人写意山水园"。随着宋朝的南迁临安，大批官吏、富商涌至苏杭，造园盛极一时。明清两朝以科举取士，江南中举进京为仕者为数不少，这批文人告老还乡、返回故里后多购置田地，建造园林。江南私家园林宅园合一，通过建筑与山、水、花、木的完美结合，在城市中创造出人与自然和谐相处的居住环境。通过叠山理水，栽植花木，形成充满诗情画意的"城市山林"，使人"不出城廓而获山水之怡，身居闹市而得林泉之趣"，达到"虽由人作，宛若天开"的艺术境地。

杨廷宝、童寯在《苏州古典园林·序》中强调："中国古典园林精华萃于江南，重点则在苏州，大小园墅数量之多、艺术造诣之精，乃今天世界上任何地区所少见。"② 其中，以拙政园、留园、网师园、环秀山庄、沧浪亭、狮子林、耦园、艺圃、退思园为代表的苏州古典园林已被联合国教科文组织列入世界文化遗产名录，其艺术、自然与哲理的完美结合，创造出惊人的美和宁静的和谐。

江南私家园林之经典代表，最著名的便是苏州拙政园。始建于明代正德四年（1509 年），典雅精致，景色优美，具有浓郁的江南园林特色。经过 500 多年的沧桑变迁，拙政园至今仍保持着平淡疏朗、旷远明瑟的明代园林风格，是全国特殊游览参观点、国家首批重点文物保护单位，为中国四大名园之一。

---

① 刘士林主编：《江南文化资源研究》，百花洲文艺出版社 2019 年版。
② 刘敦桢：《苏州古典园林》，中国建筑工业出版社 1979 年版，第 1 页。

清　钱维城《狮子林图卷》

表 1　苏州现存主要古典私家园林一览表

序号	名称	位置	建造年代	保护现状
1	拙政园	东北街 178 号	始建于明	完整
2	留　园	留园路 338 号	始建于明	完整
3	网师园	阔家头巷 11 号	清	完整
4	环秀山庄	景德路 262 号	清	完整
5	沧浪亭	沧浪亭街 3 号	始建于宋	完整
6	狮子林	园林路 23 号	元	完整
7	艺　圃	文衙弄 5 - 7 号	始建于明	完整
8	耦　园	小新桥巷 5 - 9 号	清	完整
9	拥翠山庄	虎丘景区内	清	完整
10	曲　园	马医科 43 号	清	完整
11	怡　园	人民路 1265 号	清	完整
12	五峰园	五峰园弄 15 号	始建于明	园林部分已修复
13	惠荫园	南显子巷 18 号	始建于明	部分假山已修复
14	听枫园	庆元坊 12 号	清	较完整

续　表

序号	名称	位置	建造年代	保护现状
15	天香小筑	人民路 918 号	民国	完整
16	潘宅（礼耕堂）	卫道观前 1 号	清	东部花园残存
17	潘世恩宅（英王府花园遗址）	钮家巷 2、3 号	清	半废
18	鹤　园	韩家巷 4 号	清	完整
19	真如小筑	原泰让桥弄	清	修复完整
20	北半园	白塔东路 60 号	清	较完整
21	朴　园	高长桥 8 号	民国	完整
22	可　园	人民路 708 号	清	较完整
23	近代住宅花园	庙堂巷 8 号	民国	较完整
24	南半园	仓米巷 24 号	清	残存
25	柴　园	醋库巷 24 号	清	部分完整
26	任宅花园	干将西路（原铁瓶巷）	清	半废
27	吴家花园	梵门桥弄 8 号	明清	半废
28	畅　园	庙堂巷 22 号	清	较为完整
29	残粒园	装驾桥巷 34 号	清	基本完整
30	荫庐（遂园）	景德路 303 号，慕家花园 16 号	清	基本完整
31	塔影园	山塘街 845 号	清	半废
32	唐寅故居	双荷花池	明	基本完整
33	费宅花园	桃花坞大街 176 号	清	残存
34	余　园	阊门西街 38 号	清	半废
35	万氏花园	王洗马巷	清	修复中
36	静中院（詹宅）	闾邱坊 4、6 号	清	较完整
37	王宅花园	西花桥巷 24、25 号，白塔西路 39-43 号	清	残存
38	慕　园	富仁坊巷 72 号	清	残存

序号	名称	位置	建造年代	保护现状
39	庞莱臣故居	颜家巷 26、28 号	清	半废，已维修
40	秦　宅	大石头巷 22、24 号	清	半废无园
41	吴家花园	东小桥弄 3 号	民国	较完整
42	南园丽夕阁	南园宾馆内	民国	较完整
43	墨　园	526 厂内	民国	半废
44	绣　园	马医科 27、29 号	清	1995 年修复，完整
45	尚志堂吴宅	西北街 58、66 号	清	2004 年修复，完整
46	师俭园	马大篆巷 35、37 号	清	2004 年修复
47	双塔影园	官太尉桥 15、17 号	清	1997 年修复，完整
48	杭氏义庄	东花桥巷 41 号	清	2007 年修复，完整
49	莳湄草堂	盛家带 29 - 33 号	清	2004 年修复，完整
50	晖园（晦园）	东美巷 17 号	清	部分修复
51	桃园（陶氏宅园）	盛家浜 8 号	民国	2004 年修复，完整
52	阙园（李根源故居）	十全街苏州饭店内	民国	基本完整
53	刘振康宅园	金石街 33 号	民国	残存，无建筑
54	顾氏花园	申庄前 4 号	清	半废
55	退思园	吴江区同里古镇新填街 234 号	清	完整
56	羡园	木渎镇山塘街王家桥畔	清	完整
57	虹饮山房	木渎镇山塘街	清	完整
58	遂初园	木渎东街	清	部分修复
59	启园	吴中区东山镇启园路 39 号	民国	完整
60	燕园	常熟辛峰巷	清	完整
61	曾园	常熟甸桥东路	明	完整
62	乐荫园	太仓沙溪	始于元末	1982 年重建，完整

表2　江南地区主要私家古典园林一览表（不含苏州）

序号	名称	地点	始建年代
1	瞻园	南京	明
2	煦园	南京	明
3	个园	扬州	清
4	何园	扬州	清
5	小盘谷	扬州	清
6	寄畅园	无锡	明
7	近园	常州	清
8	未园	常州	近代
9	乔园	泰州	明
10	水绘园	如皋	明
11	郭庄	杭州	清
12	绮园	海盐	清
13	小莲庄	湖州	清
14	沈园	绍兴	宋
15	天一阁	宁波	明
16	西园	西塘	明
17	豫园	上海	明
18	古漪园	上海	明
19	嘉定秋霞圃	上海	明
20	松江醉白池	上海	清
21	曲水园	上海	清

（二）特点

1. 多元统一的立意与风格

江南地区自然条件与文化的差异，导致各地古典园林呈现出不同的地域特色，如融南北于一体的金陵园林，以苏州为代表的吴地园林，以扬州为代表的淮扬园林，西风渐进下的上海园林等。各地园林自有特色，但都以满足园主的物质和精神生活需要为目的。精心营构"诗情画意的城市山林"，成为江南私家园林的造园立意和宗旨。

2. 以"小中见大，曲折幽深"为园林布局特征

造园是造境和造景的艺术。江南私家园林面积有限，要在有限空间内创造丰富的园林景色，须采用化整为零、小中见大的手法，把全园划分与组合成主次分明、疏朗相间的大小园林空间。园林的山水布局、亭阁配置、花木栽植、园路山径均因地制宜，师法自然，以中国画论"密不透风，疏可走马，疏密有致"的参差规律，造就文人写意山水园，达到"虽由人作，宛自天开"的艺术境界。

3. 以"诗情画意，融汇一体"凸显园林意境

江南私家造园艺术融自然景色和诗情画意于一体，创造出情景交融的理想境界。从园名到景名、厅堂名，再到植物配置、山水布置，运用匾额、楹联、题额的形式，体现了深厚的历史文化内涵，融入了中国传统的哲学理念、文学艺术和民风风俗，具有多元文化的特征，形成了博大精深的园林文化，使人们在游览欣赏秀丽园景时，感受不可言传的意境之美。

四 李正爱：春花秋月何时了①

> 鹅湖山下稻粱肥，豚栅鸡栖半掩扉。
> 桑柘影斜春社散，家家扶得醉人归。

第一次知道"社"是儿时读唐王驾《社日》诗，但不明白为何春秋都要祭社。而鲁迅《社戏》曾这样描写江南绍兴社戏，人们坐着乌篷船从四面八方来看社戏，"最惹眼的是屹立在庄外临河的空地上的一座戏台，模糊在远处的月夜中，和空间几乎分不出界限。我疑心画上见过的仙境，就在这里出现了。这时船走得更快，不多时，在台上显出人物来，红红绿绿的动，近台的河里一望乌黑的是看戏的人家的船篷"，②似乎更能引起一个少年的好奇。

《说文解字》解"社"字为"从示从土"。"示"即祀，表天象，见吉凶，

---

① 刘士林主编：《人文江南关键词》，上海音乐学院出版社 2003 年版。
② 鲁迅：《呐喊》，民主与建设出版社 2019 年版，第 132 页。

所以示人也，示神事也。又曰："社，地主也。"地主即土地神。春社、秋社是在特定的日子里祭祀土地神以求神灵庇佑和回报神灵的厚赐，所以要春祈秋报。南宋辛弃疾有词云"旧时茅店社林边"，这"社林"所指即为江南的社庙和社旁的树林。不远处村庄社鼓的热烈与喧闹，与清风明月下神社的几分苍凉与肃穆、悠远与神秘，颇能使人想起"佛狸祠下，一片神鸦社鼓"这样的词句。

在江南，春社，一般在农历正月初二起到十五为止；秋社，一般在农历七月初七起到二十为止。春秋祭社，一乡之人，无不会聚。清人曾详细记载了当时苏州的社祭风俗，春社祭神，各乡要向土地神庙供纳"钱粮"，给诸神解天饷："司香火者董其事。庙中设柜，收纳阡张、元宝，俗呼钱粮。凡属境内居民，每户献纳一副、十副、数十百副不等。每完一副，必输纳费制钱若干文，名曰解费献纳……"[①] 献纳稍迟时还要"催钱粮"，派人沿街鸣锣通告催促。献纳时间有头限、二限、三限之分。在限满之日，用披彩的马载着鼓乐，盛设仪从，将神抬到城郊的穹隆山上真观里，在玉帝殿庭将收罗到的"钱粮"焚化，送给各路神仙，为境内居民祈福。

三月三上巳节本源于古代的春社和高禖祭礼。江南的文人学士则把社祭、社日以及上巳节变成为文人雅集赋诗的盛会。东晋穆帝永和九年（353 年）三月三日上巳节，王羲之与当时名士孙统、孙绰、谢安、支遁等四十一人在会稽境内的兰亭集会。与会者临流赋诗，吟咏风物，感触民风或寄身于山水，"屡借山水，化其郁结"（孙绰《三月三日兰亭集诗序》）。汇集成册后王羲之写成序文《兰亭集序》："永和九年，岁在癸丑。暮春之初，会于会稽山阴之兰亭，修禊事也。群贤毕至，少长咸集。此地有崇山峻岭，茂林修竹。又有清流激湍，映带左右，引以为流觞曲水，列坐其次。虽无丝竹管弦之盛，一觞一咏，亦足以畅叙幽情。是日也，天朗气清，惠风和畅。仰观宇宙之大，俯察品类之盛，所以游目骋怀，足以极视听之娱，信可乐也。"[②] 王羲之不仅书法独绝，其文也才思俊朗，触景兴怀，俯仰有余情，缥缈旷达，苍凉感叹之中逸趣无穷。

---

① 顾禄：《清嘉录》，江苏古籍出版社 1999 年版，第 54 页。
② 张溥、吴汝纶编选：《汉魏六朝百三家集选》，吉林人民出版社 1998 年版，第 223-224 页。

八月秋社又是一番热闹非凡。二十四日秋社。江南习俗人们各以社糕、社饼、社酒祭祀馈送；煮糯米和红豆做成团，用来祭祀社神，后称作"糍团"；做社饭，以猪羊肉、腰子、肚肺、鸭饼、瓜姜等切成细片，调好味盖在饭上，请客供养。社日中秋士女成群出游，翩翩相随，兴致追逐，随意而往，或至琳宫凡宇烧香求愿。城中圆庙观尤其为游人所争集，来自四方杂耍诸戏各献所长，使游客流连忘返。"至城外西园，则掷馒首于放生池，引鼋浮水而食以为乐。妇女暗数罗汉，卜年庚之顺逆。"①

中秋之夜，不管有无月亮，苏州虎丘都要举行一次赛曲大会。明代袁宏道《虎丘》文和张岱《虎邱中秋夜》都详细描写了虎丘中秋夜赛曲的盛况和曲艺的艺术水准。这天全城轰动，士子、士女及丫鬟、仆役都精心打扮，着靓妆丽服，都于此时带着席子，置酒菜，前往虎丘赏月、听曲、游乐。从千人石上至山门，戏班栉比如鳞，檀板丘积，樽缶云泻。远远望去如雁落平沙，难以尽数。其曲精妙绝伦悠扬缠倦，往往叫人拍绝称快。时人称是"林间度曲鸟栖息，石上传杯兔影凉"（邹迪光《中秋虎丘纪胜》）。艺术水平竟达到使欣赏行家们"摇头顿足""不敢击节，惟有点头"的程度。②

《湖州府志》载"立冬至岁底数月，乡村皆演戏酬神，谓之社戏"。③"春秋二季，迎神赛会，演戏出灯，几无虚日，争奇竞胜，呼朋引类，沉酣酒食"（杨震福等纂《（光绪）嘉定县志》卷八"风俗"）④。

林立的祠庙千百年来，或临江渚，或傍山野，年年拜祝酬谢山神土地，隆重而又庄严。人们至今已无法知道请过多少次神又送过多少次。只是年复一年请求神灵保佑，要晴时许放晴，要雨之时能得雨，但愿人所祈愿的神都会许诺准允。神庙前女巫跳着神巫的舞步，唱着祝神歌，呜呜喑喑歌讴声伴随着咚咚的乐鼓，假扮成社神的模样为博得神的欢心，赐予人类丰收的稻谷，神灵则以烟云团聚暗示神语。江南的社戏并不是单纯的娱乐，而是与祭神、娱神、祈福、巫祝结合在一起的祭祀仪式当中的一个部分。

---

① 顾禄：《清嘉录》，江苏古籍出版社 1999 年版，第 14 页。
② 张岱：《陶庵梦忆》，上海古籍出版社 1982 年版，第 47 页。
③ 周学濬、陆心源等：《（同治）湖州府志》，成文出版社 1970 年版，第 575 页。
④ 上海市地方志办公室、上海市嘉定区地方志办公室编：《上海府县旧志丛书·嘉定县卷》，上海古籍出版社 2011 年版，第 1998 页。

在唱社戏前总是要先祭神祈愿、酬神，举行赛神大会。范成大《乐神曲》
记当时的赛神情况：

> 豚蹄满盘酒满杯，清风萧萧神欲来。
>
> 愿神好来复好去，男儿拜迎女儿舞。
>
> 老翁翻香笑且言：今年田家胜去年。
>
> 去年解衣折租价，今年有衣著祭社。

另《唐栖志略》载吕水山《五显神赛会》诗曰：

> 东南信鬼神，到处裡祀虔。栖水一隅耳，有庙临河边。年年逢赛会，
> 不惜挥金钱。
>
> 沿塘舞鱼龙，并舫行秋千。百戏续续来，歌鼓声连延。

　　江南的社戏当是非常热闹有趣的。总记得小时候有社戏上演，戏台上有
咿咿呀呀、翻滚打唱的戏子，台下人声鼎沸、热闹好玩，而那戏子是不被在
意的，关心的只是台下的小玩意，各种吃食。清人顾禄《清嘉录》卷二中这
样记载：苏州"二三月间，里豪市侠，搭台旷野，醵钱演剧，男妇聚观，谓
之春台戏。以祈农祥……于田间空旷之地，高搭戏台，哄动远近，男妇群聚
往观，举国若狂"①。苏州的豫园、晴午、景轩眉，同时会上演春台戏，几乎
天天都有社戏。农人甚至为了去看社戏会早早停下手中的活儿，呼朋邀伴相
约着一起老早来到庙楼前的戏台边，为的是抢一块好地方看戏。陆游曾这样
描写江南百姓观看社戏时的情形，"太平处处是优场，社日儿童喜欲狂，且看
参军唤苍鹘，京都新禁舞斋郎"（《春社》诗）。可以想见当时春社、秋社的盛
况非同一般。

　　明人张岱对戏曲的喜爱，受江南社戏的影响很大。他自小生活在江南，
习惯了江南社戏的演出方式、场面和艺术品位。他在《陶庵梦忆》卷七"润

---

① 顾禄：《清嘉录》，江苏古籍出版社1999年版，第54页。

水乡社戏

来源：绍兴文旅官网

中秋"和"西湖七月半"中记载：自己曾于明崇祯七年（1634 年）闰中秋时仿苏州虎丘赛曲会，约集友人会于蕺山亭，各人"携斗酒、五簋、十蔬果、红毯一张"，[①] 与会 70 多人，加上歌童、乐伎共 700 余人。"同声唱澄湖万顷"，"声如潮涌，山为雷动"。半夜时分，再于山亭"演剧十余曲"。一时间观者千人，如此直到"四鼓方散"。[②]

到了社日这一天，村民抱出自酿的好酒与呼朋引伴，第邀相饮，酒有秋露白、杜茅柴、十月造、三白酒等。"柏酒初开排日饮，辛盘速出隔年藏……沿习乡风最直率，五侯鲭逊一锅香。"（范来宗《留客诗》）虽然没有像屈原《招魂》"挫糟冻饮，酎清凉些。华酌既陈，有琼浆些"那样的上等美酒与佳肴，女乐陈钟按鼓，新歌相伴，但阵阵的社鼓神歌也同样令人沉醉喜悦；虽然村姑小妇比不上美人朱颜红酡，但那多情的娭光眇视，秋波流转，也不乏动人的娇媚，还多了一点憨厚淳朴。"娭酒不废，沉日夜些"，这喝酒的心情总是相同的。人神沟通起来忘掉彼此的界限，唯有酒能将狂欢热闹的气氛推

---

① 张岱：《陶庵梦忆》，上海古籍出版社 1982 年版，第 67 页。
② 张岱：《陶庵梦忆》，上海古籍出版社 1982 年版，第 67 页。

到顶点。唐代诗人王驾《社日》"家家扶得醉人归"描写了江南山清水秀的农村春社。全村出动祭祀社神，热闹欢乐到日影西斜方才散社，亲朋故人相聚，尽情痛饮，稻花香里醉眼朦胧地说着丰年好景，直到点点星辰上来片片的蛙声响起，才意犹未尽地由家人扶着歪歪斜斜的醉人归去。读来也似乎令人醉了一般的轻飘愉悦。

辛弃疾当是真正体会过江南社酒的氛围的。他被贬谪闲居江西农村时，夜行黄沙道，路遇溪头的茅店社林，触景生情写下脍炙人口的《西江月·夜行黄沙道中》词：

> 明月别枝惊鹊，清风半夜鸣蝉。稻花香里说丰年，听取蛙声一片。
>
> 七八个星天外，两三点雨山前。旧时茅店社林边，路转溪头忽见。

听过萧萧的江南社鼓，酣饮过芳淳甘冽的社酒，就能体会江南的古朴简洁、纯净典雅。有"此身原作君家燕，秋社归来也不归"（韩偓《不见》诗）这种感情，想必也是非常真切可爱的。

五 李燕：一勺西湖水的诗性表达[1]

江南城市文化的真正魅力，就在于它代表着一种真正的诗性文化和审美精神。[2] 杭州西湖处于江南诗性文化的中心地位，以诗画园林为特色的题名景观以及各种文学艺术创作形成了共同的媒介记忆，并以其诗性催生了西湖人间天堂的形象。

"西湖十景"是管子"人与天调，然后天地之美生"[3] 理念的一种生动诠释。"苏堤春晓、曲院风荷、平湖秋月、断桥残雪、花港观鱼、柳浪闻莺、三潭印月、双峰插云、雷峰夕照、南屏晚钟"这十景景目，四季晨昏晴雨，风

---

[1] 李燕：《媒介视域下西湖审美形象的形成与传播》，《美育学刊》，2022年第3期，第82-92页。

[2] 刘士林：《江南诗性文化》，上海文艺出版社2020年版。

[3] 黎翔凤，梁运华：《管子校注》，中华书局2004年版，第865页。

姿各擅其胜，浓缩了西湖山水景致的精华，成为西湖山水人文化、诗意化的典型代表，为中国早期最为完整的景观系列。[①] 这种四字集名景观的传统在此后一千多年的西湖景观演化中得到传承和扩展。

西湖景观审美形象的构建与文学艺术创作密不可分。从景观形成和传播的角度来说，主要分为三个阶段：一是诗化景观，以白居易、苏轼为代表的文人对西湖景观的审美灌注，使得"天人合一"的山水空间充满诗情画意；二是景观塑形，南宋画院画师对十个典型景观进行"以诗入画"创作，从而使"西湖十景"成为历代山水绘画的母题；三是康、乾帝王钦定"西湖十景"并设置碑亭，确立了景观游赏的具体位置，盛世景观"圣境化"传播具有政治隐喻功能。在此过程中，通过宋"西湖十景"的集名扩展，元"钱塘十景"、清"西湖十八景"，直至近代以来的"新西湖十景""三评西湖十景"等，进一步扩大了西湖景观的传播效应。

随着南宋灭亡，"元惩宋撤，废而不治"，[②] 导致"西湖十景"陷入萧条状态。但作为精神栖居空间的西湖景观并未就此消失，而是以文化传承的形式得以延续。元代评出"钱塘十景"，即六桥烟柳、九里云松、灵石樵歌、孤山霁雪、北关夜市、葛岭朝暾、浙江秋涛、冷泉猿啸、两峰白云、西湖夜月。这十景与原"西湖十景"并称为"西湖双十景"，去除与"西湖十景"中"双峰插云""平湖秋月"重复的"两峰白云""西湖夜月"，称"钱塘八景"。

从"钱塘八景"景目来看，与南宋"西湖十景"相比，此"八景"与人们宗教活动以及日常生活半径联系更为紧密。元代围绕西湖景观的文学艺术创作数量骤减，从留下的绘画作品看，受文人画风格影响，更注重营造西湖气韵生动的气氛以及文人诗性趣味。

在清代，由于帝皇政治审美的需要，西湖景观审美出现"圣境化"现象。清代《西湖十景图》景观信息的标识及对御书碑亭的强调，使得文化意象的"西湖十景"敷染上皇家色彩，成为一种兼具文心与皇权圣意的

---

① 王双阳、吴敢：《文人趣味与应制图式 清代的西湖十景图》，《新美术》， 2015 年第 7 期，第 48 - 54 页。

② 田汝成：《西湖游览志》卷一《西湖总叙》，施奠东主编：《西湖文制》丛书，上海古籍出版社 1998 年版，第 4 页。

"圣境"。①

　　由于康、雍、乾三代帝王均钟爱西湖，大规模的西湖治理使西湖景观再度繁荣。据翟灏等辑的《湖山便览》记载，西湖游览景点增加到 1 016 处，恢复"西湖十景"并开辟了其他新景点，西湖再现欣欣向荣的人间天堂形象。康、乾"御制碑亭"，让"西湖十景"从史志记载发展成为景点标志。与此同时，出现了大量的应制《西湖十景图》，它们呈现出"盛世圣境"的政治景观。众多文人画家与宫廷画家创作了大量的西湖图应制绘画，包括康熙时期的王原祁，乾隆时期的董邦达、董诰、钱维城、关槐，均奉诏画过形式多样的西湖图，参与人数之众，流存画作之多，远超其他朝代，可谓极一时之盛。②康、乾两帝相继品题"西湖十景"，促使西湖风景通过程式化创作的印刷品，如导游书、十景图、西湖游览图等通俗易懂的形式实现广泛传播，在民间产生巨大的影响。

　　据《西湖志》记载，清雍正年间浙江总督李卫主持大规模治湖，修缮旧迹，增设景点，形成了"十八景"：湖山春社、玉带晴虹、海霞西爽、梅林归鹤、莲池松舍、宝石凤亭、亭湾骑射、鱼沼秋蓉、蕉石鸣琴、玉泉鱼跃、凤岭松涛、湖心平眺、吴山大观、天竺香市、云栖梵径、韬光观海、西溪探梅、功德崇坊。乾隆"杭州二十四景"则是其后期巡游杭州时，取"十八景"中的十三景"湖山春社、宝石凤亭、玉带晴虹、吴山大观、梅林归鹤、湖心平眺、蕉石鸣琴、玉泉鱼跃、凤岭松涛、天竺香市、韬光观海、云栖梵径、西溪探梅"，另增十一景"小有天园、漪园湖亭、留余山居、篁岭卷阿、吟香别业、瑞石古洞、黄龙积翠、香台普观、澄观台、六和塔、述古堂"，统称为"西湖二十四景"。

　　由此可见，从宋"西湖十景"到元"钱塘八景"、清"西湖十八景"和"杭州二十四景"，基本沿袭了南宋四言题名景观的标题形式，这种一脉相承的景观题名方式，对于西湖景观审美形象的传播发挥了重要作用。

---

① 岳立松：《清代西湖十最图的"圣境"展现与空间政治》，《北京社会科学》， 2016 年第 12 期，第 34－40 页。
② 岳立松：《清代西湖十最图的"圣境"展现与空间政治》，《北京社会科学》， 2016 年第 12 期，第 34－40 页。

《西湖与西湖十景》

来源：《乾隆杭州府志》

从社会功能来说，以"西湖十景"为核心的题名景观群是城市山水文化精神的载体，经历了从"娱天神"到"娱君王"，再到"娱官宦"，最后发展"为百姓"的过程，是一种合目的性的艺术空间的社会功能转换。①新中国成立后，随着对西湖历史文化景观遗产保护的深入，景观空间的社会功能也得到强化，1985 年的"新西湖十景"以及 2007 年的"三评西湖十景"是引导公众广泛参与而产生的。

杭州被列为著名风景城市后，1985 年杭州市政府启动了"新西湖十景"评选活动。全国各地有 10 万余人参加，共提供 7 400 余条西湖景点，广泛征集新景点、新景名，最后评选出"云栖竹径、满陇桂雨、虎跑梦泉、龙井问

---

① 王双阳、吴敢：《从文学到绘画西湖十最图的形成与发展》，《新美术》，2015 年第 1 期，第 65－72 页。

茶、九溪烟树、吴山天风、阮墩环碧、黄龙吐翠、玉皇飞云、宝石流霞"新十景。显然，"新西湖十景"更强调人在自然景观中的行动，景观大多隐藏在山水之间，景观审美形象也更为丰富和多元。

随着杭州对西湖历史景观的恢复重建和修缮整治，2007年杭州市政府举办了三评"西湖十景"活动，以实现"还湖于民""还景于民"的目标。此次评选通过近三十万人参与而评选出"灵隐禅踪、六和听涛、岳墓栖霞、湖滨晴雨、钱祠表忠、万松书缘、杨堤景行、三台云水、梅坞春早、北街梦寻"的"新西湖十景"，更加强调了西湖历史文脉的传承，同时也在老文脉基础上增加了新的审美内涵。这种跨越社会各个阶层、跨越不同年龄段、跨越地域差异的各类群体参与，彰显了西湖景观形象审美的开放性、公共性特征。正如《三评"西湖十景"》中写道的"杭州人又一次焕发出充沛的主人翁意识和参与精神"，通过三评"西湖十景"的方式，杭州人和西湖以及这座被西湖滋养的城市，更有机地融合到了一起。①

---

① 《三评"西湖十景"》，《杭州通讯（生活品质版）》，2008年第1期，第20页。

江南的人物谱系^①

与其他区域文化一样，江南文化的真精神，并不存在于抽象的概念演绎及灰色的理论体系中，而是直接澄明于一代代江南人的感性生存与生命实践中。如果真有什么生生不息的江南文化精神，那决不是先验的、静止的或一成不变的，相反正是通过一代代个体的思考和生活，才逐渐积累和发展出惊艳夺目、令世人举手加额的江南诗性文化。而各类江南人物，就是江南文化真实的承载者与创造者，并在一代代普通的肉身和日常生活中，真实地表达和再现了江南诗性文化的高贵灵魂和审美风度。

一 从符号到人物的学理进程

关于学术表达，刘梦溪将之分为两种方式：一是"借符号讲话"，"哲学家，特别是那种纯哲学家，他们往往用符号讲话。对他们而言，最重要的是范畴、概念"；二是"借人物讲话"，"因为历史是人物的活动，离开人物的活动，就无所谓历史"。一般说来，西方学者多使用符号讲话，而中国的学术与人物的关系更密切。西方学术在当下的强势地位，给我们带来了一定的负面影

---

① 刘士林：《绪篇：在江南发现诗性文化精神》，载于刘士林主编：《江南文化精神》，上海大学出版社 2009 年版。

响，如梦溪先生指出："现在学术界有一些青年也愿意借符号讲话，但是由于准备不足而往往流于空疏……这样的空疏之学，与其借符号讲话，还不如借人来讲话。"① 这两种话语方式，对于我们研究江南文化名人有重要的启示。

历史学家多以人物说话，这是世界的通则，但以中国历史著作最为典范。如钱穆指出的：《尚书》《左传》与《史记》，既是"中国史书中三个阶段，也有三种以上的体裁……《尚书》是记事的，《春秋》《左传》是编年的，而《史记》是传人的，中国历史体裁不外此几种：事情、年代、人物分别为主。一切历史总逃不过此三项。《尚书》是一件一件事地写，《春秋》与《左传》是一年年地记载，而太史公的《史记》，就一人一人地写下"。② 如果说《史记》是其中最好的，就不妨说以人物为中心是中国史学的秘密。至于为什么会这样，则与中国的文化形态相关。与西方文化是理性文化相对，我们把中国文化称为诗性文化。如果说，理性机能发达的西方人，最擅长的是以抽象的符号替代活生生的个体；那么对于诗性机能发育更为充分的中国人，则习惯于通过感性的声音、事件让生命自身直接到场。由此可知，"借人物说话"是中国特有的文化叙事方式，其基本特点可以归结为以感受含摄论证，以经验贯通理性，以细节建构本体，以人物澄明精神。它不仅与"借符号说话"在地位上完全平等，就其特别适应于中国文化经验而言，还有着直指本体、目击而道存等更上一层的特殊意义。一言以蔽之，江南文化精神并不存在于抽象的概念演绎与使人周身不自由的灰色理论体系中，而是直接澄明于人的感性生存与实践活动中。

世间万物，最复杂者莫过于人。"借人物说话"，一方面，不仅不比"借符号说话"简单容易，反而由于人情冷暖、人心叵测与人道沧桑，难度系数更高；另一方面，由于人物本身直接对应、参与甚至决定着历史进程的复杂性，因而，"借人物说话"比使用符号、概念、推理等也可更直接地深入文化与精神的底部。需要注意的是，仅仅以人物为中心是不够的。因为人是一个大概念，有希腊哲学的人，有中国儒家的人，有现代语境中非理性的人，也有后现代文化中的欲望主体，所以在阐释江南文化精神时，必然要碰到以什

---

① 刘梦溪：《学术思想与人物》，河北教育出版社 2004 年版，第 363-364 页。
② 钱穆：《中国史学名著》，生活·读书·新知三联书店 2000 年版，第 50 页。

么人为中心，或者说，什么样的、什么时代的、什么样性格的人，才是具有合法身份的代表。对于中国文化而言，如果"表现此文化之程量愈宏"者即陈寅恪所谓"为此文化所化之人"，[①] 那么也不妨将江南诗性文化理念和精神的历史承载者与创造者呼为"为江南文化所化之人"。

二 江南文化主体与中国文化主体的关联与阐释

"为江南文化所化之人"，与中国文化主体既相关又有所不同。相关是因为他们都是中国文化生命的感性载体，不同则是由于南北文化差异所导致的。由此出发，就可以确定"为江南文化所化之人"的内涵。

关于中国文化主体，第一个特点是不同于西方文化主体。与后者主要是一种"诗人哲学家"不同，前者在本质上是一种"诗人政治家"。从精神发生学的意义上看，"一般说来，注重与无机自然界相区别的民族首先发育的类本质是思维能力，正如帕斯卡说人是一根会思想的芦苇那样；对于注重人与有机的自然界（主要是动植物）相区别的民族首先发展的则是人的伦理本质，正如孟子感慨的人与禽兽的差别极其微妙，以及荀子对此的重要补充：'人之所以为人者，非特以其二足而无毛也，以其有辩也。夫禽兽有父子而无父子之亲，有牝牡而无男女之别。故人道莫不有辩。'（《荀子·非相》）所以说，与西方诗人哲学家通过理性思维区分开人与无机的自然界截然不同，中国诗人政治家则是通过'礼'的内在建设，以区别开人与禽兽的方式从原始混沌中生长出来的，因此它最为关注的正是人的政治属性与伦理本质（汉语中的'礼'恰好具有这样两重涵义）……这是一切中国文化中一切社会性活动的逻辑起点，所以说中国文化主体在本质上正是一种诗人政治家结构"。[②] 由此引申，尽管西方哲学发展到康德也开始"紧紧地抓住主体"，但由于理性文化与诗性文化、理性主体与诗性主体的差异，与康德那种建立在思辨基础上、难以把握、"与经验无关"的先验主体完全不同，以个体的感受、欲望与心理状态为基础在直观与当下生成的诗性主体，则异常的活泼清新、毫不生涩艰深，

---

① 陈寅恪：《寒柳堂集·寅恪先生诗存》，上海古籍出版社1980年版，第6页。
② 刘士林：《千年挥麈》，百花洲文艺出版社2000年版，第2-3页。

并同样能达到高深的境界。人物如此，叙事从之。钱穆说："中国古人讲人生，特点正在如是般浅近，不仅是大家懂，而且大家正都在如此做。由此基点，再逐步推到高深处。因此其所说，可成为人生颠扑不灭的真理。"①

江南文化主体发源、成长于中国诗性文化的大背景，首要特征是与西方理性主体的截然不同，但由于"江南诗性文化"与"中原诗性文化"在形态与发展上的差异，"为江南文化所化之人"还成就了十分独特的个性与风貌。具体说来，一方面，"审美"与"政治"的区别，是诗性主体分为南北二形态的主要根源。以学者为例——

> 由于现实生存条件恶劣，北方学者多关注国计民生，在学术生产上，也多持"述而不作"的态度，容易保守与守成，而于思想解放与学术创新上显得不足。在生活方式上也如此，他们一般都能严格遵守礼法与规范，以至于常常显得拘谨与呆板。与之相比，江南学人则要自由、开放许多。不少江南学者都很有个性，并表现出江南学人特有的优雅气质。如与孔子同时的季札，自然通达，博学清言，就是一例……如果说北方学人的最大特点是功利性，那么江南学者则更多地体现出非功利的审美品格。②

另一方面，这并不意味着"审美与政治无关"，由于精神的互渗律与文化的渗漏现象，江南与政治的关系往往显得更加复杂与微妙，并具体表现在"政治之后是审美"这一中国诗学的基本原理中——

> 一方面，由于中国民族的异化性力量主要来自现实世界中制度化的伦理政治符号，要追求审美自由则意味着个体必要最大限度地超越这些羁绊，因而它在逻辑上提出的一个要求就是回归自然、乡村或朴素的生命状态中。但另一方面，对于诗人来说，这两种要素之间的关系又是相当复杂的，不仅没有经过伦理政治意识提升的个体感情在本体内涵上总是

---

① 钱穆：《中国思想通俗讲话补篇》，生活·读书·新知三联书店 2002 年版，第 49 页。
② 刘士林：《国学与江南文化刍议》，《光明日报》， 2006 年 9 月 5 日。

缺乏深度，而且没有切肤之痛之现实体验的种种吟咏性情也难免有"纸上得来终觉浅"之讥，因而它在逻辑上也就提出了与前者完全相反的要求，即"审美（形式）不能脱离政治（内容）"。总结一下这既相互缠绕又激烈矛盾的两方面，或者说要正确对待与满足这两方面的要求，最关键的问题则在于如何在两者之间找到一种平衡，在防止它们各自走向极端的独断论的同时，把那种真正有深度与现实感的诗性思想情感生产出来。进一步说，如同康德在阐释西方民族审美活动时强调的"判断在前，享受在后"，所谓"政治之后是审美"在这里的确切涵义即"政治在前，审美在后"……一方面，个体只有在现实的生存斗争中发展出他社会性的感觉、情感与其他生命本质力量，才能在"不自由的生存"中产生审美需要并运用他的诗性智慧机能在烦恼人生中开拓出审美一脉。另一方面，这里的"政治优先"只是手段而不可视作最高目的，否则除了各种天性泯灭、审美感觉严重退化的政治家之外，实际上是不可能再生产出任何一个像样的诗人的。也就是说，在"政治之后"必须要有诗性主体的最后生成，才能把个体经验中的苦痛与创伤转化为澄澈的生命之流。①

"政治之后是审美"，是寻找"为江南文化所化之人"的主要根据。

首先，与北方士大夫一样，江南士人的悲欢与命运在总体上也取决于政治巨掌的翻云覆雨，但由于"没有经过伦理政治意识提升的个体感情在本体内涵上总是缺乏深度"，以及"个体只有在现实的生存斗争中发展出他社会性的感觉、情感与其他生命本质力量，才能在'不自由的生存'中产生审美需要并运用他的诗性智慧机能在烦恼人生中开拓出审美一脉"，所以说，江南诗性主体与政治的往还、交往、缠绕、对立、矛盾甚至是悲剧性的冲突，本身就是自身在成长过程中必须承受的风雨与必须经历的世面。

其次，两者又有重要差别，在政治中遇到麻烦或直面难以忍受的现实时，由于生活条件与精神氛围在总体上的优越与超脱，与北方士大夫"宁为玉碎，不为瓦全"的木讷、刚毅不同，江南士子更能领会与实践诗性文化的功能与

---

① 刘士林：《20世纪中国学人之诗研究》，安徽教育出版社2006年版，第113-114页。

本质，他们往往选择的"是'退一步走'，是'寻得桃源好避秦'……以退为进，以逃避现实来换取精神的自由，从隐士避世于政治文化不易影响到的深山老林，到清静无为的道家政治精神，从桃花源的社会理想到莼鱼之思的个人情怀，都是中国生命伦理学的现实成果"。[①]

最后，最需要加以强调的，真正将"政治"与"审美"融会贯通、开辟新境的，既不是以"脊梁铁硬""马革裹尸"自诩的北方烈士，也不是一直浸泡在"杏花春雨"与"小桥流水"中的江南才子，而是那些一直在现实与理想、黑暗与光明、邪恶与正义、伦理与审美之间徘徊、奔走、选择、挣扎的诗人政治家。他们的生命历程，始于"哀民生之多艰"的现实承担，中经"为江南文化所化"之阶段，而臻于"表里俱澄澈"的自由境界。这当然是就理想境界说，更多的人只是行进在这个路途中。

以是之故，最能代表江南诗性文化精神的主体主要包括遗民、流人、山人与学人等。

三 江南诗性文化主体的类型与阐释

在遗民、流人、山人、学人四种类型中，根据江南诗性文化主体涉及政治与审美的程度，又可分为偏于"政治"的诗人政治家与重在"审美"的诗人哲学家。

偏于"政治"的诗人政治家，主要包括遗民与流人两种。以遗民为例，他们本是受到高层礼遇或曾沐浴浩荡皇恩的政治家，在生命的某一时期也曾有远大抱负或建下不世之功，只是由于军事斗争的失败或政治角逐的失利，才被迫以极不情愿的方式离开汉宫魏阙。或是蒙念旧日君恩，或是与新贵政见不合，成为政治生命已经终结的"未亡人"。遗民面临的一个深刻矛盾是"食不食周粟"，而他们找到的解决办法则是"吃自己的粟"——

一方面，"食周粟"意味着参与"周"的政治分配序列，它的必要前

---

① 刘士林：《中国诗性文化》，江苏人民出版社1999年版，第53-54页。

提则是必须为"周"付出士大夫的体力和脑力，因而这也就意味着不可能再保持隐士们看得比肉身更可贵的晚节。另一方面，他们也深知"人不吃饭不行"，否则就要重蹈已经成为笑谈的伯夷叔齐之故辙。既不能"不食粟"，又不能"食周粟"，把这两者结合起来的万全之策，就是吃"自己的粟"。这"自己的粟"与"周粟"的惟一区别在于，它不是从"周"的社会分配过程中得来，而是自己动手丰衣足食的结果。①

要有"自己的粟"，关键是获得"自己的土地"。正是由于这个原因，气候温润、沃野千里、灌溉便利的江南成为遗民理想的归宿。在江南，不仅更容易解决衣食的温饱，也为治疗心灵创痛提供了自然景观。这是遗民多聚集于江南，或是在精神上与江南交往更多的原因。

以流人为例，王永彬《围炉夜话》尝谓："舍不得钱，不能为义士；舍不得命，不能为忠臣。"②但一般说来，除了少数士大夫直接就死于朝廷之上，大多数"抆虎须"或"逆龙鳞"者得到的是被称为"流"的惩罚。根据专家的考证，始于夏代、止于清末的"流人"，足迹遍布中国，甚至涉及越南、朝鲜、蒙古、俄罗斯，③但江南大地无疑是一个最值得关注的流人之家。首先，江南很早就成为朝廷流放犯人的地方。汉语中的"流人"一词，初见于庄子《徐无鬼》篇："子不闻乎越之流人者乎？"向人们表明的就是这一点。其次，被流放到江南的士大夫，并没有因横遭灾祸而沉默无声。所谓"国家不幸诗家幸"，在政治生命受到压抑或死亡之后，他们的精神生命与审美机能却因祸得福，获得了充分发展的机遇与空间。屈原在流放中写出了《天问》。如王逸《楚辞章句·天问序》说："屈原放逐，忧心愁悴，彷徨山泽，经历陵陆，嗟号昊旻，仰天叹息。见楚有先王之庙及公卿祠堂，图画天地山川神灵，琦玮谲诡，及古贤圣怪物行事。周流罢倦，休息其下，仰见图画，因书其壁，呵而问之。"④苏轼则是在不断地贬谪与迁徙中，成为一个"中国历史上最受人

---

① 刘士林：《千年挥麈》，百花洲文艺出版社 2000 年版，第 193 - 194 页。
② 王永彬著，张钫评注：《围炉夜话》，古吴轩出版社 2020 年版，第 62 页。
③ 刘士林：《谁知盘中餐——中国农业文明的往事与随想》，济南出版社 2003 年版，第 157 - 159 页。
④ 王逸：《楚辞章句补注》，岳麓书社 2013 年版，第 83 页。

喜爱的文人"。海德格尔非常推崇荷尔德林的两句诗：

> 他们像酒神的祭司，
> 在神圣之夜走过大地。

以为它们道出了诗人在现代世界中的真实天命。在海德格尔看来，"人是大地上的异乡人"。这不仅是形容人在本质上的无家可归状态，同时还表明，只有在异乡或在寻找故乡的流浪途中，一个人才能体验与发现他真实的存在。对于中国诗人政治家，也可由此作一些引申。由于受"中原诗性文化"的政治伦理影响，士大夫起初一般都自觉地"以天下为家"，通常很难理会西方现代诗人所讲的"无家可归"，这是中西诗性文化的差异所在。往往是在流放江南以后，一方面由于政治压抑与冲突而充分意识到个体与群体的对立与矛盾，另一方面又由于行走在现实土地上而重新发现了自我的真实存在，这是中西诗人在精神历程上的共通性。在江南流放诗人的文化苦旅中，不仅更深刻地再现了江南文化的历史真实，也直接创造了江南文化的新精神，这是可以将部分北人看作江南文化精神代表的原因。

对重在"审美"的诗人哲学家，可具体分为山人与学人两类。从中西文化比较的角度，他们不同于西方诗人哲学家，如山人遁世并非为了追寻上帝，山林或山中在他们更是一种象征。如学人做学问也不会想着"为知识而知识"，他们最高的学术理想是"道在日常伦用中"。从中国南北文化对比的角度，他们又不同于诗人政治家，如山人对政治的态度十分复杂、幽昧与曲折，决不类儒生楷模之"先天下之忧而忧，后天下之乐而乐"。如学人之主流在成熟形态中演化为"内圣之学"，其固有的"外王"之旨则在变易中逐渐消失。从中国诗人哲学家的阵营看，山人一类多半受老庄迷惑较深，这是他们追求自然、适性，甚至某种程度的纵欲的原因。学人一类则与儒家关联更重，其人生的旨归仍在如何维系纲常礼教与生生之德。我们今天无须责怪这一人物关系与精神网络的复杂多元，因为江南古典精神世界的真相本来就不是简单易晓的。

在山人方面，与饱经沧桑而赤心不改的诗人政治家不同，山人的特点在于：一是经历的现实磨难少，因而通常比较脆弱，在行为上不够刚毅与大气；二是理想主义训练不足，因而头脑灵活，在思想上很容易转弯与解脱。山人在形态上十分复杂，真伪难辨，良莠不齐，与他们的这种文化禀性或精神基因直接相关。

山人既以山人名，当然最可注意是与大自然的关系。从现实的斗士到山林间的自由人，或者说，从关注现实功业到做林泉高致之想，山人精神的发生、演替与实质，可以通过从汉魏之"兴"到晋宋之"观"（或者说是从"情感"向"形式"、从"时间体验"向"空间意识"、从"有我之境"向"无我之境"）这一中国诗学原理来了解。

> 汉魏人的生命本体基础是"诗之兴"，在他们的"慷慨以任气"中突出的是一股悲怆酸楚的"时间感"。但晋宋以降，正如刘勰所说的"正始明道，诗杂仙心"（《文心雕龙·明诗》），即表明另一种精神方式已开始清理、冷却、安顿使人不胜其悲凉的"建安风骨"了。从中国诗学的角度看，即以"空间之观"取代"时间之兴"，以对象世界中稳定有序的"物象"取代内在世界中湍浊不安的"情意"，把汉魏风骨中那股焦虑、悲凉的生命之流，铺展在异常广阔、安静的自然山水之中。①

与遗民最急需的是生活资料与物质条件不同，重审美的山人最关切的是有无可以畅神抒情的自然景观。由于天下名山江南多，山明水秀、草长莺飞、杂树生花的江南，必然成为山人欣欣然向往的乐园。以东晋名士为例，"正是风光无限好的江南美景，以其具有唯美性质的空间形式，涤荡了南渡者内心阴沉的汉音魏响与慷慨悲伤，同时也把他们在时间意识压迫下产生的'丧己于物'或'欲壑难填'清理干净"。② 而把江南自然美写到极致的谢灵运，则是诗人得江南山水之助而妙笔生花的最好证明。尽管后来的山人鱼目混珠、一蟹不如一蟹，更有甚者还欺世盗名、助纣为虐，但这只是"大雅久不作""道在屎溺"的结果，也不能因此否定真山人"是真名士自风流"的风度与

---

① 刘士林：《中国诗学原理》，海南出版社 2006 年版，第 141－142 页。
② 刘士林：《中国诗学原理》，海南出版社 2006 年版，第 142 页。

气质。

在学人方面，可以宋明理学为代表，一方面，作为先秦儒家的直系后裔，"文起九代之衰"，理学是儒家意识形态与学术传统真正合法的继承人；但另一方面，由于时空背景的巨大变迁，两者之间也明显存在着"从伦理向审美"的转型过程。具体情形可通过孔孟之道在核心内容上的变化来了解。在汉语言中，儒家习惯于把"道"比作太阳，以为前者像后者一样是永恒不变的。但实际上，这是不可能的。因为即使是太阳本身，在早晨的霞光万道、午间的云淡风轻与黄昏的残阳如血之间，也存在着很大的差别甚至是根本性的不同。一旦引入时间和历史范畴，就会发现，不仅白昼与夜晚的太阳全然不同，就是早上七八点和下午两三点的太阳也迥然相别。儒家之道也是如此，其至少可有两种很不同的"语音"，一是朝气蓬勃的朝阳形态，如先秦时代的孔、孟、荀，他们年轻气盛，雄心勃勃，希望把所有的现实问题都统摄到儒学中来。如《孟子·公孙丑下》说："五百年必有王者兴，其间必有名世者……如欲平治天下，当今之世，舍我其谁也。"① 二是云淡风轻的午后形态。正如程颢的《春日偶成》一诗：

> 云淡风轻近午天，傍花随柳过前川。
> 时人不识余心乐，将谓偷闲学少年。

"云淡风轻近午天"，既是一种意味深长的政治寓言，也是儒家士大夫"亢龙有悔"的重要象征。在朝阳形态中，当然可以把孔孟之道看作是"天地万物之心"，并因此获得许许多多的辉煌和无限的风光。但另一方面，由于这些炫目的光环只是在朝阳意识形态中幻化出来的，因而就不可能长久地保持不变。这是程颢在午后意识形态中要"傍花随柳"地亲近自然，以"偷闲学少年"取代"忧以天下，乐以天下"的根源。儒学的午后意识形态，是诗人哲学家与诗人政治家相结合的成果，也是江南文化对齐鲁精神浸润、渗透与融合的产物。在这个意义上，与其说理学是儒道释的三教合流，不如说是作

① 刘沅：《十三经恒解（笺解本）》，巴蜀书社2016版，第220页。

为齐鲁文化代表的先秦儒学与作为江南文化象征的魏晋玄学在对话与交流中生成的新形态。由于吸收了更为丰富的精神要素，理学极大地促进了学人的全面发展。一方面，由于吸收了儒学关注感性现实的宗旨，使诗人哲学家固有的抽象机能得以收敛；另一方面，由于懂得了玄学中的江南诗性文化精神，也直接启动了诗人政治家实用机能的升级。这是江南学人在内涵上更加丰富，在人格上更加平易，在境界上更上一层的原因。进一步说，江南学术在魏晋之后逐渐超过北方与中原，除了这里有更好的物质条件与读书种子外，也与中国文化和学术在整体气运上的变化、与"江南化"息息相关。当然，过度的"江南化"也不是没有问题。如果说它的收获是使诗人的心境更加开阔、平和与渊雅，那么其根本问题则在于丧失了先秦儒学的刚直、坚毅与狷狂。

此外，还有两类人物，也很有代表性，就是江南的帝王与红颜。前者因为他们主要是艺术家与诗人，完全不懂得如何摆弄残酷的国家机器。后者则因为她们的天生丽质与红颜薄命，在男权统治的大背景下演绎了过于感人的悲欢故事。当然，还有江南的普通百姓与市井小人物，如《儒林外史》中懂得欣赏栖霞晚照的挑粪工，带着六朝烟水气的酒佣等。尽管这些人有尊卑贵贱与性别差异，但与北方的同类人物相比，说他们因为生活在江南，因而情感机能更加发达，对审美与艺术的需要也更为强烈，应该是所言不诬的。总之，人物的形态越复杂，就越有可能接近历史本身。最后要说的是，如果说，江南人的所得程度不同地超越了政治伦理文化的束缚，使江南诗性文化的内涵与意义越来越纯粹、充实与精微，那么也可以说，由于远离了"胡天八月即飞雪""满目疮痍"的北方与中原大地，则直接丧失了中国诗性文化固有的悲壮的现实感与慷慨的历史情怀。这就是所谓的"有一得必有一失"。

阅读材料

本讲所选的阅读材料凡三篇，刘士林的《苏州人物的历史谱系及当代价值》，以范成大《吴郡志》中的系列人物为中心，解读分析了江南士大夫的诗性生命思考和人生选择。王晓静的《南巡帝王的江南世界》，从古代帝王南巡的角度，阐述了另一类为"江南文化吸引之人"的独特思想与情感生活。张立群的《江南工业的主要历史人物》，以黄道婆、张謇、荣德生等为代表人物，讲述了江南地区从古代手工业到近现代工业的独特故事。

一　刘士林：苏州人物的历史谱系及当代价值①

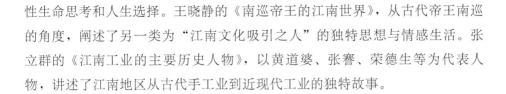

苏州是最江南的城市，苏州人也是最具有江南气质的人。宋代诗人范成大编纂的苏州地方名志《吴郡志》，从卷二十到二十九都是人物志，记载了很多文人士大夫的生活经历、思想情感、人生选择等，在很大程度上可以代表古代苏州普遍的人物性格和行为方式。归纳起来，主要有以下几点特征。

一是天生就不愿意或不情愿"从政"。如文正公范仲淹的侄孙范周，"负才不羁，工诗词。无意荣达，安贫自乐，未尝曲折于人"。② 这不是个别或偶然的现象，而是一种相当普遍的吴地风尚。如"时俊咸师仰之"的朱长文，"不肯从吏。筑室乐圃，有山林趣。……士大夫过者，必奔走乐圃，以不见为耻"。③ 而且，离开炙手可热、趋炎附势的官场和政治中心，对苏州人而言不仅不是被迫和不得已的，相反正是他们梦寐以求的理想。如胡稷言，"致仕，筑圃凿池，追陶靖节之风，种五柳以名堂。清修寡欲，延纳后进。日晡后不饮食，客坐萧然，具汤一杯而已"。④ 子承父业，他的儿子胡峄也是"居五柳，松窗蓬户，人以为隐君子"。⑤ 但正如老子所说："江海所以能为百谷王者，以其善下之，故能为百谷王。"⑥ 一些苏州士人不愿"参政"的思想态度，有时反而直接促成了"为政"的人生现实。如晋太尉陆玩的玄孙陆慧晓，"字叔明。清介正立，不杂交游……齐武帝为子庐陵王，求天下第一人为行事，乃使慧晓为长史行事"。⑦

① 刘士林：《苏州人物的历史谱系及当代价值》，《江苏地方志》， 2021 年第 6 期。
② 范成大：《吴郡志》，江苏古籍出版社 1999 年版，第 385 页。
③ 范成大：《吴郡志》，江苏古籍出版社 1999 年版，第 385 页。
④ 范成大：《吴郡志》，江苏古籍出版社 1999 年版，第 387 页。
⑤ 范成大：《吴郡志》，江苏古籍出版社 1999 年版，第 387 页。
⑥ 李聃：《道德经》，三秦出版社 2018 年版，第 142 页。
⑦ 范成大：《吴郡志》，江苏古籍出版社 1999 年版，第 312 - 313 页。

　　二是"入世"时以宽为本。与越王勾践的"卧薪尝胆"、韩信的"胯下之辱"、宋江的"他时若遂凌云志，敢笑黄巢不丈夫"、《红楼梦》讲的"子系中山狼，得志便猖狂"等完全相反，苏州人在得志、上位之后，往往采取休养生息、清静无为的黄老之学，以宽简、退让、减少干预、顺其自然为施政之要术。如范仲淹之子范纯礼，"知开封府，一切以宽，革前政深刻之弊"，"人以刘宽、卓茂方之"。① 或者把"菩萨心肠"与"霹雳手段"结合得恰到好处，无过而无不及。如程师孟，"宽猛得中，所至人悦"。② 这与历史上那些无事生非、巧立名目、敲骨吸髓的能臣、酷吏及其苛政冗政，是两种心术完全不同、治理效果也完全不同的行政管理风格。但苏州人的宽简也并非毫无原则。在面对一些重大矛盾冲突，或两难选择困境时，他们一般会从现实出发、听从内心的道德律令，展示出"舍我其谁"，甚至是"我不下地狱谁下地狱"的担当。如崇大年，"历知青田县，民贫无以纳和买，大年悉令候冬熟。州符督责，追杖县吏。大年曰：'年凶民饥，若催督必破产。虽扶胥吏三五辈，尚可宽一邑之民。'至冬，民无不纳足者"。③（《吴郡志》卷二十六）正如《易传》中的"曲成万物而不遗"，这些基于朴素人性和人本主义的政令和实施，由于符合自然和社会的规律，所以最终不是荒废政务，而是更好地履行了地方官的职能和责任。

　　三是特别喜欢读书写作。不论是在贫困中，还是在显达后，也不论军政事务，或日常生活怎样忙碌紧张，手不释卷、不废诵读、著书立说是苏州士人最重要和最普遍的标识。如家喻户晓的朱买臣，"家贫，好读书，不治产业，常艾薪樵，卖以给食。担束薪，行且诵书。其妻羞而去"。④ 关于"其妻羞而去"的原因则是，"其妻亦负戴相随，数止买臣毋歌呕道中，买臣愈益疾歌。妻羞之，求去"。⑤ 即朱妻不仅以贫困为耻，而且还以别人知道自己贫困为大辱。但读书对朱买臣是一种超越世俗的生活方式，因此才丝毫不会关心别人怎么看或怎么说。这可以说开启了"腹有诗书气自华"或"书中自有黄

---

① 范成大：《吴郡志》，江苏古籍出版社1999年版，第381－382页。
② 范成大：《吴郡志》，江苏古籍出版社1999年版，第370页。
③ 范成大：《吴郡志》，江苏古籍出版社1999年版，第386页。
④ 范成大：《吴郡志》，江苏古籍出版社1999年版，第304－305页。
⑤ 班固：《汉书》，中华书局1962年版，第2791页。

金屋"的先河。《左传》上说："太上有立德，其次有立功，其次有立言，虽久不废，此之谓不朽。"[1] 但在人生"三不朽"中，与李白宣称"羞作济南生，九十诵古文"（《赠何七判官昌浩》）相反，天性是读书种子的苏州人，对排在最末端、常被诟病为"皓首穷经"的"立言"可谓情有独钟。如出身"姑苏陆氏之门"的陆绩："虽有军事，著述不废，作《浑天图》，注《易》，释《太元〔玄〕》，皆传于世。豫知亡日，为辞以诀，自谓：'有汉志士，吴郡陆绩，幼勤读书，长玩《礼》《易》。受命南征，罹疾遇厄。遭命不幸，呜呼悲隔！'"[2] 正是因为"崇文尚礼"的世家门风，陆氏一族才培养出陆逊、陆机、陆云等儒将和名士。如陆凯，"字敬风，逊族子。为将，数有功，封嘉兴侯。孙休时，领豫州牧。虽统兵众，手不释书。好《太玄》，论演其意，以筮辄验"。[3]

　　四是不肯曲学阿世或选择明哲保身。与在实用理性和乡原文化环境中长大的士大夫，一心一意只为"功名富贵"或"待价而沽"，为此甚至不惜牺牲原则与大义相反，在那些最优秀和最具苏州文化基因的士子身上，依旧流淌着古代吴越人正直、刚烈、率性而行、宁折勿弯的"野蛮人的自由天性"，因此在坚守初心、正道直行、刚正不阿、洁身自好等方面堪称楷模。但这种文化天性也使苏州士大夫的命运出现两极分化：一是因此获得上层赏识，成为朝廷的股肱之臣，并在关键时刻有所作为。如吴王阖闾之弟夫概，鲁定公四年，吴伐楚，"夫概王晨请于阖庐曰：'楚瓦不仁，其臣莫有死志，先伐之，其卒必奔。而后大师继之，必克。'弗许。夫概王曰：'所谓臣义而行不待命者，其此之谓也。今日我死，楚可入也。'以其属五千，先击囊瓦之卒。楚师乱，吴师大败之"。[4] 按照一般的原则，既然君王不采纳自己的意见，就该下级服从上级，但夫概王宁可牺牲自我，也要捍卫国家利益。这当然是需要很大的勇气和担当的。二是因此受到打击、迫害乃至付出生命代价。如同三闾大夫一样，即使对吴国立有大功的夫概，也不能为阖闾所容，所以他最终的

---

① 左丘明：《左传》，岳麓书社 1988 年版，第 226 页。
② 范成大：《吴郡志》，江苏古籍出版社 1999 年版，第 307 页。
③ 范成大：《吴郡志》，江苏古籍出版社 1999 年版，第 308 页。
④ 左丘明：《左传》，岳麓书社 1988 年版，第 371 页。

命运是逃亡楚国，并为了躲避迫害而"改名换姓"为堂溪氏，甚至他留在吴国的子孙也被迫改姓夫余。又如三国吴郡人沈友，"字子正，郡人。年十一，华歆行风俗，见而异之。因呼曰：'沈郎，可登车语乎？'友逡巡却曰：'君子讲好以礼。今仁义陵迟，圣道渐坏，先生衔命，将以裨补先王之教，整齐风俗。而轻脱威仪，犹负薪救火，更益其炽！'歆惭曰：'自威〔桓〕、灵以来，虽多英彦，未有幼童若此者。'弱冠博学，善属文，兼好武事，注《孙子兵法》。又辩于口，时称其笔、舌与刀，三者皆妙，过绝于人。孙权以礼聘之，既至，极论王霸之略。正色立朝，清议峻厉，为庸臣所谮。权亦疑其不为己用，害之，年二十九"。① 木秀于林，风必摧之。但作为历史上的直臣、忠臣、耿介之士，他们大都在青史上留下了好的名声，这就是《论语•述而》讲的"求仁而得仁，又何怨"。

五是奖掖后进的胸怀和气度。在中国古代宗法制社会中，以"任人唯亲"为基本特征的"裙带风"一直风行不衰，再加上"同行是冤家""教会徒弟，饿死师傅"等实用主义经验，"唯才是举""任人唯贤"等，多半是一句空话、套话。但在《吴郡志》一书中，一些苏州士大夫在睥睨王侯，蔑视权贵，抗击时俗的同时，还留下了不少奖掖后进，唯才是举，爱才惜才的千古佳话。如和陆机同辈的陆玩，"字士瑶。器量淹雅，弱冠有美名。尝诣王导，食酪，因而得疾。与导笺曰：'仆虽吴人，几为伧鬼。'其轻易权贵如此……性通雅，不以名位格物。诱纳后进，谦若布衣。缙绅皆荫其德宇"。② 如胡稷言，"清修寡欲，延纳后进"。③ 如昆山人王葆，"诱掖后进，推诚乐育，如亲子弟。门下士多成立者，号称乡先生"。④ 如所谓"养兵千日，用兵一时"，一般人重"才"养"士"是为了在关键时候要"用"，即有着明显的功利意图或出于利害关系的考虑，更有甚者则是为了结党营私。而像苏州人比较纯粹，没有直接功利利害的雅量、识鉴、大德和高义，如同古希腊人讲的"爱智慧"，是一种更高水平的文明素质。他们是更全面发展、脱离了低级趣味和实用主义的

---

① 范成大：《吴郡志》，江苏古籍出版社 1999 年版，第 305－306 页。
② 范成大：《吴郡志》，江苏古籍出版社 1999 年版，第 310 页。
③ 范成大：《吴郡志》，江苏古籍出版社 1999 年版，第 387 页。
④ 范成大：《吴郡志》，江苏古籍出版社 1999 年版，第 395 页。

高尚人性的体现。这是在自然条件恶劣、生存竞争激烈的社会环境中无法出现或极其罕见的。

以上这些既熟悉又陌生的言行，初看起来有些怪异，细想却耐人寻味的人物，实际上都是以一种特殊土壤中养成的特殊生命主体为根基的。而对《吴郡志》记载的那些充满个性和有温度的苏州人物，对其中或隐或显的江南诗性文化的基因、元素、特点、规律进行深入和系统研究，不仅有助于我们更深刻、更全面地认识和把握苏州，也会为中国历史文化名城保护和当代城市文化建设提供重要而独特的理论和方法。

二　王晓静：南巡帝王的江南世界[①]

乾隆在位六十一年，前后六次下江南，并多次携母亲及众多后宫嫔妃同行，正史、野史、坊间传说不一而足。江南名城众多，风景秀丽者不计其数，清人刘大观在比较京杭大运河南端三座名城的风貌时说："杭州以湖山胜，苏州以市肆胜，扬州以园亭胜。三者鼎峙，不可轩轾。"[②] 这三座城也是乾隆每次南巡百去不厌之处。

（一）江南文化之"扬州富贾的奢侈生活"

南巡的帝王，一般更喜欢走水路，因"图霸业"而疏浚，为"水转谷"而开凿的运河，是中国古代唯一的一条南北高速公路。乾隆六次南巡，一般在正月中下旬出发，从陆路经直隶（河北）、山东，在江苏清口（在今宿迁境内，黄河、淮河、运河的交汇处）改走水路，沿运河南下，在扬州过江，到达苏、杭等地，同年四月底五月初同路返回。因此京杭大运河最古老的扬州段是乾隆每次江南行的必经之路。

明清时期，扬州是全国漕运和盐业的中心，康乾时期更是享誉世界的旅游胜地。《南巡盛典》记载，乾隆喜欢在船头露坐，他自言："夹岸老幼趋随，

---

① 刘士林、苏晓静、王晓静等：《江南文化理论》，上海人民出版社 2019 年版。
② 李斗：《扬州画舫录》，山东友谊出版社 2001 年版，第 175 页。

欢呼瞻仰，每入舫室，民若失望，怜其诚，冒凉有所弗避也。"① 经过郡县城郭时，拾舟登岸，策马而行，"既览闾阎景象，兼便民瞻就"，"每顾而乐之"。遥想一下：阳春三月，莺啼燕飞，运河上微波凌凌，龙船巍峨，两岸妇媪珠翠满头，谦卑又兴奋地跪伏，瞻仰圣上龙颜，人面桃花、粉香脂浓，此情此景，哪个君王不愿消受？故而于应回避时，只退男子不禁妇女的"上谕"，被史家毫不客气地记成了"盖以扬州妇女，素有艳名，心时慕之，欲藉是一餐秀色云尔"。② 乾隆的许多风流故事就这样拉开了序幕。

有记载称，乾隆数次南巡，其花费多由盐商出资，沿途修造园林，直至"一路楼台直到山"。关于清朝盐商的豪富，有许多例证。如有盐商喜马，便在家中蓄养良马数百匹，每匹马日耗费数十金；有盐商爱兰，从门口至内室，每一块空地，均摆上兰花；有一位盐商炫富，花三千金，将苏州的不倒翁全部买来，放到河里，河水为之堵塞。乾隆游遍扬州美景，还游览了盐商的私人园林，并感慨："扬州盐商……拥有厚资，其居室园圃，无不华丽崇焕。"从他对江南富商们的态度中就可以看出他内心对江南奢侈生活的享受。因此杨念群直接指出："乾隆对汉人文化的摇摆态度说明他的深层心理中隐约含有对江南文人丝竹娱人的生活方式不宜表露的艳羡之情。"③

《南巡秘纪》里记载了一个小故事：乾隆第三次南巡时"临幸"瘦西湖。望着一湖碧波，乾隆指着一处美景自言自语道："这里很像京城的'琼岛春阴'（即北海），美中不足的是少了一座喇嘛塔！"就这一句"美中不足"，让在一旁陪伴乾隆游玩的扬州盐业八大总商之一江春找到了媚上的良机。传说他派人一夜间用家中盐包垒起了一座塔，次日清晨，乾隆再幸湖上，"一展望间，则巍然翼然者，早映于眼帘，而旭日鲜明，正激射其金轮之顶，一若知有帝王之赏鉴而故炫其金碧辉煌之特色者"。乾隆心中大喜："有此一塔……湖光生色！"此事或是杜撰，但其喻示着乾隆对江南之喜爱已经超出了普通游人的程度，"一到江南就不再想家，或者要卜居此地作永久之计，这是中国诗

---

① 高晋：《南巡盛典》卷十四，见《景印文渊四库全书》第 658 册，台湾商务印书馆 1982—1986 年版，第 226-267 页。
② 萧一山：《清代通史》卷中，中华书局 1986 年版，第 75 页。
③ 杨念群：《何处是"江南"：清朝正统观的确立和士林精神世界的变异》，生活·读书·新知三联书店 2010 年版，第 212 页。

人最寻常的人生选择"（刘士林《西洲在何处——江南文化的诗性叙事》），唯有有着"人生只合扬州死，禅智山光好墓田"的期盼才会生出"触景思乡"的情绪来。乾隆南巡途中，遍尝江南美食。扬州是淮扬菜的发源地，以美食闻名天下。在扬州时，御膳房曾以"金镶白玉版，红嘴绿鹦哥"（油煎豆腐菠菜）呈上，乾隆尝之非常鲜美，赞曰："费省而可口，无逾此者。"还京后复索之不得，感叹道："诚如此，吾每饭不忘扬州矣。"食完扬州饭，沿着运河继续南下，就是江南里最像江南的苏州。

（二）江南文化之"苏州胜景的水乡情调"

苏州，最初被称作阖闾城，相传为公元前 514 年吴王阖闾命楚国叛将伍子胥所筑，距今已有 2 500 多年的历史。至隋开皇九年（589 年），隋灭陈，废吴州，以姑苏山名之，始称苏州。苏州建城早，规模大，变迁小，水陆并行，河街相邻，古城区至今仍坐落在原址上，为国内外所罕见。

"苏郡多水道，盘门南通震泽，阊门西绕运河。故环城夹濠，而水之由盘阊入城者，分流交贯，形如浍沍，要以四直为经，三横为纬，演迤东注于娄、葑二门，为出水处。"（嘉庆元年八月《重浚苏州府城河碑记》）这一记载说明了苏州城内诸河的入水汇在盘门、阊门，出水聚在娄门、葑门。可见，今人称苏州为"东方威尼斯"不无道理。而苏州在明清时期之所以能成为江南文化经济的中心，与发达便利的水上交通有着很大的关系。乾隆下江南的时候，正是苏州商业达到鼎盛的时刻。当时的阊门、胥门、山塘街一带，商贾云集，是全国最繁华的地方之一。阊门被喻为"天下第一码头"。"江南四大才子"之首的唐伯虎有首《阊门即事》诗，其中写道："世间乐土是吴中，中有阊门更擅雄，翠袖三千楼上下，黄金百万水西东！五更市贾何曾绝，四远方言总不同，若使画师描作画，画师应道画难工。"古典名著《红楼梦》开头也这样写道："当日地陷东南，这东南一隅有处曰姑苏，有城曰阊门者，最是红尘中一二等富贵风流之地。"① 苏州人把阊门看成是苏州繁华之最，称之为"金阊门"，如吴谚云"金阊银胥冷水盘门"即是。"金阊自古说繁华""阊门内外人如蚁，一日姑苏损万金"的说法更是例证。

---

① 曹雪芹：《红楼梦》，华文出版社 2019 年版，第 5 页。

而苏州人的另一骄傲，是被誉为"吴中第一名胜"的虎丘，也是乾隆皇帝六下江南，次次必到之处。

虎丘古称海涌山，据考证生成于白垩纪时代，距今有一亿五千万年了。一场天崩地裂，岩浆喷涌而出，随即被困为汪洋孤岛。终于，沧海退去，海底涸为沃野，孤岛兀自作小山。小，名副其实，海拔仅 34 米，可以拢而袖之。苏州本无山，这弹丸之丘已属难得。清人对此有精辟的描述，"山林而在尘世，非有穿谷高岩、深林幽涧而名遍寰区者，吴郡虎丘而已"（清顾禄《桐桥倚棹录》序）。① 虎丘风景秀美，历史久远，有许多名胜古迹。相传此处是吴王阖闾的墓地，《越绝书》卷二云："阖庐冢，在阊门外，名虎丘。下池，广六十步，水深丈五尺。铜椁三重，坟池六尺。玉凫之流，扁诸之剑三千，方圆之口三千，时耗、鱼肠之剑在焉。千万人筑治之，取土临湖口，筑三日而白虎居上，故号虎丘。"② 另外，秦始皇曾登山览胜，楚霸王于此伏兵，晋代的司徒王珣和他的弟弟司空王珉在此营造馆舍，虎丘塔所在地还是王珣的琴台遗址……苏东坡说："到苏州而不游虎丘，乃憾事也。"

如此名胜佳景，虽被讹亲讹传为一个大坟堆，却真正是苏州最负盛名的地方。

"二月梅花烂漫开，游人多自虎山来。"清人顾禄所著《桐桥倚棹录》叙虎丘嬉游之盛云："山近西郭，距阊门不数里，为商贾交集之地，列肆鳞比，青翰往来，殆无虚日。往时游迹盛于中秋，今则端午先后数日，画舫珠帘，人云汗雨，填流塞渠，纨绮子又复征歌选伎于其间，郡中士女倾城而往，长年操楫者，值增累倍。一日之费，至罄中人数家之产，可为靡已。"③

虎丘与苏州城的交通联系，在古代以水上交通为主，苏州城内以城河为条件沟通虎丘与运河。明代王鏊《姑苏志》卷十记载："自胥塘北流，经南濠至阊门钓桥，与北濠山塘水会，曰沙盆潭。南濠中折而西绕，出普安桥，曰新开河。自沙潭西流出渡僧桥，会枫桥诸水北流，与虎丘山塘水合，曰射渎……其西一水通阳山，曰白马涧。……其东绕出虎丘之北，曰长荡。石渎

---

① 王稼句：《吴门风土丛刊》，古吴轩出版社 2019 年版，第 229 页。
② 袁康、吴平：《越绝书》，商务印书馆 1937 年版，第 8 页。
③ 王稼句：《吴门风土丛刊》，古吴轩出版社 2019 年版，第 229 页。

之水横出运河，为浒墅。"① 运河与长荡通流，而此处长荡一流又绕虎丘而北，而且枫桥诸水与虎丘山塘水合，枫桥水又与运河通流。另外，射渎之水又"横出运河"。由此可知，明清时期沿着运河入苏州城濠、城内河，出阊门，经绕虎丘而北的长荡，过七里山塘可到虎丘。

吴中胜景，虎丘称最，两者一线相连，即是山塘。

山塘街堪称江南水乡街巷的典范，它紧傍山塘河的北侧，通过一座座石桥与另一侧的街道连接。街上房屋多为前门沿街，后门临河，有的还建成特殊的过街楼。河上时有装载各色货物的船只来来往往，游船画舫款款而过。清乾隆年间的画家徐扬的《姑苏繁华图》，绘有当时苏州的一村、一镇、一城、一街，其中一街就是山塘街。乾隆数次南巡，都带着自己的生母孝圣宪皇太后。有一次南巡归后不久，山塘河两岸绮丽的风光令太后想念不已，也许是山塘街喧嚣的集市声让深居宫中的太后更觉孤独，她竟然从此闷闷不乐起来。于是在她七十大寿时，乾隆特意在北京万寿寺以山塘街为蓝本仿建了一条苏州街，其格局与姑苏山塘如出一辙：一面连着喧嚣，一面连着静谧；有小桥流水，更有田园风光。除此之外，热河避暑山庄的种种江南情调也与之大有关系，如文园狮子林是仿苏州狮子林，沧浪屿仿苏州沧浪亭等。与其说这是乾隆对母亲的孝心，不如说是他把自己的江南梦化作现实的

明　陆治《虎丘塔影图》

---

① 《景印文渊阁四库全书》第 493 册，台湾商务印书馆 1982—1986 年版，第 240 页。

又一种尝试。

这是一段乾隆最爱的线路，一句"山塘策马揽山归"，不禁让人想到"绿杨烟外晓寒轻，红杏枝头春意闹"的江南岸，一位英姿勃发的北方大汉"踏花归去马蹄香"的豪迈之气！

上有天堂，下有苏杭，乾隆绕着古老的苏州城转了一圈后，又顺着江南运河向杭州奔去，去寻找另一个人间天堂……

（三）江南文化之"西湖诗词的人生哲学"

杭州作为江南文化的代表，其城市的历史悠久而独特。据史书记载，秦汉时期的杭州只是一座被称为"钱塘"的山中小县（《史记·秦始皇本纪》记载始皇"过丹阳，至钱唐，临浙江，水波恶，乃西百二十里从狭中渡"[①]）。隋大业十四年（618 年）凿通江南运河（即秦时陵水道，今上塘河），始置杭州郡，后改余杭郡，杭州才开始了真正意义上的城市发展史。刘易斯·芒福德在《城市发展史：起源、演变和前景》中将"文化贮存、文化传播和交流、文化创造和发展"称为"城市的三项基本使命"。杭州之所以成为众多文人墨客的精神家园，离不开西湖对于这三项使命的出色完成。

钱塘盛名，古已有之。柳永一首《望海潮》引多少帝王竞折腰：

> 东南形胜，三吴都会，钱塘自古繁华。烟柳画桥，风帘翠幕，参差十万人家。云树绕堤沙，怒涛卷霜雪，天堑无涯。市列珠玑，户盈罗绮，竞奢华。
>
> 重湖叠巘清佳，有三秋桂子，十里荷花。羌管弄晴，菱歌泛夜，嬉嬉钓叟莲娃。千骑拥高牙，乘醉听箫鼓，吟赏烟霞。异日图将好景，归去凤池夸。

自此以后，关于杭州，最美好的表达就是诗歌，诗人笔下的西湖是妩媚而又缥缈的，"妩媚"所以游者人尽可亲，"缥缈"所以未到者心驰神往。而西湖之所以能成为杭州文化的象征，源于它为诗人提供了创作的灵感，具有

---

① 司马迁：《史记》，中华书局 1959 年版，第 260 页。

刺激文化创作的功能：

> 自别钱塘山水后，不多饮酒懒吟诗。欲将此意凭回棹，报与西湖风月知。（［唐］白居易《杭州回舫》）
>
> 涌金门外断红尘，衣锦城边着白苹。不到西湖看山色，定应未可作诗人。（［宋］晁冲之《送人游江南》）
>
> 呼船径截鸭头波，岸帻闲登玛瑙坡。弦管未嫌惊鹭起，尘埃无奈污花何。宦情不到渔蓑底，诗兴偏于野寺多。明日一藤龙井去，谁知伴我醉行歌？（［宋］陆游《自真珠园泛舟至孤山》）

没有西湖就没有诗人对杭州的想象，就没有读诗者对杭州的憧憬。《咸淳临安志》卷七十五《寺观》"序"载："今浮屠、老氏之宫遍天下，而在钱塘为尤众。"[1] 又《梦粱录》卷十五《城内外寺院》记："城内寺院，如自七宝山开宝仁王寺以下，大小寺院五十有七，倚郭尼寺，自妙净、福全、慈光、地藏寺以下，三十有一；又两赤县大小梵宫，自景德灵隐禅寺、三天竺、演福上下、圆觉、净慈、光孝、报恩禅寺以下，寺院凡三百八十有五……都城内外庵舍，自保宁庵之次，共一十有三。"[2] 在西湖沿岸，楼台林立，园林争奇斗艳，寺观众多，正所谓"一色楼台三十里，不知何处觅孤山"，众多寺庙与隔湖的繁华城楼遥相呼应，各得其所：

> 钟鼓相闻南北寺，笙歌不断往来船。（［宋］于石《西湖》）

佛教信仰的超脱意识令诗人眼中的西湖也超凡脱俗，仿佛俗世的景象也是天上之物：

> 湖光山色共争秋，一点尘埃无觅处。沉沉水低见青天，画舸直疑天上

---

[1] 潜说友：《（咸淳）临安志》下，见王国平：《杭州全书杭州文献集成》第 42 册，杭州古籍出版社 2017 年版，第 689 页。

[2] 吴自牧：《梦粱录》，浙江人民出版社 1984 年版，第 137 页。

去。（［宋］赵企《秋日泛西湖》）

大隐住朝市，小隐入丘樊。丘樊太冷落，朝市太嚣喧。不如作中隐，隐在留司官。似出复似处，非忙亦非闲。不劳心与力，又免饥与寒。终岁无公事，随月有俸钱。君若好登临，城南有秋山。君若爱游荡，城东有春园。君若欲一醉，时出赴宾筵。洛中多君子，可以恣欢言。君若欲高卧，但自深掩关。亦无车马客，造次到门前。人生处一世，其道难两全。贱即苦冻馁，贵则多忧患。唯此中隐士，致身吉且安。（［唐］白居易《中隐》）

白居易把隐士分为大、中、小三者，正如诗中所云，大隐或者小隐总是有经济上或者精神上的诸多弊端，而他所标举的中隐生活是隐逸的中庸风格：不居要职，做一个不大不小的地方官，有一份不薄不厚的俸禄，过一种不紧不慢的生活，讨一份不喜不忧的心情。不将"隐"作为实现精神独立和生命价值的唯一途径，而是以隐逸为虚幻的精神寄托，追求"隐"的世俗实用价值。白居易把这种隐居生活哲学带到江南，与西湖边广布流传的佛道思想相互缠绕，发展成为杭州文化的一大特色。

丝竹管乐交织着暮鼓晨钟，穷奢极侈的销金锅子毗邻清冷幽静的寺庙禅院。在杭州这个崇尚消费的富人天堂里，作为上层文化代表的诗人以中隐的人生哲学一边享受着华屋美服，一边追寻着清幽空寂、古朴淡雅的隐逸生活，在诗性想象中实践日常生活的审美化。

乾隆是中国历史上最高产的诗人皇帝，虽然，其才情与诗意无法比肩苏白，甚至有"老干体"之嫌，但对杭州美景的赞誉、对南巡回忆的珍视跃然纸上。

驿递缃编翰墨新，披寻即景忆春巡。
诗人林下多清兴，还与湖山一写真。

表里江湖秀丽区，由来名胜擅三吴。
谁宜作志传明圣，老沈今时白与苏。

南巡岂为赏泉林，佳处无端亦寄吟。

惭愧词人兴藻思，勤民应识大观心。（乾隆《题〈西湖志纂〉三绝句代序》）

乾隆对杭州的喜爱是有目共睹的，他每到一处必挥毫题字，如"龙井八景"的"过溪亭""涤心沼""一片云""风篁岭""方圆庵""龙泓涧""神运石""翠峰阁"等，风篁岭的"湖山第一佳"以及"钱塘十八景"："吴山大观""湖心平眺""湖山春社""浙江秋涛""梅林归鹤""玉泉观鱼""玉带晴虹""宝石凤亭""天竺香市""云栖梵径""蕉石鸣琴""冷泉猿啸""凤岭松涛""灵石樵歌""葛岭朝暾""九里云松""韬光观海""西溪探梅"等。

能够在自然界发现独到的美，又将美景浓缩为几个字，这本身就是才情的一种表现。更何况，许多寻常人眼中的寻常之景，经过他的提炼与渲染，真的成了画中景，歌中情，谁能不承认这是乾隆对江南的又一大贡献呢？

乾隆六次下江南，扬州、苏州与杭州是他最喜欢的三座江南城市。在这里，江南的美食、美景、美人完全满足了他对江南的诗性想象。一个爱美食、美景、美女，又自诩才情丰沛的帝王，在江南的温柔水乡里一遍遍地驻足流连，品味一道精致的小菜，凝望一株抱团的古梅，浅吟一首清丽的诗歌，追求着日常生活的审美化。这样的情思，如何会是一个帝王？怎么会是来自北方？晕染上了江南的气息，此生便是在梦中……

三　张立群：江南工业的主要历史人物[①]

（一）黄道婆

黄道婆（1245—1330 年），宋末元初知名棉纺织家，松江府乌泥泾镇（今上海市华泾镇）人。出身贫苦，少年受封建家庭压迫流落崖州（今海南岛），

----

① 刘士林主编：《江南文化资源研究》，百花洲文艺出版社 2019 年版。

黄道婆画像

以道观为家，劳动、生活在黎族姐妹中，并师从黎族人学会运用制棉工具和织崖州被的方法。元代元贞年间（1295—1296年）重返故乡，在松江府以东的乌泥泾镇，教人制棉，传授和推广"捍、弹、纺、织之具"和"错纱配色、综线挈花"等织造技术。她所织的被褥巾带，"其上折枝团凤棋局字样，粲然若写"。① 乌泥泾和松江一带人民迅速掌握了先进的织造技术，一时"乌泥泾被不胫而走，广传于大江南北"。当时的太仓、上海等县都加以仿效。棉纺织品五光十色，呈现出空前盛况。黄道婆去世以后，松江府成为全国最大的棉纺织中心，获"衣被天下"之美誉。为感念她的恩德，松江人民在顺帝至元二年（1336 年）为她立祠，岁时享祀。后因战乱，祠被毁。至正二十二年（1362 年）乡人张守中重建，并请王逢作诗纪念。明熹宗天启六年（1626 年）张之象塑其像于宁国寺。清嘉庆年间，上海城内渡鹤楼西北小巷，立有小庙。

坐落于华泾镇东湾村（乌泥泾镇旧址）13 号的黄道婆墓，坐北朝南，占地 1 000 多平方米，墓院内设两层台梯。墓冢四周砌有 50 厘米高的大理石护圈，中为椭圆形石圈土墓，墓冢前立有一汉白玉墓碑，其正面镌刻有原中共上海市委书记处书记魏文伯题写的"元黄道婆墓"。上海的南市区曾有先棉祠，建黄道婆禅院。在黄道婆的故乡乌泥泾，至今还传颂着"黄婆婆，黄婆婆，教我纱，教我布，二只筒子二匹布"的民谣。

---

① 陶宗仪：《南村辍耕录》卷二十四，中华书局 1959 年版，第 297 页。

（二）张謇

张謇（1853—1926年），字季直，号啬庵，江苏南通人。世代耕读传家。兄弟五人，排行第四。幼年聪慧好学，3岁启蒙，4岁入塾，5岁时"命背诵千文，竟无伪"。1885年，他赴京参加顺天乡试，高中第二名。1894年，又考中状元。中日甲午战争成为他人生道路的分水岭，深重的民族危机最终促使他毅然放弃传统的仕宦之途。鉴于国弱民贫的现实，张謇提出"实业救国"和"教育救国"的口号，并冲破阻力在家乡大搞教育与实业。[①] 从1895年起，他在南通先后创办了大生纺织公司、垦牧公司、通州师范学院、南通博物苑等，涉及工业、教育、文化、科普等领域。他利用海滨盐荒，兴办盐垦公司，推广植棉，是全国的首创。南通师范学校、通州女子师范学校、南通博物苑等，开全国风气之先。他提高南通各专门学校的教育水平，扩建校舍，添增教学设备，合并为南通大学。他欣然接受西方文明，重用外国人才，但反对将国外的教育方法简单"嫁接"过来，而是主张结合中国实际情况，实行严格教育。他认为："师道贵严，中外同轨。非是则无所为教，无所为学……凡教之道，以严为轨；凡学之道，以静为轨。有害群者去之，无姑息焉。"[②]（《论严格教育旨趣书》）此外，他在军山设立气象台，"一方面为农事的测候预防，一方面为农学生实习气候的地方"。"一战"期间，张謇的大生企业系

张謇像

① 张光武：《重读张謇：百年中国的民族工商、民生和文化转型》，《中国民商》，2013年8月期。
② 张謇：《张謇全集》第4卷，上海辞书出版社2012年版，第208页。

统获得了突飞猛进的发展。据统计，到 1923 年，它的资本总额达到了 3 448 余万元，为当年申新、茂新、福新企业系统资本总额的 3.5 倍以上。此后，受内外等多种因素的影响，南通实业走向衰落。但张謇直接开启并促进了南通地区的近代化，南通是基于中国人自己的理念，比较自觉地、有一定创造性地通过较为全面的规划、建设、经营的第一个有代表性的城市。南通成为中国近代城市建设和民族工业发展的杰出代表，堪称"中国近代第一城"，为全国树立了榜样。

张謇在民国时期有着较高的声誉，得到胡适等人的同声交誉，这与他在中国实业、教育等方面的突出成就是分不开的。20 世纪 50 年代，毛主席在与黄炎培、陈叔通等人谈及民族工业发展时说："……（中国）最早有民族轻工业，不要忘记南通的张謇。"① 由于张謇在南通的特殊地位，他的名字与南通已紧紧联系在一起。

（三）荣德生

荣德生像

荣德生（1875—1952 年），名宗铨，别号乐农。1875 年 8 月 4 日生于江苏无锡。早年在上海钱庄当学徒，1893 年往广东三水河口厘金局帮理账务。1896 年与其兄荣宗敬在沪自营广生钱庄。但荣德生早年在广东接受了南国的新思想、新风气，意识到这个世界上还有比钱庄更能赚钱的实业，像美国人的化工大王杜邦、石油大亨梅隆，都是靠办实业发财、使国家强盛的，于是决定投资实业。1900 年 10 月，

---

① 张敬礼：《回忆毛泽东、周恩来论张謇》，《海门县文史资料》第 8 辑，1989 年版。

他们以六千元钱庄盈利为资本，与人合伙创办了第一个面粉厂——保兴面粉厂，产品极受欢迎。

到 1921 年止，他们共开设面粉厂十二家，产品畅销全国，其"兵船"牌面粉更是远销英、法、澳及东南亚各国，"一战"期间出口达八十万吨，在国内外市场上享有盛誉。荣氏兄弟为中国民族面粉工业的发展立下了汗马功劳，成为中国有名的"面粉大王"。

面粉厂经营的成功，进一步激发了他们投资实业的浓厚兴趣。1915 年，荣氏兄弟出资十八万元，创办申新纺织公司。到 1922 年为止，申新已有四个厂，拥有纱锭十三万枚，成为一个具有相当规模的纺织企业公司。当时申新的发展速度远远超过了其他民族资本家经营的纺织厂，20 世纪 20 年代的纱锭增长率甚至超过了在华的日商纱厂。荣氏兄弟因此又被誉为旧中国的"棉纱大王"。

荣德生 1918 年当选江苏省议员，1921 年当选北洋政府国会议员。除主管无锡各厂外，还在无锡兴建了著名的"梅园"风景区，创办公益小学、中学等。1924 年为与外国资本相竞争，对无锡申新三厂实行管理改革，延聘具有专门知识的人才取代领班、工头，使企业面貌改观。

20 世纪 30 年代初期，申新纱厂发展至九个。因连年举债扩充，企业搁浅，荣德生赴沪与其兄多方周旋，才免于帝国主义和官僚资本的吞并，后经锐意整顿，经营有所好转。"七七事变"后，荣德生到汉口，致力于申新四厂和福新五厂的经营，获利甚丰。上海各厂有的毁于炮火，有的遭日军军管。1938 年其兄去世后返沪，除逐步偿清旧欠外，将被日军强占的几个厂收回，并拒绝与日本人合作经营。[①]

抗战胜利后，企业分由其子侄掌管，荣德生则在无锡投资兴建天元实业公司，建成天元麻、毛、棉纺等厂及开源机器工程公司，还创办了江南大学。

荣氏企业采取"非扩大不能立足"的方针，即使借债，也不放过任何一个扩展规模的机会，并注重开拓创新，在引进先进设备和更新旧设备的同时，还十分重视原料的改良和技术人才的开发，这对他们在中国民族工业的艰难时期仍立于不败之地并不断发展发挥了重要作用。

---

① 葛红：《荣德生与共产党的合作历程》，无锡市史志网，2012 年 6 月 11 日。

江南的生活哲学

以自然资源和环境条件为基础，以不同于中原和北方文化圈的人民为历史创造的主体，江南人民在历史进程中创造出越来越具有鲜明地域风格的生活方式。在其背后也逐渐形成了不同于中原实用理性的江南诗性生活哲学。这集中体现在李渔的《闲情偶寄》中，这本书把江南人的日常感觉、生活经验提升到人生哲学和历史规律的高度，既可以说是江南文化哲学的教科书，也可以说是古典江南雅致生活的教科书。这不仅有助于理解历史上的各类江南文化现象，而且对提高当代人的生活品位也有重要的借鉴意义。

一 南北文化及生活理念比较

在幅员广阔的中国大地上，南北文化的差异非常显著。生活在杏花春雨中的江南人，对"八月即飞雪"的北方文化及其生活方式，一般会有两种态度：一是不相信人间还有这样"贫瘠"和"不舒服"的地方，二是对之极尽头脑灵活的江南人嘲弄之能事。

王威宁越诗粗豪震荡。《雁门纪事》曰："雁门关外野人家，不养丝蚕不种麻。百里全无桑柘树，三春那见杏桃花。檐前雨过皆成雪，塞上风来总是沙。说与江南人不信，只穿皮袄不穿纱。"人谓曲尽大同风景。

南北文化之差异，从根本上讲是审美主义与实用主义的对立。具体说来，北方的人生价值观主要来自墨子，最高理念是"先质而后文"，或"食必常饱，然后求美；衣必常暖，然后求丽；居必常安，然后求乐"。[1] 尽管墨家对物质基础的强调是正确的，但如果普遍化和绝对化，那么直接后果必然是成为"只知道吃坏马铃薯的爱尔兰人"。马克思说"忧心忡忡的穷人对再美的景色都没有什么感觉"，[2] 鲁迅说"贾府上的焦大，也不爱林妹妹的"，[3] 都可用来说明北方人的生活观念。由于自然环境和生产条件的相对恶劣，生活本身已足够艰辛，因而不可能再有剩余时间和精力关心非实用的东西。在北方人看来，人生最重要的是艰苦奋斗，至少要有了充足的物质生活资料之后，才能考虑"求美、求丽和求乐"等高等级需要。

在某种意义上讲，这种说法当然不错。但资本和条件实际上是永远不可能彻底解决的，这种生活观念一旦走向极端，就等于一笔勾销了个体在尘世间享受的任何可能。正如《红楼梦》的《好了歌》："终生只恨聚无多，及到多时眼闭了。"更何况人生的常境往往是苦乐相随，欲望和满足的关系也是"道高一尺，魔高一丈"，"有一乐境界，就有一不乐的相对待；有一好光景，就有一不好的相乘除。只是寻常家饭，素位风光，才是个安乐的窝巢"。[4] 所以，一旦像墨家那样把目光凝聚在物质追求上，就必然导致对精神需要的异化，使人不再懂得珍惜日常生活中的幸福和实在，直至完全丧失掉"吃好马铃薯"的理想和需要。这必然残酷剥夺了在艰难时世中升华生活和艺术化人生的可能。正如庄子批评墨子"其道大觳，使人忧，使人悲，其行难为也"，因为其本质上是"反天下之心"和使"天下不堪"[5] 的。

与北方相比，江南本身当然是富庶的，但江南文化在本质上是一种有精

① 刘向：《说苑》卷二十，中华书局 1987 年版，第 516 页。
② 马克思：《1844 年经济学哲学手稿》，人民出版社 2000 年版，第 87 页。
③ 鲁迅：《鲁迅全集》第 4 卷，人民文学出版社 2005 年版，第 208 页。
④ 洪应明著，王同策注释：《菜根谭注释》，浙江古籍出版社 1989 年版，第 126 页。
⑤ 王先谦：《庄子集解》，中华书局 1987 年版，第 289 页。

神品位的日常生活方式。许多记载表明，即使在物质生活条件相对困窘、在北方人看来应节衣缩食的情况下，江南人仍可以把生活搞得有声有色。如《菜根谭》所说："贫家净扫地，贫女净梢头。景色虽不艳丽，气度自是风雅。士君子一当穷愁寥落，奈何辄自废弛哉？"[①] 康德也曾表达过这样的观点：不管出于什么原因，如果一个人违背了他应该遵循的道德原则，那么应该受责备的都是人本身而不是环境和条件。江南人与此有些类似，就是无论怎样贫穷潦倒，一种追求干净、整洁和有精神品味的生活态度也不能丢掉。这与北方人常见的一在物质生活上遭受失败，精神世界便"破罐子破摔"的态度是截然不同的。也可以说，在这里，一种相对发达的主体发挥了重要而微妙的作用。

在古代江南的日常生活中，以清人李渔做得最为出色。李渔自谓"以一赤贫之士，而养半百口之家"，可知他本人绝非腰缠万贯的主儿。但与"人不风流只为贫"的托词不同，李渔在日常生活的追求和讲究上，可以用"穷且益坚，不坠享乐之志"一语概之。因为有一种"有条件要上，没有条件，创造条件也要上"的生活观念，李渔总是能想出各种方法，把原本艰苦的生活和机械乏味的人生搞得活色生香，甚至叫同时代的有钱人羡慕不已。

三　超越节俭和奢华

要过一种好日子，没有钱是万万不能的，但还应当强调，仅仅有钱也是远远不够的。这是古典江南生活哲学的第一个要点。一种理想的生活，在本质上是超越节俭和奢华的二元独立，是物质基础和精神文明相统一的结果。

江南自古是中国最富庶的地方，特别是近古以来商贾阶层的兴起，追求奢华、糜烂的社会生活风尚，成了江南日常生活的主旋律。江南人吃得太好，以日常宴饮为例：

---

① 洪应明著，王同策注释：《菜根谭注释》，浙江古籍出版社 1989 年版，第 91 页。

肆筵设度，吴下向来丰盛。缙绅之家，或宴长官，一席之间水陆珍羞，多至数十品。即庶士中人之家，新亲严席，有多至二、三十品者。若十余品则是寻常之会矣。然品用木漆果山如浮屠样，蔬用小瓷碟添案，小品用攒盒，俱以木漆架高，取其适观而已。即食前方丈，盘中之餐，为物有限。崇祯初始废果山碟架，用高装水果，严席则列五色，以饭盂盛之。相知之会则一大瓯而兼数色，蔬用大铙碗，制渐大矣。顺治初，又废攒盒而以小瓷碟装添案，废铙碗而蔬用大冰盘。水果虽严席，亦止用二大瓯。旁列绢装八仙，或用雕漆嵌金小屏风于案上，介于水果之间，制亦变矣。苟非地方长官，虽新亲贵游，蔬不过二十品，或寻常宴会，多则十二品，三、四人同一席，其最相知者即只六品亦可，然识者尚不无太侈之忧。及顺治季年，蔬用宋式高大酱口素白碗而以冰盘盛漆案，则一席兼数席之物，即四、五人同席，总多馂余，几同暴殄。康熙之初，改用宫式花素碗而以露茎盘及洋盘盛添案，三、四人同一席，庶为得中。然而新亲贵客仍用专席，水果之高，或方或圆，以极大磁盘盛之，几及于栋，小品添案之精巧，庖人一工，仅可装三、四品。一席之盛，至数十人治庖，恐亦大伤古朴之风也。①

江南人也玩得太开心了，以苏州虎丘的中秋佳节为例：

每至是日，倾城阖户，连臂而至，衣冠士女，下迨蔀屋，莫不靓妆丽服，重茵累席，置酒交衢间。从千人石上至山门，栉比如鳞，檀板丘积，樽罍云泻，远而望之，如雁落平沙，霞铺江上，雷辊电霍，无得而状。布席之初，唱者千百，声若聚蚊，不可辨识。分曹部署，竞以歌喉相斗，雅俗既陈，妍媸自别。未几而摇头顿足者，得十数人而已。已而明月浮空，石光如练，一切瓦釜，寂然停声，属而和者，才三四辈。一箫，一寸管，一人缓板而歌，竹肉相发，清声亮彻，听者销魂。比至夜深，月影横斜，荇藻凌乱，则箫板亦不复用。一夫登场，四座屏息，音若细发，

① 叶梦珠：《阅世编》卷九，上海古籍出版社 1981 年版，第 193 页。

响彻云际，每度一字，几尽一刻，飞鸟为之徘徊，壮士听而下泪矣。①（《袁中郎全集》卷二）

天暝月上，鼓吹百十处，大吹大擂，十番铙钹，渔阳掺挝，动地翻天，雷轰鼎沸，呼叫不闻。更定，鼓铙渐歇，丝管繁兴，杂以歌唱，皆"锦帆开澄湖万顷"同场大曲，蹲踏和锣丝竹肉声，不辨拍煞。更深，人渐散去，士夫眷属皆下船水嬉，席席征歌，人人献技，南北杂之，管弦迭奏，听者方辨句字，藻鉴随之。二鼓人静，悉屏管弦，洞箫一缕，哀涩清绵与肉相引，尚存三四，迭更为之。三鼓，月孤气肃，人皆寂阒，不杂蚊虻。一夫登场，高坐石上，不箫不拍，声出如丝，裂石穿云，串度抑扬，一字一刻，听者寻入针芥，心血为枯，不敢击节，唯有点头。然此时雁比而坐者，犹存百十人焉。使非苏州，焉讨识者？②（张岱《陶庵梦忆》卷五）

与之不同，李渔的生活哲学可谓丰俭有度，"该花的一分不能少，不该花的一分不能多"。无论在中国伦理上最值得赞扬的勤俭节约，还是最应该受到批判和抑止的奢侈腐烂，都不能当作一种放之四海皆准或一成不变的东西。在李渔看来，很多事情都没有那么绝对。以妇女是否应该打扮自己为例，李渔认为，即使没有金屋贮娇，也应鼓励妇女打扮自己。

富贵之家，如得丽人，则当遍访名花，植于闺内，使之旦夕相亲，珠围翠绕之荣不足道也。晨起簪花，听其自择，喜红则红，爱紫则紫，随心插戴，自然合宜，所谓两相欢也。寒素之家，如得美妇，屋旁稍有隙地，亦当种树栽花，以备点缀云鬓之用。他事可俭，此事独不可俭。妇人青春几何？男子遇色为难。尽有公侯将相，富室大家，或苦缘份之悭，或病中宫之妒，欲亲美色而毕生不能。我何人斯？而擅有此乐，不得一

---

① 袁宏道著，钱伯城笺校：《袁宏道集笺校》上册，上海古籍出版社 1981 年版，第 157 页。
② 张岱：《陶庵梦忆》，上海古籍出版社 1982 年版，第 47 页。

二事娱悦其心，不得一二物妆点其貌，是为暴殄天物，犹倾精米洁饭于粪壤之中也。即使赤贫之家，卓锥无地，欲艺时花而不能者，亦当乞诸名园，购之担上。即使日费几文钱，不过少饮一杯酒，既悦妇人之心，复娱男子之目，便宜不亦多乎？[1]（《闲情偶寄》卷三）

"饮宴之乐多，不是个好人家。"[2]（《菜根谭》）这当然有一定的合理性，但如果人的一生连一次像样的宴会也没有，也同样是不足为训的。或者说，无论环境和条件怎样贫瘠，都不应该把人剥夺得一无所有。李渔最喜欢的食物是蟹。他说蟹是"天地间之怪物"，而吃蟹则是他"饮食中之痴情"。但由于经济拮据，为了每年秋天一饱口福，他在蟹的成长过程中就储钱以待，李渔的家人戏称为"买命钱"。最值得一提的是李渔的吃蟹技巧。

蟹之为物至美，而其味坏于食之之人。以之为羹者，鲜则鲜矣，而蟹之美质何在？以之为脍者，腻则腻矣，而蟹之真味不存。更可厌者，断为两截，和以油、盐、豆粉而煎之，使蟹之色、蟹之香与蟹之真味全失。此皆嫉蟹之多味，忌蟹之美观，而多方蹂躏，使之泄气而变形者也。世间好物，利在孤行，蟹之鲜而肥，甘而腻，白似玉而黄似金，已造色香味三者之至极，更无一物可以上之。和以他味者，犹之爝火助日，掬水益河，冀其有裨也，不亦难乎？凡食蟹者，只合全其故体，蒸而熟之，贮以冰盘，列之几上，听客自取自食。剖一筐，食一筐，断一螯，食一螯，则气与味丝毫不漏。出于螯之躯壳者，即入于人之口腹，饮食之三昧，再有深入于此者哉？凡治他具，皆可人任其劳，我享其逸，独蟹与瓜子、菱角三种，必须自任其劳。旋剥旋食则有味，人剥而我食之，不特味同嚼蜡，且似不成其为蟹与瓜子、菱角，而别是一物者。此与好香必须自焚，好茶必须自斟，童仆虽多，不能任其力者，同出一理。[3]（《闲情偶寄》卷五）

---

[1] 李渔：《李渔全集》第3卷，浙江古籍出版社1991年版，第130页。
[2] 洪应明著，王同策注释：《菜根谭注释》，浙江古籍出版社1989年版，第115页。
[3] 李渔：《李渔全集》第3卷，浙江古籍出版社1991年版，第256页。

除了吃鲜蟹，他还有专门制作糟蟹和醉蟹的器具，甚至把善于制蟹的奴婢称为"蟹奴"。

这种对日常生活细节的高度重视，显然是以细腻著称的江南文化的特产。北方大汉对此必然不屑一顾，觉得"没劲"或"没意思透了"。在大体相同的物质条件基础上，一个江南人的生活肯定会比北方人更滋润。江南人的生活理念类似于功利主义伦理学，充满了一种在既有条件下追求"更大的善"的精明意识，尽管它没有过于炫目的精神主张和理想色彩，但对于个体生命在日常世界中的实践和享受来说，仍不失为一种别具一格的选择。

生活不同于艺术。这句话本身当然是不错的，但具体到中国南北文化，往往导致完全相反的结果。在"先质而后文"的北方中，往往是把生活和艺术对立起来，尽量压低一切非实用的艺术性开支。与之相对，尽管江南人也懂得生活和艺术不同，但在他们心目中生活应该向艺术看齐，而不是为了生活牺牲艺术需要，并应尽量创造条件使生活艺术化，这才是江南人最重要的人生理想和奋斗目标。

"人在画中游，其实也不错。"在西湖居住时，李渔对海舫船充满向往，因为有了它，就可作"摇一橹变一象，撑一篙换一景"的画中游。尽管"罗锅腰上树——前（钱）缺"，这个想法最后只能是一场白日梦，但这并不意味着要全盘否定追求美好生活的理想本身。所谓"东方不亮西方亮"，在以后的日子里，只要稍有可能，李渔想的依旧是如何置身于如画的生活中。如他移居钟山后设计的"梅窗"：

> 己酉之夏，骤涨滔天，久而不涸，斋头淹死榴、橙各一株，伐而为薪，因其坚也，刀斧难入，卧于阶除者累日。予见其枝柯盘曲，有似古梅，而老干又具盘错之势，似可取而为器者，因筹所以用之。是时栖云谷中幽而不明，正思辟牖，乃幡然曰：道在是矣！遂语工师，取老干之近直者，顺其本来，不加斧凿，为窗之上下两旁，是窗之外廓具矣。再取枝柯之一面盘曲、一面稍平者，分作梅树两株，一从上生而倒垂，一从下生而仰接，其稍平之面则略施斧斤，去其皮节而向外，以便糊纸；

其盘曲之一面，则匪特尽全其天，不稍栽斫，并疏枝细梗而留之。既成之后，剪彩作花，分红梅、绿萼两种，缀于疏枝细梗之上，俨然活梅之初着花者。同人见之，无不叫绝。①（《闲情偶寄》卷四）

在当时的人们看来，李渔就已经是一个有怪癖的人。有时他会为购一盆好看的花，让自己和妻妾一冬忍饥挨饿。但在更多的时候，由于消费资金的困窘，他只能精打细算。他还特别喜欢把节俭的方法告之世人，这也正是他作《闲情偶寄》的重要原因之一。正如他在"凡例"中所说"创立新制，最忌导人以奢"，而享受的秘密尤在于"寓节俭于制度之中"。②关键在于要肯动实用主义之外的脑筋，如"平生制作以此为第一"的"梅窗"，"是此窗家家可用，人人可办，讵非耳目之前第一乐事"？③

从《闲情偶寄》细察李渔的日常生活实践，其原理不外乎有二：一是要勤于动脑筋，二是要勤于动手。北方人不是思想和行动的懒惰者，但只肯在国家大事上费力费神。李渔尤其喜欢在日常饮食上下功夫。江南人喜吃米而北方人喜吃面，这种习俗至今未变。与一般人只知道把它们弄熟不同，李渔更关心的是它们的道理或改革。一方面，从《本草纲目》"米能养脾，面能养心"出发，李渔制定了"一日三餐，二米一面"的食谱；另一方面，他既不习惯于北方人那种粗糙单调的面食做法，也否定了江南人的"吃汤面"方式，他在实践中得出一个小异于北而大异于南的李氏面食秘方：

北人食面多作饼，予喜条分而缕析之，南人之所谓"切面"是也。南人食切面，其油盐酱醋等作料，皆下于面汤之中，汤有味而面无味，是人之所重者不在面而在汤，与未尝食面等也。予则不然，以调和诸物尽归于面，面具五味而汤独清，如此方是食面非饮汤也。④（《闲情偶寄》卷四）

① 李渔：《李渔全集》第3卷，浙江古籍出版社1991年版，第172页。
② 李渔：《李渔全集》第3卷，浙江古籍出版社1991年版，第1页。
③ 李渔：《李渔全集》第3卷，浙江古籍出版社1991年版，第175页。
④ 李渔：《李渔全集》第3卷，浙江古籍出版社1991年版，第254页。

　　李渔还发明有"五香面"和"八珍面"。前者在配料上类似于中原一带的五香烧饼，仅仅是多了江南人喜欢的汤水而已。五香面的具体做法是把椒末、芝麻屑拌入面中，再把酱、醋以及焯笋或煮虾的鲜汁等调和成和面水，再加上"拌宜极匀，扞宜极薄，切宜极细"的工序，[①] 由此改变了江南人"未尝食面"的根本缺陷。八珍面比五香面在配料上更丰富，即在五香面的基础上，再增加晒干的鸡鱼虾肉和鲜笋、香蕈等，主要用来招待客人。

　　除了李渔，张岱也十分重视日常生活中的一饮一啄。如《陶庵梦忆》所记：

　　　　乳酪自驵侩为之，气味已失，再无佳理。余自豢一牛，夜取乳置盆盎，比晓，乳花簇起尺许，用铜铛煮之，瀹兰雪汁，乳斤和汁四瓯，百沸之，玉液珠胶，雪腴霜腻，吹气胜兰，沁入肺腑，自是天供。或用鹤觞花露入甑蒸之，以热妙；或用豆粉搀和漉之成腐，以冷妙。或煎酥，或作皮，或缚饼，或酒凝，或盐腌，或醋捉，无不佳妙。而苏州过小拙和以蔗浆霜，熬之、滤之、钻之、掇之、印之为带骨鲍螺，天下称至味。其制法秘甚，锁密房，以纸封固，虽父子不轻传之。[②]（《陶庵梦忆》卷四）

　　　　食品不加盐醋而五味全者，为蚶、为河蟹。河蟹至十月与稻粱俱肥，壳如盘大，坟起，而紫螯巨如拳，小脚肉出，油油如蝛蜽。掀其壳，膏腻堆积，如玉脂珀屑，团结不散，甘腴虽八珍不及。一到十月，余与友人兄弟辈立蟹会，期于午后至，煮蟹食之，人六只，恐冷腥，迭番煮之。从以肥腊鸭、牛乳酪。醉蚶如琥珀，以鸭汁煮白菜如玉版，果瓜以谢橘、以风栗、以风菱。饮以玉壶冰，蔬以兵坑笋，饭以新余杭白，漱以兰雪茶。由今思之，真如天厨仙供，酒醉饭饱，惭愧惭愧。[③]（《陶庵梦忆》卷八）

---

① 李渔：《李渔全集》第3卷，浙江古籍出版社1991年版，第254页。
② 张岱：《陶庵梦忆》，上海古籍出版社1982年版，第34-35页。
③ 张岱：《陶庵梦忆》，上海古籍出版社1982年版，第75页。

尽管李渔等的有些饮食文化或养生原理或可商榷，但这种"食不厌精"的"婆婆妈妈"的态度，仍是耐人寻味的。它提出的一个关键问题在于如何对待日常生活，或者说一个人到底应不应该在不直接创造财富的消费和享受上投入更多的时间和精力。而这一点，则是在通常的物质条件下，要过一种更丰富的人生必须突破的心理瓶颈。

"一屋不扫，何以扫天下"，这是古人教育子弟时的一句名言。在李渔这里也可以说，自己的一顿饭都侍弄不好，谈何"养天下之形"或使"人人都能够有饭吃"？正如吃蟹只能自己动手一样，历史上许多江南名士都是一身兼美食家与烹饪高手二任的。董小宛就精于烹调之道，一般的素材一经她加工，就会有脱胎换骨的改变，如"火肉久者无油，有松柏之味；风鱼久者如火肉，有麂鹿之味。醉蛤如桃花，醉鲟骨如白玉，油鲳如鲟鱼，虾松如龙须，烘兔酥雉如饼饵，可以笼食"等。①和一般老百姓的腌菜不同，董小宛的腌菜除了可口，还有"黄者如蜡，碧者如苔"的形式感。和一般人只腌大萝卜或大白菜不同，董小宛腌制的范围包括蒲、藕、笋、蕨、枸、蒿、蓉、菊等。此外，董小宛还有一个绝活是做甜食小吃，在内容和形式上都是极其完美的。以冒辟疆盛赞的桃汁西瓜膏为例，"取五月桃汁，西瓜汁一瓢一丝洒尽，以文火煎至七八分，始搅糖细炼。桃膏如大红琥珀，瓜膏可比金丝内糖"。②这个工艺自然相当复杂，但在董小宛做来不仅不会出现焦枯，还可在颜色上自然生成"浓淡数种"，每一种颜色都有不同味道。又如张岱讲茶的制作和食用，"扚法、掐法、挪法、撒法、扇法、炒法、焙法、藏法，一如松萝。他泉瀹之，香气不出，煮襖泉，投以小罐，则香太浓郁。杂入茉莉，再三较量，用敞口瓷瓯淡放之。候其冷，以旋滚汤冲泻之，色如竹箨方解，绿粉初匀，又如山窗初曙，透纸黎光。取清妃白倾向素瓷，真如百茎素兰同雪涛并泻也"。③本来是普通的饮食原料，但在思想、技术、美感的渗透与加工之后，与普通的餐饮已然出现了本质区别，这是江南文化赋予江南人日常生活最独特的内涵

① 冒辟疆：《影梅庵忆语》，六艺书局1920年版，第14页。
② 冒辟疆：《影梅庵忆语》，六艺书局1920年版，第14页。
③ 张岱：《陶庵梦忆》，上海古籍出版社1982年版，第22页。

与意味。

三 生活饮食中的工艺美术原理与实践

古人谈读书有两种相反的意见：一是杜甫的"读书破万卷，下笔如有神"，即读书越多，写作水平越高；二是郑板桥的"恰似暴富儿，颇为用钱苦"，是说读书越多就越缺乏主见。其实，这两种观点都未免太绝对，正确的说法应该是，有些人是读书越多写作水平越高，而另外一些人则是越读书就越没有自己的观点。一个人究竟应该怎样安排自己的日常生活，和这个读书的道理有很多相通之处。李渔在这方面的知识和实践，是值得认真研究和吸取的。

"看缸下饭，量体裁衣"，这是老百姓的一句家常话，它的精义在于"适度"二字。以李渔对房子的态度为例，他既不赞美过于俭朴和狭小的穷巷陋室，因为"适于主而不适于宾"；同时对阔人的高屋华堂也投了反对票，因为"宜于夏而不宜于冬"。对于日常生活来说，最重要的就是把握住分寸。"吃的是鸡鸭鱼肉，穿的是绫罗绸缎"，这在旧戏文中经常被用来表示生活的质量，但是很显然，只有鸡鸭鱼肉这些原料和素材，没有一种赋予它们形式和味道的高超技术，也是不可能让人品尝到真正的美味的。有了食物如何吃、如何去享受，是一个十分重要的问题，同样需要技术和思想。这里面涉及一种工艺美术或技术美学的原理，本质上都是用美学思想来指导具体的生产实践与日常生活，使物质对象不仅实现它最直接的实用功能，同时还实现包含在它内部的更高的审美价值。

工艺美术理念的落实和表现，不仅需要有足够的关于对象的知识，更需要有一种审美的眼光。李渔关于饮食的很多想法和设计，都堪称是工艺美术大师的水准。

第一，李渔对食物的知识可谓所知甚多，以吃鱼为例：

> 食鱼者首重在鲜，次则及肥，肥而且鲜，鱼之能事毕矣。然二美虽兼，又有所重在一者。如鲟、如鯚、如鲫、如鲤，皆以鲜胜者也，鲜宜清煮作汤；如鳊、如白、如鲥、如鲢，皆以肥胜者也，肥宜厚烹作脍。

烹煮之法，全在火候得宜，先期而食者肉生，生则不松；过期而食者肉死，死则无味。迟客之家，他馔或可先设以待，鱼则必须活养，候客至旋烹。鱼之至味在鲜，而鲜之至味又只在初熟离釜之片刻，若先烹以待，是使鱼之至美，发泄于空虚无人之境；待客至而再经火气，犹冷饭之复炊，残酒之再热，有其形而无其质矣。煮鱼之水忌多，仅足伴鱼而止，水多一口，则鱼淡一分。司厨婢子，所利在汤，常有增而复增，以致鲜味减而又减者，志在厚客，不能不薄待庖人耳。更有制鱼良法，能使鲜肥迸出，不失天真，迟速咸宜，不虞火候者，则莫妙于蒸。置之镟内，入陈酒、酱油各数盏，覆以瓜姜及篁笋诸鲜物，紧火蒸之极熟。此则随时早暮，供客咸宜，以鲜味尽在鱼中，并无一物能侵，亦无一气可泄，真上着也。[①]（《闲情偶寄》卷五）

第二，李渔对食物的了解可谓精细到了极致。他把山中之笋看作是蔬食中的第一品，除了特别强调只能来自山中，还刻意描述了有关的烹饪技术：

食笋之法多端，不能悉纪，请以两言概之，曰："素宜白水，荤用肥猪。"茹斋者食笋，若以他物伴之，香油和之，则陈味夺鲜，而笋之真趣没矣。白煮俟熟，略加酱油；从来至美之物，皆利于孤行，此类是也。以之伴荤，则牛羊鸡鸭等物皆非所宜，独宜于豕，又独宜于肥。肥非欲其腻也，肉之肥真能甘，甘味入笋，则不见其甘，但觉其鲜之至也。烹之既熟，肥肉尽当去之，即汁亦不宜多存，存其半而益以清汤。调和之物，惟醋与酒。[②]（《闲情偶寄》卷五）

第三，由于任何食物都有损益的二重性，如何趋利避害以养生，也是李渔悉心研究的。这些理论至今仍有很高的养生学价值。如一般人都知道羊肉大补，因而只要能吃得起，无不吃个天昏地暗、痛快淋漓。但在李渔看来，这无异于自己拿钱买罪受。一般人也许知道羊肉的折耗最重，几乎都是打对

<hr>

① 李渔：《李渔全集》第 3 卷，浙江古籍出版社 1991 年版，第 253 页。
② 李渔：《李渔全集》第 3 卷，浙江古籍出版社 1991 年版，第 236 页。

折，即一个一百斤的活羊，宰割以后最多剩五十斤。把生羊肉烹煮成熟羊肉，最后就只剩下二十五斤。但人们不知道的是"熟羊易长"的道理，即在吃羊肉时总是不觉得饱，进入胃部之后却会自动扩张，如果吃羊肉时不留余地"以俟其长"，那么"饭后必有胀而欲裂之形"，直至引发"伤脾坏胃"的结果。①

第四，由于制作技术和过程直接影响食物的质量，因而也是特别讲究的。以李渔所论的"洗菜"方法为例：

> 蔬食之最净者，曰笋，曰蕈，曰豆芽；其最秽者，则莫如家种之菜。灌肥之际，必连根带叶而浇之；随浇随摘，随摘随食，其间清浊，多有不可问者。洗菜之人，不过浸入水中，左右数漉，其事毕矣。孰知污秽之湿者可去，干者难去，日积月累之粪，岂顷刻数漉之所能尽哉？故洗菜务得其法，并须务得其人。以懒人、性急之人洗菜，犹之乎弗洗也。洗菜之法，入水宜久，久则干者浸透而易去；洗叶用刷，刷则高低曲折处皆可到，始能涤尽无遗。②（《闲情偶寄》卷五）

在此李渔还忘不了对大户人家加以嘲讽："噫，富室大家食指繁盛者，欲保其不食污秽，难以哉？"③ 这也是在重申有钱人不见得就吃得好的道理。

第五，这种工艺美术或技术美学思想，不仅体现在昂贵食物的烹制上，和普通人的家常便饭也有着直接联系。一般人家讲究的时候，多半是逢年过节，李渔则不然，他是完整地贯穿于日常生活的一餐一饮中。在禅林中有一个故事，一个求法的小和尚，一进寺门就急着问佛法大意，大和尚毫不理会，而是问："吃饭了吗？"接着一句就是："且吃粥去。"人们一般把这理解为讲一切自然的道理，因为吃饭喝粥是最普通的事情。但在李渔看来，问题没有那么简单，一顿简单的稀粥也不是可以轻易做好的。

---

① 李渔：《李渔全集》第 3 卷，浙江古籍出版社 1991 年版，第 294 页。
② 李渔：《李渔全集》第 3 卷，浙江古籍出版社 1991 年版，第 238 页。
③ 李渔：《李渔全集》第 3 卷，浙江古籍出版社 1991 年版，第 238 页。

饭之大病，在内生外熟，非烂即焦；粥之大病，在上清下淀，如糊如膏。此火候不均之故，惟最拙最笨者有之，稍能炊爨者必无是事。然亦有刚柔合道，燥湿得宜，而令人咀之嚼之，有粥饭之美形，无饮食之至味者。其病何在？曰：挹水无度，增减不常之为害也。其吃紧二语，则曰："粥水忌增，饭水忌减。"米用几何，则水用几何，宜有一定之度数。如医人用药，水一钟或钟半，煎至七分或八分，皆有定数。若以意为增减，则非药味不出，即药性不存，而服之无效矣。不善执爨者，用水不均，煮粥常患其少，煮饭常苦其多。多则逼而去之，少则增而入之，不知米之精液全在于水，逼去饭汤者，非去饭汤，去饭汤之精液也。精液去则饭为渣滓，食之尚有味乎？粥之既熟，水米成交，犹米之酿而为酒矣。虑其太厚而入之以水，非入水于粥，犹入水于酒也。水入而酒成糟粕，其味尚可咀乎？[①]（《闲情偶寄》卷五）

第六，"道在日常饮食中"。尽管表面上是"吃饭小技"，但实际上也有着很深的人生哲理和处世学问。如强调好笋一定要出自山中，如借助葱、蒜、韭阐发人生道理：

葱蒜韭三物，菜味之至重者也。菜能芬人齿颊者，香椿头是也；菜能秽人齿颊及肠胃者，葱蒜韭是也。椿头明知其香而食者颇少，葱蒜韭尽知其臭而嗜之者众，其故何欤？以椿头之味虽香而淡，不若葱蒜韭之气甚而浓。浓则为时所争尚，甘受其秽而不辞；淡则为世所共遗，自荐其香而弗受。吾于饮食一道，悟善身处世之难。一生绝三物不食，亦未尝多食香椿，殆所谓"夷、惠之间"者乎？[②]（《闲情偶寄》卷五）

如果说，由于肯在日常饮食上下功夫，不仅江南人的感觉越来越精细和敏感，而且在生产和工艺技术上也日益精益求精，那么也可以说，只会"大碗喝酒、大块吃肉"的北方人，则必然在审美趣味上出现严重的异化和退化，

① 李渔：《李渔全集》第3卷，浙江古籍出版社1991年版，第242-243页。
② 李渔：《李渔全集》第3卷，浙江古籍出版社1991年版，第240页。

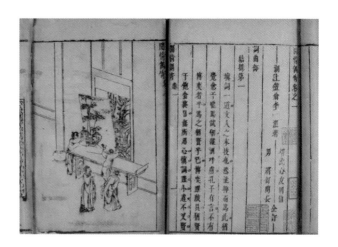

《闲情偶寄》书影

同时也不再有关心实际生活之外的事物的闲情逸致。

阅读材料

　　本讲所选的阅读材料凡三篇，刘士林的《我在美丽的江南》，列叙了山川之美、江南春游、女性之美、词人骚客、江南诗篇、江南乐舞、江南雅集、诗性回忆八种江南的美，可以一窥古典江南留下的诗性经验。洪亮的《江南的青山与绿水》，以古代江南人文地理中最具江南标识的太湖、京口三山、富春江、苏堤春晓、横塘为题，以诗人的细腻描写了对江南的真切感受和审美体验。周继洋的《江南饮食之菜蔬篇》，选择了江南地区百姓日常生活的一个细节，展示江南生活中的味道与思考。

■ 刘士林：我在美丽的江南[①]

　　"江南好，风景旧曾谙。"

---

① 节选自刘士林：《千年挥麈》，百花洲文艺出版社 2000 年版。

江南的美，是一种烟雾缭绕的"雌性的丽辉"，一种可以吸附所有冲动与力量的山谷，一种可以溶解所有郁积与顽固的清溪，一阵可以表达所有疑问与痛苦的风声，一缕可以照亮所有黑暗的光线……这就是古人讲的那种玄之又玄的万物之母与众妙之门。

> 忆郎郎不至，仰首望飞鸿。
>
> 鸿飞满西洲，望郎上青楼。
>
> 楼高望不见，尽日栏杆头。
>
> 栏杆十二曲，垂手明如玉。

如果中国只选一首纯诗，如果由我来做评委，那么它无疑就是《西洲曲》。可以说江南全部的美丽与精神气质，都在这如泣如诉的浅斟低唱中玉体横陈。母性的力量是多么伟大，仅仅这一句"忆郎郎不至"，一下子就使全天下的游子发现了家山的方位；还有那一双栏杆上纤纤如玉的素手，不知道有什么铁石心肠的人能够抗拒她爱的轻拂而不泣涕涟涟。尽管"君问归期未有期"，历史的道路与命运不能由个体来选择，但是只要心中有了爱，有了江南的爱，不论走到天涯海角，也不会孤帆渔火对愁眠，甚至夜不能寐，黯然神伤。这是中华民族生命深处的一种诗性记忆，也是在历史的铁与火中我们能够保存一点点人性灵明的根。无数注定要离家出走的游子，正是靠着对这一点渔火的长相思，才能够在时宽时窄的生命河道上找到回家的路。历代诗人的江南

宋　郭茂倩《乐府诗集》

情怀，实际上也都与它的"原唱"有关。正如第三讲所述，《西洲曲》是中国诗性精神的一个基调，所有关于江南的诗文、绘画、音乐、传说，所有关于江南的人生、童年、爱情、梦幻，都可以从这里找出最初的原因。中华民族之所以有人性，不仅仅是因为它有可以同基督教、伊斯兰教相媲美的儒教，更因为它有上林繁花般的锦绣江南，以及无数徜徉于山光水色中的诗人。中华民族的审美精神，正是在一唱三叹的江南抒情组诗中成长起来的。

"山川之美，古今共谈"，来到江南，首先想起来的自然就是山中宰相的书信。因此要做的第一件事就是要看她的青山绿水。江南山水的美，在于它独特的艺术形式。它不像北方山水崇高险峻，因而特别容易产生"反美学"的政治激情与道德感。它也不像川桂山水那样险怪，如以秀著称的峨眉，以幽著称的青城，以及广西的石林、溶洞等，它们森严不可久居又容易使人作尘外想。江南是完全生活化的，一个最知名的去处就是"山阴道上"，那是一种"山无静树，川无停流"的生机美。《世说新语》说："从山阴道上行，山川自相映发，使人应接不暇。"① 连见多识广的袁宏道一到此处也自叹："平生未尝看山，看山始于此。"②

当然，也不是所有到此一游的都是真正的看山人。中国文学史上经常讨论的一个问题是诗人需要不需要山川之助。一种回答是不需要，"彼隋山乔岳，高则高矣，于吾道何有？长江大河，盛则盛矣，于吾气何有"③，或者宣扬"必与贤者共"，才能于山水中"达于进退穷通之理"④。这些人终生都在儒家仁者之乐的圈子里，他们从来没有和江南发生过心灵的对话，当然不足为论。另一种回答与此截然不同，他们说"内养不足，正借风景淘汰耳"（陈衍《与何彦季》），说"胸中块垒，急须以西山爽气消之"（汤传楹《与展成》）。这时的江南山水替代了丹药、名理，成为他们的救心丸，它保养的是一种唯美主义的人生。"我见青山多妩媚，料青山见我应如是"，不是"仁者乐山，智者乐水"，而是如欣赏感性美化身的佳人一般，"我辈看名山，如看美人，

---

① 刘义庆著，徐震堮校笺：《世说新语校笺》，中华书局1984年版，第81页。
② 袁宏道著，钱伯城笺释《袁宏道集笺释》上册，上海古籍出版社1981年版，第492页。
③ 郝经：《陵川集》卷二十，见《景印文渊阁四库全书》第1192册，台湾商务印书馆1986年版，第216页。
④ 欧阳修：《欧阳修全集》卷七十，中华书局2001年版，第1016页。

颦笑不同情，修约不同体，坐卧徙倚不同境，其状千变"①，"山色如娥，花光如颊，温风如酒，波纹如绫，才一举头，已不觉目酣神醉。此时欲下一语描写不得，大约如东阿王梦中初遇洛神时也"②，甚至在江南听到松声风涛，都会以为是"美人环钗佩钏声"逦迤而来。

这种嘉山水只有同时光中美丽的春天连在一起，才会变得分外嫣然，所以第二当赏的是无限春光。如果说《西洲曲》是中国第一纯诗，那么屈尊次席的就该是张若虚的《春江花月夜》：

> 春江潮水连海平，海上明月共潮生。
> 滟滟随波千万里，何处春江无月明。
> 江流宛转绕芳甸，月照花林皆似霰。
> 空里流霜不觉飞，汀上白沙看不见。
> ……

唐　张若虚《春江花月夜》　刘士林手书

这种如梦如幻、若有若无，分不清有我无我、天上人间的锦绣宇宙，比起战场上的马革裹尸，比起朝廷上的腥风血雨，不是更适合渺小的人类来居

---

① 祝鼎民、于翠玲选注：《明代散文选注》，岳麓书社1998年版，第359页。
② 袁宏道著，钱伯城笺释：《袁宏道集笺释》上册，上海古籍出版社1981年版，第422页。

留吗？江南的幸福生活是属于诗人与佳人的，袁中郎曾讲到人生有五种快活，其中第四种就是"千金买一舟，舟中置鼓吹一部，妓妾数人，浮家泛宅，不知老之将至"。[①]"三月三日柳色新"，在春天里是不应该闭门深闺的，而春游踏青就是江南一幅全景式的清明上河图：

> 荷花荡在葑门外，每年六月廿四日，游人最盛，画舫云集，渔刀小艇，雇觅一空。远方游客，至有持数万钱，无所得舟，蚁旋岸上者。舟中丽人，皆时妆淡服，摩肩簇舄，汗透重纱如雨。其男女之杂，灿烂之景，不可名状。大约露帷则千花竞笑，举袂则乱云出峡，挥扇则星流月映，闻歌则雷辊涛趋。苏人游冶之盛，至是日极矣。[②]（《袁宏道集》卷四）

在春天的田野上，人们恣意而为，袁宏道在《雨后游六桥记》中曾写到这样一种送春方式：面对一片春红，朋友们脱去外衣，与残红相映生辉；"少倦，卧地上饮，以面受花，多者浮，少者歌，以为乐。偶艇子出花间，呼之，乃寺僧载茶来者。各啜一杯，荡舟浩歌而返"。[③]

名都多妖女，京洛出少年。然而在江南，他们都成为女神的信徒，本来难分伯仲，但本着女士优先原则，排行第三的就应该是如云美女。南国女儿纯粹是为了爱情而降生的天神，"郎有蘼芜心，妾有芙蓉质"，那么还有什么理由不把浮名换了浅斟低唱呢？

> 逐流牵荇叶，缘岸摘芦笛。
>
> 为惜鸳鸯鸟，轻轻动画桡。（储光羲《江南曲》）
>
> 玉淑花红发，金塘水碧流。
>
> 相逢畏相失，并看采莲舟。（崔国辅《采莲曲》）

---

① 袁宏道著，钱伯城笺释：《袁宏道集笺释》上册，上海古籍出版社1981年版，第205—206页。

② 袁宏道著，钱伯城笺释：《袁宏道集笺释》上册，上海古籍出版社1981年版，第170页。

③ 袁宏道著，钱伯城笺释：《袁宏道集笺释》，上海古籍出版社1981年版，第426页。

自作新词韵最娇，小红低唱我吹箫。

曲终过尽松陵路，回首烟波十四桥。（姜夔《过垂虹》）

这是以诗人与美人、自然与梦幻为主题的另一种中国诗学。这里姑且不谈围绕着秦淮河的灯影桨声而引出的无数爱情故事，从一个小小的称呼中就足以领略到南方的诗意。"郎骑青骢马，妾乘油壁车"，与男儿被称为"郎"相呼应，江南女儿家更亲切地自称为"妾"。然而与北方常见的河东狮吼完全相反，就是这种小儿女的呢喃情态，却像"纫如丝"的蒲苇，把"花红易衰"的薄情郎拴得更加牢靠。

与红颜与英雄的套式不同，才子佳人才是这方水土上永恒的爱情主题，所以位列第四的是不可胜数的词人骚客。江南从晋代开始就与文人的词采风流融为一体，王羲之的《兰亭集序》与王勃的《滕王阁赋》，都是这种美好结合的证明。但这在中古时代毕竟只是一种珍稀机遇，绝大多数时期和绝大多数文人都是没有这种福分的。凭借文人自身的力量过上幸福生活，至少需要两个前提：一是不再勉为其难地从事诗人并不熟悉的残酷政治斗争，才能避免伴君如伴虎和"为砧上肉"的历史悲剧命运；二是也不能总是让手无缚鸡之力的他们去做力所不胜的稼穑劳动。寻寻觅觅，他们终于在美丽富庶的江南找到了感觉，和市井人物打成一片而不再"使我不得开心颜"，仅仅凭借出色的诗书画才能就能够顺利参与生活资料的再分配，这比起陶渊明在大自然中到处跋涉，比起唐宋士大夫在心灵深处行行重行行，真可谓是"别有天地非人间"。只有这时他们才由"君"而"郎"，成为江南儿女日夜渴盼归来的良人。以佳人为生命对象就不再会怀才不遇，"虚负凌云万丈才，一生襟抱未曾开"，而是在"红袖添香夜读书"和"小红低唱我吹箫"中，找到了最好的心平气和的生活方式。

亢龙有悔的归来者，还彻底结束了江南女儿"荡子行不归，空床独难守"的痛苦期待，金风玉露一相逢，产生的更是无数美丽的诗篇与歌舞。"萧娘脸薄难胜泪，桃叶眉长易得愁。天下三分明月夜，二分无赖是扬州。"（徐凝《忆扬州》）在这里占据城市中心的不再是权力与金钱，而是诗歌与艺术，所以在有井水处传唱的不是皇帝御旨与官方告示，而是杜牧、柳永、唐伯虎、徐谓这些白衣卿相人的诗篇。杜牧那首著名的《寄扬州韩绰判官》："青山隐隐水迢迢，秋尽江南草未凋。二十四桥明月夜，玉人何处教吹箫。"这后两句诗究竟是什么意思呢？我在扬州瘦西湖看到它被译为"教给"，其实它应该被翻译为"叫"，在如水月光下的二十四桥上，她的美丽实在是叫佳人很难再吹起黯然伤魂的洞箫。

"侬家自有麒麟阁，第一功名只赏诗"，所以排在第五位的正是江南的诗篇。与"经夫妇，成孝敬，厚人伦，易风俗"的"诗"不同，这里最有代表性的是"词"与"曲"，它的主题也主要是风花雪月、春恨秋悲，以及人生苦短、及时行乐的个体情怀，"画堂檀板秋拍碎，一引有时联十觥"（杜牧），"舞低杨柳楼心月，歌尽桃花扇底风"（晏几道）。俞文豹的《吹剑续录》曾记载：

> 东坡在玉堂，有幕士善歌，因问："我词比柳耆卿何如？"对曰："柳郎中词，只好十七八女郎按执红牙拍，歌'杨柳岸晓风残月'；学士词，须关西大汉，执铁绰板，唱'大江东去'。"公为之绝倒。[1]

引申言之，关西大汉唱的是一曲谈笑间运天下于指掌的英雄赞歌，是中国诗人政治家白日梦的完美象征；而十七八女儿轻歌曼舞的则是"误几回天际识归舟"的诗杂仙心，是中国诗人艺术家的"黄绢幼妇，外孙虀臼"。在野的士大夫与他们在朝时的区别是巨大的，他们早已厌倦了震耳欲聋的"萧韶九成"，而在江南最普通的民歌声中找到了纯真的乐感。当然要认同这些山歌村笛，首先必须得是称职的知音，不能有太强的政治功利心，伦理感太强了也不行。如听惯了风雅之声的白居易，虽有幸在浔阳江头听到优美的民歌，但由于"痴儿竟尚未悟"，他竟然把它们贬低为"呕哑嘲哳难为听"。与白居易不同，刘禹锡就好得多，他在《竹枝词》中曾写道："山桃红花满上头，蜀江春水拍山流。花红易衰似郎意，水流无限似侬愁。"真可谓是尽得其神峻。

江南的本质是动不是静，她本身就是一种现在进行的生命韵律，所以排在第六的便是"吴带当风"的歌舞。这不是《商颂·那》中声势盛大的祭典。

---

[1] 郑方坤：《全闽诗话》卷二，福建人民出版社2006年版，第99页。

鼓管钟磬的隆隆齐鸣已经成为远古的梦忆，威严的仪仗舞队和充满神秘意味的万舞，也早已化作江南儿女爱情节日的游戏项目。那些在乐舞声中隆重献祭的汤之子孙与排着长长队伍的助祭嘉宾，也在最后的宴飨中彻底被卷入历史画轴的底层。同样，这也不是《霓裳羽衣曲》那种专为帝王设计的宫廷舞蹈。其中既没有"山在虚无缥缈间"的道教式的升仙仪式，也没有因为掩藏着各种政治内涵而显得沉重、迟滞的非艺术姿态，当然更不会带来许多"梨园弟子白发新，椒房阿监青娥老"的人生长恨。"拖袖事当年，郎教唱客前"，这完全是一种生活的乐趣；"钿头银篦击节碎，血色罗裙翻酒污"，这更是一种少年的狂欢。这才是对礼乐制度最彻底的世俗批判与天然的消解。与魏晋名士虽然口口声声说"礼岂为我辈设"，而实际上仍不得不在名教中寻找乐地完全不同，他们在南方歌舞场上，才真正把生命炼化为绕指柔的金刚不坏之躯，就像元曲中那粒蒸不烂，煮不熟，捶不匾，炒不爆的铜豌豆。

人是需要一点精神的，在欢声笑语中沉浸久了难免骨质疏松，这时就需要一点刺激来打起精神。然而，与历史上最重要的刺激都来自政治截然不同，"一曲新词酒一杯"，只要有一杯浓度适中的美酒，江南就可以焕发出生命冲动，获得足够多的诗歌素材，所以排在第七的是江南充满茶韵的低度美酒。江南的宴席多，但都是纯粹为"吃"而"吃"的。历史上的各种盛宴，由于都把餐桌挤在狭小而多悲风的政治高台上，所以即便不是险恶的鸿门宴，也往往因为主人的各种目的而吃得不舒服。相比之下，江南的酒宴与此不同，它最大的特色就是"不谈政治"，南方一家饭馆中的"西湖虽好莫作诗"就是最典型的招牌。

不谈政治，就可以把更多的话语消费在风月上：

一曲新词酒一杯，去年天气旧亭台。夕阳西下几时回？

无可奈何花落去，似曾相识燕归来，小园香径独徘徊。（晏殊《浣溪沙》）

东城渐觉风光好，縠皱波纹迎客棹。绿杨烟外晓寒轻，红杏枝头春意闹。

浮生长恨欢娱少，肯爱千金轻一笑？为君持酒劝斜阳，且向花间留晚

照。（宋祁《玉楼春》）

这是一种真正的人生沉醉，它不是借酒浇愁，因而不会愁上更愁、雪上加霜，也不是因为政治欲望的折磨而"为将终夜长开眼"，这种过度的清醒只能是"醉也无聊，醒也无聊"。只有在凉风习习的江南仲夏夜里把酒喝到位，才能在青草池塘处处蛙声中一觉睡到天亮。

最后则是屐痕到处所留下的诗性回忆，一到江南就不再想家，或者要卜居此地作永久计，这是中国诗人最寻常的人生选择。江南自古是游子的栖居地，在这里待久了就很难再习惯其他地方。在扬州过惯了快乐生活的杜牧，一回到长安杜曲老家，首先就产生了"始觉空门意味长"（《赠终南兰若僧》）的感受。"春水碧于天，画船听雨眠"，这种诗意的江南怎么能叫人不魂牵梦萦？且莫说"未老莫还乡"，就是老而还乡，又怎么可能不产生断肠人在天涯的孤独感叹呢？但是假如像杜牧一样，在扬州这红尘中一二等风流富贵之地度过他最美好的青春年华，我想即使老而还乡、永为失路之人，也可说不枉走此一回了。"鸟去鸟来山色里，人歌人哭水声中。深秋帘幕千家雨，落日楼台一笛风。"尽管江南总要被挟裹进不期而至的社会风暴中，尽管她的美丽富饶与和平并不能避免成为政治牌局中的牺牲品，但由于这里的个体没有过于强烈的政治冲动，所以在这个炙手可热、矛盾重重的世界上，她依然是红尘中的清凉地。这种清凉与佛教中的那种枯木死灰不同，它的代表是神话中应有尽有的江南园林，像集春夏秋冬于一体的扬州个园，那才是个体能够真正无忧无虑端坐其中的洞天福地。

诗人说："十里长街市井连，月明桥上看神仙。人生只合扬州死，禅智山光好墓田。"

洪亮：江南的青山与绿水[①]

（一）太湖

太湖古名震泽、笠泽、具区、五湖，面积"三万六千顷"，周围五百余

---

① 节选自洪亮：《江南的青山与绿水》，上海文化出版社 2021 年版。

里，跨苏浙二省，北临无锡，南濒湖州，西接宜兴、长兴，东近苏州、吴县、吴江，是除鄱阳湖、洞庭湖之外的中国第三大淡水湖。虽排位第三，而景色之优美、古迹之富集、周围名城之繁华，又当为五湖之冠（另二湖为洪泽湖、巢湖）。

太湖经浏河、吴淞江、黄浦江等水道入海。水量因时而异，冬季水量虽浅，犹深于运河，故湖水恒注于运河。夏季西南诸水，多由运河而归于湖，故湖水益深。北宋罗处约的《题太湖》，写出了气势：

> 三万六千顷，湖侵海内田。
>
> 逢山方得地，见月始知天。
>
> 南国吞将尽，东溟势欲连。
>
> 何当洒为雨，无处不丰年。

其中"逢山"句，生动地描写了山为水淹、遥不能辨、驶近方见的特色。"南国"一联，真不输孟浩然的"气蒸云梦泽，波撼岳阳城"！"湖浸海内田"，滨湖之地，土壤肥沃，沟渠交错，农桑水利，甲于东南。尾联则表达了作者希望湖水蒸腾化雨、泽被天下的美好心愿。

太湖之美，美在秀丽之中，兼有雄壮之气。赫森在《旅行杂志》（1935年2月出版）上著文说：

> 我往常曾游过西子湖和富春江。觉得西子湖之妙，在她的轻妆淡抹，好似有名的画家，只疏疏朗朗的几笔，已是媚姿毕呈，诗意撩人。讲到富春江，则以雄伟见称。富阳桐庐七里泷几段，一段比一段妙，一段比一段险，船行其间，也仿佛有"巴蜀三峡"的风味。现在到了太湖，觉得其间气派，同以上的两处，迥然不同，秀丽中透着刚劲，雄伟中带着媚气。

秋游太湖，不仅风光可人，且能大饱口福。唐代白居易就在《宿湖中》一诗中写道：

水天向晚碧沉沉，树影霞光重叠深。

浸月冷波千顷练，苞霜新橘万株金。

幸无案牍何妨醉，纵有笙歌不废吟。

十只画船何处宿？洞庭山脚太湖心。

诗中提到的洞庭山，为东西两山。西洞庭山是湖中最大的岛屿，周遭八十余里，主峰缥缈峰为太湖七十二峰之最，奇云往来，变幻莫测。宋人苏舜钦描写西山："每秋高霜余，丹苞朱实，与长松茂树相参差。间于岩壑间望之，若图绘金翠之可爱。"① 清人潘耒曾比较说："洞庭、鄱阳湖水大矣，中无奇山。""君山大小孤山虽在水中，而荒瘠无居人。"② 只有洞庭西山山水辏集，居民稠密，花果茂盛，为"人寰之绝境"。

东洞庭山由于泥沙冲积，现已成为半岛，为全国十大名茶之一碧螺春的故乡，所产"洞庭红"蜜橘、白沙枇杷、乌紫杨梅等，久享盛名。我曾登上东山宾馆后山的山顶，眺望"太湖夕照"，澄波千顷，浮光耀金，风帆点点，渔歌唱晚。想到今人钱定一的七绝（《无锡鼋头渚登澜堂茶座远眺太湖》）："隐隐风帆淡欲无，烟涛浩渺接三吴。夕阳平射金千缕，送尽秋波是此湖。"③ 真想躺在那一片草坪上，什么也不想，直到永远……暮色渐拢，只好快快下山。至于月夜的太湖，因故未能亲睹，只得吟诵范仲淹的《太湖》诗："有浪即山高，无风还练静。秋宵谁与期，月华三万顷。"我还十分神往清人洪亮吉的《初九夜乘月自东山放舟至西山消夏湾宿荷花内》诗："花光碍月舟不前，花气熏客宵难眠。三更一棹破花出，客梦尚结花香边。东山荷花十里长，千枝万枝送客忙。花朵露滴波心凉，西山荷花一湾好。千枝万枝迎客早，曙色上波花愈娇。"真想借元人吴澄的诗句，对洪亮吉大呼："我能振袂从公游，分我南溪半风月。"

消夏湾与西山明月湾一样，相传为吴王夫差避暑玩月之处。蓦然，清人

---

① 苏舜钦：《苏学士集》卷十三，见《景印文渊阁四库全书》第 1092 册，台湾商务印书馆 1986 年版，第 92 页。
② 转引自袁学汉、龚建毅：《姑苏风物集锦》，江苏科学技术出版社 1985 年版，第 63 页。
③ 何小平主编：《中国百年旅游词》上，长征出版社 2001 年版，第 325 页。

朱彭的《消夏湾》诗又兜上心头："湖面凉风漾绿苹，吴王消夏舣舟倾。谁知于越深宫里，偏有炎天握火人。""握火"典出《吴越春秋》中勾践卧薪尝胆一节，"夏还握火"。

于是想到无锡鼋头渚，想到蠡园。《锡山景物略》载："更有一巨石，直瞰湖中，如鼋头然，因呼为鼋头渚。"[①] 郭沫若诗云："太湖佳绝处，毕竟在鼋头。"登渚而望，三万六千顷烟波，奔来眼底；湖中远峰，螺髻隐隐，一派山外有山、湖中有湖的天然画图。陡壁上刻有"云横"和"包孕吴越"六个大字。"包孕吴越"是对太湖最好的概括。

所谓"湖中有湖"，指的便是太湖伸入无锡的内湖——五里湖，又名蠡湖。相传范蠡定下美人计，送西施入吴宫，荒其国政，以助勾践伐吴。吴灭，越称东南大国。范蠡以勾践多疑，可共患难，不可共安乐，便功成身退，带西施西出姑苏，由外太湖来到五里湖，流连忘返。后人为了纪念，便将五里湖改名蠡湖。湖水稍深于太湖，轻风淡霭，一片如梦的水波。

范蠡自号鸱夷子皮，很怪。颜师古注《汉书·货殖传》："自号鸱夷者，言若盛酒之鸱夷，多所容受，而可卷怀，与时张弛也。鸱夷，皮之所为，故曰子皮。"[②] 如此说来，范蠡是看得很透的，登庙堂、处市贾，进退自如。曾言："居家则致千金，居官则至卿相，此布衣之极也。久受尊名，不祥。"[③] 足为后人垂鉴。

再说一段历史。西山石公山为石灰岩青石山，只因成分是碳酸钙，因此产生了中国古代园林史上具有重要地位的太湖石。《太湖石志》中记有"石出西洞庭山，因波涛激啮而为嵌空，浸濯而为光莹，……好事者数之以充花囿庭院之玩，此所谓太湖石也。"[④] 上品有绉（凹凸多姿）、漏（不积雨水）、透（剔透玲珑）、瘦（纤秀挺拔）四大特点，尤以水生者为贵，水痕重，弹窝多。《石记》中提到的"好事者"，最大的该是宋徽宗了。为了将太湖石用来妆点汴京（今河南开封）的皇家园林，他不仅下令大规模采石，还特设运输专线，

---

① 王永积：《锡山景物略》卷五，广陵书社 2003 年版，第 393 页。
② 班固：《汉书》，中华书局 1962 年版，第 3684 页。
③ 司马迁：《史记·越王勾践世家第十一》，崇文书局 2010 年版，第 259 页。
④ 陶宗仪：《说郛》卷 96，上海古籍出版社 1988 年版，第 4435 页。

名为"花石纲"，由苏州人朱勔督办其事，骚动天下，民怨沸腾。只要一石一木被他们看中，便立即贴上黄封，表示已为"御前之物"。稍不顺意，即以对皇上"大不恭"的罪名，"枷项送狱"，诬为盗贼，横加惩治。"及发行，必彻屋抉墙以出"。[①] 工匠或爬上陡峭的悬崖凿山采石，或潜入江湖深水捞取湖石，跌死淹死者不计其数。一次，朱勔在西洞庭山鼋山发现一块巨大的太湖石，长约四丈，重达万斤，遍体玲珑剔透。获取之后，特造一条巨船，强迫几千民工沿途护送。路过的地方，有的凿开城墙水门，有的拆除桥梁民房，历经数月，才抵达京城，放置在艮岳之中。有一年冬天，运河水浅，笨重的花石船难以运送，改道海上，结果遇上大风大浪，许多船只沉没，役夫民丁，淹死无数。《水浒传》里的青面兽杨志，曾从太湖搬运"花石纲"，途中风打船翻，沉没在黄河里，绝非杜撰，当为艺术的真实。

"花石纲"前后折腾了二十年，使北宋国力空虚，激起民变，导致金兵攻陷汴京，徽宗、钦宗被掳北上。刘子翚《汴京纪事》诗云：

> 内苑珍林蔚绛霄，围城不复禁刍荛。
>
> 舳舻岁岁衔清汴，才足都人几炬烧。

"内苑"指艮岳，又称万岁山，是宋徽宗的御花园。绛霄楼又是其中最壮丽的建筑。"刍荛"指打柴。由于京城被围，官家自身难保，不能再禁止百姓进入艮岳，将奇珍异木当木柴烧。第三句则直斥朱勔年年向艮岳运送"花石纲"。

至今我们所能看到的江南五大名石，均产自鼋山一带，即上海豫园的玉玲珑，苏州十中的瑞云峰和留园冠云峰，杭州湖滨公园的绉云峰和南京瞻园的仙人峰。

历史的风烟消散，太湖仍向我展开荡涤尘襟的水天一碧。近人范烟桥的一联诗语，也浮上心头："山分浓淡天然画，浪有高低自在心。"

但太湖之后"自在"不起来了。先是"围湖造田"。诗人沙白叹道：

---

① 陆王黄、曹仁虎等：《钦定续通志》卷 587，见《景印文渊阁四库全书》第 401 册，台湾商务印书馆 1982—1986 年版，第 135 页。

重见正是清秋，

太湖和秋天一样清瘦。

想来十年离乱，

你也有太多的烦忧。

接着又是近年来大规模爆发的"蓝藻"危机，引起人们对"苏南模式"的沉痛反思。太湖，我们的母亲湖，你那不肖而贪鄙的儿孙，究竟还要把你折腾到什么时候！

（二）京口三山

明史专家谢国桢在游扬州平山堂时，曾提到一副对联的下联"隔江喜看六朝山"，并说：

我们在平山堂凭眺移时，江南金焦诸山，如浮水面，历历在望……

这里提到了金山、焦山，加上北固山，便是京口（镇江）三山了。

最早听说北固山这个地名，是从王湾的《次北固山下》：

客路青山外，行舟绿水前。

潮平两岸阔，风正一帆悬。

海日生残夜，江春入旧年。

乡书何处达？归雁洛阳边。

这首被清人王夫之誉为"以小景传大景之神"的五律，已经成为盛唐气象的发端。

后来查了资料，才知道公元 209 年，三国吴主孙权出于军事上的需要，开始在北固山的前峰，建了一座城堡，叫作京城。城池虽小，却十分坚固，号称铁瓮城。古代谓山上高平之地为"京"，"口"指北固山下的江口，京口之名便被人叫响了，唐时为润州，宋代才改名镇江的。

《三国演义》里写到甘露寺刘备招亲一节，寺即在北固山后峰。但三国时期，山上尚无寺庙，甘露寺是唐代李德裕所建。况且，刘备来京口前一年，孙权已经"进妹固好"，是送亲而非招亲。当然，北固山前峰即是铁瓮城所在，孙、刘二人登上后峰眺览和商谈大事，倒也是可能的。

北固山三面临江，李德裕题北固山临江楼的诗有"多景悬窗牖"一句，后来改建此楼时，便依诗句更名为多景楼。苏东坡在此曾留下《采桑子》一词：

> 多情多感仍多病，多景楼中。尊酒相逢，乐事回头一笑空。
> 停杯且听琵琶语，细捻轻拢。醉脸春融，斜照江天一抹红。

结尾两句写"姿色尤好"的侑酒官妓醉后的脸庞，荡漾着暖融融的春意。她的身后，夕阳在天边映照出一抹艳丽的晚霞。这是人景合写。分开说，前句人，后句景；叠合看，人即景，景即人。

但靖康之变，宋室南渡，镇江成了抗金前线，词也多慷慨悲凉之音，如辛弃疾的《永遇乐·京口北固亭怀古》。另一首《南乡子》上片也写道："何处望神州？满眼风光北固楼。千古兴亡多少事，悠悠。不尽长江滚滚流。"今人有诗赞曰："倚楼谁唱南乡子？唤起鱼龙出浪听。"

苏东坡对镇江有特殊的感情，每次路过，必登金山。熙宁三年（1070年），他因批评新法，引起当道不满，深感仕途险恶，便主动请求外任。第二年，任杭州通判，十一月初三，途经镇江，被山僧留宿金山寺，并写下《游金山寺》七古，有一段生动的描写："羁愁畏晚寻归楫，山僧苦留看落日。微风万顷靴文细，断霞半空鱼尾赤。是时江月初生魄，二更月落天深黑。江心似有炬火明，飞焰照山栖鸟惊"森然之气，正反映了内心的苦闷。

金山原名氏父山，唐代开山得金，故名。从苏诗"寻归楫"看，它原是江中的，后因水流变迁，清道光年间与南岸相连。金山的建筑傍山而造，绚丽精巧，幢幢相衔，故民间有"金山寺里山，焦山山里寺"之说。

观音阁内，存有"金山四宝"。周鼎，相传是周宣王时的铜器；东坡玉带；明代文徵明所绘金山图；还有铜鼓，又名诸葛鼓，相传是诸葛亮发明的，行军时可作炊具，作战时可擂鼓。

东坡玉带怎么会留在这里呢？原来这是他与自己的方外之友佛印和尚打赌的结果。有一次他来金山，刚走进佛印屋中，佛印就弄起了机锋："此间无坐处。"东坡借禅语回答："暂借佛印四大为座。"两人约以东坡玉带为赌。佛印再问："既然四大皆空，五蕴非有，居士向哪里坐？"东坡一时无言以对，只得解下玉带相赠，佛印则取出衲裙一副回报。东坡留诗云："病骨难堪玉带围，钝根仍落箭锋机。欲教乞食歌姬院，故与云山旧衲衣。"透露了他在政治上的失意。玉带为方丈镇山之宝，缀玉二十块，清初焚毁四块。乾隆到金山寺命玉工补齐，并刻上自己的诗，附庸风雅。

宋建中靖国元年（1101 年），东坡自海南遇赦北归，回到常州。适值表弟程德孺在金山，他便前去会面。此时他已六十六岁，接近生命的尽头，在金山见到一幅李公麟为自己画像的石刻，百感交集，题石刻云："心似已灰之木，身如不系之舟。问汝平生功业，黄州惠州儋州。"一生中最遭难、最无用世机会的三处贬所，成为他的"功业"所在。是自挽，而以谐语道出？是实情，而显倔强之性？各人自有不同的理解。

又据《铁围山丛谈》载："东坡公昔与客游金山，适中秋夕，天宇四垂，一碧无际，加江流倾涌，俄月色如画。遂共登金山山顶之妙高台，命绚歌其《水调歌头》曰：'明月几时有？把酒问青天。'歌罢，坡为之舞，而顾问曰：'此便是神仙矣！'"[1] 虽是旁人回忆，但我宁可相信这是东坡在金山最为传神的写照。他那任天而动、飘逸如仙的舞姿，定格金山，瞬间便是永恒。

流传最广的便是白娘子水漫金山的故事。人们来此，无不欲一睹白龙洞、法海洞等处，以偿夙愿。《金山志》记："蟒洞，右峰之侧，幽峻奇险，入深四五丈许。昔出白蛇噬人，适裴头陀驱伏获金，重建精蓝。"[2] 这是唐代中叶的事。

裴头陀是裴头陀，法海是法海。法海之名，不见于《金山志》，却见于唐代李华的《润州鹤林寺径山大师碑铭》。他是唐天宝年间的名僧，不仅精研内典，而且"该通外学"。鹤林寺与金山寺同在润州，加之"法海"这一僧号是正规性的，而"头陀"不过是苦行僧，行脚乞食，不是主持一寺的方丈，因

---

[1] 蔡绦：《铁围山丛谈》，中华书局 1983 年版，第 57 页。
[2] 卢见曾：《金山志》，广陵书社 2006 年版。

此在传说中，人们才选用法海替代了裴头陀。

北宋的苏东坡在妙高台赏月，南宋的梁红玉在妙高台击鼓。名将韩世忠用兵八千，将十万金兵围困在金山附近。出身军妓，识韩世忠于行伍之中的梁红玉，在金山上擂鼓助阵，一直追击金兵至黄天荡，真可谓"红妆翠袖，青史丹心"了。这一段故事，恐怕比白娘子水漫金山更惊心动魄。

金山还值得一提的是芙蓉楼，楼以诗传，即唐代王昌龄的《芙蓉楼送辛渐》：

> 寒雨连江夜入吴，平明送客楚山孤。
> 洛阳亲友如相问，一片冰心在玉壶。

京口三山中，唯有焦山屹立江心，也是目前万里长江中仅有的一座四面环水的游览岛屿。山势雄秀，不愧为中流砥柱。

焦山原名樵山。东汉末年，处士焦光避乱镇江，隐居在此。汉献帝三诏不起。后来他住的岩洞便名三诏洞，樵山也改称焦山了。焦光学问高深，并精医术，经常在山上采药为当地渔民治病，应该也属于王昌龄诗中的"一片冰心在玉壶"式的人物。

舍舟登岸，山脚便为定慧寺（原名焦山寺）山门，迎壁便是"海不扬波"四个大字，突出了焦山犹如镇海之石的喻意。定慧寺左边的焦山碑林，现藏历代碑刻四百多块，仅次于西安碑林，为江南第一。"碑中之王"的《瘗鹤铭》，是我国保存价值极高的"二铭"之一，即南有镇江《瘗鹤铭》，北有洛阳《石门铭》。《瘗鹤铭》是摩崖石刻，刻在焦山崖石上，后陷落江中，宋淳熙年间捞出，后又堕江。清康熙时才由闲居镇江的苏州知府陈鹏年募工从江中捞起五块原石，仅存八十六字（其中五字不全），字体丰筋多力，章法奇逸飞动，宋黄庭坚认为"大字无过《瘗鹤铭》"，故此碑也称"大字之祖"。但未署书者之名，只知是梁代作品。

金山与焦山一向并称，明代王思任曾品评说："金以巧胜，焦以拙胜。金为贵公子，焦似淡道人。金宜游，焦宜隐。金宜月，焦宜雨。金宜小李将军，焦则大米。金宜神，焦宜佛。金乃夏日之日，而焦则冬日之日也。"①"小李将军"指善画金碧山水的唐代画家李思训之子李昭道，被评为"变父之势，妙又过之"。"大米"指爱写淡墨云烟的北宋画家米芾，他与儿子米友仁（"小米"）共创了"米点山水"。

元人萨都剌咏过焦山的赞善庵（即焦山寺的赞善阁）：

> 夕阳欲下行人少，落叶萧萧路不分。
>
> 修竹万竿秋影乱，山风吹作满窗云。

将竹影写成"秋影"，又将"秋影"化作"满山云"，可谓奇句。

郑板桥也有焦山汲江楼佳联：

> 汲来江水烹新茗；买尽青山当画屏。

张恨水写下自己独特的感受：

> 焦山之景，不以山胜，而以水胜。不以观水胜，而以听潮胜。凭栏注视，波浪翻涌，直奔眼底，如身在舟中。但小坐山阁，下不见长江，则波浪冲击山石，雷鸣鼓碎声。山上松涛起落，龙吟虎啸声。山谷回响，断山残雨声。是真是假，亦有亦无，又令人如坠大海，不能久坐。忽然清磬一声，自树林中又传来，始知身在山上。

（三）富春江

现代作家、富阳人郁达夫有一方闲章，上刻：家在富春江上。

钱塘江自萧山的闻堰至建德的梅城镇一段，称富春江，其中桐庐县附近，古又称桐江。南朝梁代文人吴均在《与朱元思书》中，描写的就是从富阳到桐庐的景色：

---

① 刘名芳：《（乾隆）焦山志》卷十，见《故宫珍本丛刊》第247册，海南出版社2001年版，第92页。

风烟俱净，天山共色，从流飘荡，任意东西。自富阳至桐庐，一百许里，奇山异水，天下独绝。水皆缥碧，千丈见底，游鱼细石，直视无碍。急湍甚箭，猛浪若奔。夹岸高山，皆生寒树，负势竞上，互相轩邈，争高直指，千百成峰。泉水激石，泠泠作响；好鸟相鸣，嘤嘤成韵。蝉则千转不穷，猿则百叫无绝。①

吴均的这段经典文字，着眼于奇山异水。可惜他没有描写富春江两岸或中流的众多沙洲。这些沙洲绿野平铺，江柳摇青，芦苇丛生，繁花如锦。古人有"十里桐洲九里花"之句，曾将春江沙洲想象成桃花源："未必柳间无谢客，也应花里有秦人。"谢客指南朝宋代的山水诗人谢灵运，秦人即陶渊明《桃花源记》中所记的"先世避秦时乱，率妻子邑人来此绝境，不复出焉"的居人。郁达夫在《钓台的春昼》里，曾这样描写："两岸全是青青的山，中间是一条清浅的水，有时候过一个沙洲，洲上的桃花菜花，还有许多不晓得名字的白色的花，正在喧闹着春暮，吸引着蜂蝶。"②

元　黄公望《富春山居图》（局部）

富春江流过的百里沙洲，不但美丽，而且富饶。江名富春，秦时古人大概有鉴于此吧。

富春江最有名的古迹，大约便是位于桐庐县七里泷富春江上的严子陵钓

---

① 欧阳询：《艺文类聚》卷7，上海古籍出版社1982年版，第129-130页。
② 郁达夫：《郁达夫全集》第3卷，花城出版社1982年版，第200页。

台了。严子陵名严光，与汉光武帝刘秀是少年同学。刘秀即位当了皇帝，四处寻访他，后来有人报告见披羊皮裘者垂钓于此，光武帝才把他找到，三请到京城。晚上两人一起睡觉，以叙旧情。睡着后，严光把脚搁在刘秀的肚子上，第二天太史上奏说客星犯御座，光武一笑置之。虽然光武一再请他出山，以佐帝业，但他始终不为所动，还是回到富春江。两千年来，他那笑傲王侯的品性，打动了许多读书人。既然有这么一位有遇而不仕的榜样，那些怀才不遇的读书人，自然心气也舒坦了一些。唐人王贞白有诗："山色四时碧，溪光七里清。严陵爱此水，下视汉公卿。"而那些事业有成的读书人，似乎也想借严光之名，或真或假地树自己之名。宋代名臣范仲淹自是真心的。他贬官睦州（辖桐庐、建德等），大概是有感于自己的遭遇，派人重建严子陵祠堂，并亲自作记云："云山苍苍，江水泱泱。先生之风，山高水长。"①

与子陵钓台相邻，还有一座西台，即当年南宋爱国志士谢翱哭祭文天祥，写《登西台恸哭记》之所在。今人黄裳独具慧眼，在《钓台》一文中说，并立着的两座钓台，似乎向游人分别宣示两种截然不同的价值取向与人生意旨。一种是鸡鸣风雨之际，以极热的心肠，锥心刺骨，奔走呼号；另一种则是"苟全性命于乱世，不求闻达于诸侯"，一头扎进与世隔绝的空山……

七里泷的东西两台，在画山绣水之中，作乌黑色拔地而起，壁立千仞，明丽之中透出峭峭之气。

由钓台上行三十余里，即为桐君山，位于富春江、天目溪汇合之处。据县志所载："桐君山，县东二里，下瞰二江。相传山侧旧有桐树，枝柯荫蔽数亩，常有异人采药于此，结庐桐树下，或问其姓，则指桐以示之。因号为桐君，县并以名。"② 梁代陶弘景的《本草序》和明代李时珍的《本草纲目》，均对桐君其人有具体记载，至今桐君仍被尊为中华医药之祖。山上有桐君祠。清代查慎行诗云："何年栖隐此高山，寂寂孤桐照自闲。漫说狂奴垂钓处，尚留姓名在人间。"严光（刘秀曾称其为"狂奴"）虽隐居不仕，但仍留姓名。而悬壶济人的桐君，却指桐为姓，连姓名也不曾留下，品格似乎更高一筹。

其实对于严光，古人早有微词。明代王世贞就直指："渭水钓利，桐江钓

---

① 范仲淹：《范仲淹全集》卷七，四川大学出版社 2002 年版，第 190－191 页。
② 范樟友主编，桐庐县志编纂委员会编：《桐庐县志》，浙江人民出版社 1991 年版。

名。"在他看来，姜子牙出仕是钓利，严子陵不仕是钓名。一首无名氏的诗是这样写的："一着羊裘便有心，虚名传颂到如今。当时若着蓑衣去，烟水茫茫何处寻。"

望着修缮一新、庄重典雅的桐君祠，不禁让人想起明人陶安的诗："风香药草春云暖，露冷桐花夜月明。"

郁达夫的故乡富阳，在水之北，朝南向阳，东晋定名时当为此意。这里出过三位诗人，唐代的施肩吾、罗隐和现代的郁达夫。达夫诗如其人，清新明秀，飘逸不群。其《自述诗》云："家在严陵滩下住，秦时风物晋山川。碧桃三月花如锦，来往春江有钓船。"另有《题春江第一楼》："风月三年别富春，东南车马苦沙尘。江山如此无人赏，如此江山忍付人。"表达了对民族命运的深忧。不仅是江南才子，而且是爱国志士。

"春江第一楼"在富阳鹳山之上。山不高，但林木苍翠，如一鹳飞来，鹄立江边。山上望江，正是"富春渡口闲舒目，落日孤舟浪拍天"（宋代范成大诗）的意境。当年我来到这里，却丝毫也"闲舒目"不起来，写下过"一派潮声，应在凭吊国魂"的诗句。因为"春江第一楼"之侧，正有纪念郁华（曼陀）、郁达夫兄弟的"双烈亭"。郁华在沦陷时期的上海孤岛，曾以法院刑庭庭长的身份，掩护与营救了不少爱国人士，终遭日伪特务暗杀。郁达夫也于抗日战争胜利前夕，被日军秘密枪杀于印尼的丹戎革岱，其时还不到五十岁。亭内现有1947年郭沫若撰文、马叙伦书写的《郁曼陀先生血衣冢志铭》碑，和茅盾书写的"双松挺秀"匾额。"双烈亭"不远处，为郁华奉养老母而建的松筠别墅。郁母于1937年12月，耻于当亡国奴，在此绝食而逝。真可谓一门忠烈！今松筠别墅已辟为纪念馆。

郁达夫在《钓台的春昼》中，曾记自己造访东西钓台的情况："走上严先生祠堂去的时候，我心里真有点害怕，怕在这荒山里要遇见一个干枯苍老得同丝瓜筋似的严先生的鬼魂。""……一上谢氏的西台，向西望去，则幽谷里的清景，却绝对的不像是在人间了。我虽则没有到过瑞士，但到了西台，朝西一看，立时就想起了曾在照片上看见过的威廉·退尔的祠堂。这四山的幽静，这江水的青蓝，简直同在画片上的珂罗版色彩，一色也没有两样，所不同的，就是在这儿的变化更多一点，周围的环境更芜杂不整齐一点而已，但这却是好处，这正是足以代表东方民族性的颓废荒凉的美。"①

威廉·退尔是十三世纪的瑞士猎人，以神箭手著称，他不畏强暴，终于率众推翻了奥地利人的统治，使瑞士重获自由。德国的席勒曾以他的事迹写成名剧《威廉·退尔》。郁达夫由谢翱联想到威廉·退尔，绝非闲笔。他还专就西台写过一首七绝："三分天下二分亡，四海何人吊国殇。偶向西台台畔过，苔痕犹似泪淋浪。"

从桐君、谢翱至郁达夫一家，似有一股血脉相承，富春江靠了这股英气，才"急湍甚箭，猛浪若奔"，流荡得更加生动多姿吧。

（四）苏堤春晓

明人田汝成《西湖游览志》载：

> 苏公堤，自南新路属之北新路，横截湖中。宋元祐间，苏子瞻守郡，浚湖而筑之，人因名苏公堤。夹植花柳，中为六桥，桥各有亭覆之。其诗云："六桥横截天汉上，北山始与南屏通。忽惊二十五万丈，老葑席卷苍烟空。"……自是湖分为两，西曰里湖，东曰外湖。南渡后，堤桥成市，歌舞丛之，走马游船，达旦不息。②

至于"苏堤春晓"，今人钟毓龙释曰："苏堤两旁，悉栽桃柳。杭人有'一枝杨柳一枝桃'之谚。每当春日，桃柳竞芳，红绿相间，远望近观，均堪娱目。而破晓之际，晨光乍启，宿雾未消，落英蘸波，锦屏垂绣，实为湖中之最胜处。此为春景，亦兼为晓景。"③

清人张仁美《西湖纪游》，继续了明人田汝成对苏堤繁华的描写：

> 和风骀荡中，冶春士女，杂沓嬉游，犹想见髯公扬鞭缓辔，马蹄遍踏香尘也。④

① 郁达夫：《郁达夫全集》第3卷，花城出版社1982年版，第202页。
② 田汝成：《西湖游览志》卷二，上海古籍出版社1998年版，第17-18页。
③ 钟毓龙：《说杭州》，浙江人民出版社1983年版，第125页。
④ 张仁美：《西湖纪游》，清光绪癸未（1883）丁氏刻本，第7页。

　　"髯公"自然是指苏东坡。东坡写了那首"遂成西湖定评"的七绝（水光潋滟），又为杭州留下了他千秋不废的杰作——苏堤。但筑堤过程，并非张仁美写得那么浪漫。

　　宋初以来，西湖年久失修，日渐堙塞，加上真宗天禧年间（1017—1021年），王钦若奏改西湖为放生池，禁民采捕，西湖更是草兴水涸，积成葑田。东坡第一次通判杭州，"湖之葑合者盖十之二三耳"，但因自己不是主要行政长官，除帮助太守陈述古疏浚六井外，不可能有大的作为。元祐四年（1089年），东坡再度来杭，时间虽仅隔十五年，西湖已淤塞过半。经父老请求，东坡向朝廷上《乞开西湖状》，认为倘不紧急措置，"更二十年，无西湖矣"，全湖将为水草掩盖，杭民将失去淡水来源。指出"西湖有不可废者"的五条理由，并形象地说："杭州之有西湖，如人之有眉目"，"使杭无西湖，如人去其眉目，岂复为人乎？"尽管有人攻击这项动议是"志事游观，公私无利"，朝廷还是予以批准拨款。

　　东坡以工代赈，趁黄梅雨后，葑草浮动之时，在元祐五年（1090年）四月二十八日，动用民夫二十万工，历时半年，将茫茫葑草、沉沉淤泥打捞干净。聪明的太守，又把无处安放的草、泥筑成长堤，为湖沿三十里横穿了一条捷径。还命人在堤上间植杨柳，并建映波、锁澜、望山、压堤、东浦、跨虹六座石拱桥。后有诗回忆："我在钱塘拓湖绿，大堤士女争昌丰。六桥横绝天汉上，北山始与南屏通。"人们为了纪念他，将这条长堤命名为"苏公堤"。而"苏堤春晓"也被列为"西湖十景"之一。

　　清人翟灏等辑的《湖山便览》，还录了描写六桥的佳句，如"小艇撑过第一桥"（徐集孙），"花落西泠第二桥"（钱宰），"酒到三桥月满身"（蔡襄），"重到桃花第四桥"（刘涣忆），"遥知第五桥边路，桐叶题诗人未归"（周紫芝），"东风第六桥边柳，不见黄鹂见杜鹃"（陈孚）。其中陈孚因感慨南宋被蒙元所灭，故有此叹。这些断句，足以诱发人们对六桥的遥思遐想。

　　据说当年筑堤时，东坡每天亲临现场。一天肚饥，而饭菜未至，"遂于堤上取筑堤人饭器，满贮陈仓米一器尽之。大抵平生简率，类如此"。[1] 又传浚

---

① 转引自祝鼎民：《中国历代名人轶事小说 500 篇》，金盾出版社 2014 年版，第 319 页。

湖功成，百姓抬猪担酒来苏府拜贺，东坡收下猪肉，叫人切成方块，亲授以法，烧得红酥酥的，分给参与浚湖的民工，众人给这种肉起名"东坡肉"。"东坡肉"以后成了杭州的一道名菜。

因苏堤遍植垂柳，"六桥烟柳"在元代又被列入"钱塘八景"之首。明人袁宏道曾形容说：

> 六桥杨柳一络，牵风引浪，萧疏可爱，晴雨烟月，风景互异，净慈之绝胜处也。①

今人夏承焘《天风阁学词日记》（1930 年 10 月 11 日）载：

> 苏堤暝色，望里湖水光受西日作金色，外湖则似银灰，叹为奇观。②

叶圣陶在《游了三个湖》一文中注意到：

> 外湖和里湖从错落有致的枝叶间望去，似乎时在交换模样儿。③

周瘦鹃则在《新西湖》中说：

> 从第一桥到第五桥这一段，实在是苏堤最美的所在。碧水青山绿杨柳，一一奔凑眼底，美不可言。④

我还想起徐逢吉《清波小志》中的一段令人难忘的文字。他的朋友赵瑜，字瑾叔，钱塘人，高才博学，能诗文，尤长乐府，与洪升齐名，著有《秦淮雪》《青霞锦》《翠微楼》传奇数种。康熙庚辰（1700 年）三月，"夜大风雨至

---

① 袁宏道著，钱伯城笺释：《袁宏道笺释》上册，上海古籍出版社 1981 年版，第 434 页。
② 夏承焘：《天风阁学词日记》，浙江古籍出版社 1984 年版，第 152－153 页。
③ 周瘦鹃：《行云集》，浙江人民美术出版社 2019 年版，第 4 页。
④ 叶圣陶：《叶圣陶集》第 7 卷，江苏教育出版社 1987 年版，第 76 页。

黎明，闻扣门声甚急，启视之，则赵也，著屐而来，云：'天公如此，桃花摧残可知矣。吾欲往六桥吊之，君能偕我行乎？'予适小疾畏风，辞之。瑾叔遂独行，抵暮仍过我（家），急索笔写《吊桃花曲》五阕见示，音调凄惋，真有情人也。"[1] 其第五阕《皂角儿犯》云：

> 六朝春，总属虚花。三月景，一番闲话。说什么绛雪胡麻，想都是尘埃野马。没相干，抛开罢。眼乜斜，枝头还剩一些些。风休刮，雨莫加，残春尚值千金价。[2]

幸好《尾声》振作了一些：

> 人生难得长潇洒，费几杯浪酒与闲茶。你看宋苑秦亭，又增一番新绿也。[3]

这正符合以东坡为代表的宋人胸襟。东坡的门生秦观便写过：

> 节物相催各自新，痴心儿女挽留春，
>
> 芳菲歇去何须恨，夏木阴阴正可人。

（五）横塘

> 去胥门九里，有村曰横塘。山夷水旷，溪桥映带村落间，颇不乏致。予每过此，觉城市渐远，湖山可亲，意思豁然，风日亦为清朗。[4]

这是明人李流芳一篇游记的开头。我之知道横塘，则源于北宋贺铸的

---

① 徐逢吉等：《清波小志（外八种）》，上海古籍出版社 1999 年版，第 85 页。
② 徐逢吉等：《清波小志（外八种）》，上海古籍出版社 1999 年版，第 86 页。
③ 徐逢吉：《清波小志（外八种）》，上海古籍出版社 1999 年版，第 86 页。
④ 阿英：《晚明沽家小品》，河北人民出版社 1989 年版，第 500 页。

《青玉案》（凌波不过横塘路）。

于是，横塘就成为江南水乡的经典风景，也成为江南才子永恒的忧郁。直到清代，赵允怀还吟道："唱遍贺家青玉案，一天飞絮过横塘。"

因了此词，横塘旧时还有一座"梅子桥"。民国范君博有诗："路转横塘七里西，几家临水听鸡啼。人来古渡停船问，梅子桥头迹已迷。"

据我所知，风流才子唐伯虎，先葬苏州城内桃花坞，后移至祖垅横塘王家村。"文革"中墓毁，1985 年重修。

吴梅村的《圆圆曲》，分明写到："前身合是采莲人，门前一片横塘水。"也许是聚集了江南水乡的灵妙之气，明代末年，横塘竟氤氲化育出那位"一代红妆照汗青"的女子！

多年前，路过横塘，少不更事，留下一首小诗：

> 一川烟草，满城风絮，
> 梅子黄时的绵绵细雨，
> 贺铸一连借三样景物
> 倾吐胸中浓烈的愁绪。
> 哀曲唱酸了横塘的雨，
> 能在这般氛围中久居，
> 让它锈蚀生命的活力，
> 给我的心头长些苔绿？
> 渴望来一场狂风暴雨，
> 敲出灵魂亢奋的歌曲。

贺铸词给我带来的"黄梅心理"，直到读了南宋范成大的《横塘》诗，才得以缓解：

> 南浦春来绿一川，石桥朱塔两依然。
> 年年送客横塘路，细雨垂杨系画船。

细雨、垂杨、画船、白桥、绿水、朱塔，大自然的风景如此明丽，在其间的人世离别，也因此成为让人珍惜的人生风景的一部分。

范成大还有一首诗，也清朗可喜："一川新涨熨秋光，挂起篷窗受晚凉。杨柳无穷蝉不断，好风将梦过横塘。"

南浦典出屈原《九歌》"送美人兮南浦"和江淹《别赋》"送君南浦，伤如之何"，泛指和朋友分手的河边。我常常想，范成大笔下的横塘，那么美好的横塘，为什么不能是泛指呢？

后来读了黄裳的《游邓尉》，他表达了我的想法："多少代的年轻人在这个横塘上发生过多少次美丽的恋情，不一定是这条小河才叫横塘，只要有河水，有垂柳的地方都是的，不是吗？"①

横塘镇上还有一座古驿亭，驿亭不大，却诱发我的遐想：

> 蹄声的急雨骤然而止
> 汗雨又打湿亭内的砖石
> 另一名差役取文上马
> 接力赛一样不敢延迟
> 皇城中妃子正等着尝新
> 公文便成了鲜红的荔枝
> 马上的人不停地挥鞭
> 身后有一条无形的鞭子
> 青山如驰，岁月如驰
> 马鞭幻作今日的柳丝
> 蹄声也融进霏霏春雨
> 江南是一首清丽的诗
> 只有汗水渍黄的颓垣
> 讲着那段踉跄的历史

---

① 黄裳：《黄裳文集》第 1 卷，上海书店出版社 1998 年版，第 541 页。

驿站西侧便是彩云桥。苏州有两座彩云桥，另一座在山塘半塘寺前。范成大《重九泛石湖记》写道："淳熙己亥（1179 年）重九，与客自阊门泛舟，径横塘。宿雾一白，垂垂欲雨。至彩云桥，氛翳豁然，晴日满空，风景闲美，无不与人意。"彩云桥坐落在彩云港，不知是先有桥还是先有港？但都是"无不与人意"、云兴霞蔚的名字。

三　周继洋：江南饮食之菜蔬篇[①]

俗语云"杭州不断笋，苏州不断菜"，相传张士诚被围苏城时，粮草断绝，便辟南园、北园种植蔬菜。据记载，隋唐时，苏州横山、梅湾一带已成为茭白、莲藕的著名产区，横山荷花塘贡藕、梅湾吕公菱、黄天荡荸荠和慈姑以及南荡芡实等已遐迩闻名，风靡市场。江南地区的旱生蔬菜主要有青菜、花菜、白菜、菠菜、萝卜、冬瓜、黄瓜、南瓜、茄子、豇豆、芝麻苋、辣椒、番茄、马铃薯等。水生蔬菜主要有茭白、莲藕、慈姑、水芹菜、荸荠、菱、芡实、莼菜等。沈学炜《娄江竹枝词》便咏道："薄荷苗向春前种，扁豆棚开秋后花。最好山厨樱笋了，筥篮唤卖画眉瓜。"

范烟桥《茶烟歇》也提道："苏州居家常吃菜蔬，故有'苏州不断菜之谚'。城外农家园圃，每于清晨摘所产菜蔬入市，善价而沽，谓之'挑白担'，不知何所取义？城南南园土地肥沃，产物尤腴美，庖丁亦善以菜蔬为珍羞之佐，如鱼翅虾仁，类多杂之，调节浓淡，使膏粱子弟稍知菜根味也。春令菜蔬及时，市上盈筐满担，有号马来头者，鲜甘甚于他蔬，和以香豆腐干屑，搀以冰糖麻油，可以下酒，费一二百钱，便能觅一醉矣。菜晒成干，别有风味，用以煮肉，胜于其他辅品。惟苏州菜不及吴江菜之性糯，宁波制为罐头之干菜更逊。吾乡多腌菜，我家文正公在萧寺断齑画粥，齑即腌菜，苏州人至今称腌菜为腌齑菜。枸杞于嫩时摘食，清香挂齿，而豆苗更清腴可口，宋牧仲开府吴门，曾题盘山拙庵和尚沧浪高唱画册云：'青沟辟就老烟霞，瓢笠相过道路赊，携得一瓶豆苗菜，来看三月牡丹花。'即此。王洋鱼《香视笔

---

① 选自刘士林主编：《江南文化资源研究》，百花洲文艺出版社 2019 年版。

记》载之。注云：'豆苗菜出盘山，在河北、蓟县西北，为京东胜地，不知北国豆苗孰与苏州豆苗美？'荠菜，吾乡，称野菜，苏州人则读荠为斜字上声，即《诗经》'谁谓茶苦，其甘如荠'之荠，可知二千年前，已有老饕尝此异味矣。荠菜炒鸡、炒笋俱佳，有花即老，谚有'荠菜花开结牡丹'之语，则暮春三月，即不宜食。"[1] 范烟桥提到的荠菜是江南地区常见的一种野菜，因其形味皆美，广受欢迎。荠菜豆腐羹、荠菜炒肉丝等常见于餐桌，[2] 据说周恩来夫妇访紫兰小筑时，周瘦鹃奉以荠菜肉丝炒年糕一盘，被大为赞赏。至于集市上，则有荠菜春卷、荠菜猪油馒头、荠菜鲜肉汤头、荠菜糍饭团、荠菜小酥饼等小吃。

其他野菜还有金花菜、马兰头、香椿头、紫云英等，其中又以马兰头最受人喜爱。《黎里志》记道："野蔬中有马兰头者，冬春间随地皆有，取其嫩者瀹熟，拌以麻油，味极佳。曝干可久贮饷远。二月初，每当清晨，村童高声叫卖，音节类山歌。三五成群，若唱若和。卧近市楼者辄为惊觉。"[3] 故沈云《盛湖竹枝词》咏道："春盘苜蓿不须愁，潭韭初肥野菜稠。最是村童音节好，声声并入马兰头。"叶灵凤对马兰头怀有非常的感情，他在《江南的野菜》里写道："在这类野菜中，滋味最好的是马兰头，最不容易找到的也是这种野菜。这是一种叶上有一层细毛，像蒲公英一样的小植物。采回来后，放在开水里烫熟，切碎，用酱油麻油醋拌了来吃，再加上一点切成碎粒的茶干，仿佛像拌茼蒿一样，另有一种清香。这是除了在野外采集，几乎很少有机会能在街上买得到的一种野菜。同时由于价钱便宜，所以菜园里也没有人种。"[4]

金孟远《吴门新竹枝》咏道："茭白青菠雪里蕻，声声唤卖小桥东。担筐不问兴亡事，输与南园卖菜翁。"江南地区人生活的精细体现在方方面面，苏州人家几乎天天买菜，不厌其烦，为的是图个新鲜，还可以顿顿调换花样。如《调鼎集》所说："居家饮食，每日计日计口备之。现钱交易，不可因其价

① 范烟桥：《茶烟歇》，上海书店出版社 1934 年版，第 182－183 页。
② 王稼句：《姑苏食话》，山东画报出版社 2014 年版。
③ 徐达源：《黎里志》卷四，广陵书社 2011 年版，第 80 页。
④ 叶灵凤：《能不忆江南》，江苏古籍出版社 1987 年版，第 80 页。

贱而多买，更不可因其可赊而预买。多买费，预买难查。今日买青菜则不必买他色菜，如买菰不买茄之类。何也？盖物出一锅，下人、上人多等均可苦食，并油酱柴草不知省减多少也。"①

① 童岳荐：《调鼎集》，中国纺织出版社 2022 年版，第 60 - 61 页。

第六讲

江南的文化性格

　　一方水土养一方人。如果说，地处中原农耕文化和北方游牧文化结合地带的燕赵，催生出"慷慨悲歌""尚武任侠"的豪雄文化性格，地处北方旱作文明与南方稻作文明中间地带的中原，化育出"先进于礼乐""守中致和"的中庸文化性格，那么也不妨说，在水清土润、小桥流水、鱼米之乡的江南，则涵养出"情之所钟，正在我辈"（《晋书·王衍传》）的诗性文化性格。这是三种有代表性的中国文化区域风格，用拟人化的表述，即燕赵文化以男性的阳刚之美见长，中原文化以君子和淑女的品德操行见长，江南文化则以女性的阴柔之美见长。客观而言，燕赵文化"失之于野"，过于血气方刚，易逞匹夫之勇，在文化教养和审美品位方面发育不足，中原文化"失之于文"，过于温柔敦厚，做事畏手畏脚，在保持人的朴素天性和感性审美上有所欠缺，江南文化在感性和理性之间、野蛮与文明之间建立了良好的平衡与协调关系，但在历史实践中也不宜把握好分寸，因此也经常出现不是偏北方、就是偏中原的极端。但无论如何，在中国区域文化中，江南文化提供了一种原理和理想，这是需要深入研究、体会和努力使之成为文化建设的参照的。

一　江南文化是诗性文化

　　"东南财赋地，江左文人薮"。这是康熙写给江南大小官吏的一句诗。

　　这句诗很值得玩味，一方面，它表明政治家的眼光看得很准，与其他区域文化相比，江南最显著的特点就是物产丰富与人文发达，特别是明清以来；另一方面还可以说，政治家毕竟只是政治家，所以只能看到对他们统治有用的物质财富与人力资源。但这个江南，与一般人心目中的"江南"的差别是显而易见的。在一般中国人的心目中，江南更多的是一个诗与艺术的对象，是"三生花草梦苏州"的精神寄托，也是"人生只合扬州死"的人生归宿，它可能很大，大到是白居易诗中的杭州，也可能很小，小到如李流芳画里的横塘，但它们有一个共同的特征，就是都是超功利的审美存在，与帝王那种实用的江南不可同日而语。除此之外，还有劳动者的江南、商人的江南、青楼里的江南等，套用一句话说，就是有一千个中国人，就有一千种江南文化。这就有必要问一下，什么是江南文化的本质特征？

　　如果说，一个事物的本质即它自身所独有、并与其他事物明显区别，那么关于江南文化的本质特征，就可以通过与其他区域文化的比较来发现。由此出发，第一，仅仅有钱、有雄厚的经济基础，即政治家讲的"财赋"，并不是江南独有的特色，在中国，"天府之国"的巴蜀，在富庶上就可以与它一比高下。第二，政治家讲的文人荟萃，也不能算是它的本质特征，孕育了儒家哲学的齐鲁地区，在这一方面是更有资格代表中国文化的。江南之所以成为中华民族魂牵梦萦的对象，恰是因为它比"财赋"与"文人"要再多一点。使江南文化与其他区域文化真正拉开距离的，是一种最大限度地超越了儒家实用理性、代表着生命最高理想的审美自由精神。儒家最关心的是人在吃饱喝足以后的教化问题，如所谓的"驱之向善"，但对于生命最终"向何处去"，或者说心灵与精神的自由问题，则基本上没有接触到。正是在这个关键环节上，江南文化超越了"讽诵之声不绝"的中原实用理性，把中国文化精神提高到审美自由与心灵解放的新境界。

　　如果说，由于文化本身是无所不包的，在江南文化中同样有伦理的、实用的内容，并与中原文化圈的实用理性精神一脉相通，那么也可以说，只是在审美自由和精神解放这一点上，才真正体现出古代江南人民对中国文化的独特创造，同时这也是其他区域文化不能替代的，就此而言，把审美精神看作江南文化的本质，既有充足的理论逻辑，也具有坚实的历史逻辑。但也需要说明，以审美精神概括江南文化的本质，不是说其他区域文化就没有任何审美创造，而是说这不是后者最显著标识和最重要的贡献。以齐鲁文化为例，当然有属于自身的审美性格，如在《论语》中记载过一个故事，孔子最赞同和最向往的人生境界，既不是子路宣称的作为国之大事之一的"戎"，也不是公西华选择的作为国之大事之二的"祀"，而是曾皙所说的"莫春者，春服既成，冠者五六人，童子六七人，浴乎沂，风乎舞雩，咏而归。"（《论语·先进》）用今天的话说，就是带着几个大人、几个小孩，到郊野春游。尽管这与喜欢春天踏青的江南人表面上并无差别，但必须指出的是，这在孔子只是一个例外。在儒家文化体系中，更明显的是审美与伦理的紧张关系。如孔子严格区分的"德"与"色"，它们在通常情况下是无法和平共处的。受其影响，儒家的美学在本质上是一种伦理美学，不仅其审美活动不够纯粹，也经常发生"以道德代替审美"的异化。

在江南地区中，一方面，由于先天审美机能发育比较正常；另一方面，后天又有令人艳羡的物质生活环境，因此江南文化的审美和诗性在现实世界中受到的扭曲与异化相对要少，是中华民族在历史上少有的一个审美实践示范区，代表着这个实用民族异常美丽的另一半。关于江南诗性文化的内涵和重要意义，可以从以下两方面来了解。

第一，江南诗性文化改写了对美的起源和本质的认知。按照李泽厚先生关于美的起源的看法，"美是在人类漫长的历史实践中产生的。"[1] 这与美的本质是人的本质的有机组成部分密切相关，在主体方面看，"人的本质不是自然进化的产物，也不是什么神秘的理性，它是实践的产物。美的本质也如此。"[2]在这个漫长的改造自然世界的过程中，人的原始生命和本能也得到改造和升华，"性欲成为爱情，自然的关系成为人的关系，自然感官成为审美的感官，人的情欲成为美的情感。"[3]从对象方面看，以巫术活动为代表的原始艺术，由于最初的功能主要是实用的，不符合审美无利害、无功利的基本特征，因此认为，"它们是原始艺术——审美吗？是，又不是。它们只

---

[1] 李泽厚：《批判哲学的批判》，人民出版社 1984 年第 2 版，第 421 页。
[2] 李泽厚：《批判哲学的批判》，人民出版社 1984 年第 2 版，第 417－418 页。
[3] 李泽厚：《批判哲学的批判》，人民出版社 1984 年第 2 版，第 435 页。

是山顶洞人撒红粉活动（原始巫术礼仪）的延续、发展和进一步符号图像化。"①只是在人类改造自然和社会的历史实践中，原始巫术活动固有的宗教、政治、伦理等功利需要逐渐消失，成为一种作为情感和审美对象的"有意味的形式"，然后才显现出美的本质，或者说有了审美价值。但在今天看来，积淀说只适合解释政治、伦理具有绝对优先性与权威性的中原文化圈。从江南文化经验出发，早在良渚时期，江南先民的审美机能就获得了良好的发育，并表现在具有较高艺术水准的良渚玉器上，由此可知，江南的美，不是超越或克服了政治、伦理的利害关系和使用价值结果，正如马克思说："弥尔顿出于春蚕吐丝的必要而创作《失乐园》。那是他的天性的能动表现。"同样也可以说，良渚时期江南先民的文化创造和生产，也不是后天经验的产物，而是像春蚕吐丝一样源自江南人民与生俱来的艺术天性。由此可知，在江南人民与江南文化中，一方面，与中原地区"伦理在前，审美在后"的审美方式完全不同，在江南地区伦理与审美等原始文化要素可能是同时发生的；另一方面，这还表明，以江南文化为经验基础，中华民族的审美生命机能从一开始可能就是独立存在的，而不是后天积淀的经验产物。

第二，江南文化也对中国诗性文化带来的新的理解。由于中国南北在地理、生产生活方式上的诸多差异，中国诗性文化在历史时空中主要发展出既相互联系、又两水分流的两大系统。一是以政治-伦理为深层结构的"中原诗性文化"，二是以经济—审美为基本理念的"江南诗性文化"。由于"北国"的审美特征不够清晰，因此应被看作是中国诗性文化的"初级阶段"或"早期状态"。这也符合中华文明先在黄河流域形成并长期占据主流地位，而江南文化在唐宋以后逐渐成为古代中国经济和文化中心的历史进程。在世界文化的版图上做一比较，如果说，欧洲文明的源头和精神家园在古希腊，如黑格尔说："今生，现世，科学和艺术，凡是满足我们精神生活，使精神生活有价值、有光辉的东西，我们知道都是从希腊直接或间接传来的"。希腊人的精神"是一种特有的精神气息——自由与美的精神""畅适自足的精神"，以及"在

---

① 李泽厚：《美的历程》，安徽文艺出版社1994年版，第17页。

物资、社会、法律、道德、政治各方面生活上都怡然自得的精神"。[1] 那么也可以说，在中国则只有江南可以与之媲美。与充满政治—伦理内涵、以实用理性为基本形式的中原文化不同，江南诗性文化在气质上完全是艺术的、审美的与自由的。黑格尔说古希腊的话，也都可以套用在江南。由此可知，中华民族天性中的"审美—诗性"机能，是在江南的青山绿水中觅到了最适合的成长环境。由于人类的历史是一部从必然王国走向自由王国（即美的世界[2]）的历史，由于"美的本质是人的本质最完满的展现，美的哲学是人的哲学的最高级的巅峰"，[3] 由于"作为历史，总体高于个体，理性优于感性；但作为历史成果，总体、理性却必须积淀、保存在感性个体中"，[4] 所以还可以说，人文精神发生最早、积淀最深厚的中国文化，不仅在江南诗性文化中实现了逻辑上的最高环节，也在江南地区发育出历史中的成熟形态，一言以蔽之，江南诗性文化本身就是中国人文精神的最高代表。

二　吴文化、越文化与徽州文化

在今天看来，江南文化主要包括吴文化、越文化、徽州文化与海派文化四个板块。它们在历史演进和文化性格上也各有不同，共同构成了江南文化的丰富内涵和多样性。就这四大板块而言，最有代表江南文化的资格是吴文化。直到今天，仍有人习惯于以吴文化来指称江南文化。但正如唐代诗人杜荀鹤说："去越从吴过，吴疆与越连。"（《送友游吴越》）与吴文化关系最为密切的越文化，则是江南文化中第二个重要谱系。而随着近代以来上海成为江南地区的新中心，海派文化也成为江南文化的重要组成部分。2019 年 12月，《长江三角洲区域一体化发展规划纲要》发布，安徽正式成为长三角的一员。在历史上与江、浙联系密切的徽州文化，也顺理成章成了江南文化的又

---

[1] 黑格尔著，贺麟、王太庆译：《哲学史讲演录》（第一卷），商务印书馆 1959 年版，第 157－159 页。

[2] "人类由必然王国迈进到自由王国，即美的世界。"（李泽厚：《批判哲学的批判》，人民出版社 1984 年第 2 版，第 421 页。）

[3] 李泽厚：《批判哲学的批判》，人民出版社 1984 年第 2 版，第 436 页。

[4] 李泽厚：《批判哲学的批判》，人民出版社 1984 年第 2 版，第 408 页。

一小传统。本节重点讨论历史上的吴文化、越文化和徽州文化，将海派文化列入阅读材料，供大家了解和学习。此外，在本书第十一讲《江南文化与长三角一体化》，对江南四大文化板块也有谈论，可以一并参考。

（一）吴文化[①]

关于吴文化的起源，直到今天，学界仍存在争议。在时间上看，吴文化的源头最早可追溯到太湖三山岛距今已有万年的"三山文化"，后经马家浜文化、良渚文化演变而来。但由于文化特征与其他原始文化很难区别，因而在辨析、确认上存在着困难。目前关于吴文化起源的时间，比较普遍的观点是从商周时期的"太伯奔吴"开始。太伯、仲雍是建立吴国的始祖，同时也是吴文化的源头。在空间上，吴文化的发源地究竟从一开始就在今天的苏州、无锡，还是先以宁镇为中心然后迁移到太湖流域，也存在不同观点。以"太伯奔吴"为吴文化源头，依据东汉以来的历史文献记载，则是在今天苏南的苏州、无锡、常州一带。

说到吴文化的本质特征，吴文化是一种成熟、典型而复杂多元的农业文化。今天提到吴地，人们首先想到的是鱼米之乡。早在距今 7 000 年时期，吴地就诞生了以水稻种植为主的农业文化。如吴县草鞋山遗址发现的稻谷，同黄河流域一样都是中国古代农业文明的摇篮。南宋时期，

宋　王淇《春暮游小园》　刘士林手书

[①] 选自张兴龙：《江南文化小传统》，载于刘士林、苏晓静、王晓静等：《江南文化理论》，上海人民出版社 2019 年版，收录本书时有较大改动。

"苏湖熟，天下足"流传甚广，但这句话也一直有争议。按照陆游《常州奔牛闸记》中的说法，这句谚语应该是"苏常熟，天下足"，应该是指吴地核心区域的苏州和常州，而并非越地的湖州。自宋高宗至宋孝宗时期，兴修太湖地区水利，"耕无废圩，圩无遗垄"，苏州一带成为南宋最发达的农耕地区，同时，宋代时吴地也是蚕桑业中心，以太湖地区为中心的两浙路上贡的丝织品和租税占全国总数的四分之一。明清时苏州被誉为"丝绸之府"，证明了吴地文化是典型"饭稻羹鱼"农业文明。

与中原文化讲求"义利之辨"不同，吴文化体现出重商言利、注重感官享受等特征。吴文化更多地表现出对商贾的宽容和推崇，没有"君子言义，小人言利"之分，商贾与士、农、工并列，有着较高的地位和较好的声誉。这既造就了吴人精于商道，又使其有慷慨、好义之心。商儒结合在吴文化中表现得十分突出。这还体现在吴地注重感官享受和物质消费上，对饮食服饰以食不厌精、奢华无度的风格著名。这固然与吴地经济富庶、商贾遍地的现实相关，同时也是吴文化的价值观念的感性显现。

（二）越文化①

越与吴密不可分，《越绝书》说："吴越为邻，同俗并土"，"吴越二邦，同气共俗"，"吴与越，同音共律，上合星宿，下共一理"，"吴之与越也，接土邻境，壤交通属，习俗同，语言通"。② 这是后人以吴越代表江南的重要原因，但吴越即为二土，两者必然有重要差异。

关于越文化的源头，最早可追溯到生活在东南沿海"饭稻羹鱼"的古越人。在距今 7000～6000 年，古越先民因遭到海侵而被迫迁徙，主要有三个方向：一是临江的古越族部落，越过今杭州湾向浙江西部和江南南部的丘陵地带迁移，后来的马家浜文化、崧泽文化、良渚文化等，就是由这一支创造的；二是临海的古越族部落，运用漂流技术，以简单的独木舟或木筏漂洋过海，在日本南部及印度支那等地落脚，成为这些地区的拓荒者；三是靠山的古越族部落，进入到宁绍平原以南的会稽、四明山麓，河姆渡文化是这一支留下

---

① 选自张兴龙：《江南文化小传统》，载于刘士林、苏晓静、王晓静等：《江南文化理论》，上海人民出版社 2019 年版，收录本书时有较大改动。

② 袁康、吴平：《越绝书》，浙江古籍出版社 2013 年版，第 39 页。

的聚落点，今天象山城郊的塔山遗址、奉化南浦的茗山后遗址、宁波市江北区的妙山八字桥遗址等，都是其留下的文化遗址。陈桥驿认为，迁移到会稽、四明山地区的古越族，即《越绝书》记载的"内越"，离开宁绍平原漂洋过海的，则是"东海外越"。由上可知，越文化的起源与古越族有直接的关系，其中心在会稽和宁绍平原等地，同时，这也是保留越文化传统最集中的区域，对越文化精神和特征的考察，应紧密围绕这些地区展开。[①]

关于越文化的本质特性，它是与内陆农耕文明有明显差异的海洋文明，最早可追溯到大禹治水的神话。考古学对古越族临海部落的研究和发现，则进一步实证了其海洋文化的本质特征。学界普遍认为，越先民较早掌握了漂海技术，足迹遍及琉球、中南半岛、南洋群岛等，在环太平洋地区播撒下越文化的种子。[②] 近年来在日本九州福冈地区的考古研究，发现了距今 2 400 至2 500 年绳文文化晚期的水田遗址，"中日学者普遍认为日本的稻作文化来源于中国长江下游即吴越地区"，"日本弥生文化中出现了大量的稻作文化，弥生文化的时代相当于中国战国至西汉初这一阶段，也是中国古代战乱频繁的时期，大量吴越人为避战祸而从海路弃家出逃，就是他们把吴越的稻作文化带到了日本，使得日本的稻作技术出现了突飞猛进的发展。这些人移居日本大多是靠泛海而至，而且走的几乎是同一条路，即'海上丝绸之路'东海航线"。[③] 越地造船业在中国有关区域中的重要地位，则从另一个侧面证明了越文化与海洋文明的密切关系。

与中原文化的"中庸之道"不同，越文化具有刚毅坚韧、冒险进取的"硬气"精神。据《越绝书·记地传》："夫越性脆而愚，水行而山处，以船为车，以楫为马，往若飘风，去则难从，锐兵任死，越之常性也。"[④] 从君主到普通民众都是如此。其中最为人们熟知的是越王勾践。越国战败后，他被迫亲去侍奉吴王夫差，其间受尽凌辱，但他忍辱负重，终于如愿以偿地回到越国。此后经过长达 20 多年的卧薪尝胆，发愤图强，最终一举灭掉吴国，

---

① 王晓初：《越文化的渊源、流变与意义》，《绍兴文理学院学报（社科版）》， 2008 年第 5
　期。
② 史式：《五千年还是一万年》，《新华文摘》， 1999 年第 9 期。
③ 张震：《浅析吴越文化对日本文化的影响》，《日语知识》， 2003 年第 8 期。
④ 袁康、吴平：《越绝书》，浙江古籍出版社 2013 年，第 51 页。

成为春秋时期的霸主之一。这是"武"的一方面。从"文人气节"的方面，则可以追溯到汉代的知名人物严子陵，当汉光武刘秀想逼迫他出来做官时，他的回答是："昔唐尧着德，巢父洗耳。士故有志，何至相迫乎！"这与古希腊犬儒学派哲学家第欧根尼，对前来看望他的欧亚大陆之王亚历山大说"别挡了我的阳光"，可谓是异曲同工。"在越文化的发展史上，这种'硬气'的人物可谓比比皆是，而且越是面对险恶的环境，这一精神越是鲜明突出。"如明末"窜身海外，志在恢复"的朱舜水，清末的徐锡麟、秋瑾，现代的鲁迅等。①

（三）徽州文化②

徽州文化源于秦汉，兴于唐宋，至明清时期臻于鼎盛，形成了集吴越文化、儒家文化及江南文化三位一体的文化体系，在保持地方文化渊源的基础上汲取了南北两种文化的精髓。今天，虽然行政意义上的"徽州"已不存在，但博大精深的徽州文化依然在滋养着那片土地，诉说着昔日的辉煌。

徽州虽不属于江南核心区域，但无论是在地理上、政治上还是在文化上都与江南有着千丝万缕的关系。从地理上看，徽州属于原始江南古陆的一部分，据《尚书·禹贡》记载，大禹治水后，将中国分为冀、兖、青、徐、扬、荆、豫、梁和雍九州，徽州属于扬州之域；从行政区划上看，唐代到清代，徽州基本属于江南的行政管辖之内，唐宋时称为江南道，明朝称为南直隶，清朝称为江南省。直到乾隆二十五年，江南才正式分为江苏省和安徽省，但"江南省"这个名字直至清末都没有从人们的习惯中完全消失，徽州也自此从江南的核心区域中被移除出去。从文化构成上看，徽州文化与江南文化都起源于吴越文化，在长久的文化交流和社会交往中，徽州无论是在生活方式、审美方式以及文化构成方面都具有明显的江南色彩，江南文化是徽州城市文化中不可分割的一部分。

如果说，吴越文化是徽州文化的起源，儒家文化是徽州宗族制度和社会伦理的依据，那么江南文化则是徽州商业文化和审美文化的体现，这三种文

---

① 王晓初：《越文化的渊源、流变与意义》，《绍兴文理学院学报（社科版）》，2008年第5期。

② 周枣：《徽州——江南文化的另一抹色彩》。

化随着社会文化的发展而此消彼长，最后相互融合内化成徽州文化的精神和气质。秦汉时期，由于徽州闭塞的地理环境，山越文化特征明显，隋唐两宋时期，随着教育的普及和世家大族的涌入，儒家文化渐占上风，明清时期，江南文化因商业经济的繁荣而异军突起。对徽州文化而言，儒家文化和江南文化都属于后天生成的文化，但二者有明显的不同，中央政府为加强对徽州地区的统治，通过教育的方式自上而下地灌输儒家文化，在一定程度上带有"入侵"的性质，而江南文化是徽州商业经济的发展过程之中自主生成的文化，与徽州本土的文化基因更为契合。

　　徽州位于江南的边缘山区，文化发展进程较江南其他地区缓慢。不同于江南同伴"青山隐隐水迢迢""夜船吹笛雨潇潇"的开阔秀丽，徽州山高谷深，在地理环境上与其他区域差异较大，如果说江南的主体是水文化，徽州则偏向于山林文化。宋明时期新安理学的发展和成熟将儒家文化推向了一个新阶段，徽州因是"朱子桑梓"而名声大噪，徽人也成为践行理学的典范。"程朱阙里""东南邹鲁"的光环既为徽人赢得较高的政治文化地位，但也让徽人背负了更多道德伦理的束缚，相对于江南其他地区的开放自由，徽州文化带有更多的"老成之气"。因而，徽州城市文化既受到江南文化的滋润，同时又以自身文化的独特性建构着江南文化，成为江南文化资源中不可或缺的一抹色彩。

　　受古越文化的影响，徽州文化带有明显的野性文化特点，赋予了徽州人民敢于冒险的开拓精神和愈挫愈勇的坚毅品格。越文化强悍、峻烈而轻生死，这种果敢坚毅的传统文化在"小桥流水"和"群峰参天"两种截然不同的环境中流传下来，于前者则与江南水乡的柔美相融合，于后者则与徽州云烟竞秀的壮丽相得益彰外化为一种刚毅之气，虽一脉相承，却差异颇大。徽州人民为官者多为"御史谏官"，从商者亦"诚信笃实，孚于远迩"，贯彻着"一贾不利再贾，再贾不利三贾，三贾不利尤未厌焉"的不屈精神，烈女节妇更是"一邑当他省之半"，可谓"生民得山之气质"。

　　徽州是因商业经济而兴起的城市，经商历史悠久，形成了一种求真务实的理性主义文化，新安理学求真知、重实理的文化精神，进一步在理论上为其提供了合法地位。早在先秦时期，土著居民便沿着新安江南下江南进行贸易，以换取生存所需物质。在徽人眼中，生存第一，是居于庙堂还是混迹于市井并不重要，他们以务实的眼光来看待科举取士，认为读书登第前途难测，而业于贾者多缙绅巨族，"四民之首"的士与"四民之末"的商被放置于同等地位，甚至在徽州某些地区商的地位高于士，如汪道昆所言："古者右儒而左贾，吾郡或右贾而左儒"，清代徽州学者俞正燮亦言"商贾，民之正业"，徽人"十三在邑，十七在天下"。从宋代开始，随着商业经济的发展，徽州便出现了士商合流的趋势，"古者士之子恒为士，后世商之子方能为士，此宋元明以来变迁之大较也"。朱熹外家祝氏便善于经商，"世以资力顺善闻于乡洲，其邸肆生业有几郡城之半"，但亦有二人得中进士，朱熹虽身在高堂也曾通过刻书获利。

徽商足迹虽遍布全国，但所到之处最多的仍是江南地区，扬州被称为"徽商殖民地也"，钱塘江畔也被称为"徽州塘"，江南地区亦有"无徽不成镇"之说。徽人在江南经商在积累财富之余也开拓了眼界，他们不再局限于那片贫瘠的山林之地，而是醉心于大城市的繁华与富丽，实现了艺术上的觉醒，形成了精致细腻的审美文化，并直接改变了徽州本土的审美方式。以服饰装扮为例，徽商将苏松地区流行的服饰带回家乡，出现了"数十年前，虽富贵家妇人，衣裳绝少，今则比比皆是，而珠翠之饰，亦颇奢矣"的局面。除了在日常审美中从"朴素"向"精致"转变，徽商也不断提高其对文学艺术等高雅文化的审美素养，当时徽州巨富之家，遍寻"海内名器"，"不惜重值争而收入"，成为明清时期江南艺术品市场最活跃的群体。

总之，徽州文化的独特性，进一步丰富了江南文化的构成，为"吴侬软语"的江南增添了几分英雄义气，江南不仅是"风细柳斜斜""水巷小桥多"，更是"一溪练带如""云峰秀复奇"。同样，复兴江南文化，除了要挖掘吴文化、越文化和海派文化的优秀资源之外，还要重拾徽州文化，没有徽州文化的江南文化便不是完整的江南文化。

三 江南文化与中原文化

长江和黄河同是中华民族的母亲，同为中华民族的重要象征和中华文明的精神标识。"中国古代文明以黄河、长江流域为基地，中原地区为中心，中国史前文化是一个'多元一体的文化格局'。"① 黄河文明以中原文化为代表，长江文明以江南文化为代表。在漫长的历史进程中，中原文化与江南文化相互促进、相互影响，谁也离不开谁。要深入认识和了解江南文化，同样也离不开中原文化。

（一）黄河文明与长江文明

黄河是中华文明最重要的摇篮和中国文化最重要的发祥地。黄河发源于青藏高原巴颜喀拉山北麓，干流全长 5 464 公里，是中国第二大长河，世界第五大长河。黄河在空间上呈现为"几"字形，"约距今 10 万年时，黄河终于演变成横贯东西、奔流入海的万里长河"。② 黄河自西向东流经青海、四川、甘肃、宁夏、内蒙古、山西、陕西、河南、山东 9 省（区），穿越了青藏高原、黄土高原、黄淮海大平原三级阶梯注入渤海。按照 2008 年 7 月国务院批复的《黄河流域防洪规划》，自黄河源头至内蒙古托克托县河口镇为上游，自河口镇至河南郑州市桃花峪为中游，自桃花峪以下至渤海为下游。与中原文化关系最密切的是中下游，在穿越了总面积 64 万平方千米、地球上黄土分布最集中、面积最大、世界上水土流失最严重的黄土高原之后，黄河在中原地区才成为名副其实的"黄河"。

长江同样是中华文明最重要的摇篮和中国文化最重要的发祥地。长江发源于青藏高原的唐古拉山脉，干流全长 6 397 公里，是中国第一大长河，世界第三大长河。从外形来看是一个大写的"V"字和一个大写的"W"字连在一起，长江及长江水系呈"卅"字形，距今 300 万年前，喜马拉雅山强烈隆起，使东西古长江贯通一起。长江干流流经青海、西藏、四川、云南、重庆、湖北、湖南、江西、安徽、江苏、上海 11 个省、自治区、直辖市，沿途汇集了700 多条支流，于崇明岛以东注入东海。从江源到入海口，一般分为三大段。自四川宜宾以上为上游，宜宾至湖北宜昌为中游，宜昌至崇明岛为下游。在中游地区，公元前 3 000 多年已出现 20 余座史前城址，最大的石家河城面积达 120 公顷，所在聚落面积超过 8 平方千米，是中国农耕文明发祥地和稻作

---

① 李绍连主编：《中原文化通史》第一卷，河南人民出版社 2019 年版，总绪论第 22 页。
② 李绍连主编：《中原文化通史》第一卷，河南人民出版社 2019 年版。第 2 页。

文化的故乡。与江南文化关系最密切的是长江下游，明清时代的江南核心区主要分布在扬子江与环太湖一带。

关于"一河""一江"与中华文明的关系，主要有"一中心"和"两中心"两种主流意见。"一中心"即前文所述的"黄河中心论"，即"中华文明的起源是一元的，其中心在黄河中下游，由之向外传播，以至各地"。① 其主要依据可归纳为三个方面：一是"在新石器时代的诸多文化中，黄河流域的一支（或几支）发达最早、连续性最强，从而率先进入了文明社会"；二是"在整个青铜器时代，黄河流域仍居中心和领先地位"；三是"在早期铁器时代，黄河流域的文化优势继续得到强化和扩张，并对以后的历史进程产生了深刻而久远的影响"。② 这一观点长期占据主流，受其影响，汤因比曾认为："黄河流域艰难的自然环境产生了中国文明，而长江流域的安逸环境则没有产生中国文明。"③ "两中心"即黄河与长江，认为早在新石器时代，长江流域就出现了自成一体的文明形态。④ 基于第三讲第一节黄河与长江二元背景的论述，可以得出，中华文明在起源时有两大核心，除了黄河流域，长江流域同为中华文明的摇篮和发祥地。

需要指出的是，由于黄河流域文明在中古以后日渐衰落，近现代以来日益失去昔日的辉煌，在当下也出现了"褒长江、贬黄河"的片面思潮，这是不对的。从总体上看，由于中国最早的城市、文字、青铜器、礼乐制度等都起源于黄河流域，直到中国古代经济和文化中心南移，黄河流域一直是古代都城集中分布区和文明发展引领区，承载了中华民族千百年来最主要和最重大发明和创造，深刻影响了中华民族历史和中国社会生活的方方面面，因此对任何贬低黄河文明的片面观点和思潮，都必须加以纠正和批评。这不仅有助于客观认识长江文明与黄河文明的关系，对于深入认识和研究以长江文明为母体的江南文化也是十分重要的。

---

① 李学勤等主编：《长江文化史》，江西教育出版社 1995 年版，第 7—8 页。
② 陈秋祥等主编：《中国文化源》，百家出版社 1991 年版，第 53 页。
③ 汤因比、厄本著，王少如、沈晓红译：《汤因比论汤因比——汤因比与厄本对话录》，上海三联书店 1989 年版，第 93 页。
④ 李学勤等主编：《长江文化史》，江西教育出版社 1995 年版，序言第 2 页。

（二）杭州良渚文化与中原龙山文化

在上古时期，黄河流域和长江流域先后出现了文明萌芽，"裴里岗文化与磁山文化形成了中国文化以中原为中心，以黄河流域和长江流域为主体的最初空间布局。"[①] 依据目前的农业考古资料，在一河一江之间，很难在年代上分出伯仲。具体说来，在中原地区，距今约 9 000～7 000 年的裴里岗文化，在 20 世纪 50 年代陆续出土了石斧、石铲和石磨盘等，考古学家认为我国的农业革命最早在这里发生。在今天浙江北部的河姆渡文化遗存，出土了 7 000 年前栽培的水稻、木结构水井及漆器制品等，在萧山跨湖桥还发现了 8 000 多年前的稻作文明遗存。在此后的历史中，江南地区和中原地区也都曾扮演过中华文明引领者的重要角色。其中，最需要关注的是杭州良渚文化与中原龙山文化。从作为文明发展标志的"城市"考古看，前者还要早于后者。

在江南地区，5 000 年前的杭州良渚古城具有标志性意义，不仅集聚了史前环太湖地区的文明精华，也为江南区域文化的形成和发展夯实了基础。这可通过良渚古城作为"中华第一城"的重要地位来了解。首先，良渚古城在中国史前人文空间中规模最大，足以容纳和集聚环太湖地区偶然出现、易生易灭、极不稳定的江南文明要素和文化基因；其次，良渚文化在中国史前文明体系中发展水平最高，具备推动早期江南文明多向交流、广泛传播的综合优势，也借此实现了自身的基因进化和功能优化；最后，借助纵横交错的天然水运交通网，良渚古城不仅极大地强化了太湖流域内部各板块的交流和联系，还把先进的良渚文化传播到中原、岭南乃至更遥远的北方地区，在推动史前中华文明内外循环上作出了重要贡献。

如第三讲所述，在中原地区，以"河南登封王城岗、淮阳平粮台等地发现了十余座城址，山西南部的襄汾县陶寺发现特大型城址"为代表，人们把中原龙山文化看作是"中华文明总进程的核心与引领者"。自龙山时代直到唐宋时期中国经济和文化中心南移，中原地区在文明和文化上一直居于主流地位，其中经常发生的是所谓"征服者被征服"。"中原人自古便把四方外部世界看作物质文明与精神文明都极端低下的'荒蛮之域'，作为农耕

---

① 李绍连主编：《中原文化通史》第一卷，河南人民出版社 2019 年版，第 28 页。

民族的中原人虽然多次在军事上被'茹毛饮血'的'夷狄'所征服，但由于中原人拥有高度发达的农耕经济和典章制度，因而在文化上一次次演出'征服者被征服'的戏剧"。①在我国境内，黄河流域也比长江流域更早走出了蒙昧时代，如周代的《诗经》，就已开启了现实主义文学的先河。但直到三四百年以后，在战国时期屈原的《楚辞》中，还依然保留着浓郁的原始神话和巫术文化色彩。以"前四史"（《史记》《汉书》《后汉书》和《三国志》）为例，其中记载的重要时刻、重要地点、重要事件、重要人物、重要思想等，都主要发生在黄河流域，并深刻影响了中华文明走向和民族精神性格建构。

（三）轴心期与江南轴心期

江南文化与中原文化的差异与对立，经历了一个从"隐"到"显"的演化过程。柳诒徵先生对此曾做过深入剖析和详细阐述，其主线可概括为三大阶段：一是南北文化并无显著差异的早期，"虽《中庸》有'南方之强''北方之强'之语，然其所谓南北，并无明确之界限"。二是自东汉至东晋的裂变期，"东汉以降，分为三国，吴之与魏，遂有南北对抗之势。……晋室平吴，暂复统一。吴人入洛，颇为北人所轻。……惠、愍之际，海内大乱，独江东差安。中国士民避乱，相率南徙，号曰'渡江'。元帝定都建康，而南方为汉族正统之国者二百七十余年，中州人士，乔寄不归。……始犹以贵族陵蔑南土。……或以流人，志图振复。……泊久而相安，北人遂为南人。而留仕异族及羌胡诸种乃为北人。学问文章，礼尚风俗，从此有南北之殊矣"。三是天下二分的定型期，"至宋、魏分立，画淮而治，于是南人呼北人为'索虏'，北人呼南人为'岛夷'。……其文化之相悬可知。《本史》《儒林》《文苑》传，略述当时南北学派之别。……《颜氏家训》纪南北礼俗之异点尤多：……以政权之不一致文化亦分畛域。弥年历祀，相去益远，互事訾謷，各从习惯。致令后之人虽在统一之时，亦受其影响，好分为南北两派之言"。②这说明，南北文化的对立，既是一个从春秋战国到东晋南北朝的漫长历史演化过程，也是在政治、军事、经济、社会、文化等多重要素交互作用的结果。其中，

---

① 傅崇兰等：《中国城市发展史》，社会科学文献出版社 2009 年版，第 8 页。
② 柳诒徵：《中国文化史》，东方出版中心 1988 年版，第 367 - 372 页。

最重要的质变期是在东晋南北朝时期，也就是本书提出的"江南轴心期"。而要准确理解这个概念，则需要回到轴心期理论。如果说，中原文化的主流地位主要得力于人类共同的轴心期，那么也可以说，江南文化真正获得自身的性格，则是在江南轴心期这一历史区间。

对于人类早期各文明体而言，公元前8世纪到前2世纪的轴心期，既是一个最难过的关口，同时也是一次最重要的飞跃。一方面，轴心期的到来，打断了绵延数十万年、相对平静、变化缓慢的原始社会，使其固有的生产方式、社会结构和文化系统彻底解体，有些原始文明就此消亡，有些则发生了质变，以适应新的自然和社会环境。另一方面，这既是人类在精神上真正觉醒的时代，也是世界最早文明诞生的时代。"根据雅斯贝尔斯的看法：其核心是出现了人的存在意识，个体的自我意识。它是一种人类历史的飞跃，同时在地球上中国、印度和西方三个地区出现了文明。"① 对应于中国历史，轴心期相当于东周到战国时期，在这个时期的中国，主要发生了两件具有划时代意义的大事，即"礼崩乐坏"和"百家争鸣"，前者意味着旧时代的彻底结束，后者则为未来两千多年古代中国文明准备了思想的襁褓。从现有考古及文献资料看，在此之前，作为黄河流域和长江流域核心区的中原和江南，在经济、社会和文化发展水平上相差不大。② 自此以后直至唐宋以前，中原文明和文化之所以独步天下，而江南沦为生产力和文化落后的地区，主要是由于中原地区在轴心期发生的巨变与质变。

在东周至战国的数百年间，主要生活在黄河流域的老子、孔子、墨子、庄子、孟子、荀子、韩非子等先秦诸子，不仅以百家争鸣的方式催生出中国哲学史上的第一个黄金时代，也因此成为中华民族在轴心期精神觉醒中的最高代表。如在此期间形成的"儒道互补"结构，很好地平衡了出世与入世的矛盾，为最终形成以实用理性为思想模式、以中庸之道为行为方式的中国文化奠定了主体条件，与同时代古希腊的日神及酒神崇拜、古印度的佛教不同，首先形成了先秦理性主义并引领中华民族成为一个务实的民族性格。与长江

---

① 刘士林：《中国诗性文化》，江苏人民出版社1999年版，第2页。
② 刘士林：《"古代江南落后"的知识考古与文化阐释》，《河南大学学报》，2014年第3期，第56-66页。

流域相比，黄河流域率先摆脱了原始宗教和巫术文化的阴影，引领中华民族顺利走出了现实大崩溃、精神大解构和历史大转折的时代，为此后数千年创造了最重要和最基本的思想文化元典。唐宋以后，尽管政治中心先后南移或北上，经济中心、文化中心转至江南地区，但在思想、历史、文化和价值体系上，中原文化始终拥有不容挑战的文化话语权。如第三讲提到的"子曰诗云"，无论是中华文明核心的周代礼乐制度的重要组成部分，还是诸子百家提出和阐释的问题、方法、范畴、学说、思想、准则，在中国和世界文明史上均具有永恒价值和重要地位。这些都是长江流域的江南文化无法相比的。

关于江南轴心期，在本书的第三讲《江南的诗性精神》已做过比较详细阐述，这里再简单谈两点：第一，中华民族在江南轴心期发生了重要的精神觉醒，但与轴心期觉醒的中原实用理性精神不同，在江南轴心期收获的是以"审美意识"和"诗性精神"为内涵的江南诗性文化。第二，江南诗性文化作为中国文化的"半壁江山"，与中原实用理性具有对立互补关系，如果说前者是中国现实世界最强有力的支柱，那么后者则构成了中国民族精神生活的脊梁。关于这一点，还可参看本章附录的阅读材料——《江南诗性文化与齐鲁伦理文化》。此处不再赘述。

阅读材料

本讲所选的阅读材料凡四篇，刘士林的《中国人是一根有情感的芦苇》，主要从中西民族文化性格角度追根溯源，阐释诗性文化主体及其文化心理结构与西方的差异。刘成纪的《中原文化与中华民族精神的历史形成》，深入探讨对中华文明及江南文化性格具有重要影响的主流文化谱系。刘士林的《江南诗性文化与齐鲁伦理文化》，以作为中原实用理性思想的大本营为对象，进一步比较了江南与中原两大区域文化的差异性与互补性。李正爱的《江南与岭南的历史交流与文化互动》，在一个更为广阔的时空中，探索了古代江南文化对岭南文化的塑造及近代岭南文化对江南的反向影响。

刘士林：中国人是一根有情感的芦苇[1]

西方人讲"人是会思想的芦苇"，它的意思是说：人与自然区别不在其他方面，而仅仅因为他多了一种思想的机能。而中华民族与之有很大的不同。如李泽厚说孔子仁学思想源于"血缘亲情"，如庄子强调的"人而无情，何以之为人"。两位先哲的基本意思很明确，就是人之所以不同于自然界的其他物种，主要原因不在于西方哲人特别看重的理性机能，而是因为他比自然界的物质或生物多了一颗有情之心。如果仿照西方哲人的比喻，则可说"人是一根有情感的芦苇"。

汉乐府中有一首《长歌行》，也许是每个中国人从小就熟悉的——

> 青青园中葵，朝露待日晞。
>
> 阳春布德泽，万物生光辉。
>
> 常恐秋节至，焜黄华叶衰。
>
> 百川东到海，何时复西归。
>
> 少壮不努力，老大徒伤悲。

它把中国民族对生命的理解与价值态度表现得淋漓尽致。

与西方人通过知识的增长来证明自己的本质力量不同，春天一阳复新的快乐与深秋万物凋零的悲伤，才是中国民族体验自身存在、感受人生在世的一个基本句式。中国人把自己的历史叫作春秋，大约也有这样一层深义在。但是，春与秋又是很不相同的，春天是生长期，是少年时，是如花美眷的爱情，是和煦温暖的人际关系……它固然是一种生存经验，但本质上又是一种没有经过风霜与沧桑的小境界，因而它给个体带来的生命体验，是远远比不上"以肃杀为心"的金秋的丰厚与深广。"秋风秋雨愁煞人"。也正是由于这个原因，对于秋天万物的感受与体验，才成为中国民族发掘自身存在的最重

---

[1] 刘士林：《"人是一根有情感的芦苇"：〈诗经·蒹葭〉与中国民族审美情感的历史源流》，《学术月刊》，2006年第3期，第153页。

要的语境。从宋玉的"悲哉秋之为气也"，到欧阳修的《秋声赋》中的"丹者为槁木，黑者为星星"，甚至包括对"犹有傲霜枝"的菊花的偏爱，都因为正是在这种悲伤与寂寥的氛围中，一个特别重视血缘、群体与人际关系的务实民族，才能从它熙熙攘攘的红尘热闹中生产出一些完全属于个体的思想与情感。

《诗经》里的《蒹葭》，是最早把这种秋天经验揭示出来的。青青的芦苇已在秋风中变得苍黄不堪，苇叶上夏天的晨露也在渐寒的大地上凝结为白霜，但最悲哀的是，一个人在霜天万木中所寻找的"伊人"，仍然在遥远的茫茫水面的另一面。它隐含的一个意思是时光已经所剩无几了……还有什么比这样一种人生充满了悲剧性呢？一般说来，中国民族对于生死是比较达观的。庄子"齐生死"的说法固不必论，即使在异常热爱生命的儒家，他们最悲伤的也不是个体的生存与毁灭，而是是否可以实现"雁过留声"或"万古流芳"。而秋水伊人的意境则意味着，无论个体怎样努力，在目标尚未实现之时，而个体所剩的时间已经没有了。后来的屈原"唯草木之零落兮，恐美人之迟暮"的惶惑，杜甫"无边落木萧萧下，不尽长江滚滚来"的焦虑，包括中国古代知识分子经常感慨的"壮志难酬"，可以说都是在这个心理原型上培育出来的。由此可知，那在时光中日渐苍黄的芦苇，本身就是中国民族生命意志及其悲剧性追求的一个写照。

当然，像那种"出师未捷身先死"的人生故事，本身并不见得就是中国民族的特产。由于不善于分析思维，所以在多数情况下，他们是无法把失败与悲剧的原因找到，或者说给出一个理性的冷静的解释，以便安慰主体的内心以及给历史一个交代。这正是中国诗人在历史事件面前往往表现得特别不成熟、总是容易感情冲动与意气用事的根源。换言之，对于"会思想的芦苇"来说，由于它的理性机能发育得比较成熟，因而人生脆弱与悲哀往往是激起他运用理性力量从事生产与创造的第一推动力。但在蒹葭这根有情感的芦苇上，是没有那种自信与骄傲的。由于理性机能的薄弱，它不可能产生用一己之力来统治整个世界的念头。而由于感受力的过于发达，又使它对每一件事情都显得过于琐细与放不下来。与冷静的、高傲的理性主体不同，"秋水伊人"是一种只有诗性主体才会理解与看重的对象。这与诗性主体的生命活动方式直接相关，由于情感机能发育得过于成熟，由于这种成熟压抑了个体的理性机能，因而它不仅无法把对象观察、研究清楚，而且也无法在自我反思中真正把握他的内在世界。诗中的"伊人"也是如此，它根本就没有办法搞清楚，同时也可以说，它根本无须搞清楚，因为这一团迷雾正是诗性主体显现自身、让自身出场的必要条件。也正是因为"伊人"最终无法确定为张三、李四，因而它最终还是要回到诗人自身的内心中栖止下来，这是诗性主体不能在客观世界上安身，而只能活在他自己的心中的根源。中国古代诗歌的美，中国民族生活中的诗意，都是根源于诗性主体对时间流逝的敏感，而它的哲学解释，似乎正可以用海德格尔关于"人是时间的存在物"（而非人是理性的动物）来说明。

《蒹葭》一诗，既是中国民族生命意识最早的流露，也把这种精神体验提到一个很高的高度。中国文学史上阵容庞大的悲秋文体，可以说都是从这里开始的。这是中国民族一个深层的心理意象，以至于"秋天的芦苇"，成为一种具有浓郁悲剧人生色彩的固定象征。如白居易《长恨歌》的"浔阳江头夜送客，枫叶荻花秋瑟瑟"，如刘禹锡《西塞山怀古》的"今逢四海为家日，故垒萧萧芦荻秋"等，看到这样的句子，不用再往下读，就已经可以知道它们那种萧瑟的冷情感了。这也是古典画家特别喜欢的一种幽峭意境，在蒋嵩的《渔舟读书图》、何大昌的《芦雁图》、赵孟頫的《鹊华秋色图》、吴镇《洞庭渔隐图》、恽向的《秋林平远图》、赵左《山水图轴》中，看着那与孤舟、与残荷、与惊飞大雁、与渔父、与近岸古松、与远岸山水交织在一起的或疏或密的苇叶，它们不正是主体在现实世界中不能有力量的证明吗？它们不正是这无力主体作出尘想的生动描绘吗？看着看着，心底就会响起那古老的令人心碎的歌声："蒹葭苍苍，白露为霜。所谓伊人，在水一方。"所以王国维《人间词话》说："《诗·蒹葭》一篇，最得风人深致。"为什么这样说呢？因为在《蒹葭》一唱三叹中的不自信与悲哀情怀，是最容易引发中国民族个体存在感的。这固然是不能把握世界的诗性主体的悲哀宿命。但有了这样一种对生命本身在时光中的悲哀情怀，也是中国民族特别珍惜他的现世生活的总根源吧。

明　蒋嵩《渔舟
读书图》（局部）

由此可知，在人类精神世界中有两种芦苇，一种是主
要用来思想的，另一种则是感动人心的。不管是由于思
想，还是由于情感，它们都完成了使人脱离自然、超越于
动物的生命，并最终成为或崇高、或优美的精神生命。在
这个意义上讲，"会思想的芦苇"与"有情感的芦苇"，是
人类精神生命中开放两朵最美丽的花儿。

二 刘成纪：中原文化与中华民族精神的历史形成[①]

（一）中原文化的地域特性和国家特性

在中国现代学术史上，文化发展的区域性是一个长期
被关注的问题。这一讨论在 20 世纪形成了两个高潮：一是

---

① 选自刘士林、李庚香主编：《中原文化城市群建设研究》，河南人民出
版社 2013 年版。

20世纪前半期，由刘师培、王国维等首开南北文化差异的论述。此后，关于楚文化、吴越文化、岭南文化的研究相继展开。二是20世纪80年代以来，受知识分子回归本土文化的精神欲求和地方政府文化实利主义观念的影响，地域文化研究重新起步并有新的发展。尤其是其中的"文化搭台，经济唱戏"之论，为地域文化意识的觉醒提供了重要动力。

今天检视这两个时期的区域文化研究成果，有三个问题亟待解决：一是1949年前的相关研究明显重南而轻北。学界在论述荆楚、吴越、岭南对中国文化的重大贡献时，黄淮以北中国文化的区域性问题几乎不被涉及。二是重边缘而轻中心。现代以来地域文化研究的历史，基本上是与传统的"中原中心论"争论的历史，这种争论彰显了中国文化的丰富性和多元共存的特点，但同时也导致了对中原这一中心的忽视和遗忘。三是重局部而轻整体。像在中原文化这一范畴之内，近年来兴起了河洛文化研究，并在学术界形成影响。但必须注意的是，就中国文化与各地域文化构成的层级关系而言，"河洛"明显无法对中国文化的整体格局起到直接的拱卫作用。或者说，它并不具备与荆楚、吴越、岭南等区域文化形态形成并置关系的文化态势和地理广度。这也是一些学者在讨论河洛文化时，不得不将其放大为中原文化来诠释的原因。①

一般而言，中原文化是以黄河中下游地区为中心的历史文化形态。在中国历史上，由于这里自上古至唐宋一直是中国的政治、经济、文化中心，所谓中原文化，在某种程度上就代表着中国传统文化。在现代文化研究中，它之所以长期没有被作为地域文化对待，其中重要的原因，可能就在于它与中国传统文化具有表意的重叠性。但是，就目前国内文化研究的态势及中原地区在国家政治生活中所占据的位置看，它的地域特性明显压倒了作为国家文化的特性：第一，与传统的单一文明起源观不同，20世纪的考古发现证明，中华文明的起源是多地域的。这种多元文明观是对传统中原文明一元论的解构，也为中原文化从国家意识形态向地域文化的下降提供了实证的依据。第二，中原文化是一个具有空间限定的概念，它只在一定地理范围内有效。在

---

① 李学勤：《河洛文化研究的重要意义》，《光明日报》，2004年8月25日。

中国历史上，虽然它长期占据主导地位，但它从来不是中华民族的单一文化，而是多元一体的中华文化的组成部分。比如，在汉民族内部，它在某些历史阶段存在着与荆楚文化、吴越文化、岭南文化的并置甚至对立；在汉民族与其他少数民族之间，它与北方草原文化等更是不可相互替代。第三，中国社会自北宋以降，政治文化中心彻底远离了黄河流域，这一地区失去了对国家政治、经济、文化生活的影响力。生活在现代中原地区的人民，一方面延续了中原文化的精神传统，另一方面又在实践中为其增加了新的内容。这种现代意义上的中原文化，基本摆脱了国家意识形态的重负，成为一个真正意义的地域命题。

　　但同时必须注意的是，中原文化的地域性明显又与其他地域文化不同。如上所言，它最值得重视的特点就是与中国文化形成的直接关联。由于黄河泥沙的淤积和气候等诸多便利的自然条件，我国中原地区自上古时期就形成了发达的农业文明，在诸地域中最先跨过了"文明的门槛"。由这种文明衍生的文化，则为后世中国的社会政治制度、文化礼仪典章提供了基本的范本。同时，中原文化之所以在中国文化的整体格局中占据重要地位，还在于它强大的辐射力。在中国历史上，它依托于生产方式的先进性、军事的扩张，甚至中央政权崩解导致的移民大批外迁，向四方传播。这种传播可分为主动与被动两种：所谓主动，即帝国的版图扩展到哪里，中原制度文化及价值观念就在哪里扎根；所谓被动，是指中国历史上的每一次变乱，必伴随着中原人口的大量外流，甚至政权的整体迁移。魏晋以降，中原文化的南向发展大抵脱不了这种被动传播的带动和影响。

　　中原文化传播或扩张的有效性也值得注意。这种文化建基于农业产生方式与土地形成的密切关联。农耕方式使其文化深深扎根于异域的土地，并因土地的稳固性而得以持存和发展。德国历史学家特奥多尔·蒙森曾说："凡用战争赢得的，可以由战争再次夺走，可是用锄犁赢得的却不然。"[1]这种观点对理解中原文化同样是有效的。从历史看，中原文化的南向传播基本上是以移民垦荒为先导，北向（尤其西北向）传播则离不开屯田。这种依附于土

---

[1] 特奥多尔·蒙森著，李稼年译：《罗马史（第一卷）》，商务印书馆 2004 年版，第 168 页。

地的文化扩张虽然缓慢，但却步步为营，绩效显著。相反，北方草原民族虽一次次入主中原，却从没有成功将其文化移入新的统治区域。这明显与其游牧生产方式无法扎根于土地有关。

中原文化在中国历史上表现出的扩张性，决定了它既被其产生的地域限定，又具有超地域的特征。或者说，这是一种立于中原又从中原出发的文化。按照司马迁及历代史家的一般看法，它的起点在河洛。如《史记·封禅书》云："昔三代之居，皆在河洛之间。故嵩高为中岳，而四岳各如其方。"① 这也是当代研究者试图以河洛指代中原的原因。但从后来中原文化的扩张态势看，河洛所涵盖的地理区域明显过于狭窄。北魏时期，孝文帝拓跋宏计划从代郡迁都洛阳时曾讲："嵩函帝宅，河洛王里，因兹大举，光宅中原。"② 按照这句话提供的序列，"帝宅"被嵩山和函谷关限定，"王里"被河洛限定，"中原"则明显是以前两者为中心形成的地理区域的进一步展开。以此为背景，中央帝国的疆域扩张到哪里，或者说它的移民迁徙到哪里，中原文化就被带到哪里。作为一种相对先进的文化形态，它最终甚至溢出了国家的边界，成为东亚地区（如日本、朝鲜）普遍认同的价值观念。据此不难看出，从嵩函、河洛、中原到中国，再到超出国家边界的天下，中原文化形成了一个层层扩展的圈层结构。这一圈层的中心是黄河中下游地区，中原文化在此表现出原乡特质；在这一圈层的外围，它则作为一个价值或功能性概念持续发挥影响。我们可以将中原文化的这种外向发展过程称为中原文化的异乡化过程。

（二）中原文化价值观与中华民族价值观的关系

文化的扩张或传播，虽然表现为政治权力、典章制度、礼仪风俗等向异域的蔓延，但在其深层，却是其基本价值观念得到了更广大地区人民的认同。总结近年来国内学界对于这一问题的探讨，中原文化的基本价值观大致可以归纳为十点，即以中原为中心的天下观念，和谐共存的自然观念，和谐共处的社会观念，反分重合的国家观念，以人为本的人学观念，知行并重的求知观念，有所作为的人生观念，重德守信的伦理观念，尚俭节用的经济观念，开放包容的文化观念。这十点，除第一点外，其他已作为普遍价值被中国人

① 司马迁：《史记》，崇文书局 2010 年版，第 158 页。
② 魏收：《魏书》，中华书局 1974 年版，第 464 页。

接受，并成为中国文化秉持的基本原则。

中原文化价值观具有普世性，但就其产生的根源而言，则依然来自农业文明的孕育。其中，像人与自然的和谐共存，它的前提就是因农业劳动而形成的人对土地的依附关系；人与他人的和谐共处，则是乡居者围绕土地形成固定社群后，协调利益关系必须持守的原则。同时，中原地区形成的国家形态，具有典型的家国同构、家国一体的特征。国家观念上的反分重合，是农业民族重视家族血缘、社群和谐的自然延伸。而所谓的以人为本、有所作为，其前提也是土地为人的生存提供了一个不可更移的衡量，然后才是人不断扩张其实践力的变量。《易传》中所谓"天行健，君子以自强不息"之论，讲的正是这种以自然的稳靠性为前提的人的能动性问题。另外，从中国历史看，中原文化虽然有农业社会趋于保守、内敛的特点，但它的主调依然是开放包容的。它的开放，既表现为以教化为手段弘扬自身的文化，又表现为对外来文化的接纳。一般而言，中国历史上有三次标志性的文化交汇期：一是上古时期的殷周冲突，二是中古时期的佛教东传，三是近代以来西方文化的输入。这三次中的前两次都是在中原地区完成的。其成果分别为中国文化的早期形成和后续发展注入了活力。

毋庸讳言，在当代社会，建基于农业文明的中原文化，它的许多思想观念以及由此主导的人的行为方式，已滞后于时代的发展。像 20 世纪 90 年代一直纠缠不清的"河南人的形象"问题，某种程度上已说明了它与当代社会的龃龉和冲突。但是，就这一文化在中国历史上所起的作用及对中华民族价值观念长期形成的支撑看，它的基本价值又是不能轻易否定的。

首先，虽然中原文化的基本价值观念产生于传统农业文明的土壤，但是触及了人类社会的普遍关怀和人性的深层欲求。像它的人与自然和谐共存的思想，对于今天正确处理人与环境的关系仍是有启发意义的。在人与人的关系上，传统中原农业社会以家族和村落为基本单位，重视血缘和邻里之爱。这种爱后来被儒家不断放大，即由"亲亲"逐步推及"四海之内皆兄弟"。我们今天所讲的社会和谐，依然是以这种不断"推己及人"的大爱为前提的和谐。另外，中原文化的重人传统在当代的延续就是以人为本，有所作为就是提倡奋发有为、积极进取；重德守信就是在人与人交往中重然诺、守气节；

尚俭节用就是勤俭持家、艰苦奋斗；开放包容就是对外来文明成果抱有接纳、融会的胸襟。这些价值观及行为原则，明显具有普适性和跨越时代性，对现代形态的中华民族精神建设依然具有重要价值。

其次，爱国主义是中原文化留给中华民族的重要遗产。从史籍看，"中原"一词最早出现于《诗经》，但这里的"中原"仍是一个一般地形学概念，并非专指性的地域名称。到魏晋，中国社会进入诸侯割据和异族入侵的混乱时期，所谓的"中原"这时逐渐被地域化、神圣化，成为人们心目中的"桑梓""帝宅"和"神乡"。对于入主中原的异族而言，占领这一"神乡"就意味着拥有了政权的合法性；对于失国者而言，失去这一地区则意味着自我的边缘化。所以"恢复中原"成了衣冠之士永难释怀的家国之梦。据史籍，中国历史上"中原"一词使用密度最高的时段有两个：一是西晋永嘉之乱之后，二是北宋覆亡与南宋建立的过渡时期。在这两个时期，避居江左的士人，一方面"寄人国土，心常怀惭"，另一方面则"顾景中原，愤气云踊"。中原作为士人精神的原乡或国家的象征，成为他们表达爱国情感和复国理想的主要对象。在当代视野中，这种以中原为中心的传统爱国主义可能有其狭隘性，但就促进海内外华人团结、增强民族凝聚力而言，它仍然是值得珍视的精神遗产。

最后，中原文化研究还牵扯到中华民族史观的重建问题。20世纪的中国地域文化研究，古史辨派是一个不可忽略的环节。按照顾颉刚的讲法，由传统正史讲述的上古史，即"三皇五帝"的古史系统，基本上来自后人层累式的伪造。要恢复中国历史的本来面目，首先就要打破这种"民族出于一元""地域向来一统"的虚假观念。从中国历史看，古史辨派所要"破"的上古史观，显然就是传统史家围绕黄河中下游地区形成的历史论述。它所开启的史学方向，则必然是以多元文明起源论、多元文化并存论代替传统的中原中心论。但必须注意的是，这一疑古思潮对中国早期历史的颠覆性解释，并不足以对中原文化在中国文化中的主干地位造成根本性的动摇。这是因为，由"三皇五帝"奠定的人神间杂的中原上古史，虽然其神性的侧面可以通过"剥皮的方法"（胡适语）被证伪，但其合理的内核依然被现代考古学证明。像中原地区的裴里岗文化、仰韶文化、龙山文化、二里头文化等，与见于史传的中原上古（传说）史形成了有效的互证关系。

同时必须注意的是，借助现代的考古发现，我们可以认定许多地域性的文明或文化曾经灿烂辉煌过，但就对中国历史进程形成的实际影响而论，中原文化的主导地位不可取代。据此来看，对于这一文化的价值，在前人的信古和今人的疑古之间，应该还有第三种判断。这第三种判断就是既不否认中原文化的一元主导，又不否认其他文化形态的多元并存。唯有如此，中国作为统一国家的历史才是源流有序、线索清晰的，我们对中国文化作为文化共同体的认识也才能趋于客观。相反，如果过于强调中国文明起源的多元论，固然可以为当代中国作为多民族国家的现实提供史学的支持，但在根本上却必然会动摇中华民族长期形成的向心力和凝聚力，甚至为政治或文化上的分离主义提供理论依据。

（三）中原文化对中华民族精神形成的意义

一个民族的民族精神的形成，总是与其存续的历史密切相关。或者说，民族意识的觉醒和民族情感的激发，离不开这一民族对其历史的一次次回溯和追忆。对于中华民族，虽然它包含的 56 个民族各有自己的历史，各有关于民族起源与发展的历史追溯，但就其中的主体部分而言，多认为同属炎黄子孙。或者说，中华民族，不论是一种想象的共同体或是一种事实的共同体，它的民族记忆多是与作为炎黄故里的中原相关联的，多是以黄河中下游地区作为孕育、孳生其文化的母体。据此，从历史层面看，所谓中华民族，是以中原地区为文化原乡的民族；所谓中华民族精神，则是在对这一共同文化起源的不断追忆中被凝聚的精神。

关于中华民族的形成，费孝通曾指出："中华民族作为一个自觉的民族实体，是近百年来中国和西方列强对抗中出现的，但作为一个自在的民族实体则是几千年的历史过程中形成的。……在相当早的时期，距今三千年前，在黄河中游出现了一个由若干民族集团汇集和逐步融合的核心，被称为华夏，像滚雪球一般地越滚越大，把周围的异族吸收进入这个核心。它在拥有黄河和长江中下游的东亚平原之后，被其他民族称为汉族。汉族继续不断吸收其他民族的成分而日益壮大。"[1] 从这段话看，中华民族作为一个民族共同体的

----

① 费孝通：《中华民族多元一体格局》，中央民族学院出版社 1989 年版，第 1-2 页。

自觉，源自近代以来的抵抗外侮、救亡图存运动。或者说，中国疆域之外的他者（列强）的存在，使中华民族因外在的压力而在近代成为一个具有凝聚力的整体。但就中华民族的历史形成看，这一民族共同体有其从核心向边缘不断蔓延的发展过程。费孝通将这一过程形象地称为"滚雪球"。而这一"雪球"滚动的起点，无疑正是中原。

在前文中，我们将中原文化的外向发展称为层层展开的圈层结构，这大抵可以描述这一地域文化如何一步步越出其固有的边界，位移为中国文化。与此相应，费孝通的"雪球"理论则不但解释了中华民族的历史形成问题，而且预示着这一民族，是以位于黄河中下游的中原地区为中心形成的文化聚合体，所谓的中华民族精神，则是传统中原文化价值观的逐步升华和完善。由此，如果我们说中华民族的凝聚力来自对自身历史的不断回溯和追忆，那么中原文化无疑是这种追忆的主要对象。它无论对中国文化还是对中华民族精神而言，都具有本源和主导的意义。

当然，从历史看，中原文化并不是一个恒定不变的文化单体，而是像中国文化和中华民族精神一样，有其不断形成的过程和涵盖内容的多元性。在上古时期，炎帝和黄帝部落融合，为华夏民族奠定雏形，这意味着中原民族和文化在形成之初就是多元的。后来，殷周之际的东西部族冲突、战国时期的百家争鸣、东汉以降的佛教东传、南北朝时期的民族融合、宋元时期北方民族的大批内迁，都决定了中原文化所依托的民族和文化成分的杂合性。也即历史形态的中原文化与其说是一个自在的实体，毋宁说是多种民族和文化不断进入、不断融会又不断获得创造性重构的统一体。在这一过程中，不同的民族因"逐鹿中原"或"入主中原"而中原化，不同的文化则在与中原文化的碰撞中被吸纳，成为其中的有机组成部分。同时，一些边地民族，即便从没有直接在中原地区展示其存在、驰骋其力量，但往往也因与中原王朝建立的诸种交往（如战争、贸易、和亲、朝贡）而拥有了共同的历史记忆，拥有了精神回溯的共同区域。可以认为，一部中原文化史，就是多种民族、多元文化的杂合、融汇史。中原文化也正是因其内部构成的多元而成为中国各民族共同的精神遗产，因其在融会中形成的一体性而成为中华民族共同的历史记忆。据此，如果说中华民族精神是由共同历史记忆凝聚的精神，那么，中原文化在这一精神的形成过程中无疑发挥了不可替代的作用。

基于以上判断，从中原文化角度研究中华民族精神的历史形成，具有重要的理论意义。主要表现在以下三个方面。

第一，中原文化在中华文化和中华民族精神形成中的主导地位，使中原文化研究成为中华民族精神研究的奠基性工作。这种奠基性意味着，我们可以通过中原文化研究，为中国文化和中华民族精神提供一个历史和逻辑的阐明。就历史而言，中国文化是从中原出发的文化，研究这一文化，有助于把握中国文化和中华民族精神的正脉，并为其后续发展理出一条清晰的线索。就逻辑而言，中原文化作为中国文化的"童年"，它被地域和生产方式等限定所形成的诸多特性，在某种程度上决定着后世中国文化和中华民族精神的特性。只有首先认清这种文化在其原点处形成了的思想和价值观念，才能为中华民族精神研究找到恰切的理论起点。同时，中国文化史既是中原文化不断扩展的历史，也是向其提供的价值观念不断回溯的历史。这种回溯使中原文化的核心价值不断被后世重温，从而使其成为维系中国历史连续性和内在统一性的精神凝结点。

第二，中原文化是一个不断形成的概念，它的发展为理解中国文化的历史提供了一个简洁的范式和线索。如前文所言，中原文化的发端可追溯到上古炎黄两大部族的冲突和融合，后有殷周两种文化的冲突，春秋战国时期的百家争鸣，东汉以降佛教的东传以及逐渐本土化，等等。由此看，中原文化既有价值观念的稳定性，又有内部构成的多元性。这种文化元素的多元特征使中原文化研究具有了丰富的内涵，甚至中原文化史就是一部简写的中国文化史。同时，从历史上看，中原文化内部构成的多元又是一元主导的多元，这个"一元"就是在春秋战国时期已奠定的基本价值观，其发展史即是多种文化元素向这一核心价值观不断聚合的历史。这种特点对全球化时代建构当代形态的中华文化和中华民族精神具有重要的借鉴意义。

第三，研究中原文化有利于更深入地了解中国文化的现代命运和重倡中华民族精神的重要性。中原文化在宋代发展成最成熟的形态，此后便走向衰落。这和元明以后中国政治经济文化中心的转移有关，更和近代以来西方文化的强势入侵有关。尤其"五四"以后，异质文化的介入使中国传统文化成为批判反省的对象，而这种批判和反省的根本指向则是中原文化的基本价值观。新时期以来，随着社会主义市场经济的不断发展，建基于传统农业生产方式的中原文化日益显露出局限性。可以认为，中国社会自近代以来向现代文明的艰难转型，与今天中原农业生产方式向现代转型时遭遇的诸多困难是一致的。从这点看，中原地区作为中国传统产生方式和文化特性保持得最"顽固"的地区之一，它能否成功向现代转型，将对评价中国社会的整体现代之路，具有标志性意义。或者说，理解中原文化的现代命运为理解中国文化的现代命运提供了一个范本。

三　刘士林：江南文化与齐鲁文化[①]

按照一般的看法，齐鲁文化乃圣人之乡邦旧国，是中国伦理人文的最高代表。在不同时代的历史著作中都会反复讲到一句话，叫"讽诵之声不绝"，向人们表明的就是这一点。在《史记·刘敬叔孙通列传》中记载，汉高祖听取了品德败坏的叔孙通重建礼乐制度的建议，并派他到鲁国去招贤纳士。小人再次得志的叔孙通在圣人生活过的地方却碰了不大不小的钉子。史书中没有留下姓名的"鲁两生"说，大兴礼乐的前提是"积德百年而后"，于是他们对叔孙通说"公往矣，无污我"。这也可以使人想到孔子、孟子离开故国的原因，他们都是因为现实原则与道德原则的冲突而主动放弃唾手可得的功名富贵的。一谈及江南文化则恰好相反，它往往是伦理人文口诛笔伐的直接对象。这就是在古典色情小说中常以苏州、扬州、杭州为背景的原因。如《梧桐影》第三回中就写道："话说从古到今，天子治世……第一先正风化。风化一正，自然刑清讼简了。风化惟'奢淫'二字，最为难治。奢淫又惟江南一路，最为多端。穷的奢不来，奢字尚不必禁，惟淫风太盛。苏松杭嘉湖一带地方，不减当年郑卫……"[②]这个细节很有意思，还有什么比它更能说明江南的不道德呢？

但中国文明体内"道德与审美的对立"，在某种意义上主要是伦理叙事造成的。如果对有关人物、事件进行细读，则会发现两种话语谱系之间的有机

---

① 节选自刘士林：《江南诗性文化》，上海文艺出版社 2020 年版。
② 不题撰人：《梧桐影》，大连出版社 2000 年版，第 57 页。

联系。比如满眼瞧不上"郑卫之音"的孔子，他所赞同的最高人生理想是春游。这在本质上是因为在"伦理境界中做人做得太累了"，所以才会提出到春天的大自然里去呼吸吐纳的审美要求。而春游是江南士民最喜欢的一个娱乐项目，直到今天仍然一如其旧。尽管不少生于斯长于斯的江南士大夫在修方志时，总是要发出"民性轻扬，风尚侈靡，古今一辙"这种似乎不可救药的道德感慨，但实际上也是不可完全当真的。因为在这块"商女不知亡国恨"的烟雨大地上，也一再上演过众多最符合孔子人文理想的道德情节。不光是读书明理的士大夫，在《清忠谱》中，一些普通的苏州市民也曾做出过在逻辑上似乎只有孔孟之徒才能有的道德行为。那个场面是很动人的，一方面是阉党"擒将去千刀万剐"的恐吓，另一方面是苏州百姓类似梁山好汉拍着胸脯的声音："我众好汉，怎饶他！"这说明，一般过于宏大的伦理叙事不能解释具体的历史与生命个体，也在更深的意义上表明中国文化语境中伦理话语与诗性话语固有的互渗律。

伦理人文与诗性人文代表着中华民族最基本的生存需要与文化理想。它们的关系可以简略表述为三。

首先，尽管伦理人文非常重要，是人与动物、文明人与野蛮人相区别的标志，这正是"道德境界中人"特有的内在矛盾，即尽管可以做到不怕死，但也永远没有"生的快乐"。正如冯友兰说："他并不是不知富贵是可欲底，贫贱是可厌底，威武是可畏底。他并不是不知利可以使他自己快乐，害可以使他自己苦痛。他明知其是如此。而他的行为，却……既不为其能使他自己得利而如此，亦不能因其能使他自己受害而不如此。"[①] 因为这一切都是因为他最看重的"道德原则"压抑了他的感性需要。换言之，是因为人的审美机能在伦理语境中"失语"了，所以仅有伦理人文是不够的。

其次，这也凸出江南诗性人文对一个务实民族的文化价值。正是有了江南文化生命这样的主体基础，才使过于刚毅木讷的中国主流话语受到审美精神的制约而容易获得平衡。一方面，有了充满现实责任感的齐鲁礼乐，可以支撑中华民族的现实实践；另一方面，有了超越一切现实利害的生命愉快，

---

① 冯友兰：《三松堂全集》，河南人民出版社2001年版。

才可以使在前一种生活中必定要异化的生命一次次赎回自由。

最后，还要强调的是，诗性人文与伦理人文的矛盾对立是不可取消的。因为只有在两者的张力与斗争中，才可以实现双方各自的本质力量，具体说来，没有伦理人文对人自身的现实异化，就不可能产生出真实的审美需要。而没有诗性人文提供的审美空间，人就只能过一种没有任何光泽的"灰暗生活"。所以，最可怕的结果不是它们的矛盾对立，而是这两种人文精神的共同沦丧。

这在原理上可以使人想到古希腊的酒神与日神。在尼采看来，两者相对立甚至是激烈斗争，不仅不是坏事，相反还是双方肯定自身的前提。而一旦两者因矛盾消失而走向和解，随之而来的则是一个没有神的渎神时代，在这个时代中，没有了真正的热情与创造力，有的只是"模仿的冒充的热情"与"模仿的冒充的语言"。无论齐鲁还是江南，在当代表现似乎就是这样，既没有了古典耿介之士的行气如虹，也没有了旧时白衣卿相们的文采风流。出现这样的结果，是每个中国人都应该感到痛心与痛惜的。

江南诗性人文与齐鲁伦理人文既相对立又相联系，恰好构成了中国文化的一个深层结构原理。没有后者对前者的伦理提升，江南会因缺乏伦理水准而变得越来越轻浮与肤浅；后者如果没有前者的诗性灌注，也一定会因为丧失弹性而成为一种桎梏人性的枷锁。

如果对这个原理本身不存在什么疑问，那么在当代实践中最令人担心的是：一方面齐鲁伦理人文那种至阳至刚精神在反传统的全球化背景中逐渐消失，另一方面是江南诗性人文那种优雅品味在反美学的后现代文化中越来越粗鄙化。在我看来，这种现代性危机虽然始于这两大地域人文，但它无疑代表着中国文化在当代所面临的真正的威胁与危机。

以这两种精神资源为文化建设的基础，在诗性人文与伦理人文的矛盾冲突中努力彰显中国文化的生机与丰富内涵，开拓中国文明固有伦理价值与审美价值的新境界，这应该成为一个伟大民族的现代性文化理想。既有承担历史、社会与现实道义职责的铁肩与忠心赤胆，又有独与天地精神相往来的宇宙深情与寄托，只有一个这样的现代华夏民族被生产出来，才真正符合中国诗性文化的理念与实践。

四 李正爱：江南与岭南的文化互动

江南与岭南是从古至今中国社会经济最发达的区域，也是最富文化活力的区域。虽然从地理空间上看，江南与岭南是两大被天然地分隔开来的区域，但两者在文化上却始终保持着悠久而深入的互动。无论早期文化习俗交流，还是近代文化精神的形成，两者都从彼此获得过必要的发展动力和文化资源。这对彼此的社会经济与文化的发展产生了重要影响。

远古时期，江南与岭南均属于百越族，故其文化同源。颜师古在注《汉书·地理志》时引臣瓒的话说："自交趾至会稽，七八千里，百越杂处，各有种姓。"[①]著名人类学家林惠祥先生也指出："百越所居之地甚广，占中国东南及南方，如今之浙江、江西、福建、广东、广西、越南或至安徽、湖南诸省。"[②]可见，秦汉以前，百越是广泛分布于中国南方与东南沿海的民族。从文化上来说，两者的文化属性基本相同，文化特征高度一致，文化观念与生活习俗极为相近。无论是江南的扬越、句吴、于越，还是岭南的西越、骆越、南越、邓越等，俗都"信巫鬼，重淫祀"，以"披发文身"为美，以龙蛇、鱼鸟为图腾。如《淮南子·原道训》说："九嶷之南，陆事寡而水事众，于是民人被发文身，以像鳞虫；短绻不绔，以便涉游；短袂攘卷，以便刺舟，因之也。"[③] 历史上，两者的文化性格都曾以"轻死易发"而著称。故《汉书》说："吴、粤之君皆好勇，故其民至今好用剑，轻死易发。"[④] 由于文化习性相同或近似，因而远古以前江南与岭南间的文化交流应无阻碍。但自春秋战国开始，由于江南广泛接触并大力吸收中原文化，从而使其与岭南在文化习俗上形成分野，江南逐渐变得更开化，而岭南依然保持原始。

从文化观念与生活习俗的交流影响来看，早在春秋末期楚国灭越国，部分逃入岭南的江南越人将其新文化习俗带到了岭南，但由于当时两者文化差

---

① 班固：《汉书》，中华书局1962年版，第1669页。
② 林惠祥：《中国民族史》，商务印书馆1936年版，第111页。
③ 何宁：《淮南子集释》，中华书局1998年版，第38－39页。
④ 班固：《汉书》，中华书局1962年版，第1667页。

异还不甚大，因而对岭南的影响也小。至魏晋时期，江南文化开始对岭南形成显著影响。志载晋代岭南局部区域出现汉化优势，像当时的广州、潮州等平原地带"自汉末建安至于东晋永嘉之际，中国之人避地者多入岭表，子孙往往家焉。其流风遗韵、衣冠气习，薰陶渐然，故习渐变而俗庶几中州"。[①] 而在魏晋南北朝时期迁入岭南的人口中，有大量来自江南的移民。江南移民的文化观念与生活习俗自然会对与之接触、融合的岭南土著产生影响。这种影响在唐宋时随着江南移民的更大规模涌入，程度也越深。民族融合与文化混合新生的步伐也不断加快，最终逐渐形成新的文化习俗。例如宋代出现岭南"夷风"渐淡而具有明显受汉文化影响的新风渐盛的现象，而这种文化新风却呈现出江南文化的特质。据《岭外代答》记载："岭南嫁女之夕，新人盛饰庙坐，女伴亦盛饰夹辅之，迭相歌和，含情凄惋，各致殷勤，名曰送老，言将别年少之伴，送之偕老也。其歌也，静江人倚《苏幕遮》为声，钦人倚《人月圆》，皆临机自撰，不肯蹈袭，其间乃有绝佳者。凡送老，皆在深夜，乡党男子，群往观之，或于稠人中发歌以调女伴，女伴知其谓谁，以歌以答之，颇窃中其家之隐慝，往往以此致争，亦或以此心许。"[②] 岭南当时这种混合而生的新文化习俗盛行，其中江南文化的因子显著，这不可能与江南移民无关。因为，自两晋以后，尤其两宋阶段，江南大批人民为躲避战乱而移入岭南，而这些人不仅与土著融合形成新的族群，也把江南的文化价值观念与习俗信仰带到了岭南，融入了新的族群文化生命之中。

通常认为，至宋末大量移入的汉人与粤人融合最终形成了占岭南主体的三大民系的广府人、潮州人和客家人。而移入岭南的汉人在与当地土著逐渐融合中，一方面不断适应当地生活方式，吸收当地文化习俗；另一方面也不断从生活方式、语言、文化等方面影响了岭南，最终形成了岭南各具特色的客家、潮汕和广府三大族群的文化形态。这当中都有着江南移民的文化因子影响。学者谭元亨认为潮汕人是由吴越（东越）土著与汉族交融形成的民

---

① 阮元修，陈昌齐等纂：《广东通志》，载续修四库全书编纂委员会编辑：《续修四库全书》第671册，上海古籍出版社 2002 年版，第 143 页。
② 杨武泉标注：《岭外代答校注》，中华书局 1999 年版，第 158 页。

系①。客家文化的"耕读传家"传统实与江南有深厚渊源。"耕读传家向为中国文化传统的重要表现和传承方式之一，这种方式在从中原地区南迁至江西、福建、广东等地的客家人群中得到了相当充分的继承和发扬。盖自宋代以来，特别是明清至近代以来，广东客家地区文风、学风蔚盛，出现了为数众多的著名人物。兴宁作为广东客家人聚居的重要地区之一，自然延续着这种古老的文化传统。"② 众所周知，"耕读传家"乃是江南文化的重要精髓和传统。而南宋末以江南地区汉人为主迁入形成的客家人尤重"耕读传家"的文化传统，可见其延承了江南文化的这一重要文化品质。

就岭南通行的粤语的形成来说，岭南方言中也有江南因素的重要参与。学者曾大兴研究认为："广府人讲粤语，即广府话，又称'白话'。粤语……是在古代百越族语言的基础上，长期受楚方言和中原汉语的影响而形成的，至宋元时期基本定型。因此可以说，广府文化的起源时间是在南越国时期，其基本定型，则是在宋元时期。"③ 从这一历史描述不难看出，粤语的定型其实与宋元之际大规模流入的江南人是分不开的。而学者乔好勤经考证指出，清代屈大均《广东新语》卷十一所录广东"土语"中的粤语与吴语至今有许多词语是相同相通的。④ 之所以会出现这种语言文化现象，一方面因为这是古越语的历史遗产，无论吴语还是粤语都一定程度上保留了部分古越语的结果；另一方面则是因为自魏晋南北朝至宋元之际不断有大量来自江南的吴语移民的语言影响的强化结果。

世界文化交流史证明，不同地域的文化交流与碰撞从来都不是单向的。江南与岭南也同样如此。在江南不断向岭南输出文化影响的历史过程中，岭南也在向江南持续输出自身的文化影响。只不过，岭南文化在古代比较微弱，对江南影响较小，而近代以来由于得风气之先和大量人口输出江南，使岭南对江南的文化影响也大幅增强。例如上海成为中国近代报刊和书籍出版业的中心，其中就有许多岭南人筚路蓝缕开辟的巨大功劳。岭南人是最早在上海

---

① 谭元亨：《客家与华夏文明》，华南理工大学出版社 2003 年版，第 96 页。
② 左鹏军：《岭南文献与文学考论》，中山大学出版社 2016 年版，第 297 页。
③ 曾大兴：《岭南文化的真相：岭南文化与文学地理之考察》，社会科学文献出版社 2017 年版，第 48 页。
④ 乔好勤主编：《岭南文献史》，华中科技大学出版社 2011 年版，第 31 页。

创办报纸和印书局的群体之一："上海新闻业之发达，除我国历史上之宫门抄外，当以上海为最先矣。……《申报》为开之先，有字林刊行之《上海新报》。继之有粤人所办之《汇报》《益报》等。然皆先《申报》而闭歇。……石印书籍之开始，以点石斋为最先。……宁人则有拜石山房之开设，粤人则有同文书局之开设，三家鼎足，垄断一时，诚开风气之先者也。"① 例如晚清著名政治家郑观应主要生活在上海，以上海所见的近代世界风气为基础提出自己的近代政治思想；又如康有为曾建立上海强学会，创办《强学报》，与北京强学会相呼应宣传变法思想；再如梁启超在上海以《时务报》为主要阵地宣传文化新知和维新变法思想。这些近代著名的政治家、学者均出产自岭南，而以上海为重要文化活动阵地，对近代江南的社会政治与文化思想产生了巨大影响。而创立于清光绪八年（1882 年）的上海同文书局是中国人创办的第一家近代石版印刷图书出版机构，也是岭南人的一大文化功劳，其创立者为广东人徐鸿复、徐润等人。同文书局用石印法影印了《古今图书集成》《二十四史》等诸多大部头书，以及《佩文斋书画谱》《通鉴辑览》《康熙字典》《快雪堂法书》和殿本《子史精华》等许多艺术与知识书籍，在当时享有很高的声誉。近代著名出版家、广东香山人王云五先生引进国外先进的科学管理方法，以平民化视角和商业化经营手段创造了上海商务印书馆的出版辉煌。其坚持以"教育普及、学术独立"为出版方针，编辑出版的"万有文库""丛书集成""中国文化史丛书""大学丛书"等著名大型丛书，对中国近代的教育事业和学术研究做出了卓越贡献，也奠定了上海在当时中国的出版中心地位。

再如在近代文化娱乐与饮食方面，岭南对江南的文化影响也极为深入。近代上海戏剧的独立成派，离不开广东粤剧的影响。据清末民初人姚公鹤的《上海闲话》记载，清同治初与京剧、徽班"同时并起，又有山西班、绍兴班、广东班"，②"上海尚有绍兴班、广东班，亦均自成一派"。③可见近代粤剧随着晚清上海开埠而大量涌入的岭南移民才传入沪地并落地生根。而饮食文化上，广帮菜也随着岭南移民而进入上海。据民国时期的旅游手册《上海生活》介绍，

---

① 姚公鹤：《上海闲话》，商务印书馆 1926 年版，第 19 - 20 页。
② 姚公鹤：《上海闲话》，商务印书馆 1926 年版，第 49 页。
③ 姚公鹤：《上海闲话》，商务印书馆 1926 年版，第 98 页。

上海的著名酒菜馆有广帮、京杭帮、苏帮、宁帮、镇扬帮、川帮、徽帮、回帮和西餐九大帮共 61 家，而其中广帮饭馆有 23 家之多，其中还有 2 家开有共 3 家分店，总计 26 家，占了三分之一还多。①从上海的广帮菜馆远比其他菜系饭馆兴盛来看，可见岭南的饮食文化在江南也是非常受欢迎的。更不用说，改革开放以后香港通俗流行文化、广东日常生活观念在江南社会的广泛影响了。

概括来说，在文化早期阶段，由于文化的同源或近亲性，两者没有太多的文化差异性，也使得江南对岭南的文化输出影响不显著。但随着历史的发展，随着江南文化更早走向独立与成熟，江南与岭南在文化上的差异日益扩大。故自秦汉至明清以前在两者的文化互动过程中，基本上都是江南对岭南形成文化塑造。但到了近代，由于岭南得世界现代风气之先，故其文化反向输入江南，对江南的近代化产生巨大的影响。

---

① 李春南编：《上海生活》，建业广告图书社 1949 年版，第 14 – 16 页。

第七讲

江南的文化资源

　　文化资源是指在文化产业链中以"文化"为生产对象的生产资料。按照我们的研究，文化资源可以分为物质文化资源、社会文化资源和审美文化资源三类：物质文化资源主要包括自然景观资源（主要是特殊的地质、地貌或水系）、生态系统资源（如可进行文化开发的土地、森林公园等）、土特产品资源、古建筑资源（如老街、老房子等）及它们的具体情况；社会文化资源，主要包括农业文化资源（可以为都市人提供农村生活体验的传统农业系统与景观）、工业文化资源（可以为都市人提供工业生活经验的现代工业系统与景观，既包括工厂、车间、作坊、矿场等不可移动实体，也包括机器设备、工具、档案等可移动实体，还包括工艺流程、传统工艺技能等非物质工业文化内容等）、历史文化与民俗文化资源以及它们的具体情况；审美文化资源主要是各种世代相承、有地区文化特色、与群众生活密切相关的口头文学、音乐歌舞、游戏竞技、民间艺术等。[①] 文化资源是文化发展直接的现实对象，是潜在的自然文化遗产和文化生产力要素，不仅决定了文化产业的方式、规模与性质，也是一个地区或城市文化事业发展的客观环境与条件。对于文化资源现状及其可开发潜力的详细调研是文化发展中十分重要的一部分。它不仅是

---

① 刘士林：《上海浦江镇文化资源与发展框架研究》，《南通大学学报》 2009 年第 2 期。

软实力发展的基础，而且制约着软实力的前景与途径。认真研究文化资源的构成与获得的发展机遇，对软实力的提升，以及由此推动的社会全面发展具有重要意义。

江南文化资源的构成

太湖流域在秦汉时期还是中原人士眼中的蛮荒之地，司马迁的《史记·货殖列传》中这样记载："江南卑湿，丈夫早夭。……楚越之地，地广人稀，饭稻羹鱼，或火耕而水耨。"[①] 经历了"永嘉之乱""安史之乱"和"靖康之难"三次波澜，江南地区后来者居上，成为全国的文化中心，明人章潢《图书编》卷三十六"三吴风俗"这样记载："夫吴者，四方之所观赴也。吴有服而华，四方慕而服之，非是则以为弗文也；吴有器而美，四方慕而御之，非是则以为弗珍也。服之用弥广，而吴益工于服，器之用弥广，而吴益精于器。是天下之俗，皆以吴侈，而天下之财，皆以吴富也。"[②] 江南以其物质文化资源的繁荣、社会文化资源的茂郁、审美文化资源的氤氲，造就了中国文化地图上一片永恒的青山绿水。

1. 物质文化的繁荣

江南的富足似乎无需多言，"苏湖熟，天下足""衣被天下"这些民谚妇孺皆知。丰厚的物质基础促进了物质文化的极大繁荣，以饮食为例，江南人在日常生活中创造了精致细腻的饮食文化。富贵人家自不待言，即使是贫家小户对待饮食也十分讲究。苏州人沈复和妻子陈芸寄人篱下，家境颇为困窘，但并不能妨碍他们的生活情趣，对于喝茶与吃酒这样的琐事，也必定精益求精。"夏月荷花初开时，晚含而晓放，芸用小纱囊撮条叶少许，置花心，明早取出，烹天泉水泡之，香韵尤绝。""余爱小饮，不喜多菜。芸为置一梅花盒：用二寸白磁深碟六只，中置一只，外置五只，用灰漆就，其形如梅花，底盖均起凹楞，盖之上有柄如花蒂。置之案头，如一朵墨梅覆桌……"[③] 巧妇难为

---

① 司马迁：《史记》，崇文书局 2010 年版，第 753 页。
② 章潢：《图书编》，江苏广陵古籍刻印社 1988 年版，第 26 页。
③ 沈复：《浮生六记》，古吴轩出版社 2020 年版，第 48 页。

无米之炊，秀外慧中的陈芸却在经济窘迫的情况下也不忘对于美的追求，难怪林语堂赞其为"中国文学中最可爱的女人"。

根据西方地理环境决定论，一个民族的心理特点取决于这个民族赖以发展的自然条件的总和。这种论点固然有失偏颇，但江南区域文化带有明显的地理环境烙印是无可置疑的，同时，一个地区物质文化的繁荣，也总是深深植根于得天独厚的自然环境之中。江南的水乡景观、耕织传统和蚕桑习俗离不开当地特殊的地理环境，同时也是江南人征服自然、融于自然的最好表征。

2. 社会文化资源的茂郁

社会文化是江南社会发展过程中积淀下来的重要文化资源，包括运河文化资源、都市文化资源、工业文化资源、红色文化资源等。

江南自唐宋以降已经成为全国的经济文化中心，经济的繁荣、社会的稳定、城市的扩张、人文的醇厚，使得江南学术传统瓜瓞绵绵。这从文人的社会地位可见一斑："吾少时乡居，见闾阎父老、阛阓小民同席聚饮，恣其谈笑，见一秀才至，则敛容息口，惟秀才之容止是观，惟秀才之言语是听。即有狂态邪言，亦相与窃笑而不敢短长，秀才摇摆行于市，两巷人无不注目视之，曰：'此某斋长也'。人情重士如此，岂畏其威力哉？以为彼读书知浮少之人，我辈村粗鄙俗，为其所笑耳。"[1] 这在某种意义上表明了后现代学者所谓的知识与话语也是权力的观点。也正是由于这些原因，中国历史上那些手无缚鸡之力的文弱书生，在民族危亡之际往往能挺身而出，以天下兴亡为己任，前仆后继，开革故鼎新之先河。工业文化资源、红色文化资源，是这些前辈留给后人的宝贵记忆。

运河文化资源、都市文化资源也是江南社会文化中不可或缺的内容。"长城是凝固的历史，大运河是流动的文化"，京杭大运河在江南地区分为江北运河与江南运河两部分，流经徐州、宿迁、淮安、扬州、镇江、常州、无锡、苏州、嘉兴、杭州等城市，也留给了运河儿女一笔深厚而丰富的文化遗产。[2] "世界历史，即是城市的历史"，从这个角度而言都市文化也是整个人类

---

① 吕坤：《吕坤全集》，中华书局 2008 年版，第 919 页。
② 刘士林：《大运河城市文化模式初探》，《南通大学学报》， 2008 年第 1 期。

文化的缩影。六朝时期即获得蓬勃发展的江南都市在穿越千年沧桑之后依然不改亮丽的容颜，盛大欢腾的都市节日、独树一帜的都市建筑以及特色鲜明的市民风尚，都形成了都市独特的气质与形象。

3. 审美文化资源的氤氲

江南文化的精髓在于其超越儒家实用理性的自由审美精神，审美文化的氤氲淘洗了江南文化中的富贵气和俗气，超越了奢华与节俭，使之达到了"清水出芙蓉，天然去雕饰"的最高境界。

江南园林无疑是江南审美精神的最高体现。童寯《江南园林志·序》曰："吾国凡有富宦大贾文人之地，殆皆私家园林之所荟萃，而其多半精华，实聚于江南一隅。"① 园林是江南士绅的栖居之所，也是其财力的象征，"家财多寡，非局外所能知。巷议街谈，原系得诸风闻，其藉以测断者，厥为各户煊赫之程度，而各户最易争其斗胜者，唯有修建园林一途而已"。② 更值得思量的是，园林不是簪缨望族、巨商富贾的专利，贫家小户也可实践自己对园林的审美理想。例如沈复，他一生窘迫，构建园林无异于痴人说梦，但是他对于园林有自己的见解："若夫园亭楼阁，套室回廊，叠石成山，栽花取势，又在大中见小，小中见大，虚中有实，实中有虚，或藏或露，或浅或深。"所以，他跟妻子陈芸寓居扬州时，就依照此法在小小的两间屋内安排布置，以至于"上下卧室、厨灶、客座皆越绝而绰然有余"。③

此外，山林文化和戏曲文化也是江南地区重要的审美文化资源，与北方实用理性文化相比，江南文化的诗性特质正是在这些亚文化的细节中展露无遗的。细细推敲江南审美文化的源头，我们就又回到了论述的原点：物质文化的繁荣。顾颉刚先生在考究苏州文脉的繁盛之时曾经这样概括："从前苏州人生活于优厚的文化环境，一家有了二三百亩田地就没有衣食问题，所以集中精神在物质的享受上，在文学艺术的创造上，在科学的研究上。一班少年人呢，就把精力集中到科举上，练小楷，作八股文和试贴诗，父以此教，兄以此勉，每个读书人都希望他由秀才而举人、进士、翰林，一步步地高升。

① 童寯：《江南园林志》，中国建筑工业出版社 1984 年第 2 版，第 3 页。
② 南浔镇志编纂委员会：《南浔镇志》，上海科学技术文献出版社 1995 年版，第 392 页。
③ 沈复：《浮生六记》，古吴轩出版社 2020 年版，第 40 页。

所以有清一代，苏州的三元一人，状元多至十八人，有的省份还盼不到一个呢。"①

二　江南文化资源的类型

1. 江南古镇文化资源

江南古镇我们并不陌生，鲁迅笔下的乌篷船、社戏、江南雪，朱自清的桨声灯影、梅雨绿潭，郁达夫的钓台春昼、秋山桂花，以及戴望舒的"丁香一样结着愁怨的姑娘"，这些近代文学大家以精致、忧伤的"江南叙事"笔触将江南古镇独有的文化景观表现得淋漓尽致。烟柳画桥、杏花春雨、寻常巷陌，成为全体中国人的集体江南记忆，江南古镇也成为承载这些记忆的梦里水乡。小桥流水人家是江南古镇最典型的物质文化景观，水网密布、舟楫往来、粉墙黛瓦，已经成为古镇的象征符号。除了这些外在的景观之外，水乡古镇还有许多故事，需要有心人去仔细阅读品味。

最引人瞩目的莫过于财富的故事，江南古镇多富商巨贾，仅南浔一镇就有"四象八牛七十二金狗"，据刘大均《吴兴农村经济》："南浔以丝商起家者，其家财之大小，一随资本之多寡及经手人关系之亲疏以为断。所谓'四象、八牛、七十二狗'者，皆资本雄厚，或自为丝通事，或有近亲为丝通事者。财产达百万以上者称之曰'象'。五十万以上不过百万者，称之曰'牛'，其在二十万以上不达五十万者则譬之曰'狗'。所谓'象''牛''狗'，皆以其身躯之大小，象征丝商财产之巨细也。"②

人们关注富人，议论富人，这跟明清以来江南地区的重商氛围有密切关系，富人多为巨商大贾，商人阶层的社会地位有了显著提高，有些文人甚至在科考无望的情况下主动选择经商。但这并不代表读书人没有市场，"万般皆下品，唯有读书高"的思想仍然是社会的主流，而江南小镇的文脉之盛是其最为脍炙人口的话题。据统计，宋元明清期间乌镇出过近两百位举人和进士，

① 顾颉刚：《苏州的历史和文化》，苏州史志资料选辑第二辑，1984 年版。
② 南浔镇志编纂委员会：《南浔镇志》，上海科学技术文献出版社 1995 年版，第 392 页。

同里近一百四十位，南浔有进士四十二位，周庄有进士和举人二十多位，用直有进士近五十名，而西塘明清两朝出现了十九名进士、三十一位举人。文脉之盛，令人叹为观止。

江南古镇文风鼎盛，甲于天下，所以有"书声与机杼声往往夜分相续"的说法，以至于不仅读书人蕴藉儒雅，连商人也爱书成癖。嘉业堂藏书楼主刘承干，是南浔"四象"之一刘镛的孙子、富甲一方的大地产商，也是"中国近代史上私家藏书最多，花费精力、金钱最多的一个"。长期在书籍中浸染，刘承干已经全然是一位儒雅的读书人了，所以在他60岁寿辰的请帖上，他对祝寿的亲友提出了这样的要求："朋旧亲姻有所见贶，概不敢受，如有宠以文字者，虽重违勤厚之盛意，亦未敢劳驾写屏轴，俟定制诗笺，再行奉求，谨当汇装册叶，传之子孙，永矢勿谖，属于干戈饥馑，未忍铺张，宾诞为一日娱，敬将宴资5 000元移助善举，戒杀澹灾，藉为亲友造福，是日敬谢。"[①] 刘翁此举，可以说尽得江南读书人的风流。

文化是人化，小桥流水人家是江南古镇投注了人的智慧的物质文化资源，而这些人文故事却是江南古镇的灵魂之所在，是其文化的精髓。

2. 江南农桑文化资源

《管子》曰："一农不耕，民或为之饥；一女不织，民或为之寒。"[②] 故中国自古以农立国，农业文化源远流长，其中最为典型的劳作就是耕种与纺织，也就是首先要解决吃饭和穿衣的基本需求。太湖流域是中国农耕文化的起源地之一，这里气候温暖，光照充足，雨量充沛，河湖纵横密布，加上地势平坦、土壤肥沃，很适合野生稻的生长和繁衍。考古发现证实，早在6 000～7 000年前，江浙地区就是我国稻作文化的最早发源地，河姆渡遗址中所发现的稻谷实物，不仅是中国最早的稻谷实物，而且也是世界上已知年代最早的栽培稻。泰伯奔吴，带来了中原地区先进的农业生产技术，江南地区的农业逐渐占据了重要地位，宋代就有了"苏湖熟，天下足"的说法。

有"衣被天下"之称的松江地区在元代以前没有大规模种植棉花，棉纺织技术也非常落后，元人陶宗仪说："松江府东去五十里许曰乌泥泾，其地土

---

① 沈允嘉：《君子之风》，《南浔通讯》， 1996年5月29日。
② 黎翔凤：《管子校注》，中华书局2004年版，第1430页。

田硗瘠，民食不给，因谋树艺以资生业，遂觅种于彼（闽广）。初无踏车、椎弓之制，率用手剖去子，线弦竹孤置案间，振掉成剂，厥功甚艰。"① 元初黄道婆从海南岛回到家乡后，改进捍、弹、纺、织之具，生产技术迅速发展，以松江府为核心的长三角地区竟在不长的时间内超越了闽广地区以及北方而走在了全国的前列，逐步成为全国性手工棉纺织业的中心。到了明清时期，"种稻之处十仅二三，而木棉居其七八"，② 整个江南地区的经济结构由原来的农业经济转变为手工业经济。

不仅如此，乌泥泾手工棉纺织技艺还影响了上海地区的文化人格。陈勤建指出："与传统的家用的'男耕女织'不同的是，原松江七县一府的现上海市地区，明末清初的女织已脱离'自给自足'状态，而成为当时社会重要的流通商品，从而也改变了上海地区女性在家庭的地位，并影响到恋爱婚姻的状况。女性有了一定的自主权。全国闻名的上海男人和女人恋爱婚姻家庭生活所具有的别具一格的地域文化人格，就是那个时期这种生产生活定下的基调。"③

中国的丝织品出口历史源远流长，生丝出口却是 16 至 17 世纪以来才发生的现象，"湖丝"是出口生丝的主要来源。明万历年间，南浔七里村的村民改良蚕种，生产出以"细、圆、匀、坚"著称的"七里丝"，《涌幢小品》中记载："湖丝惟七里尤佳，较常价每两比多一分，苏人入手即识，用织帽缎，紫光可鉴。"④ 鉴于七里丝在市场上的受欢迎程度，江浙很多地区所产的丝都冠以"七里丝"的名头，以至于 1844～1847 四年里上海口岸输出生丝中七里丝占了 55.1％，1844 年清政府送给英国维多利亚女王的诞辰庆典礼物也是七里丝。

生丝出口贸易如此红火，不仅造就了一批富商，还直接推动了江南地区蚕桑习俗的形成与发展。例如起源于宋代的含山轧蚕花庙会，历明清而益盛。时间分头清明、二清明、三清明，从开始到结束，要闹上十来天。庙会上群

① 陶宗仪：《南村辍耕录》，文化艺术出版社 1998 年版，第 339 页。
② 林则徐全集编委会编：《林则徐全集》，海峡文艺出版社 2002 年版，第 280 页。
③ 陈勤建：《非物质文化遗产的保护：生态场的恢复、整合和重建》，《湖南文理学院学报（社会科学版）》，2009 年第 2 期。
④ 汪日桢：《湖蚕述》，中华书局 1956 年版，第 66 页。

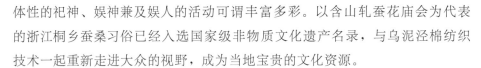

体性的祀神、娱神兼及娱人的活动可谓丰富多彩。以含山轧蚕花庙会为代表的浙江桐乡蚕桑习俗已经入选国家级非物质文化遗产名录，与乌泥泾棉纺织技术一起重新走进大众的视野，成为当地宝贵的文化资源。

3. 江南饮食文化资源

食色，性也。江南士庶对于美食的追求，已经远远超越了"食不厌精，脍不厌细"的境界。尤其是明代中期以后，"在明清士大夫、民众及妇女的生活中，逸乐是一个不容忽视的因素，甚至衍生成一种新的人生观和价值体系"。①

以苏菜为例，它起始于秦汉时期，唐宋以后，与浙菜竞秀，成为"南食"两大台柱之一，在明清时代形成流派，由淮扬菜、金陵菜、苏锡菜和徐海菜四个地方风味构成。苏菜的形成因素有很多，但值得关注的是文人儒士的参与。最有代表性的就是"乾隆三大才子"之一袁枚，他嗜好美食，"每食于某氏而饱，必使家厨往彼灶觚，执弟子之礼"，如是四十年，积累了丰富的经验，为了与大家分享，他撰写了《随园食单》。这本书不仅介绍了许多具体的烹饪方法，还论述了随园主人的美食主张，例如谈到调和之道，他说："凡一物烹成，必需辅佐。要使清者配清，浓者配浓，柔者配柔，刚者配刚，方有和合之妙。"上菜也有窍门，"上菜之法，盐者宜先，淡者宜后；浓者宜先，薄者宜后；无汤者宜先，有汤者宜后。且天下原有五味，不可以咸之一味概之。度客食饱，则脾困矣，须用辛辣以振动之；虑客酒多，则胃疲矣，须用酸甘以提醒之"。② 以袁枚为代表的文人士大夫已经将饮食提升到审美的层面，它不再是纯粹的生理需求，还代表了文化品位和素养。

在物质匮乏的年代，君子必须"食无求饱，居无求安"，如果他"志于道而耻恶衣恶食"，那就不配称君子，像颜回那样"一箪食，一瓢饮，在陋巷"也其乐融融的人是值得学习的楷模。但是在超越了温饱之后，饮食文化不仅不是罪恶，而且是非常宝贵的资源。据调查，我国入境游客中，有近60%的人对中国的饮食文化抱有浓厚的兴趣，是他们选择中国游的主要目的之一。从这个角度而言，发扬饮食文化也是生产力，不可简单视为淫靡之风。

---

① 李孝悌：《恋恋红尘：中国城市、欲望和生活》，上海人民出版社2007年，第8页。
② 袁枚：《随园食单》，浙江古籍出版社2015年版，第5页。

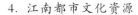

4. 江南都市文化资源

路易斯·沃斯说："现代人生活方式的鲜明特征是：中心城市集聚着大量人口，而次级城市围绕在它们周围。我们称之为文明的观念就是从这些中心传播出来的。"[1] 都市往往是文明的中心，代表了一地最高的文明水准。自华夏文化中心南移以来，江南地区的都市文明不仅是该区域的文明风向标，甚至是全国的旗帜。对于都市文化而言，节日庆典、城市建筑和市民风尚是形成其风格和气质的关键所在。

时间是线性展开的，如果没有节日庆典，时间便如流水一般滔滔而来，汹涌而去，没有源头，亦没有节点。节日庆典就是时间洪流中的刻度与标记，是具有特殊意义的时间节点。它规律性地出现在日常生活之中，在日常生活的空间中加入审美的节奏与意义，使人们趋于麻木与疲惫的感觉可以获得兴奋与解放。[2] 节日庆典本无城乡之分，由于城市经济的富庶，人口的集中，技术的先进，所以在节日庆典的规模、频率以及形式方面更为巨大、频繁和丰富，而且还富有地域特色。同样是元宵节，吃元宵的习俗各地皆有，但是元宵的做法大有不同。杭州吃元宵就分为十三日与十五日两次，《江乡节物诗》中记载："十三日上灯节，家家户户以糯米粉搓成小粉团，煮以供祖先，称为上灯圆子。十五夜，用糯米粉搓成大圆子，其中馅有切得细细的胡桃、花生、芝麻、枣子、鸡油、豆沙之类，名曰：灯圆。"扬州则流行"上灯圆子落灯面"，《真州竹枝词引》中说："元宵者，搓糯米粉，包桂花卤于中而为团，所以像月圆也。""十八日落灯，人家啖面，俗谓上灯圆子落灯面。"除了传统节日，很多城市还拥有许多现代节日庆典，例如上海的国际艺术节、国际旅游节等，这些都是城市靓丽的名片。

建筑是凝固的音乐，立体的诗，城市建筑承载着城市的记忆，也是城市文化内涵最直观的显现，而且也是重要的旅游吸引物。以上海为例，老城厢、外滩、人民广场、陆家嘴等地区的建筑见证着上海城市发展的历史。开埠前，

---

① 孙逊、杨剑龙主编：《阅读城市：作为一种生活方式的都市生活》，上海三联书店 2007 年版，第 3 页。
② 仲富兰：《民俗文化学与上海都市民俗文化资源保护》，《中国都市文化研究》第 1 卷，上海人民出版社 2009 年版。

城隍庙和豫园是上海县城的中心，也是海派文化的发源地；租界时期，外滩成为中心，万国建筑显示的是华洋之间、多种文化之间的冲突与融合；新中国成立后，人民广场成为新的政治、文化、商业中心，上海市政府、上海城市规划馆、上海大剧院和上海博物馆等建筑环绕在人民广场周围，凝聚了上海人民新的文化创造；浦东开发以后，陆家嘴的东方明珠、金茂大厦、环球金融中心等摩天大楼拔地而起，标志着上海已经朝着"世界之上海"的目标前进。城市意象的构建、城市形象的塑造、城市文化的传承，都离不开城市建筑。

如果说建筑是城市文化的硬实力，那么市民风尚就是城市文化的软实力。也是城市风格、气质形成的重中之重，归根到底文化是由人来创造的。例如扬州人不分贫富贵贱，都十分喜爱花卉。大家富户一般都有花园，稍次一点的，也有花房。这些花园、花房里一年四季都是繁花似锦、花木葱茏。李斗《扬州画舫录》记载，当时扬州北郊的梅花岭、傍花村及堡城、茅山、雷塘一带皆有花院，园种户植，接架连荫。该书卷二中有："湖上园亭，皆有花园，为莳花之地。……养花人谓之花匠，莳养盆景，蓄短松矮杨杉柏梅柳之属。海桐黄杨虎刺，以小为最。花则月季丛菊为最。冬于暖室烘出芍药牡丹。以备正月园亭之用。"[1] 一般市民就喜欢逛花市，新城外智禅寺就是扬州花市的起源地。对于爱花的习俗，郑板桥在诗里写道："千家养女先教曲，十里种花算种田"。爱花只是扬州人生活的一个侧面，戏曲、园林、声色、饮食、绘画等这些多姿多彩的城市中都活跃着他们的身影，从而让扬州城弥漫着一种脱俗雅致的韵味。

5. 江南工业文化资源

古往今来，大量描写江南的诗词歌赋及文章都在摹写江南阴柔的一面，而工业文明带来的是隆隆的火车、烟囱林立的工厂和气味难闻的副产品，所以江南的工业文化资源被遮蔽，直到最近几年在城市更新和文化产业的推动下才重新走进了大众的视野。

1865 年，被誉为"中国第一厂"的江南造船厂（前身为江南机器制造总

---

[1] 李斗：《扬州画舫录》，中华书局 1980 年版，第 35 页。

局）落户高昌庙路（现在的高雄路），揭开了中国百年工业史的序幕。到 19 世纪 90 年代，它已发展成为中国乃至东亚技术最先进、设备最齐全的机器工厂，被誉为"中国第一厂"，但是时间逼近 21 世纪，它却遭受了前所未有的危机：囿于浦江水深及南浦、杨浦大桥通航高度的限制，只能建造 8 万吨级以下的船舶，显然无法满足上海作为航运中心的需要。适值上海申博成功，根据世博会的总体规划，江南造船厂整体搬迁至长兴岛，新址规模是原来的 5 倍，拥有 4 个大型船坞，并具备 450 万吨的年造船能力。

长兴岛的造船基地已经投入使用，完成历史使命的旧厂房静静地矗立在世博园区，等待华丽转身。作为中国近代工业的摇篮，江南地区拥有很多江南造船厂这样的工业遗址。有"小上海"之称的无锡也拥有众多工业遗产。光绪二十一年（1895 年）由杨宗濂、杨宗瀚兄弟创办的业勤纱厂，拉开了无锡走上近代大工业机器化生产的序幕。到 1948 年无锡解放前夕，无锡民族工业在半个多世纪里得到了迅猛发展，形成了以杨氏、周氏、薛氏、荣氏等六大民族资本集团为龙头的工业群体，积累了永泰丝厂、茂新面粉厂、庆丰纱厂、鼎昌丝厂、申新三厂、丽新纺织染厂、协新毛纺织厂、开源机器厂等工业文化资源。在城市更新的过程中，无锡市将这些工业遗址进行了保护和改造，像北仓门生活艺术中心已经成为城市新的文化景观。[①]

6. 江南运河文化资源

京杭大运河汩汩流淌在江南大地上，流过江南的城市和乡村，在社会结构、生活习俗、道德信仰，以及人的气质和性格上都给它们打上了深深的"运河"烙印。运河景观、运河风俗，都是运河馈赠给江南大地的礼物。

大运河上最常见的莫过于南来北往的过客，他们的羁旅愁思往往会激发蓬勃的诗情，使得运河景观也随之名扬天下、留名青史。枫桥就是典型的例子。"月落乌啼霜满天，江枫渔火对愁眠。姑苏城外寒山寺，夜半钟声到客船。"一个云淡霜浓的秋夜，诗人张继泊船在苏州城外运河上的枫桥畔，没有月亮，点点渔火格外醒目，夜阑人静，寺庙里悠远的钟声惊醒梦中人，一缕淡淡的客愁被点染得朦胧隽永。《枫桥夜泊》不胫而走，枫桥、寒山寺

---

① 刘士林：《从"富骄贫谄"到"富而好礼"与"穷者尚文"》，《上海师范大学学报》，2010年第 3 期。

也成为大运河上最具诗意的所在。同样是苏州，山塘街也与运河有着不可分割的联系。唐代大诗人白居易任苏州刺史时，下令开凿了山塘河，山塘河在阊门与大运河相接，乾隆六次下江南都是经山塘河到虎丘游览，孝圣宪皇太后有一次同行，深深陶醉在山塘街的景色之中，回宫后仍然念念不忘，以至于乾隆特意模仿山塘街在宫中修建了一条苏州街作为太后七十寿诞的礼物。山塘街景色固然美，但如果没有大运河的贯通，它也不会拥有今时今日的名气。

枫桥、山塘街仅仅是大运河沿岸景观中的一员，大运河从北到南，造就了无数的景观，也深深影响了沿途的风俗习惯。杭州作为大运河的终点，南宋的都城，在很多方面都彰显着"运河之都"的风采。南宋迁都杭州后，因袭汴京旧制，沿运河两岸设瓦子多处，供老百姓看戏。至近代，拱宸桥边还有独具风韵的阳春茶园、天仙茶园、荣华茶园等卖茶兼演戏的茶园。表演的剧种多种多样，除了正剧外，杂艺、曲艺、杂技、魔术、皮影戏，一应俱全。著名的戏剧演员谭鑫培、刘鸿声、盖叫天、袁雪芬等都曾在运河小剧场中演出。此外，运河庙会、运河龙舟、运河集市都是明清杭州的盛事。

7. 江南红色文化资源

《汉书·地理志》里记载："吴、粤之君皆好勇，故其民至今好用剑，轻死易发。"[①]可见，江南文化传统中有着刚健尚勇的基因，但后人对江南的描述都着重于其柔美绮靡，忽视了血雨腥风、虎狼当道的年代里江南人民的抗争。

近代以来，江南地区一直是新思想、新风气的首倡者，中国共产党在上海的成立就是很好的例子。1921年7月23日起，中国共产党第一次全国代表大会在上海一间石库门房子里举行，出席这次大会的有毛泽东、董必武等13名代表。会议被一个法国巡捕房密探察觉，代表们立即撤离现场，到浙江嘉兴南湖的一条游船上继续举行。这次大会宣告了中国共产党的成立，给灾难深重的中国人民带来了光明和希望。

中共一大在上海召开预示着上海是中国共产党早期活动的重要舞台，1915年，陈独秀主办的《新青年》在上海创刊，后成为中共中央的机关刊物；

---

① 班固：《汉书》，中华书局1962年版，第1667页。

1920 年，陈望道翻译的中国第一个中文全译本《共产党宣言》在上海出版；1926 年，中国共产党在上海领导的三次工人武装起义胜利并建立临时政府；1931 年，中共临时中央在沪成立。

中共一大会址

同时，近代史上各种进步运动、各方仁人志士也将上海视为必争之地，例如"左联"在上海的活动，蔡元培、鲁迅、马相伯、陶行知、邓中夏、瞿秋白、邹韬奋、宋庆龄、何香凝等风云人物都齐聚上海，共同谱写了中国近现代史的辉煌篇章。当然，思想迸发、群英荟萃的上海也有很多悲惨的记忆，例如 1927 年 3 月，国民党淞沪警备司令部（初为上海警备司令部）在龙华镇设立后，囚禁和杀害无数共产党人和革命志士。有诗为证："龙华千古仰高风，壮士身亡志未穷。墙外桃花墙里血，一样鲜艳一样红。"如今，龙华已经成为凭吊先烈、追忆峥嵘岁月之地。

江南地区在近现代史上的特殊地位造就了一批红色文化资源，有陵园类、故居类、旧址类、纪念馆类等，这些文化资源的存在，诉说着一个与人们感性经验中不一样的江南。

8. 江南山林文化资源

诗曰："南朝四百八十寺，多少楼台烟雨中"，佛教自东汉传入中土后发展迅速，尤其是在江南地区。以杭州为例，《武林梵志》中有"虎林（即杭州）梵刹之盛。至南宋而极，至胜国（指元朝）础其十之五，入我明递兴递废，而存者十之二三耳"。佛寺林立、梵呗悠扬成为江南地区独特的景观。

江南地区的山林资源极其丰富，如扬州的大明寺、杭州的灵隐寺、镇江的金山寺、苏州的寒山寺、普陀山的观音道场等，可谓家喻户晓、妇孺皆知。大明寺与鉴真和尚的关系、灵隐寺与济公和尚的传说、金山寺与白娘子的故事、寒山寺寒山与拾得的佳话以及海天佛国普陀山的仙踪都是人们耳熟能详的话题。同时，寺庙在古代不仅是庄严肃穆的宗教圣地，还是重要的休闲娱乐场所，是重要的公共空间，还有很多民间习俗都植根于佛教文化。

"天下名山僧占多"，其实江南地区不仅佛教文化资源极为丰富，道教、基督教和伊斯兰教的资源也为数不少，例如在江南地区广为传播的道教上清派的发祥地就在江苏的句容县，有远东第一大教堂之称的佘山圣母大教堂位于上海，沿海四大清真寺中有两座在江南地区，分别是扬州仙鹤寺和杭州凤凰寺。同样，这些宗教资源也是宝贵的文化资源。

9. 江南园林文化资源

江南地区的园林发端于魏晋，兴于宋，元代和明朝初年受到政治礼法的束缚，一度衰落，明末清初又蔚为大观。童寯在《江南园林志》中说："南宋以来，园林之胜，首推四州，即湖、杭、苏、扬。"[①] "风流总被雨打风吹去"，经过几百年的风风雨雨，江南地区的园林大多湮没不可考了，幸运保留下来的主要是扬州园林、苏州园林，而这两者又代表了两种不同的生活态度。

扬州园林多是盐商的旧居，雄厚的财力与炫富的心理，使得扬州园林大多金碧辉煌、极尽奢华，苏州园林的主人多半为知识分子，其风格多为含蓄淡雅，自然清新，正如刘敦桢先生在《苏州古典园林》中所言："园林建筑的色彩，多用大片粉墙为基调，配以黑灰色的瓦顶，栗壳色的梁柱、栏杆、挂落，内部装

---

① 童寯：《江南园林志》，中国工业出版社1963年版，第28页。

修则多用淡褐色或木纹本色，衬以白墙与水磨砖所制成灰色门框窗框，组成比较素净明快的色彩。"①苏州园林被视为江南园林的代表，其小中见大、咫尺重深的风格和芥子纳须弥的壶中天地的意境也被视为江南园林的典范。

江南园林名闻遐迩不仅是因为景色宜人，而且也因为其是各种文化活动得以开展的重要空间和舞台。冒辟疆的水绘园就曾是名动江南的园林，曾汇集天下名士，"如皋冒氏水绘庵，累石屹立，有携取五岳之势。垣墉不设，环以碧水，竹树蓊郁，群鸦集于此者万记。庵四周多林园，鸟不止他屋而止水绘。先生于其中征歌唤妓，无朝非花，靡夕不月。海内贤士大夫未有不过从，数数盘桓不忍去者。负贩之交，通门之子，云集于是，常数年不归，主人为之致饩，不少倦。名贤题咏水绘，积至充栋。四十载宾朋之盛，甲于大江南北"。② 一个世纪之后，袁枚的随园又成为文人向往的乐土，"四方士至江南，必造随园投诗文，几无虚日。君园馆木竹水石，幽深静丽，至槅檻器具皆精好，所以待宾客者甚众，与人流连不倦"（姚鼐《袁随园君墓志铭》）。名人与名园相得益彰，水绘园、随园的景致也得以流芳青史。

江南园林与江南诗性文化声气如此相投，以至于官场的名利是非，各自偏执的分殊之理，在沧浪之水的洗濯下，在永恒之月的照映下，在壶中天地的美学范式中，显得那样虚幻、苍白、无聊。正是在这种语境下，我们才能欣赏江南园林的妙处，才能理解江南园林在江南文化中不可替代的地位。

10. 江南戏曲文化资源

与江南园林同为世界遗产的昆曲被誉为"百戏之祖"，当然也可以成为江南戏曲的代表。昆曲发端于元代，与起源于浙江的海盐腔、余姚腔和起源于江西的弋阳腔，被称为明代四大声腔。明朝嘉靖年间，杰出的戏曲音乐家魏良辅对昆山腔的声律和唱法进行了改革创新，造就了细腻优雅，集南北曲优点于一体的"水磨调"，通称昆曲。昆曲一改"止行于吴中"的局面，成为江南梨园的翘楚"金陵吴趋余杭之里，邸第相望，鼓钟不绝，所奏伎乐皆尚吾邑魏良辅所定之昆腔"（叶奕苞《赠白生璧双序》）。

与江南园林不同，昆曲雅俗共赏，不仅登上文人雅士的大堂，也频频出

① 刘敦桢：《苏州古典园林》，中国建筑工业出版社 2005 年版，第 5 页。
② 冒襄：《同人集》，凤凰出版社 2014 年版，第 853 页。

没了寻常巷陌。正如丰子恺在《深入民间的艺术》中所说："他们（大多数人）所关系的，所得之的艺术，还是历代传沿下来的花纸儿和戏文两种。"看戏成为小城镇与乡村盛大的节日，"庙会前好些日子，各人便忙着搬亲戚，从外祖起一直到自己的女儿，女儿的小姑，几世不走动了的亲戚，因此也往来起来"。看曲已经成为一个借口，一个标志，一种仪式和节日。

士大夫对昆曲的嗜好更上一层楼，很多人置办家班，以便于随时欣赏，张岱、申时行、何良俊、屠隆、邹迪光、钱岱、包涵所等人的家班都名动一时。冒辟疆的水绘园不仅有家班的长期性演出，还时常邀请外班到寒碧堂、得全堂内演出《牡丹亭》等昆曲大戏。对于冒辟疆而言，昆曲不仅仅是香艳绮靡的休闲娱乐，还寄托了他的郁愤之思："予之教此童子也，风雨萧萧则以为荆卿之歌，明月不寐则以为刘琨之笛，及其追维生死、凭吊旧游，则又以为谢翱之竹。"① 一语道出了士大夫的心曲。

《南中繁会图》中的昆曲演出场景

---

① 冒襄：《同人集》，凤凰出版社 2014 年版，第 848 页。

除昆曲外，江南地区的越剧、竹枝词以及吴歌等，都是宝贵的口头文学资源，都濒临失传的危险。不知它们是否能有昆曲般幸运，能够有白先勇等弘扬者出现，老树新花，重获新生。

三　江南文化资源的现代困境

"江南可采莲，莲叶何田田""春水碧于天，画船听雨眠"，江南青山秀水、软玉温香的形象已经根深蒂固的烙在每一个寻求诗意栖居的心灵，江南文化也成为哺育诗性智慧的不竭源泉，然而当代江南面临的种种困境，正颠覆着人们的精神家园，肆意践踏着各种宝贵的资源。

1. 生态环境的恶化

历史上江南的地理范畴相当于今天的长三角地区，该区域人口密集、经济发达、社会繁盛，是中国三大都市群之一，也是中国经济最发达的地区之一，2023 年仅上海一市的全年地区生产总值已超过 47 000 亿。改革开放 40 多年来，江浙沪的经济犹如腾飞的雄鹰，创造了一系列的奇迹，使长三角人迅速摆脱了贫困，但也为此付出了巨大的代价，生态环境的破坏就是其中之一。

江南文化是水文化，太湖是江南水文化的母亲湖，"最美不过太湖水"是江南人对母亲湖最恰当的褒扬，而"无锡蓝藻事件"无疑是人们对母亲湖最大的亵渎。2007 年 6 月，大规模的蓝藻覆盖了太湖水域，使得沿岸城市臭气熏天、用水告急。"无锡蓝藻事件"不仅仅是环境污染问题，也是对于江南意象的巨大破坏，"在太湖上疯狂生长与腐烂的无锡蓝藻，正如面目姣好的江南女子被画上了一个巨大的'蓝眼圈'，尽管它是如此的不中不西，不今不古，不伦不类，但另一方面，与现代派画家加在《蒙娜丽莎》上的两撇小胡子相类似，这个巨大的'蓝眼圈'本身也具有重要的审美现代性内涵。正如西方现代美学被称作丑学，其主题也由古典和谐理想转变为现代性的破碎、荒诞与'恶'一样，对于习惯了小桥流水、雾里看花、以优美与安宁为核心的古典江南美学而言，无锡蓝藻以其刺眼的色泽、现代性的腥臭气、古典审美主体无法接受的形式感与心理体验，向当代人展示了一个真实而沉重的审美对象世界"。① "江南好，风景旧曾谙"，如果诗性江南仅仅成为诗词歌赋中的存在，如果江南的美好仅仅成为一种记忆，那么经济再发达、生活再富足，也不可能真正实现人类劳作和奋斗的意义。

2. 外来文化的冲击

近代以来，外来文化的源源流入成为江南文化生存的最大障碍。欧风美雨的浸淫、西学东渐的日炽，江南正渐行渐远，慢慢退出了人们的意识形态。时至今日，从摩天大楼到汽车飞机、从麦当劳到好莱坞大片、从巴黎香水到纽约股市、从韩国电视剧到日本动漫，人们不再为传统文化感到满足、骄傲和着迷，他们的眼光早已穿越时空的羁绊，紧紧地盯住大洋彼岸的一举一动。

有人用"三片文化"来形容美国文化的强势入侵，这三片分别是大片、薯片和芯片，很长一段时间的中国人尤其是年轻人看的是好莱坞大片、吃的是麦当劳薯片、用的是微软芯片，传统文化的弘扬与传承受到了极大的挑战。20世纪80年代开始的日剧热和韩剧热，又使得年轻人为日本和韩国的文化竞折腰。韩剧的热播不仅使中国老百姓认识了一个个韩国偶像，还迷恋上剧中营造的那种精致、唯美的文化，以致韩服、韩妆大受欢迎，有些青年女孩甚至刻意模仿韩剧中女演员的说话、走路方式，上演现代版"邯郸学步"。

"在后冷战的世界中，人民之间最重要的区别不是意识形态的、政治的或经济的，而是文化的区别。人民和民族正试图回答人类可能面对的最基本的问题：我们是谁？他们用人类曾经用来回答这个问题的传统方式来回答它，即提到对于他们来说最有意义的事物。人们用祖先、宗教、语言、历史、价值、习俗和体制来界定自己。……非西方社会，特别是东亚社会，正在发展自己的经济财富，创造提高军事力量和政治影响力的基础。随着权力和自信心的增长，非西方社会越来越伸张自己的文化价值，并拒绝那些由西方'强加'给它们的文化价值。"② 说这番话的亨廷顿先生已然与世长辞，但是今天的长三角以及中国都有必要牢牢记住这段话，只有具有民族自信心和文化自信心的民族，才能在文化竞争中不被淘汰出局。江南文化正是长三角的根，

---

① 刘士林：《无锡蓝藻事件凸显江南诗性文化的现代性问题》，《探索与争鸣》，2008年第1期，第68-71页。
② 塞缪尔·亨廷顿：《文明的冲突与世界秩序的重建》，新华出版社1999年版，第6页。

把根留住，才能生长出蓊郁的参天大树。

3. 审美精神的迷失

现代化进程与都市化进程改变了人们的生产生活方式，从农业文明到工业文明，从田野到车间，人们的想象力、创造力及审美能力都受到了极大的束缚。江南文化的超越之处在于其审美自由精神，而现代化过程最严重的问题就是审美精神的迷失。都市是名利场，生活节奏越来越快，生存压力越来越大，都市中的男女早已经失去了"月上柳梢头，人约黄昏后"的兴致和耐心，仿佛只有以更刺激的方式和新花样，才能满足人们越来越疲劳的审美。[1]

更高、更快、更远，使得人们的灵魂越来越孤独、心性越来越浮躁，从而丧失了原有的审美机能。以昆曲为例，陈从周说："而昆曲呢？亦正为此，一唱三叹，曲终而味未尽，它不是那种'崩擦擦'，而是十分婉转的节奏，今日有许多青年不爱看昆曲，原因是多方面的，我看是一方面文化水平差了，领会不够；另一方面，那悠然多韵味的音节适应不了'崩擦擦'的急躁情绪，当然曲高和寡了。这不是昆曲本身不美，而正仿佛有些小朋友不爱吃橄榄一样，不知其味。"[2]

生态环境的恶劣、外来文化的冲击和审美精神的迷失已经成为江南诗性文化传承面临的最大的现代困境，只有驱散都市化进程和现代化进程带来的内虚燥热，守护人们内心的一份澄澈，才能使江南文化成为启蒙、培育中国民族的个体性的传统人文资源，这是保护江南文化和传扬江南诗性精神的根本之所在。

阅 读 资 料

本讲所选的阅读材料凡四篇，孔铎的《江南农桑文化的地理分布与主要类型》，对江南平原、宁镇丘陵和浙江山地及围田、涂田、葑田、梯田等进行了简要说明。李正爱的《练塘与江南的陂塘水利工程》，对练湖兼有的灌溉、防洪和济运等水利工程特点做了深入阐述。施依秀的《西塞山前白鹭飞》，以

---

[1] 刘士林：《2008 中国都市化进程报告》，上海人民出版社 2009 年版，第 248 页。
[2] 陈从周：《园林清议》，江苏文艺出版社 2005 年版，第 127 页。

河湖、渔夫和渔船为对象，挖掘江南水乡不同于北方耕作文化的独特内涵和人文符号。刘铁军的《夜半钟声寒山寺》从唐代诗人张继的名诗入手，展示了江南佛教文化中特有的精神与意境。

孔铎：江南农桑文化的地理分布与主要类型[①]

从历史上看，江南地区经历了由先秦到隋代的沉寂准备之后，便迎来了长时间"甲于天下"的繁盛时期。在这里江南地区的自然环境不断被开发，农作物的种植结构也不断多样化和更新。以明清江南地区对自然条件开发最为充分和细致的高级农作物种植分区为参照，可将其分为江南平原、宁镇丘陵和浙江山地三部分。

1. 江南平原

江南平原在地理位置上主要包括苏州、常州、松江、嘉兴四府，以及湖州、杭州二府的东部平原，占江南地区总面积的一半以上。[②] 江南平原虽然在自然条件上较适合水稻等农作物生长，但需大规模的农田水利建设与土地整治才能够完全发挥其农业潜力，因而自战国到南朝，这一地区的土地开垦以地势较高的西部为主，东南的低洼区囿于劳动力和技术等原因一直开发程度较低。直至宋代仍有"环湖之地常有水患，而沿海之地常有旱灾"[③]，"苏、秀、湖三州，地形益下，故为害尤甚"（杨矩《重开顾会浦记》）的记载，因此在唐宋之时反而是宁镇丘陵和浙西山地等地区成了江南农业开发之处。经过南宋、元、明初数百年积极有为的治水实践，明代前半期太湖以东平原的中心部分已经改造为肥沃的耕地，江南耕地品质之优的特点才显现出来。至清代已经演变为三个界限较为明显，作物相对集中的种植区，主要可分为沿海沿江的高田地带、太湖北部的低田地带和太湖南部的低田地带。其中高田地带以棉花种植为主，太湖北部低田地带以水稻种植为主，太湖南部低田地

---

① 节选自刘士林主编：《江南文化资源研究》，百花洲文艺出版社 2019 年版。
② 李伯重著，王湘云译：《江南农业的发展（1620～1850）》，上海古籍出版社 2007 年版，第 67 页。
③ 陈寿：《三国志》，中华书局 1982 年版，第 1120 页。

带以桑树种植为主。

2. 宁镇丘陵

宁镇丘陵包括清江宁（应天）、镇江二府，主要分为北部沿江平原地带和南部丘陵地带，在地形上由下蜀黄土所组成的岗冲为主，起伏平缓，海拔高度在 20～40 米之间，高于江南平原。其天然河湖较少，农业用水主要依靠降雨，土壤质地黏重，透水性差。"东乡多塘麓，寡塘堰，故少值旱涝辄病"（《江宁县志》）。文献记载三国时期孙权常来此游猎，据《三国志·吴志·孙权传》记载，建安二十三年（218 年）"权将如吴，亲乘马猎虎于庱亭，马为虎所伤"，可知此地开发程度尚低。由于此地地势高亢，多南迁北人聚居，因而有修建陂塘水利、推广北方麦作技术是历史。[①] 其在唐代之前的重要性不下于太湖平原。因而种植水稻必须兴建陂塘。至清乾隆年间，其桑蚕业兴盛。

3. 浙西山地

浙西山地由杭州和湖州的西部山区组成，主要有河谷平原和山地。其河谷地区因土壤冲积，早在明以前就得到了比较充分的开发，然总体而言"连山断处围平陆，有地可耕无十六""山高土燥多石，不利稻麦"。这一地区的特色在于梯田。明代之前浙西山地曾是桑蚕业中心，明代重心移至江南平原，而这里并未衰落，清代主要开发山地，清前中期广泛种植了茶树等经济作物，清中叶时"隙地皆种桑，虽田边小径，树低叶茂，直列成行"（《于潜县志》），并广泛种竹。适宜种植桑、茶、竹、木和各种经济作物生长。

4. 农田形态

江南地区虽然在自然条件上适宜农作物生长，但是也在形态上有"地势洿下，云雨阴霖"的水乡泽国特点，大部分地区无法直接进行农业种植。经过漫长的开发与经营，江南儿女已经将《禹贡》中属于"下下等"的土地变成了"所谓天下之利，莫大于水田；水田之美，无过于浙右"（周文英《三吴水利》）的福地，具体而言就是花费大量的人力对农田进行长时间改造，通过各种方式将低湿的地区和山地改造为适宜作物生长的各色农田，以充分扬"天"之长，避"地"之短进行农业生产。这一改造活动的数量和规模在"安

---

① 陈刚：《试论六朝时期宁镇丘陵陂塘灌溉农业区的形成》，"六朝历史文化与镇江地域发展学术研讨会"论文汇编， 2010 年 11 月。

史之乱"后有了显著提升。其措施主要有两种：其一是围水造田，比如围湖造出的围田，围海造出的涂田，还有人工或自然架浮水面的葑田；其二是在山地丘陵地区开垦的梯田。其中圩田是江南水乡环境下的主要土地利用方式，宋之后圩田的形态不断多样化。而梯田则是江南山区不可忽视的重要农田形态。

1）"周遭圩岸绕金城，一眼圩田翠不分"——围田

最早的围田是趁枯水季节在湖滩地区种植作物，其后演变为放干湖水或者围湖筑堤以开垦土地，太湖地区四周高仰，中部低洼之地，尤其是苏州以东平原大小湖泊汇集，要发展农业必须创造围田。《越绝书》记载吴国迁都到苏州地区时，在苏州城外开垦了大量"大嶁""鹿陂"等土地，据考均为围田，越破吴后继续围田，此时的围田多称为"塘"。南北朝时也有"决（湖）以为田"（《宋书·谢灵运传》）的说法。杨万里言"江东水乡，堤河两岸，而田其中，谓之圩。农家云：圩者围也，内以围田，外以围水，盖河高而田反在水下，沿堤通斗门，每门疏港以溉田，故有丰年而无水患"（《诚斋集·圩丁词十解》）。说明圩田围田为同一所指。大规模的围田和圩田建造势必要涉及太湖水系的综合治理问题，并非一乡一村之力所能及。因而在先秦到六朝的长时间中，大片水域的孤零河道、圩田与芦苇植物成了主要的农业景观。[①] 唐代的大规模围田活动同开发江南的国家意志，以及开挖塘浦解决洪涝问题密不可分。至五代十国时，吴越国的钱氏政权继续整治土地，使整个圩田区同河道形成系统，自此"五里七里一纵浦，七里十里一横塘"（郏亶《吴门水利书》）的河网既可灌溉又可排涝，亦可航行，构成了江南地区的别样景致。北宋初年太湖流域的塘浦圩田系统已趋瓦解，数万亩的大型圩田大多分割为以泾浜为界的数百亩的小圩，加之这一时期江南地区小农经济抬头，圩田围田在物质景观上逐渐由"大"转"小"，此后圩越来越小，河道也越来越窄。发展到元初，进苏州的常熟、吴江、昆山等地就有围 8 829 座。[②] 此外围田中还有一类沙田，系依靠周围丛生的芦苇减少流水冲击的田地，并不像圩田那样有坚固的围堤，因而废复无常。

---

① 王建革：《水乡生态与江南社会（9—20 世纪）》，北京大学出版社 2013 年版，第 137 页。
② 洪武《苏州府志》卷十《田亩》。

2）"变斥卤为膏腴，易沮洳为肥美"——涂田

除围湖造田之外，江南地区还注重围海造田，称为涂田。沿海涂田的开发同海堤的修建几乎同步，自南朝以来为配合太湖平原东部的开发，零散的塘堤也开始向系统的海塘进行过渡，江苏、浙江、福建沿海在宋之前便大体建成了海堤工程，宋元时期根据需要进行了增补，在此时海涂围垦有了进一步的发展，围涂造田由后海滨滩地向海滨推进，如范仲淹曾在苏北地区筑海堤，其后一批土地化为良田。据《续资治通鉴长编》记载，北宋时的围涂造田大多分布在温州、台州和明州沿海，熙宁六年台州与温州已有沙涂田 1 100 余顷。沈括曾针对这三地的情况建议"温、台、明州以东海滩涂地，可以兴筑堤堰，围裹耕种。顷亩浩翰，可以尽行根究修筑，收纳地利"。南宋乾道时在今上海的东南部建成里护塘，使 30 余里的海滩成为田地。宋元之际余姚、上虞地区海田也不断向外扩展。元代的王祯《农书》载：

> 《书》云："淮海惟扬州。……厥土惟涂泥。"大抵水种，皆须涂泥。然滨海之地，复有此等田法：其潮水所犯沙泥，积于岛屿，或垫溺盘曲，其顷亩多少不等；上游咸草业生，候有潮来，渐惹涂泥。初种水稗，斥卤既尽，可为稼田。所谓"泻斥卤兮生稻粱"……又中土大河之侧，及淮湾水汇之地，与所在陂泽之曲，凡潢污洄互，壅积泥淖，水退皆成淤滩，亦可种艺。秋后泥干地裂，布撒麦种于上。此所谓淤田之效也。

3）"百级山田带雨耕，驱牛扶耒半空行"——梯田

江南地区虽以水田为主，但很早也出现了山地农业，王祯《农书》载"夫山多地少之处，除磊石及峭壁例同不毛，其余所在土山，下自横麓，上至危巅，一体之间，裁作重磴，即可种艺"。《诗经·小雅·正月》有"瞻彼阪田，有菀其特"之句，宋玉《高唐赋》也有"长风至而波起兮，若丽山之孤亩"之言，其"阪田""孤亩"均为山上的农田之意。

《吴越春秋》载越国始祖开始农耕时便是"随陵陆而耕种"。唐宋时南方地区的水田已基本开始精耕细作，但是山区仍存在着烧荒的"畬田"。随着宋代南方人口的迅速增长，江南地区的山民也开始"向山要地"，如浙江天台山

东麓奉化一带"凡山巅水湄有可耕者，垒石壅土，高寻丈而延袤数百尺，不以为劳"，此外温州、处州间的苍括山区冯公岭上也有"百级山田带雨耕，驱牛扶耒半空行"的梯田景象。梯田相比于畲田，最大优势在于克服了严重的水土流失而使山区土地资源可持续利用。但梯田一般需相应水利设施的配合，南宋时陈旉便认为高田须凿塘蓄水，具体而言是每田十亩须挖塘二三亩，而到了清朝的中前期则改变为每田一亩凿塘一亩。[①] 水利设施细究起来有修筑塍岸、引溪谷泉源、兴修山塘堰坝、利用农机具汲水等方法配合，而浙江天目山地区的"承天田""佛座田"则属于在梯田田唇修筑塍岸的方法。[②]

4）"播匪艺之芒种，挺自然之嘉蔬"——葑田

葑田，又称架田，其成因系湖泊的外缘滋生的水草等植物遗体日积月累沉积于湖底，导致湖底越垫越高，植物湖心生长，浮在水面上的水草根部缠绕连成一片所致，地理学上名之为"飘浮植毡"。加之植毡上混杂泥沙，滋长各种喜水植物，使得水草向湖心扩展，古人称之为"茭蔚"，便成了自然葑田。古代的农民仿照这一原理在水面上制作木架，填满带泥菰根，以人工令水草生长，便成了人造葑田，也称为架田。[③]《周礼·稻人》有"泽草所生，种之芒种"的诗句，陈旉释其为葑田。东晋郭璞的《江赋》载：

标之以翠蘙，泛之以游菰。播匪艺之芒种，挺自然之嘉蔬。鳞被菱荷，攒布水蓏。翘茎瀵蕊，濯颖散裹。随风猗萎，与波潭沲。流光潜映，景炎霞火。

苏轼也曾云：

及钱氏有国，置撩湖兵士千人，日夜开浚。自国初以来，稍废不治，水涸草生，渐成葑田。……更二十年，无西湖矣。（苏轼《经进东坡文集

---

① 李伯重著，王湘云译：《江南农业的发展（1620～1850）》，上海古籍出版社 2007 年版，第 74 页。

② 汪家伦、张芳编著：《中国农田水利史》，农业出版社 1990 年版，第 355 - 356 页。

③ 惠富平：《中国传统农业生态文化》，中国农业科学技术出版社 2014 年版，第 148 - 149 页。

事略卷三十四·乞开西湖状》)

南宋时期的葑田"以木缚为田坵，浮系水面，以葑泥附木架上而种艺之，其木架田丘随水高下浮泛，自不淹溺"[1]（陈旉《农书》）为特点，即可以用绳子拴在河岸边以防止漂走。南宋范成大《晚春田园杂兴》中有"不看茭青难护岸，小舟撑取葑田归"之句，说明葑田可像小船一样撑走，颇具风趣。

二 李正爱：练塘与江南的陂塘水利工程[1]

在水利工程中，陂塘是一种蓄水灌溉工程。江南雨水丰富，地表径流量大，人们很早就已利用有利自然地形筑堤堰拦蓄河水成塘或湖，设置闸涵（斗门）来调节水量以便引水灌溉或蓄泄防洪。芍陂是最早见于记载的江南大型陂塘水利工程。芍陂据说是春秋时期楚庄王八年（前605年）由楚国令尹孙叔敖（一说为楚大夫子思）主持修建，位于今安徽寿县安丰城南，所以又叫安丰塘。芍陂"陂径百里，灌田万顷"[2]。像芍陂这样的早期陂塘，对江南地区早期农业的发展起到过非常重要的推动作用。早期陂塘的功能较为单一，仅灌溉和防洪，但随着水利工程技术的发展和经济活动复杂，后来的陂塘在功能效益上逐渐综合化，在规模上往往是大型的人工湖泊。而在陂塘水利工程中，以"东南第一水利"的练湖为典型，它是太湖西北高亢平原地区的一个兼有济运、灌溉和防洪效益的巨型人工湖。

练湖，又称练塘，始创于西晋，位于江苏省丹阳县城西北，紧邻江南运河。唐代转运使刘晏曾这样描述练湖的功能说："春夏雨水涨满，侧近百姓引溉田苗，官河水干浅，又得湖水灌注，租庸转运及商旅往来，免用牛牵，若霖雨泛滥，即开渎泄水，通流入江。"[3] 意思说，练湖是一个集灌溉、济运和滞洪、通航为一体的大型综合性水利工程。事实上，练湖建坝蓄湖，最早的功能用途就是为了阻遏丹阳、丹徒一带山洪危害，起到引水灌溉，促进太湖

---

① 节选自刘士林主编：《江南文化资源研究》，百花洲文艺出版社2019年版。
② 杜佑撰，曾贻芬校笺：《通典食货典校笺》，巴蜀书社2013年版，第39页。
③ 周绍良主编：《全唐文新编》第2部第3册，吉林文史出版社2000年版，第4279页。

《练湖图》
清　黎世序《练湖志》（局部）

西北农业经济的发展。丹阳一带属太湖西北的高亢平原，县西北为地势较高丘陵地带，地势自西北向东南倾斜。这种地势，一下大雨就会山洪泛滥，浸没田畴，冲毁村庄，春夏雨或愆期，则大片农田又缺水灌溉。为了解决水旱无常的问题，人们曾用一户开姓的一片土地筑堤蓄水，建成开家湖。但开家湖工程规模不大，蓄水能力不足，抵御山洪和灌溉的作用极为有限。公元306年，陈谐征令数万民夫和士兵将练湖筑成，大堤长40里，围湖面积达2万余亩，蓄水超过3000余万立方米，练湖流域面积约180平方公里，可溉田数万亩。练湖的建成，使"丹阳西北长山、骊山等84条溪流的来水通过练湖得到潴蓄和调节，不仅初步解除了这个地区的洪潦为害，并使丹阳、金坛、延陵一带数万亩农田收灌溉之利"。[1]在脍炙人口的《练湖颂》中，唐代李华曾用最为形象的语言指出了练湖修建的重要意义："大江具区，惟润州其薮曰练湖，幅员四十里，菰蒲菱芡之多，龟鱼螺鳖之产，餍饫江淮，膏润数州。"[2]由此可知，练湖工程的创建对太湖西北丘陵地区的农业发展发挥了重要作用。而东晋、南朝时期，丹阳之所以能形成发达的农业，同练湖水利的兴修也是分不开的。

到隋唐时期，随着中国经济中心的南移，江南经济地

---

[1] 郑肇经：《太湖水利技术史》，农业出版社1987年版，第59页。
[2] 张国维：《吴中水利全书》，浙江古籍出版社2014年版，第1116页。

位的逐步上升，大运河的作用变得越来越重要。但是，由于江南运河丹徒、丹阳段所经过的大小夹岗一带地势较高，运河的水源要依靠引用江潮维持，可是在枯水期长江水位低落，江潮无法进入运河来提升水位，因而运河常常因水浅而使漕运受阻。为了维持这一段河的正常通航，古人想到利用练湖蓄水输入运河，抬高水位的办法，巧妙地解决了这一问题。"从唐代开始，练湖除了灌溉以外，又被作为运河上的一个重要水柜，承担接济徒（丹徒）阳（丹阳）河段水源的任务。"① 虽然练湖最初修建时并未考虑借水以助运，但由于练湖位置实际高于运河，湖区范围大，蓄水极为丰富，相距运河又近，这为引湖水救济运河提供了现实条件。从唐代开始，由于江南运河漕运日益繁忙，丹阳、丹徒段缺水情况严重影响正常航运，不得不寻求解决办法。因此"以练湖之水，济漕运之厄"的这个重大举措，自然在唐代得到了运用。练湖初创的目的是蓄水灌田，但隋唐以后随着江南经济和江南运河地位的日益重要，练湖的功能开始兼有引湖水济运的功能，宋代以后则发展成以济运利漕为主。唐代中后期，当地豪强地主一直觊觎练湖湖底肥美的土地，总想设法围垦湖区化作良田，因此不断筑堤侵蚀。"大族强家，泄流为田，专利致富"，致使湖面严重缩减，调蓄机能削弱，造成"旱则悬粻，水则具舟"。② 从当事人李华《练湖颂》中所描述的后果看，豪强地主的侵湖造田对练湖的正常蓄泄功能已造成了极大破坏。

到唐代中期韦损的全面整治和扩建，练湖由原来的周长 40 里扩大到 80 里，又进一步修复和增设湖堤的闸堰，"疏为斗门，既杀其溢；又支其泽，沃堉均品"。③ 湖的容积扩大和闸簾的新增修复，使练湖的滞洪蓄枯的效用得到恢复和扩大。《新唐书·地理志》记载说："永泰中，刺史韦损因废塘复置，以溉丹阳、金坛、延陵之田，民刻石颂之。"④ 即使"大雨时行，群潦奔流，水势所入，盈而无伤"。⑤ 韦损为了持久维护练湖的工程效益，杜绝对湖的侵

---

① 郑肇经：《太湖水利技术史》，农业出版社 1987 年版，第 59 页。
② 张国维：《吴中水利全书》，浙江古籍出版社 2014 年版，第 1116 页。
③ 张国维：《吴中水利全书》，浙江古籍出版社 2014 年版，第 1116 页。
④ 欧阳修、宋祁：《新唐书》，中华书局 1975 年版，第 1057 页。
⑤ 张国维：《吴中水利全书》，浙江古籍出版社 2014 年版，第 1117 页。

占和盗垦。一方面刻石立碑，严申湖禁，规定"盗决者罪比杀人"。[①] 由于湖禁很严，管理较好，练湖灌田济运的效益维持了百余年之久。说明养护管理对于练湖工程效益的发挥具有重要的意义。练湖因持久的巨大经济效益，也被后人称之为"东南第一水利"。韦损在修复和扩建练湖时，并没有将横截湖中的湖堤给毁掉，而是加以利用和改造，从而为后来大规模引湖济运创造了条件。韦损通过保留和增高湖中横堤，以增加上湖蓄水面积，在横堤上设涵闸，调节上下湖之间的水量。在湖的东堤上设斗门，用来放水济运，而湖的西、南堤上设涵闸，用于引水灌田。由于上湖地势高于下湖，而下湖地势又高于江南运河和周边农田，通过湖堤、斗门、涵闸等完备工程体系的控制，可以有效做到放水济运、引水灌田。唐代中后期以后，练湖在灌溉之外，就逐渐为枯水期的江南运河输水接济水位，保证冬春季节运河正常通航。南唐吕延桢《复练湖奏状》曾指出："当为湖日，湖水放一寸，河水涨一尺，旱可引灌溉，涝不致奔冲。"[②] 从放湖水一寸，运河水涨一尺的描述可知，练湖对江南运河的水量补给能力是非常强的，而湖的超级容量又使运河无浅涸之患。唐宋以后，随着国家日益依赖大运河从江南而来的漕运，尤其明清时代更是把大运河看作生命线，这就是为什么人们对运河的畅通极为重视，而对江南运河又尤重之。为了江南运河的畅通，两宋时人们就重视发挥练湖贮水济运的功能，到明清时练湖的功能定位被彻底改变，"演变为七分济运，三分溉田"，[③] 从而使济运与灌溉的矛盾变得日益突出了。

练湖是一个兼有灌溉、防洪和济运多重效益的综合水利工程。"自隋唐至清代的一千二、三百年间，在防御水旱灾害、保证运渠通航方面，练湖始终起着重要的作用，对太湖地区社会经济的发展作出了积极的贡献。"[④] 但从水利技术的角度来讲，"引湖济运"恰恰是它的最大特点，是江南水利实践上的典范创举。练湖"引湖济运"的举措和成功实践经验，对元代开京杭大运河过程中解决运河部分河段水位、水源不足的问题提供了重要思路，对后世运

---

① 脱脱：《宋史》，中华书局1977年版，第2405页。
② 董浩：《全唐书》卷871，中华书局1990年版，第9116页。
③ 郑肇经：《太湖水利技术史》，农业出版社1987年版，第59页。
④ 郑肇经：《太湖水利技术史》，农业出版社1987年版，第60页。

河工程的发展有着极为重要的意义。

三　施依秀：西塞山前白鹭飞①

"西塞山前白鹭飞，桃花流水鳜鱼肥。青箬笠、绿蓑衣，斜风细雨不须归。"暮春二月、桃花盛开、春水盛涨、鳜鱼正肥；雨中青山、江上渔舟、天空白鹭、两岸桃红。张志和《渔歌子》正是展现了一幅江南秀丽的山水画和渔翁捕鱼的理想生活图景。"西塞山"地处长江边，位于浙江湖州，自从张志和的词作赋予它生命以来，"西塞山"在唐诗中的位置以及文化上的意义可称得"千古风流"。"白鹭"是一种温顺安静、美丽高贵的鸟。它以捕鱼为生，栖息在沼塘河湖附近。白鹭们三三两两时而自在的盘旋飞翔在水面之上，象征着以打鱼为生、以渔船为家的江南闲适的渔人生活。河湖、渔夫和渔船构成江南水乡不同于北方耕作文化的第一象征。可以说，是"船"使得江南水乡的"水文化"尽显风流。

首先看看江南丰富多姿的船文化。

古老的中华民族从距今 8 000 年历史"刳木为舟"的独木舟，至明代郑和下西洋时的海船，只要有江河湖海的地方，无论是南是北，都广泛的分布着各式各样材料、结构、用途的船只。然而唯有江南，在这水连水、墩连墩的水乡泽国，才是河道纵横交错，村庄在绿水清波的包围中，家家赶集、探亲、采桑、婚娶均靠"咿呀、咿呀"的小船……所有这些日常生活都是独属于江南的。

其一，渔船。江南水乡是鱼稻文化，不同于北方的旱作文化，它自古就有发达的渔业水平，各类的渔船、渔具、渔歌数不胜数。比如渔船有，蚱蜢船、撒网船、轻钩船、丝网船等。特别有趣的就要说说"鸬鹚捕鱼船"。鸬鹚是一种健壮的水鸟，善于水中潜游。江南一带利用鸬鹚捕鱼是较为普遍的方式。渔夫操纵小船，凭积累的经验寻找水下的鱼群，船边上停满了鸬鹚。只要渔夫手中的竹竿在空中一扬，一群鸬鹚就窜入水中。一会工夫，渔夫边撑船边吆喝，同时用竹竿把浮出水面的鸬鹚赶到船边，然后将它们嘴里的鲜鱼拔入鱼

① 选自刘士林主编：《人文江南关键词》，上海音乐学院出版社 2003 年版。

篓里。有时可以几条船同时捕捉，等到一处水域的鱼捕得差不多了，船儿就驾着鸬鹚，迎着落日的余晖棹桨而去。

渔人的水上烟波生活成了历代文人极为关注和向往的自由境界。上面提到那首唐代张志和的词作《渔歌子》就是其中最著名的一篇。诗意的江南图画中也积淀、寄托着古代士大夫们悠然脱俗、宁静自由的生活理想，人文江南的渔人生涯也就成为文人们的精神意象之一。

其二，画舫。如果说渔船反映的是普通江南百姓生活或归隐士大夫们的生活方式和心灵状态，那画舫则是较多属于江南大族聚居、商贾云集、文人荟萃的繁华都市的。著名诗作《泊秦淮》："烟笼寒水月笼沙，夜泊秦淮近酒家。商女不知亡国恨，隔江犹唱后庭花。"就是晚唐诗人杜牧在南京文化的渊源之地秦淮河上一艘名叫"夜未归"的画舫上，饮酒赏月时写下的。

明万历年间，秦淮河画舫（俗称灯船）盛极一时，文学家钟惺在《秦淮灯船赋》中这样记述其规模："小舫可四五十只，周以雕栏，覆于翠幕。每舫载二十许人，人习鼓吹，皆少年场中也，悬羊角灯于两傍，略如舫中人数，流苏缀之，用绳联舟，令其衔尾。有若一舫火举伎作，如独龙焉，已散之，又如凫雁。"（钟惺《秦淮灯船赋序》）登上这样气派非凡的画舫，想必真的感觉进入了精致的庭院。

晋　顾恺之《洛神赋图》中的船舫

金碧辉煌的画舫作为身份和情趣的象征，倾倒了无数的文人骚客和官贵商贾。据说，明景泰年间，有一位做丝绸生意发迹的富商，在西湖置有画舫八艘，各取精致的雅号"团瓢""观叶""雨丝风片""随喜庵""缕金舸""媚曼"……

最名贵的是"不系园"。主人极为珍爱，定下"九忌""十二宜"，须为名流、高僧、知己、美人四类人才能登船。相传江南名妓柳如是嫁给清初文人钱谦益，就是在"不系园"上订的婚，后来在秦淮河"芙蓉号"画舫上举行的婚礼。

其三，航船。航船也叫"夜航船"。傍晚从甲地开船，次日早晨抵达乙地，路程较远，过去遍布江、浙、沪一带。"新朝有物充君信，沸酒三瓶寄夜航。"这首《古夜航船》诗就是唐代诗人皮日休在苏州码头上为即将去湖州的好友陆龟蒙赋的唱和诗。

千年悠悠岁月，航船可以算是江南苦旅的象征。虽然现在夜航船已经消失了，但是昔日那里可是大千世界的缩影。它像酒肆、茶坊、客栈一样，三教九流、形形色色的人汇集在一起，演绎幕幕人间戏剧。每当傍晚，乘客们从四面八方进入船舱，等候离埠开航。当夜幕弥漫河面的时候，舱里哼喊声不绝于耳。当夜幕沉沉、渔火点点，人们就闭目养神。一觉醒来刚好靠岸，大家就各奔前程。

历代文人墨客也用大量笔墨描绘过航船。明末清初文学家张岱还写作了一部书脊显豁的《夜航船》。大概张岱是夜航船里的常客，船客们都是萍水相逢，不会有深入的交谈，但是这里有各行各业的人，大家喜欢通过谈论一些历史知识、文化典章来消遣，并借此炫示自己学问。久而久之，夜航船里的话题列数了中国文化常识的点点滴滴。最后张岱以惊人的博学，凭一人之力编成一部百科全书式的《夜航船》。这大概也只有在民间文化气息浓重的江南才会发生的事情。

其四，乌篷脚划船。古越乘船往来是很普遍的事，据《越绝书》记载："勾践喟然叹曰：夫越性脆而愚，水行而山处以船为车，以楫为马。"① 八百年前，陆游在山阴，写到他功名不能成就，隐居家乡的闲逸生活时的一首诗中说："轻舟八尺，低蓬三扇，占断萍洲烟雨。"这"轻舟八尺，低蓬三扇"，指的就是此种绍兴特称作"脚划船"或者"躅桨船"的小船。

乌篷脚划船比较小，不用摇橹和撑篙，只用手划楫，或用脚躅桨（在绍兴，船上的"楫"用手划，"桨"用脚划，"橹"用手摇。同一只船，可以是

---

① 袁康撰，李步嘉校释：《越绝书校释》，中华书局 2013 年版，第 222 页。

绍兴乌篷船

楫、桨并用或橹、桨并用，但没有同时用手划楫和手摇橹的）。小船是载客的，船篷油漆成黑色。船长一丈五尺左右，分作三个舱，客人席地而坐，中舱最多坐四人，两两相向而坐，前舱最多坐两人。后舱坐船工。它的动力是靠脚蹋桨，船的航向是用手划楫（或夹在腋下当舵使用）来控制的。船行进时，船工脚手并用，船随着双脚的踩动，窜窜前行；若要赶路，手中的楫同时划动，一划一踩，船头微微向上昂起，船体轻盈地飘逸在水乡泽国的自然景色中。如果途经狭小而水浅的河道，就收起桨，只用手划楫，可以畅行无阻。

由于船身窄，船篷低，乘船的人坐在舱席上稳妥而舒适，还可以拨开乌篷，将手伸出船舷外拍打流水。一面听着船头潺潺的流水声和蹋桨发出的"嘎吱嘎吱"的声音，一面领略两岸的山光水色，真有"山阴道上行，如在镜中游"的感觉。古人云："驾一叶扁舟，举匏樽以相属。"现在，要随波荡漾在河湖水面上，仰视千仞石壁，穿行于水潭石涧之中，乘坐此"一叶扁舟"是最理想的了。

其五，乌篷船。乌篷船是绍兴闻名的交通工具。它的船篷用竹编成，中间夹着竹箬，呈半圆形，用烟煤和桐油漆成黑色。乌篷船不同于小巧的"脚划船"。船身较为高大，篷高可容人直立，舱宽可以置放桌椅，船尾至少备有两支橹，航速较快。它的内部构造也十分精致。船舷与着水部分左右两侧都雕刻着花纹、图案。船头上雕刻着似虎头形象的东西，叫"鹢"，是传说中的一种鸟。民间传说，古越在塘闸未建之前，河湖与海直接相连，"鹢"居海上，性嗜龙，龙见而避之，所以古代船头上都画有"鹢"像，使龙不敢兴风作浪，行船就可安全。

一般的船总有三个舱，中舱有三扇定篷，定篷间有两道明瓦的船就叫"梭飞"。如果后舱再有一道明瓦，就叫"三明瓦"；如果有四个船舱，中间两舱有四道明瓦的就叫"四明瓦"；后舱再加一道明瓦的则叫"五明瓦"。最大的乌篷船有"六明瓦"。"明瓦"的意思是，在船的两扇定篷之间装一扇半圆形的遮阳篷，三扇篷的木格子上，嵌着一片片一寸见方的薄蛎壳片，就如现在的半透明的毛玻璃，既避雨，又透光。

从前只有大户、官宦之家才有自家的乌篷船，是为做客、游览、扫墓、迎亲、看戏时使用的。船头的"遮头"上会用金字写明"××堂×"或"××第×"字样。鲁迅家的乌篷船就写有"德寿堂　周"字样。他小时候就是坐着这种有"三道明瓦窗的大船"到东关去看五猖会的。而如今绍兴的那些用橹摇的"梭飞"和"三明瓦"之类的乌篷船早已经绝迹了，随处可见的乌篷船其实都是载客的"脚划船"。

说完了江南的几种船文化的代表，回到题旨"西塞山前白鹭飞"。张志和从二十余岁开始就开始归隐的生活，自号"烟波钓徒"，寄情山水、萍踪不定。在远离唐代中期的繁华喧动的笙歌楼台之后，桃花流水、斜风细雨、蓑衣笠帽、白鹭鳜鱼，不正是桃花源一般的生活图景吗？

不夸张地说，中国古代士大夫要是受到对现实生活的打击，就会选择乘舟遁世隐逸于山水之间，而且乐于作一渔夫。东晋大隐士陶渊明就有"实迷途其未远，觉今是而昨非，舟摇摇以轻飏，风飘飘而吹衣"的吟唱。唐代诗人李白也说过"人生在世不称意，明朝散发弄扁舟"。可以说，古代士大夫将自己对社会、仕途的失望和对山水林泉的向往全部化作对舟船生活的憧憬。这也就是描写江南景色、渔夫生活的《渔歌子》的首句"西塞山前白鹭飞"被苏轼用在《浣溪沙》词"西塞山前白鹭飞，散花洲外片帆微"，并且成为传唱千古的名句的深层缘由吧。

四 刘铁军：夜半钟声到客船①

自苏州城棹扁舟出阊门，行九里中经阊门塘，折西可至枫桥。再由此折西，溯上浒野关，经望亭，可直达江南另一重镇镇江；由枫桥南下，过枫江至横塘，过横塘经越来溪可至石湖。横塘与石湖乃苏州西郊游览胜地。枫桥也就成为出入苏州或游览西郊山水的必经要道。因南北客商经由此，又是水陆孔道，贩贸所集，自然成近郭之繁华街市。自古有枫桥烟水胜地之称。在枫桥弃舟登岸，走大约一袋烟的工夫，便到了近郭最古名刹寒山寺。

寒山寺旧名妙利普明塔院，据称兴建于南朝梁天监年间。至唐前，寒山寺既无灵隐寺、国清寺之威名，还不及曾隐居过东晋名僧支道林的支硎寺有名。唐时忽有两名高僧来此寄居。貌悴形枯，示如贫士，然踪迹不定，时有疯狂之举，惊人之语，凡人难测其意，身世也无从考证，自然成迷。国清寺丰台禅师又把他们称为在世的文殊普贤，无疑给他们披上一层神秘"袈裟"。这两个僧人就是寒山、拾得。当时台州守刺史闾邱胤闻言多次前往搜寻两人，有一次终于在寒岩之上见到寒山。寒山一见刺史，高喝道："贼！贼！"然后退到岩穴里，穴口也自己合了起来，只留下"报汝诸人，各各努力"之语。闾邱胤只有沮丧而回，但更加相信寒山就是文殊，并且将此事记载下来传于后人知。其事虽不可信，但其语却影响深远，到清朝程德全重修寒山寺时，依然是"继前贤之绪业，感东邻之遗风，而尤惊心动魄于'各各努力'之语"（程德全《重修寒山寺碑记》）的激励。"独坐无人知，孤月照寒泉"，"一住寒山万事休，更无杂念挂心头"，影响最深的当属这些寒山子书壁之诗，传于世者，千有余年矣！渔洋山人称"诗亲仙心，超以象外"，就连清朝雍正皇帝阅诗后也书曰"真乃古佛，真心真语"。那是澹泊虚静空灵之心境的真情流露。"吾心似秋月，碧潭清皎洁"（寒山子诗），胸襟洒脱，心地澄明，如晴云秋月，尘埃不到。于是，乃因僧而得寺名，"在唐元和间，有寒山子仙迹之异，乃著此名"（《募修寒山寺启》），因寺而有诗，"姑苏城外寒山寺，夜半

---

① 选自刘士林主编：《人文江南关键词》，上海音乐学院出版社 2003 年版。

钟声到客船"（张继《夜泊枫桥》），因诗而其人其地之名，随历千余年而不朽。文人政客纷至沓来无不"远钟孤棹宿枫桥"（高启《将赴金陵始出阊门夜泊》），"寒山钟乍动，风景忆当初"（陈杰《夜泊枫桥》），"为忆钟声寻古寺，得因遗像识寒山"（王庭《过寒山赠在昔》）。因有一僧一诗，寒山寺遂名重禅林。然这也是众多古迹名传千载的一个主要原因。

　　挺立于寒山寺山门，远瞰天平、支硎诸峰，群山苍郁，群木荟蔚，相互森然，可纳之为屏障；近邻虎阜，剑气逼人，神气清朗；直接寒山，风景幽绝，山径盘迂。寒山寺黄墙绿树，最为醒目。黄属暖色，给人视觉的冲击力是柔和的，不像其他寺院由红色所渲染出来的肃穆、凝重与威严，而是给人一种温馨、恬淡的氛围。进其寺，殿宇虽庄严，但因长廊绕其周围，间有精舍位于左右，且树木扶疏，禅房也有了几分野趣。层轩叠阁，曲榭回廊，亭延秋月，融于苍郁岚色间，"木叶萧萧静，江云黯黯闲"（清殳丹生《同曜庵过寒山寺》），静谧闲逸，俨然是一个曲径通幽的江南园林。"以寺为园，冈不毕具"（邹福保《重修寒山寺记》）。"午后与河之游寒山寺，寺近市，甚嚣尘，至则如入山林中。由大殿至后楼，徘徊良久"（张纬馀《游枫溪记》）。"羁客同游此，徘徊夕照间"（清殳丹生《同曜庵过寒山寺》）。久久不愿离去，在这里全然没有了在北方寺院中所产生的敬畏之感，有的只是心境的平和闲适。观其建筑，尤其是大殿后岿然高耸的钟楼，整体呈六边形，有两层飞檐上翘，呈跃起之势，突出了空间的大和高，又有许多方或圆形的窗户相互虚邻，承受楼檐割墙面积可为少之又少。入其内，有一大钟，内为空。拆其很少的割墙，它只不过是一个亭子而已。所以，给人一种空旷之感。也被长廊或小径引入一个又一个这样的"涵空"之镜中，"性空世界"（寒山寺门墙上之语）只有在这惟寂惟空，寂寥虚豁中方可体会得到吧。然大殿中放浪形骸的寒山、拾得像，据说一书生好谈孔孟言，也颇懂佛理，他见拾得像后，回家做了一个梦，梦见自己走在村街道上，忽遇一白发长髯的老叟，问他应到哪里去？未等书生回答，这个老叟指着古刹说："有拾得子，此梦生未解。"梦醒后，他给一学者说了此梦，学者听后很高兴，说给你指路的老叟应是拾得普贤，并祝贺此书生只要用心便可达到那个境界。（据潘遵沂《书拾得子像后示蒋生》）这种境界是怎样的呢？我想应是寒山的"呵呵呵！我若欢颜少烦恼，世间烦恼变欢颜。为人烦恼终无济，大道还生欢喜间"（罗聘《绘寒山、拾得像题词》）。心无杂念，外不被尘世惑心，内不以私欲撄心。止息思虑，排除概念，用空灵澄澈之心体验的一种言诠不及、心行罔指的形而上之境界。这些都在提醒着你：它是寺院，并不是幽闲自在的园林。它弥漫着比园林更深层的文化氛围与韵味。

而如此幽寂之静，不无与周围环境有关。正是在山峦蜿蜒、山色青翠的林岚之色中，好谈义理的江南僧侣们寻觅到了幽栖之所，负香炉之地。翻开吴郡志，可说出一大串寺庙的名字：如虎阜禅寺、支硎报恩寺、灵岩山灵岩寺、光福寺等。仅仅一个吴郡就有这么多的寺庙，不仅因为这里的山水宁谧寂寥、岚色郁苍，僧人们可以寂然冥思于空林，逃离尘世的烦恼与忧愁；更因为这里积淀着老庄玄学精神，它激发僧侣们在山水中寻觅佛理禅趣，寻求一种身心的超然无累。"老庄告退，山水方滋"（刘勰《文心雕龙·明诗》），它与"微风吹幽松，近听声愈好"（名僧寒山之诗）有着相同的趣味。以玄对山水更与在山水中悟佛理有着异曲同工的旨趣。所以吾人沉淀的自然精神与僧人感悟下的自然不免有几分契合。于是，这片江南山水与积淀于此的自然精神竟为千余年佛教扎根于此提供了土壤，它是以一种全新的方式感悟自然与人生，难怪有"南朝四百八十寺，多少楼台烟雨中"这样的诗句。正所谓"夫天下之大，琳宫梵宇以亿万计，即吾吴郡城内外无虑数百，而访古者必就寒山寺问津"（邹福保《重修寒山寺记》），在这里深深积淀着禅学精神。禅的本义为"梵语禅那，此言静虑，静即定，虑即慧"[1]"五蕴本空，六尘非有"（六祖能禅师碑铭）。吾人久居尘世，被名禄私欲所累，一旦脱离，沉浸于空寂淡远的寒山寺中，沉浸于虚静空灵洒脱的文化氛围中，"无我无欲心则休息，自然清净而得解脱"（《佛说圣法印经》），感受心灵之空旷无边。安然地除掉了内心的忧虑、伤感与放荡，慰平了忐忑的胸怀。不完全脱离尘世，又能在如此禅境中涤除一下心境，不可不谓之上策。这就是禅学文化的魅力，穿越时空，洞穿心灵，化波澜于平静。这也是众多古人造访寒山寺的缘由。唐朝韦应物在任苏州刺史曾夜宿寒山寺，感悟到"心绝去来缘，迹顺人间

---

① 张保胜释译：《圆觉经》，东方出版社 2016 年版，第 266 页。

事"，也难怪渔洋山人会在寒雨萧萧的深夜还要列炬登岸，到寒山寺寺门题诗两首方才尽兴。他们感受的就是这种"泊然与碧寂寥廓同其流之意境"。

然闻沧海桑田，见松柏为薪，一切皆流皆变，变动不居的时间之流冲逝着一切，即使千年古寺也难逃此浩劫，思接千载，叩问千古心灵。何为存在，何为永恒？此种思绪与追问在贴近寒山寺时，却越加深厚以致无法释怀。在寒山寺碑记前，我读到了这些："宋太平兴国初，节度使孙承祐建浮屠七成。"[①] 浮屠就是佛塔，它是印度佛教所特有的墓标，有"累积"之义，释籍也称"窣堵波"，南宋张孝祥过枫桥时还写到"四年忽忽两经过，古岸依然窣堵波"。亦指孙承祐建的七层佛塔。我国早期的寺院，因沿袭印度旧制，都是以佛塔为寺建筑物的中心。东晋后，僧人渐渐注重佛像的安置，于是佛殿成了寺的中心，佛塔便置于大殿后，纯为纪念性的建筑物，是寺院的标记。"绍兴四年，僧法迁重建。元季寺塔具毁。洪武间僧昌崇辟建。永乐三年，深谷昶修。正统己未，郡侯况钟再修。嘉靖间，僧本寂铸钟建楼。万历四十年，僧明吾鉴建龙函阁，而大殿毁。四十六年释西流师徒鼎新。清顺治初几为汛

清 袁江《古寒山寺图轴》（局部）

---

① 范成大：《吴郡志》，江苏古籍出版社 1986 年版。

署，僧天与力守弗废。"① 法迁、昌崇、深谷昶、本寂、明吾鉴、释西流师徒、天与都是寒山寺的僧人。龙函阁即为藏经楼。其中法迁重建寒山寺时，因兵火战乱，寺僧都逃走了，寺院一片废墟。法迁带领其徒入住后，为治寺，法迁师徒节衣省食，持钵或持薄到民间乞求帮助，得来之资丝毫不敢用来私身，全部用于建寺，经历三年方才建好。昌崇、本寂、明吾鉴、释西流师徒、天与也同样有如此的"敬业精神"，否则寒山寺早已灰飞烟灭了。而清道光年间，一日寒山寺住持过生日，特煮面供寺院的僧人、过客者，但吃后不久全都死去了，县令前来查案，在满寺就找到一个昏迷恰苏醒的和尚，询问之，一一排查做面的程序，查到了做面用的浇汤，是取自后园的香菇，到后园见其大如扇，而且香气逼人，县令命役拔下，发现下面有两个大穴，深挖涌出数百条赤蛇，才知是毒蛇所为，县令命人蓄火种，焚烧掉。寒山寺也无人敢住，随之废了。光绪三十二年，直隶总督陈夔龙由中州移节抚吴时，因曾常有"夜半闻钟声，如在寒山寺"之感，但见如此荒废，不免有几分感触，于是捐资重修。又"宣统三年，巡抚程德全，偕布政史陆钟琦，又拓而新之，重建大殿。……金绳宝地，焕然一新。长廊精舍，几为吴下精蓝之冠"。② 寒山寺可谓屡劫再新，经久不衰。何以如此呢？

不仅仅是在寂静闲逸的平和虚静中舒抑郁无聊之意吧，更深层的应该从其中感悟到了一种存在之道。"宦味与禅悦，喧寂有殊致"③，也正如邹福保在《重修寒山寺记》所说："其徒之精于禅学者，辄免视人世间一切事，澹然若浮云之于太空，昔庄周、列御寇皆宗之。亦往往乐与之为方外交，渊明之于远公，昌黎之于文昌、大颠，坡公之于参廖、佛印、辩才，借往还赠答。称道之弗衰。此数公者岂佞佛者哉？诚有取乎尔也"。诸公取的不仅是虚静空灵的心境，更多的是在此心境中悟人心之空，心体无滞，来去自由。一切都空，身体也是空的，那么儒家所追求的浮名也就毫无意义了。人存在于世该用平常心去应对。存在本身就是一种美，用如此的一种心境和心态去面对死亡也就毫无畏惧了。不再是儒家用身后留名来消除对死的恐惧，

① 徐崦庵、张文一：《百城烟水》，北京古籍出版社 1979 年版。
② 叶昌炽：《寒山寺志》，江苏古籍出版社 1999 年版。
③ 刘启明：《寒山寺》，苏州大学出版社 2001 年版，第 121 页。

也不是如道家那样丧失自我而与自然同达到超脱。这就是禅学的存在，积蕴于寒山寺，身处其中，心平淡了，世界空灵了。虽寺有兴废，而精神无兴废，它已深深地积淀在吾人的深层结构中，也积淀在这片曾生发过的土地上。于是，在不同的朝代里不断地重修或重建的就是一片淡然幽静空灵的境界，在这片脱离尘世的净土中感悟生命本身，这也许才是存在，才是永恒。

第八讲

江南的知识构架①

中国的地域文化虽然谱系众多，但最重要的两大代表为南北文化。② 北方文化以中原文化与齐鲁文化为重心，南方文化以吴越文化与荆楚文化为翘楚。在这四个文化区域中，就原创性与历史影响而言，又以孕育了伦理文明的齐鲁文化与创造了诗性文化的江南文化为代表。近年来，江南文化研究渐成显学，影响广泛，但由于在对象与范围、现状与问题、理论与方法等方面缺乏基础性研究和战略性设计，在很大程度上既制约了江南文化研究的学术探索，也影响到其在当今长三角区域文化建设中发挥应有的作用。对这些基础性的问题进行梳理和讨论，有利于促进江南文化研究走向深入和成熟，以及更好地推动江南文化资源的传承、保护和开发利用。

传统江南文化研究的主要流派及问题

依托优美的自然景观特色和深厚的历史人文积淀，江南与江南文化一直备受国内外、多学科的专家学者的青睐和重视，是我国区域经济、社会和文化

---

① 刘士林：《江南文化及城市研究的学理反思与学术重构》，《山东大学学报》（哲学社会科学版），2021年第4期。
② 熊铁基：《汉唐文化史》，湖南出版社1992年版，第40页。

研究中一个独具魅力、不可多得的重要研究对象，并历史地形成了三大主要学术流派，它们既取得了众多有影响的学术成果，同时存在着各自的局限和问题。

一是以文献编纂与考据为中心的文献研究。它们或是卷帙浩繁的集大成著述（如江苏古籍出版社的"江苏地方文献丛书"、上海古籍出版社的"西湖文献丛书"、浙江古籍出版社"杭州全书"等），或是某一专学的资料汇编（如江苏古籍出版社的《明清苏州农村经济资料》、黄山书社的《江南女性别集》、上海辞书出版社的《中国明清江南服饰图典》等），为江南文化和江南城市研究提供了大量真实可靠的文献资源。但是问题在于，由于文献研究主要倚重传统的"小学"理论方法，缺乏现代学术意识和当代文化理论指导，而关于江南文化的创造性转化和创新性发展更是很少触及，因此文献研究只是走完了江南文化研究"万里长征的第一步"。而如何在这个基础上"接着讲"是当下亟待思考和需要解决的学术发展问题。

在某种意义上说，这也是大多数传统学术研究面临的共同问题。从学术研究传统和范式看，任何一种学术系统的形成和传承，都有属于自身的特定的时代背景和学术语境。这种背景和语境既是一门学科得以确立的基本条件，同时也因此形成了难以逾越的"门户"意识，而不再关心时代背景的变迁和学术语境的变化。一般说来，越是相对成熟、定型的人文学科，就越不容易走出自己辛辛苦苦建立起来的"话语圈子"。对于江南文化文献研究而言，一方面直接承续了乾嘉时期江南地域十分发达的考据学传统，另一方面也受到现代中国"为学术而学术"思潮的影响，而其主要问题是局限于"历史真实"而未能抵达"历史的精神真实"，并造成了"历史文献学与精神现象学的两相分离，即历史研究（'史实'）同历史上的生命活动（'诗意'）相疏离"。[1] 如何在传统文献"读书识字"的扎实基础上，促进"学主知"与"主术行"、"义理、考据、辞章"与"为学的目的"[2] 的互动融合，不仅有助于推进江南文献研究自身的革故鼎新，也可为整个传统学术更好地融入现代社会进程作出积极示范。

---

① 刘士林：《从历史真实到历史的精神真实》，《社会科学战线》，2003 年第 2 期。
② 刘梦溪：《学术与传统》（上卷），北京时代华文书局 2017 年版，第 376－377 页。

二是以经济史与社会史为中心的史学研究。在经济史方面如江南经济史、断代江南经济史、太湖流域商品经济与市场、江南乡村地权、城市手工业等；在社会史方面如江南城市通史、江南社会与社会生活研究、江南望族研究、江南丝绸史、江南佛教史、江南民风风俗等。在某种意义上讲，江南文化史研究的兴起和发展，既与"史学"在中国传统学术体系中占据的重要位置密切相关，如钱穆先生所说："故求深切体会中国民族精神与其文化传统，非治中国史学无以悟入。若如宗教、哲学、文学、科学其他诸端，皆无堪相伯仲，相比拟。"① 同时也深受近代中国一直占据主流的"六经皆史"乃至"六经皆史料"（即作为古代典籍代表的六经"只是一大堆预备史家选择的原料"② ）以及各种西方实证社会科学理论与方法滥觞的影响。无可否认的是，史学研究极大地拓展了江南文化研究的视野，丰富了其内涵，但受学科属性与学术范式的影响，他们一般也很难处理好"我注六经"和"六经注我"的辩证关系，因此也就不可避免地存在着"偏经济而轻人文""偏科学研究而轻价值阐释"等问题和倾向。

实际上，前人对这种"重事实轻价值"的研究方法已有所警觉，如国学大师陈寅恪提出的"诗史互证"方法，这是一种融诗学文献与历史文献于一体、相互补充又相互印证的阐释方法，陈寅恪或用它来纠正旧史记载的错误，或用它来补充传统史料记载中的缺失，而且达到了可以使千载之前的社会和精神生活如在目前的精深境界，成为现代学术研究的一种典范。参照"诗史互证"的基本方法，我们曾提出要建立一个"诗性人文学术方法"。其要点有二，首先，正如马克思说："现代英国的一批杰出的小说家，他们在自己卓越的、描写生动的书籍中向世界揭示的政治和社会真理，比起一切职业政客、政论家和道德家加在一起所揭示的还要多。"③ 由此我们认为："以文学艺术为主要材料与对象的诗性人文学术，不仅以独特方式记录和阐释着人类社会与文化的发展，在某些层面与局部还更深刻地揭示了其本质与规律，因而，诗

---

① 钱穆：《现代中国学术论衡》，生活·读书·新知三联书店2001年版，第106-107页。
② 朱维铮主编：《周予同经学史论著选集》，上海人民出版社1983年版，第633页。
③ 《马克思恩格斯全集》第10卷，人民出版社1998年版，第686页。

性人文学术有着其他实证性社会科学无法替代的功能与作用。"① 其次，在马克思看来，在唯物主义第一个创始人培根那里，"物质带着诗意的感性光辉对人的全身心发出微笑"，但在以后的发展中却变得片面，"感性失去了它鲜明的色彩，变成了几何学家的抽象的感性……唯物主义变得敌视人类了"。② 由此我们提出："以感性经验与诗性智慧为主要表现形式的诗性人文学术，是对唯物主义真实面目的回归与精神境界的拓展。"进一步说，诗性人文学术"有助于纠正过度理性化、科学化与实证化的现代主流学术范式，对于更好地实现学术研究的人文关怀十分必要与重要"。③ 进一步说，在江南文化研究中，以"经济研究"和"社会研究"为基础，补充和加强"人文研究"，促进三者的融合互动，是发现一个更加真实和完整的江南文化最重要学术路径之一。

三是江南文化与江南城市研究的西方框架及其卵翼下的中国话语问题。在西方学术上，主要以中华书局出版的《中华帝国晚期的城市》、江苏人民出版社的《宋代江南经济史研究》、上海人民出版社的《帝国晚期的江南城市》、江苏人民出版社的《蒙元入侵前夜的中国日常生活》等为代表，并以其特有的理论视角和研究方法深刻影响了国内的相关研究。在国内学术界，主要以人民出版社《明清时期江南城市史研究：以苏州为中心》、中华书局《宋代江南城市研究》、清华大学出版社《江南的城市工业与地方文化》、复旦大学出版社《江南市镇：传统与变革》、高等教育出版社《江南城市群文化研究》等为代表，在推动江南文化和江南城市研究的深化上发挥了积极的重要作用。但是问题在于，由于这些研究的理论工具主要来自西方，加上人们在使用时对其解释江南文化和江南城市经验的合法性缺乏足够的论证和必要的修正，因而在一些结论和判断上也存在着不少值得商榷和讨论之处。在江南文化研究领域中，坚定文化自信，自觉推进中国话语和中国学派自觉，合理吸收西方城市和文化研究理论与方法，扬弃其片面性和糟粕，立足于繁荣发展文化事业和文化产业、促进满足人民文化需求和增强人民精神力量相统一的时代高度，构建具有世界价值、中国意义、时代特色、区域特点的理论话语体系，

---

① 刘士林：《建构江南城市研究的诗性人文学术谱系》，《学术月刊》， 2008 年第 8 期。
② 《马克思恩格斯全集》第 2 卷，人民出版社 1957 年版，第 163 - 164 页。
③ 刘士林：《建构江南城市研究的诗性人文学术谱系》，《学术月刊》， 2008 年第 8 期。

是深入推进江南文化和江南城市研究需要重点关注和探索解决的。

在某种意义上，这是 20 世纪以来西方学术理论与方法在解释中国经验时存在的普遍问题。按照一般的理解，西方理论与方法源自西方民族的历史实践，前者对解释后者具有完全的合理合法性。而至于这些理论与方法是否适合其他民族，则需要有一个论证和检验的程序。在研究中国都市文化时，我们曾提出要以"区分中西"为原则，探索和建构适合中国的学术语境，认为"尽管西方城市社会学等知识体系十分发达，是研究中国都市文化最重要的理论资源与方法工具，但另一方面，由于它们基本上是对西方城市历史经验的理论总结，由于中西文明在城市起源、历史形态、精神传统以及当代城市化的条件与背景等方面的巨大差异，因而其解释中国都市经验的合法性是特别需要小心论证的"。[①] 其实关于这些问题，前人就已经注意到了。如冯友兰指出："东方之长在能阐明物我一体之理，有精神的大我以笼罩一切个体，而其弊在抑制欲望冲动；西洋在满足欲望冲动，而其弊在只有个体而不知有大我，人与人之间只有外的关系而无内的关系。"[②] 如与现代西方城市主要走以大城市为中心发展道路不同，在中国南宋时期，"大都市人口集中的程度已达极限，新的发展趋势是形成大都市附近的卫星市镇，让大都市去担负行政功能，而由新兴的卫星市镇去分担日渐加重的商业功能"。[③] 再如在城乡关系上。与工业化以前的欧洲西方城乡区域之间往往截然分开不同，牟复礼在研究明清苏州城市史时曾指出中国的城市和农村是相互开放的，没有明显的空间利用方式使两者相互隔绝开来。[④] 当然，这绝不是要完全排斥西方理论，而是要以开放包容的学术胸襟和更加严谨求实的学术作风，推进"西方江南研究"与"中国江南研究"融合与协调发展。

由上可知，传统江南文化研究由于自身的历史和学术局限，已远不能适合当今长三角一体化对其区域文化资源提出的现实需求。在充分吸收和借鉴传统研究的基础上，开展一种独立、系统、符合中华优秀文化传承创新发展、

---

① 刘士林：《江南都市文化的"文化理论"与"解释框架"》，《江苏社会科学》，2006 年第 4 期。
② 蔡仲德：《冯友兰先生年谱初编》，河南人民出版社 2001 年第 2 版，第 57 页。
③ 赵冈：《论中国历史上的市镇》，《中国社会经济史研究》，1992 年第 2 期。
④ 李伯重：《多视角看江南经济史》，生活·读书·新知三联书店 2003 年版，第 383－384 页。

能在推进长三角一体化进程中发挥重要作用的江南文化和城市研究，是一个
需要大力开拓和深入探索的重大学术领域。

二　当下江南文化研究的问题及根源

近年来江南文化和城市研究的"热"，既与明清时代江南地区高度发达的
城市经济和文化相关，也是当今长三角地区在国家发展大局中战略价值不断
提高的必然反映。

就前者而言，正如著名的马可·波罗对苏州、杭州这两个江南中心城市
的感受和认知："在蒙古征服者统一全国并将国都重新迁往北方以后，马可·
波罗游历到这一地区，发现苏州'是一个巨大而且宏伟的城市……居民之多，
令人叹为观止'，这个城市以贸易和手工业发达著称，同时也是学术中心。然
而，当马可·波罗四天后到达南面的杭州的时候，他这样形容：'这是一个世
界最富丽、名贵之城，又谓之'天上城'。行在城之高贵、美丽，以及给当地
居民的快乐，世界诸城无有所及，人在其中，自信身在天堂。'"① 在某种意
义上，这也是中国近代的工业化和城市化在长三角地区萌芽最早、发育最好
并一直延续至今的社会土壤。

就后者而言，其主要标志有五：一是 2008 年国务院提出长三角建设"世
界级城市群"，江南地区随之被推到当今世界舞台的中心；二是 2010 年上海
世博会提出"城市，让生活更美好"，开启了这个中国当代经济高地的文化转
向和探索之路；三是 2018 年上海市将江南文化列为打响文化品牌的重点任
务，为长三角三省一市确立了共同的文化价值纽带和共有精神家园；四是
《长江三角洲区域一体化发展规划纲要》为新时代长三角一体化高质量发展确
定了方略和目标，以及其中明确的"共同打造江南文化等区域特色文化品
牌"，首次就长三角区域文化建设作出战略设计和安排；五是 2020 年习近平
总书记在提出"要把长江文化保护好、传承好、弘扬好，延续历史文脉，坚
定文化自信"，江南文化是长江文化最有魅力的重要组成部分同时也被赋予了

① 林达·约翰逊主编，成一农译：《帝国晚期的江南城市》，上海人民出版社 2005 年版，序言第
2 页。

更加重要的使命任务。但与快速变化、发展着的现实进程相比，关于长三角的思想文化理论研究却远远没有跟上。这是人们一般只能照搬照抄西方文化与城市理论，同时也是在实践中经常"跟着感觉走、拍脑袋决策"的深层次原因。在学术理论研究中存在的问题，会直接影响到江南文化和城市的发展。特别是与长三角一体化国家战略提出的文化需求和期待相比，当下的江南文化与城市研究主要存在以下结构性的问题和矛盾，必须通过理论研究和学术创新尽快地加以解决。

首先，在结构上看，是"历史研究"强势而"理论研究"羸弱。这与历史主义学术史观在现代中国学术中的兴起，以及传统经学学术史观在现代化进程中的体系性崩解直接相关。"如果说经学学术史观旨在'求善'，一切对天人、物理、历史、文献等的解释，目的全在于维护封建伦理道德，即'经夫妇、成孝敬、后人伦、美教化、移风俗'；那么史学解释学的目的则在'求真'……即把被经学夸大、抽象、扭曲、道德化了的历史，恢复为其本来面目。如王国维的二重证据法，它就超越了'本经立义'的规范，不是用经书记载，而是用地下出土文物，去检验或复原真实的历史本身。"① 这个巨大的学术史背景，是江南文化研究中"历史话语"格外强势和庞大的主要原因之一。

客观说来，在促进中国学术从传统向现代形态的转换中，历史主义学术思潮曾具有重大的进步意义。但是问题在于，历史本身并不只是一大堆"史料"，还包含了理解历史进程的观念、整理历史文献的工具、解读历史规律的方法和建构历史体系的价值立场。正如克罗齐所说"一切历史都是当代史"，历史和现实之间并没有"硬的界限"，过去的一切也不会和活生生的当下截然区分开，因此那种历史主义自诩的"回归历史本身"及"价值中立"本身就是不存在的。相反却是，如果在研究中过于排斥现实关切和时代价值，则必会导致伊格尔顿所说"在科学的名义下，知识不再负载伦理和审美的作用，也开始失去了与价值的联系"。② 正是基于这一思考，我们曾提出研究历史需要从"对主体思维方式的清理"开始，认为"从清理材料到清理思维，它是

① 刘士林：《先验批判》，上海三联书店 2000 年版，第 143－144 页。
② 伊格尔顿著，王杰等译：《美学意识形态》，广西师范大学出版社 1997 年版，第 366 页。

一种向历史深处的进军"。① 即如果不先把关于历史的观念和价值问题搞清楚，实际上也是无法开展真正的历史研究的。对于江南文化和城市研究来说，就是在开展具体的历史研究之前，首先建构一个基础性的"文化理论"，这种"基础理论研究"会直接影响到"历史研究"的"结论是否可靠"以及"有何当代价值"。

其次，从学科上看，是"单体研究"热闹而"整体研究"冷落。当下的江南文化与城市研究主要依托文学、语言学、历史学、艺术学、社会学、经济学、建筑学、地理学等相关社会科学、自然科学和人文学科，并天然划分出江南文学、江南诗歌、江南绘画、江南舞蹈、江南音乐、江南戏曲、江南民俗、江南工艺、江南科技、江南经济、江南城市、江南乡村、江南社会、江南水利等各个研究领域，一直以来人们也习惯于把这种"单体研究"等同于"整体研究"，或者是认为把它们汇编在一起就完成了所谓的"江南文化研究"。但由于不同学科在思维方式和研究范式上差异很大，就很难在一些基本问题上达成共识或系统认知。这在某种意义是现代社会过度"专业化"的必然结果。如怀特海所说："每一个专业都将进步，但它却只能在自己那一个角落里进步。在思想上限于一隅……社会的专业化职能可以完成得更好、进步得更快，但总的方向却发生了迷乱。"②

在这种知识生产的大背景下，即使有一些综合性的研究与跨学科的探索，也由于缺乏基础性的总体理论框架规约而乏善可陈。其中最典型的是关于江南文化的概论性研究，如时下为数并不算少的越文化、吴文化、海派文化、徽州文化等概论研究，基本上都是把所涉及的不同学科的知识和成果汇编在一起，并以此等同于"江南文化研究"或某个片区的文化研究。但如果我们把江南文化看作是一个有机整体，由系统论"系统大于部分之和"这一基本原理可知，江南文化"整体研究"绝不等于各部分研究的机械叠加或简单组合。这与当下中国文化研究"缺乏核心范畴又没有逻辑系统"的基本情况一致，它导致的是把文化研究变成了从时间角度来排列历史生活现象，而

---

① 刘士林：《先验批判》，上海三联书店 2000 年版，第 147 页。
② 怀特海著，何钦译：《科学与近代世界》，商务印书馆 1959 年版，第 188－189 页。

不是从逻辑角度去重建一个完整的可理解的历史有机体。因此，要想有效改变"单体研究热"而"整体研究冷"的现状，首先需要把"单体研究"和"整体研究"的差异搞清楚，避免后者被前者取代。当然，"单体研究"和"整体研究"有内在联系，前者也为后者提供了大量的素材。在当下真正重要和紧迫的是如何以"单体研究"的丰富成果为基础，通过江南文化基本概念、范畴体系、学科框架研究和建设，促进不同学科、不同门类视界融合与综合创新，以"整体研究"规范和引导"单体研究"，把江南文化研究真正提升到系统和整体的理论高度。这不仅决定着江南文化研究自身能抵达何种学术境界，也决定着这项研究对长三角一体化实践可以提供何种智力支持。

最后，从内容上看，是"实用研究"过剩而"人文研究"短缺。出于满足长三角经济社会发展的现实需要，当下各种应用型研究报告、政策建议类成果备受青睐，几乎每个地方政府都组织出版各种经济社会发展报告，而相关高校、科技机构和社会智库的咨询、策划研究更是不计其数。这些应用研究的主要问题有两方面：一是"急功近利"的问题。由于缺乏基础理论指导同时又急于服务现实需要，不少研究都属于"应急式""圈地式"的"速成品"，如一些城市资助支持的相关"排行榜"，或是为争夺文化资源而挑起的各种"口水战"，其中普遍存在着浅尝辄止、囫囵吞枣、浑水摸鱼等突出问题，它们不仅严重损害了江南文化的总体和长远利益，也直接影响到对江南文化真精神和真价值的认知和接受。二是受其学科性质、研究范式、价值取向等影响，这些实用研究最容易犯的毛病则是所谓的"见物不见人"。借助"量化""标准化""大数据""算法"等当代学术"口实"，这些研究直接牺牲了江南文化最宝贵的诗性和审美精神。

三 深化江南文化研究的注意事项及旨归

刘勰《文心雕龙·时序篇》说："文变染乎世情，兴废系乎时序。"白居易《与元九书》中说："文章合为时而著，歌诗合为事而作。"正如恩格斯曾指出："社会一旦有技术上的需要，则这种需要就会比十所大学更能把科学推向前进。"① 其实，我们同样可以说，江南文化和城市研究的学术创新，既是传统江南文化与城市研究实现现代转型的重要表现，同时也是长三角区域高质量一体化发展的重要组成部分之一。我们认为，未来要进一步加强和深化江南文化和城市研究，发挥好文化引领经济社会发展的重要作用，在学术研究领域需要处理好以下三方面的矛盾关系，以创新性的学术理论为长三角的高质量发展提供有力支持。

一是要注重处理好"历史研究"和"文化研究"的关系，实现江南文化与城市研究"事实与价值的统一"。简单说来，这是一种既相互依存又相互斗争的关系。一方面，没有扎实、坐冷板凳、皓首穷经、述而不作的文献研究、文物考据、史实论证等历史研究支撑，江南文化和城市研究就会失之于空、流之于野，缺乏坚实的文献基础和历史依据，最终沦为各种对江南文化和城市的"戏说""乱说"乃至于"胡说八道"，最终使严肃的学术研究和理论探索沦为一种"想象力的游戏"和"话语的狂欢"。在文化生态环境日益浮躁、"想怎么说就怎么说"的当下，强调这一点是十分必要和重要的。另一方面，也不能走向西相反的另一个极端，就是因此将"文化研究"最关注的价值、意义、时代关切、超越理想等全盘否定，因为这些正是不仅决定着当代江南文化和城市研究的现实意义，同时也应该成为一切历史研究最后的归宿。对此最关键的是树立一种新的学术观，把"有学术的思想"与"有价值的知识"真正统一起来，同时要学会运用理论和理性的工具，把真正的学术创新和各种学术泡沫区别开。而这也是必须强化基础理论研究的重要原因之一。

二是要准确把握"学术定位"和"现实定位"的关系，实现江南文化与城市研究"理论与实际的统一"。一般说来，任何学术研究都有两个定位、两种功能和两个空间。一个是针对学术自身而言，在基本理论问题、研究方法方式、学科知识推进、规律本质把握上作出的努力和贡献，其中最重要的研究对象和领域包括：江南概念和范围的界定、江南文化发生和历史流变的过程与机制、江南文化的精神内涵和核心价值、江南文化与中华文化的关系、

---

① 《马克思恩格斯全集》第4卷，人民出版社1977年版，第505页。

江南文化各小传统的关系、江南文化的传播路线、江南城市与中国古代城市化进程、古代江南中心城市与周边城市的关系、江南城市与当代长三角城市群的关系等等。这些基本的问题得不到解决，不仅更深入的理论研究无法开展，同时各种应用研究也会成为无源之水无本之木。另一个是针对社会而言，也就是我们通常所说的"学以致用""文以载道"和"理论联系实际"等。如果一种知识和理论只有一种"学术定位"，就很容易沦为一种自说自话、自我封闭的"智力游戏"，即使不能说它完全错误，但也可以说这是有重大缺憾的。正如蒋孔阳在评价康德和黑格尔时所说："他们离不开的是书，而离得开的却是生活、实际和斗争"。[①] 对于江南文化和城市研究，对于迫切需要得到智力支持的长三角一体化进程，尤其如此。就当下而言，江南文化与城市研究在学术上的精研学理、探索新知，为一种更加纯粹的江南文化知识和理论孜孜以求，都是十分必要和重要的。但同时还必须强调的是，这种纯粹理论探索不应该是最后的归宿，因为它还有改造社会、服务人类发展和文明创造的更加重要的功能和使命，因此，在现实定位上，江南文化与城市研究必然要超越"钻钻故纸堆"和"发思古之幽情"的阶段或层次，并努力为当代人提供一种理性的研究方法、观念、理论与解释框架，帮助人们在个体与社会之间建立起真实的现实联系。还可以说，这两者的矛盾冲突只是表现在某些阶段或某些局部，在双方都发展到最高境界时，这种"理论和实际"的矛盾关系就会迎刃而解，因为前者提供的客观的代表着真理和规律的知识和理论，恰好就是后者介入现实、改造现实最需要的理性智慧和力量。

三是要积极理顺"大处着眼"和"小处着手"的关系，实现江南文化与城市研究"出乎其外与入乎其内的统一"。在新时代提出江南文化和城市研究的命题，绝不是要回归南朝名士的"越世高谈"、南宋时期的"西湖歌舞"、明清文士的"诗酒行乐"、近代十里洋场的"纸醉金迷"，而是有着最重要、最迫切和最强烈的时代需要。习近平总书记在文化传承发展座谈会上强调"要坚持守正创新，以守正创新的正气和锐气，赓续历史文脉、谱写当代华章"。《中共上海市委关于制定上海市国民经济和社会发展第十四个五年规划

---

① 蒋孔阳：《德国古典哲学》，商务印书馆 1980 年版，第 206 页。

和二〇三五年远景目标的建议》提出："充分用好用活红色文化、海派文化、江南文化资源，大力弘扬海纳百川、追求卓越、开明睿智、大气谦和的城市精神和开放、创新、包容的城市品格，更好传承传统文化精髓、吸收世界文化精华、展现都市文化精彩，加快建设更加开放包容、更富创新活力、更具时代魅力、更有世界影响力的社会主义国际文化大都市"。由此可知，在"十四五"乃至2035年，推动江南文化和城市的创造性转化和创新性发展，为长三角一体化国家战略实施提供强大和可持续的精神资源和力量，已经成为新时代社会主义文化强国建设的一篇重点文章。这就要求江南文化和城市研究，必须走出学术和理论研究的"象牙塔"，置身于新时代区域发展重大国家战略的广阔天地中。但同时也要看到，为了能够更好地回应时代需要、承担使命任务，江南文化与城市研究又需要更深入地"入乎其内"，以绣花功夫和工匠精神开展更为基础、更加枯燥的学术研究和理论探索，力避浮泛化、空洞化和庸俗化，切实促进江南文化学术研究和江南文化战略实施的融合发展。这就需要既从"大处着眼"，自觉意识并主动承担起打造江南文化品牌、助力长三角一体化的国家战略使命，同时又要做到"小处着手"，注重吸取传统的"小学"、史学、文献学、考古学等理论方法，在考据、训诂、辨章学术，考镜源流、去伪存真、实事求是等方面下笨功夫、苦功夫，真正做到"板凳宁坐十年冷，文章不写半句空"。然而，为了在国家战略中抢占有利地位，一些城市和学者急功近利、捕风捉影、张冠李戴、以讹传讹的研究层出不穷，在江南文化起源、历史分期、空间范围、文化名人故里、江南运河资源归属等方面，已经出现了不少的伪知识、伪命题、伪学说等，这些虚假的东西如果不能得到清理，历史的真实和真相如果不能大白于世，实际上不仅无助于长三角国家战略的实施，还会制造一大堆新的问题、矛盾和后遗症，成为影响长三角区域经济社会和文化发展的障碍。就此而言，加大力度推进江南文化理论构建与学科建设，努力做好江南文化传承创新的各种基础性工作，为长三角高质量一体化发展提供思想理论方面的基本保障，已经具有了越来越紧迫、越来越重大的现实意义，亟须提到历史议程上来。

阅读材料

本讲所选的阅读材料凡五篇，刘士林、姜晓云、查清华的《江南国学：诗与思的中国对话》就江南国学的起源、与国学的关系及未来前景进行了探讨，展示了国学研究的丰富性与多样性。姜晓云的《吴派、皖派、扬州学派、浙东学派》，对以惠栋为代表的吴派、以戴震为代表的皖派、以阮元为代表的扬州学派及黄宗羲开创的浙东学派的学术思想及活动脉络进行了总结和阐发。万宇的《藏书楼》，从官方藏书、私人藏书、书院藏书三方面，对江南地区的文化香火和人文精神传承做了深入梳理，体现了"有些建筑是专门给书居住的"主旨。田崇雪的《东林书院》，从江南文化与现实政治的角度入手，阐述了江南文化与江南读书人崇高精神和不屈行为的一面。刘士林的《江南国学的构建与展望》，追溯了江南国学独特学理内涵与精神性格，总结了当代江南国学的发展现状，并就江南国学的学科构架等提出建议。

刘士林、姜晓云、查清华：江南国学——诗与思的中国对话①

早在春秋时代，以中原为大本营的国学就传播到江南地区，并在南北学术、思想与文化的交流碰撞中形成了独特的理论内涵与价值谱系。此后，人杰地灵的江南大地，鸿儒硕学代不乏人，如同后来居上的江南地区一样，江南国学也成为国学的主干体系。从江南文化角度关注国学和传统文化，既显示出国学存在方式的多样性，进一步开拓了研究的学术空间，也可以使我们的理解在内容上更加丰富，在细节上更加真实与生动。

刘士林：十几年前，在哲学上以不同于康德、黑格尔的尼采、海德格尔为代表，在文学上以不同于雪莱、拜伦的荷尔德林等人的诗歌为代表，"诗哲"一词开始流行，当时的很多人把他们看作"诗与思的对话"的典范。其实这是有很大问题的，西方人的理性过于成熟，和诗对话起来总是隔着几层，

---

① 刘士林、姜晓云、查清华：《江南国学：诗与思的中国对话》，《学习时报》，2009年12月7日。

特别是这种对话有明显的宗教旨向，因而我更倾向于把它们看作是一种"思"与另一种"思"的对话。在研究中国诗性文化时，我开始有意推崇"诗与思的中国对话"，它的中介是自然，没有宗教与神的压迫感。如孔子向往的"齐鲁春风"，庄子展示的"南华秋水"，与海德格尔讲的"死""操心"，与荷尔德林在黑夜中的流浪很不相同。再后来，我还发现更好的对话在江南诗性文化中，与北方相比，江南的诗性少了一些伦理束缚，多了几分感性的温存与亲切。江南国学是在江南诗性文化土壤中自然开放的花朵。它是学问，但更是诗。

姜晓云：维柯有一个基本的思想，一种东西的本性就是它的起源。从文化起源上看，江南文化就有刘士林先生指出的这种"自然生发"的诗性特点。史初的江南经济地理环境比较特别，一方面自然条件比较优越，从个体生存的小生态环境来看，这个地区"地势饶食"，易于为生，以至使人产生了一种对自然环境的自然顺应感和深度倚赖感，"池塘生春草，园柳变鸣禽"，自然诗性思想的悄然滋生，应是一件水到渠成的事情；从群体生存的大生态环境来看，诚如童恩正先生所言，江南地区由于山、河、林、沼等自然的分割与障碍，人们只能在河谷或湖泊周围的平原上发展自己的文化，从而形成了一个一个自然独立的"文化龛"。在这种自足、闲暇、松散、少争的自然生发状态之中，伦理的教诲让位于审美的观照。江南文化所呈现出与北方文化中"百川东到海"式的大一统场面明显不同。可以这么说，始初江南文化具有的这种自然诗性，是江南文化的思想内核，也是其今后与北方文化进行"诗与思"对话的"本钱"。在南、北文化的不断对话与融合中，江南国学形成并日渐繁盛。

查清华：从源头上看，江南国学的独立成型当始于先秦时期。梁启超在《论中国学术思想变迁之大势》中将先秦学派分为南北，南派以老子、庄子（包括列子）、杨朱及其门徒为正宗，以许行、屈原为支流。地理环境的差异决定南北民族的生活方式和人生态度，由此形成南北学派的不同特色："北地苦寒硗瘠，谋生不易，其民族消磨精神日力以奔走衣食、维持社会，犹恐不给，无余裕以驰骛于玄妙之哲理，故其学术思想，常务实际，切人事，贵力行，重经验，而修身齐家治国利群之道术，最发达焉。……则古昔，称先王；

内其国，外夷狄；重礼文，系亲爱；守法律，畏天命：此北学之精神也。南地则反是。其气候和，其土地饶，其谋生易，其民族不必惟一身一家之饱暖是忧，故常达官于世界以外。初而轻世，既而玩世，既而厌世。不屑于实际，故不重礼法；不拘于经验，故不崇先王。……探玄理，出世界；齐物我，平阶级；轻私爱，厌繁文；明自然，顺本性：此南学之精神也。"① 这些概括相当精辟，不但在古代中国具有很强的代表性，即在今天仍然可见南北文化精神的种种差异。

刘士林：自然环境对精神生产的影响一直受到关注。丹纳在《艺术哲学》中谈到意大利时，就特别强调南北意大利人在性格与审美上有很大的区别。国学是北方与中原文化的产物，但自春秋时代传播到江南以后，受江南特殊的自然条件、生产与生活方式的影响，也发生了很大的变化，形成了独特的性格与谱系。以后，江南国学不仅对北方儒学系统有重要影响，也影响了中国传统社会的生活方式与精神文化生态。但以往的正面研究很少，从属于江南区域经济、宗教、社会史、文学艺术研究，没有受到应有的重视。

查清华：就文学而言，自然环境对文学生产的影响就特别值得关注。丹纳的自然环境理论对我们很有启发，刘师培在《南北文学不同论》亦论及自然环境对我国南北文学生产的影响："大抵北方之地土厚水深，民生其间，多尚实际。南方之地水势浩洋，民生其际，多尚虚无。民崇实际，故所著之文不外记事、析理二端；民尚虚无，故所著之文，或为言志、抒情之体。"② 指出江南抒情文学发达的一大关键。地理因素又会影响区域社会政治和经济文化，从而作用于精神生产。这一层丹纳在实证分析欧洲文艺时未能推及，不免有自然环境决定论之嫌。而梁启超《中国地理大势论》就关注到"四围社会之影响"："燕赵多慷慨悲歌之士，吴楚多放诞纤丽之文，自古然矣。自唐以前，于诗于文于赋，皆南北各为家数。长城饮马，河梁携手，北人之气概也；江南草长，洞庭始波，南人之情怀也。散文之长江大河一泻千里者，北人为优；骈文之镂云刻月善移我情者，南人为优。盖文章根于性灵，其受四

---

① 梁启超：《论中国学术思想变迁之大势　附清代学术概论》，江苏广陵古籍刻印社 1990 年版。
② 徐中玉：《中国古典文学精品普及读本谈诗论文》，广东人民出版社 2019 年版，第 510 页。

围社会之影响特甚焉。"①

　　姜晓云：我在搜集相关研究资料时，也发现在江南国学历史发展进程中，很少见到高高在上的、一本正经的圣人圣师，也很少看到被奉为圭臬的、神圣不可侵犯的思想和经典，却可以经常看到许多自然通达、博学清言的学者。记得冯友兰先生在讲述两晋时期不同思想流派的学者相聚时，往往从事所谓的"清谈"；而当谈到精妙处，即"非非"处时，往往相视无言而会心微笑。我想，这是一种非常自然美妙的学术交流方式，充满着诗意，与北方伦理化了的教诲方式显著不同。可能正是因为江南学人本着这样的学术交流方式，为此他们在与包括北方思想在内的不同学术思想开展"诗与思"的对话时，能够不断从对方身上发现自己本初的诗性文化特质，从而在更高精神层次上发现、呈现、回归自身。从东汉王充的自然天道观，到以后的玄学、南禅、理学、心学、朴学，在历史上不同发展时期，江南地区不仅进一步接受了源自北方的国学，而且通过加入自己的诗性文化因子发展了国学。可以这样认为，东汉以后国学的发展与新变，主要源自江南，特别是江南的自然诗性思想。同时需要指出的是，这种自由探究学术的思想、态度和方式，也非常有利于学人之间的互动和学术更为广泛的传播。江南学术流派的形成、学术世家的兴盛、书院的发达和科举的兴旺，以及市民文化的繁荣，就是重要表征。据统计，清代在江南贡院里中举、又在京城会试中高中状元的，苏、皖两省就有 58 人，占据全国 112 个状元的半壁江山；当时全国有县级以上官员 2000 多个，其中有一多半是从江南贡院里走出来的，侧面可见江南学人之间相互学习借鉴程度之深、成效之广。当然，文教的发达反过来也促使江南国学越来越兴盛。

　　刘士林：按照刘师培的说法，"魏晋以后，南方之地学术日昌，致北方学者反瞠其后"。随着江南的发达，这种状况越来越明显。乾嘉时代，以沈彤、江声、余萧客、褚寅亮、洪亮吉、孙星衍、王昶、王鸣盛、钱大昕为代表的吴派，以程瑶田、金榜、洪榜、段玉裁、王念孙、孔广森为代表的皖派，形成了"一代学术几为江浙皖所独占"的局面。江南国学开辟出清新、细腻、

---

① 梁启超：《饮冰室文集之十》，中华书局 2015 年版，第 77 页。

在思维上更加抽象与纯粹、在感受上富有人情与美感的一脉，代表着国学的新形态，显示出国学存在方式的多样性、内容上的丰富性以及细节上的真实与生动。

查清华：南方学术日昌，以承接先秦老庄的魏晋玄学兴起为标志，玄学影响达数百年，期间不仅促成玄理思辨的发达，而且使明自然、顺心性的南学精神在文学领域得到空前张扬：一是以谢灵运、谢朓为代表的山水文学的发达；二是以民歌和宫体诗为代表的艳情诗的繁荣；三是对文学语言、音韵等艺术形式要素的美学追求。在内容和形式两方面都区别于以儒家传统为内核的北学传统，这些具有独立精神的巨大突破足以"致北方学者反瞠其后"。

刘士林：除了环境因素之外，江南人的性格在江南国学的发展中也起到重要的作用。不少江南学者都很有个性，并表现出江南学人特有的优雅气质。《北史·儒林传序》载："大抵南北所为章句，好尚互有不同。江左，《周易》则王辅嗣，《尚书》则孔安国，《左传》则杜元凯；河洛，《左传》则服子慎，《尚书》《周易》则郑康成，《诗》则并主于毛公，《礼》则同遵于郑氏。南人约简，得其英华；北学深芜，穷其枝叶。考其终始，要其会归，其立身成名，殊方同致矣。"[①]《隋书·文学传序》亦有："自汉、魏以来，迄乎晋、宋，其体屡变……彼此好尚，互有异同。江左宫商发越，贵于清绮；河朔词义贞刚，重乎气质。气质则理胜其词，清绮则文过其意。理深者便于时用，文华者宜于咏歌。此其南北词人得失之大较也。"[②]

查清华：《汉书·地理志》就说过："凡民函五常之性，而其刚柔缓急音声不同，系水土之风气。"[③] 指出人的性格具有区域化特点。由于地理环境不同，南北人的性格也有差异。比如刚才说到江南的抒情文学较北方发达，这也和江南人的文化性格有关。《颜氏家训》就述及这样一个细节："别易会难，古人所重。江南饯送，下泣言离。……北间风俗，不屑此事，歧路言离，欢笑分首。"颜之推注意到江南人的性情更加细腻婉约，尽管他接着说："然人

① 李延寿：《北史》，吉林人民出版社 1995 年版，第 1472 页。
② 黄霖、蒋丹：《中国古代文论选编上》，复旦大学出版社 2022 年版，第 326 页。
③ 班固：《汉书》，中华书局 1962 年版，第 1640 页。

性自有少涕泪者，肠虽欲绝，目犹烂然，如此之人不可强责。"① 以示自己并不否定亦有例外。所以江南文人大多是情种，陆机"悲落叶于劲秋，喜柔条于芳春""缘情而绮靡"，钟嵘"若乃春风春鸟……感荡心灵"，刘勰倡"为情造文"，萧统"属辞婉约，缘情绮靡"，萧绎说文须"情灵摇荡"……此后，极力强调文艺抒情性特征的，大多在江南，明清时以吴中为核心的江南区域尤为突出。

姜晓云：的确，江南国学不仅是一个共时性的存在，更是一个历时性的存在，是兼收并蓄、不断叠加累积的历史产物。始初江南文化是以"质有趋灵"的诗性存在方式，标举以自然为中心的诗性观念，进入中国人的精神版图的。秦汉时期江南地区一方面远离政治中心，"在山泉水清"，对原有诗性文化传统保存较好，另一方面学术文化又受到业已占主流位置的儒、法等北方意识形态的影响和压制，学术话语呈现出一定程度的"异端"色彩。魏晋南北朝时期，玄学、佛学进入江南，与江南本土的道教风云际会，不仅促进了玄、禅思想的进一步发展与飞跃，还在哲学与艺术方面催生出具有中国特色的自然美学思想。此后，江南地区充满主体精神的心学的产生、富有实证精神的朴学的发展，无不引领着传统国学的时代新变。明代的徐光启更是本着"救儒补佛"的目的，首开"西学东渐"之风。总的来说，与北方地区相比，历史上的江南地区并未曾遭受过大的战争和其他毁灭性的影响，自然诗性文化发展一脉相承，形成了自身的优势与特色；同时由于经济地理和社会人文方面的优势，以及自身学术文化组织结构的松散与包容，使得江南国学在其发展过程中，能够通过自然诗性与理性的相互观照，不断得以兼收并蓄其他文明成果，从而促进了自身学术文化的反思与超越。从这个意义上来说，刘士林先生在美学研究中重新发现江南，并重启江南国学的整体研究，也是在现代化背景下对工具理性开展的一次"诗与思"的对话。相信在对话中我们会更好地发现自身。

刘士林：庄子把交流的最高境界称为"相视而笑，莫逆于心"。就是不用语言或少用概念，用一种通晓易懂的话语把道理和意境传达给读者。江南国

① 颜之推：《颜氏家训集解》，中华书局 1993 年版，第 83 页。

学是这方面的卓越代表。但在今天看来，这里也有一个很深的矛盾，要建设一门江南国学新学科，就必须打破现在的混沌状态，建构概念范畴、分类原则与解释框架。一旦这样做，势必破坏江南国学的诗性存在方式。如何避免"日凿一窍，七日而混沌死"，是一个相当复杂而又需要积极面对的困境。

二 姜晓云：吴派、皖派、扬州学派、浙东学派①

朴学成熟与鼎盛期在乾隆、嘉庆年间，故又称乾嘉学派。其中，主要有以惠栋为代表的吴派、以戴震为代表的皖派、以阮元为代表的扬州学派，以及黄宗羲开创的浙东学派。这些学派的主要人物，大多活跃在江南地区。

（一）吴派

惠栋（1697～1758年），字定宇，号松崖，学者称小红豆先生。元和（今属苏州市）人。三世传经，终身不仕，课徒著述。其学沿顾炎武，治经以汉儒为宗，以昌明汉学为己任，尤精于汉代《易》学。著有《九经古义》《易汉学》《孟喜易》《虞翻易》《京房易》《郑康成易》《荀爽易》《易例》《周易述》《明堂大道录》《禘说》《古文尚书考》《后汉书补注》《王士禛精华录训纂》《九曜斋笔记》《松崖笔记》《松崖文抄》《诸史荟最》《竹南漫录》等。

惠栋精通经史，纵贯百家，学养极为深厚："惠栋继承家学，十分尊信和推崇汉儒经说。为构筑汉学的森严壁垒，惠栋有力地揭橥并确立了汉学的治学宗旨。他十分强调：'五经出于屋壁，多古字古言，非经师不能辨。经之义存乎训，识字审音，乃知其义。是故古训不可改也，经师不可废也。'正是经由惠栋的倡导，由古书的文字、音韵、训诂以寻求义理的主张，才得以正式确立，并成为汉学家共同尊奉的学术宗旨。"②

汉儒说经，不仅有今文、古文的分别，还不同程度受到当时谶纬之学的影响。对此，惠栋大多不加别择，全盘继承。由于惠栋的学术成就和学术声望，在他的周围，聚集了一批学友和弟子，如沈彤、江声、王鸣盛、钱大昕、余萧客。他们大多恪守惠栋尊崇汉学、强调文字、音韵、训诂的学术宗旨，

① 节选自姜晓云：《江南学术文化发展史》，南京师范大学出版社2018年版。
② 黄爱平：《乾嘉学案：高扬汉学的旗帜》，《光明日报》，2007年9月20日《国学》版。

治学风格和研究内容也与惠栋相近，由此形成了清代汉学的第一个学术阵营。因为惠栋是吴县人，而他周围的这批学者基本上都是江南人，所以以其地望命名，称之为"吴派"。

沈彤（1688～1752 年），字果堂。吴江（今属苏州市）人。自少力学，笃志群经，尤精《三礼》。著有《果堂集》《周官禄田考》《仪礼小疏》《春秋左氏传小疏》《尚书小疏》《气穴考略》《内经本论》等。

江声（1721～1799 年），本字涛，改字叔瀛，号艮庭、鳄涛。原籍休宁（今黄山市），侨寓元和（今属苏州市）。少时即不喜欢科举，独好经义古学，拜惠栋为师，于经学、文字学，均有建树。治学宗汉儒成法，长于旁搜博引。好古成癖，不写楷书，即使往来书信都用古篆，如同天书符。受惠栋、阎若璩影响，认为梅赜所献《古文尚书》为伪，故集汉儒之说，参与己见，成《尚书集注音疏》。另有《论语质》《恒星说》《艮庭小慧》《六书说》等。

（二）皖派

皖派因代表人物戴震为安徽休宁人而得名，其汉学研究更多的是接受吴派的学术宗旨，重视经籍的注释工作，但却更多地阐发个人的思想。作为地域性学派，主要成员都为安徽徽州府籍的学者，如程瑶田、金榜、洪榜、汪绂，然其空间涵盖面也涉及江南地区的金坛、扬州等地，如段玉裁、王念孙、王引之。因此，皖派实际上是以安徽徽州地区为核心、由戴震弟子为骨干的汉学研究群体。

戴震（1724～1777 年），字东原，又字慎修，号杲溪。休宁人。戴震治学广博，音韵、文字、历算、地理无不精通，又进而阐明义理，对理学"去人欲，存天理"之说有所抨击，对晚清以来的学术思潮产生了深远影响。曾主讲浙江金华书院，1757 年在扬州认识惠栋。著有《筹算》《勾股割圆记》《六书论》《尔雅文字考》《考工记图注》《原善》《尚书今文古文考》《春秋改元即位考》《诗经补注》《声类表》等。任《四库全书》纂修，经手校订《水经注》《仪礼集释》《周髀算经》《孙子算经》等。

段玉裁（1735～1815 年），字若膺，号茂堂，晚年又号砚北居士、长塘湖居士、侨吴老人。金坛（今属常州市）人，居苏州枫桥，闭门读书。曾师事戴震，爱好经学，长于文字、音韵、训诂之学，同时也精于校勘，于诸家小学的是非都能鉴别选择。著有《说文解字注》《六书音均表》《古文尚书撰异》等。东汉许慎《说文解字》重在经汉字字形揭示汉字的本义，段玉裁《说文解字注》则重在用传世文献揭示汉语词的引申义，把古今的字形、字音、字义都贯通起来，因而更显得体大思精；附于书后的《六书音均表》，分古韵为17部，把九千多个汉字安置于新的古音韵系统，并一一标明各字的韵部。

王念孙（1744～1832年），字怀祖，自号石臞。高邮（今属扬州市）人。提出就古音以求古意的原则，建立义通说；归纳《诗经》《楚辞》的声韵系统，定古韵为二十二部；注意以形音义互相推求。针对中国古代文字学重形不重音的这一局限，王念孙采用为《广雅》作注的形式，援引经传，旁采众说，详加考证，改正原书错字、漏字、衍字等讹误，遂成《广雅疏证》，对中国古代训诂学的发展，作出了很大的贡献。另有《读书杂志》《古韵谱》《导河议》《河源纪略》等著述。笃守经训，个性正直，好古精审，剖析入微，与钱大昕、卢文弨、邵晋涵、刘台拱有"五君子"之称誉。

（三）浙东学派

黄宗羲创立的浙东学派，主要研究经学兼史学，以史学影响最大，实际上是以浙东地区为核心、由其弟子为骨干的汉学研究群体，主要人物有万斯大、万斯同、全祖望、章学诚、邵晋涵、仇兆鳌、邵廷采。

万斯大（1633～1683年），字充宗，别字褐夫，因患足疾而自号跛翁。鄞县（今属宁波市）人。治经学，以礼学为根底，会通诸经，折衷群言，尤邃于《春秋》《三礼》。曾在宁波创建讲经会，一时胜友如云，质疑问难，号称极盛。著有《经学五书》，包括《学礼质疑》《礼记偶笺》《仪礼商》《周官辨非》《学春秋随笔》。全书或解驳前贤成说，或考辨古礼根源，或条列礼经节目，或诘难诸经抵牾，推求原始，自陈己见，为礼学研究史上重要作品。万斯同为其弟。

全祖望（1705～1755年），字绍衣，号谢山，小名补，自署鲒埼亭长，学者称谢山先生。鄞县人。其时程朱理学占据学术主流，那些自命为朱学的人，议论迂阔陈腐，而社会上流行的陆王心学，往往高谈性命，束书不观。全祖望试图扭转这种学术风气，确立了学贵自得、融会百家的治学宗旨。精研宋末及南明史事，留心乡邦文献。续修黄宗羲《宋元学案》并加以补辑，七校

《水经注》，三笺《困学纪闻》。著有《鲒埼亭集》，收明清之际碑传极多。

章学诚（1738～1801年），原名文酕、文镳，字实斋，号少岩。会稽（今属绍兴市）人。一生颠沛流离，穷困潦倒，晚年双目失明。主张"六经皆史"，冲破了以往儒家"道寓于六经""六经载道"的思想藩篱。主修《和州志》等十多部志书，创立了一套完整的修志义例。撰写《文史通义》《校雠通义》《史籍考》等论著，总结发展了中国古代史学理论，其中《文史通义》与唐代刘知几的《史通》齐名，并为中国古代史学理论的"双璧"。

（四）扬州学派

为清代汉学作总结的是以阮元为代表的扬州学派。

阮元（1764～1849年），字伯元，号芸台、雷塘庵主、怡性老人，谥号"文达"。仪征（今属扬州市）人。师承戴震，守以古训发明义理之旨，主张实事求是，著有《揅经室集》《畴人传》《广陵诗事》《定香亭笔谈》《十三经校勘记》等。以整理、刊刻、收藏图书，振兴学术为己任；在杭州创立诂经精舍，纂辑《经籍纂诂》；搜集图书，设灵隐书藏、焦山书藏；在广州创立学海堂，汇刻《学海堂经解》；工金石考证，编著《山左金石志》《两浙金石志》《两浙辀轩录》《皇清碑版录》等；主修《浙江通志》《广东通志》；家藏书极富，编有《文选楼丛书》。其中，《畴人传》为中国数学家、天文学家立传，是一项开创性工作。

阮元的学术主张主要有：第一，努力推阐汉学治学宗旨。强调要寻求圣贤之道和经书义理，就必须通过文字、音韵、训诂，舍此无他途径。第二，大力倡导实事求是的学风。在这方面，可以说阮元继承了皖派学术的特色而又有进一步的发展。因为戴震尚未直接揭明"实事求是"一语，阮元则不仅明确揭出，而且反复予以强调说明。第三，主张折中汉、宋，兼采二者之长。阮元认为，汉学宋学两家各有所长，不可偏废。

阮元在从事学术研究的同时，还凭借学者、官吏一身二任的有利条件，大力提倡学术，奖掖人才，整理典籍，刊刻图书，为学者提供读书治学的津梁。在阮元周围，有一批学者，他们或与阮元互相师友，唱为同调，或是阮元的弟子和学生，如任大椿、汪中、焦循、罗士琳，由此而形成了清代汉学的最后一个阵营，即扬州学派。

任大椿（1738～1789 年），字幼植，一字子田。兴化（今属泰州市）人。就学汉学皖派，长于治《礼》经，为《四库全书》纂修官。著有《弁服释例》《深衣释例》《小学钩沉》《子田诗集》等。《弁服释例》一书，解释三礼弁服所用之例，分爵弁服、韦弁服、皮弁服、朝弁服、玄端等门，共一百四十余事，每门先例条目，次引经文注疏，后加按语解说。深衣，是古代是衣下裳相连缀的一种服装，为古代诸侯、大夫、士家居常穿的衣服，也是庶人的常礼服，《深衣释例》一书即对古代深衣之制作了详尽的考释。《弁服释例》《深衣释例》二书，皆就《礼》经中最小的问题进行研究，剖析入微，即此一端，亦是体现出皖派朴学家主张作"窄而深"研究的典型例子。

汪中（1744～1794 年），字容甫。江都（今属扬州市）人。精于史学，能诗，工骈文。曾点校文宗阁、文澜阁所藏《四库全书》。著有《述学》《广陵通典》《秦蚕食六国表》《容甫先生遗诗》《知新记》等。《广陵通典》一书，记事始于春秋时代吴王夫差开邗沟，迄于唐昭宗乾宁元年杨行密事，按照汪中的写作计划，该书记事的下限为明清之际史可法守扬州，但是他只写到唐朝末年，就因病去世了。

三 万宇：藏书楼①

江南是一个偏安于时间逻辑之外的存在，兀自发生着自己的故事。故事总是有着种种不同的主题与缘起，在这里我们说的是藏书楼的故事。因为收藏者的爱惜与虔诚，图书这一文化消费品成为矜贵的藏书，而藏书楼正是它们居住的房子，藏书也因此保持着一种骄傲的姿势，漠视着时光的逝去与历史的变迁。在这里，时间停止了流逝，连同书籍一起被妥帖地收入藏书楼中的杉木大橱，书中夹放芸草以除蠹鱼，书橱安放英石以避潮湿，在这个安静稳妥的所在似乎能暂时躲避战火与江南特有的潮湿梅雨。

中国的藏书事业起源很早，据说在夏商周三代就已经有了"藏室""册府"等藏书机构，而且出现了私人藏书家。据藏书史研究者范凤书在《中国

---

① 选自刘士林主编：《人文江南关键词》，上海音乐学院出版社 2003 年版。

私家藏书概述》一文中统计，古代至近现代的藏书家，共得4 715人，按籍贯来算、浙江1 062人，占22.5％，排名第一；其次为江苏，967人，占20.5％。虽然关于"藏书家"的标准或定义，学者们有不同看法，但江浙两省是中国历代藏书最盛的地方，这点是毫无疑问的。

扬州文汇阁图
（局部）

　　江南文胜，书香盈邑。江南的藏书家多，保存下来的藏书楼也最多。建于明嘉靖年间的宁波范氏天一阁，已有四百多年的历史，为我国现存历史最悠久的私家藏书楼。此外杭州的文澜阁、建于清乾隆年间的余姚梁弄黄氏五桂楼，建于道光年间的海盐蒋氏西涧草堂，建于光绪年间的瑞安孙氏玉海楼，建于民国初年的宁波冯氏伏跗室及湖州南浔的刘氏嘉业堂等，藏有江南仅有的《四库全书》和其他许多珍贵的孤本、善本图书。

　　中国古代的藏书楼，大体上可以分成官方藏书、私人藏书以及书院藏书三类。它们在历史文化的创造、积累、传播和继承过程之中发挥了决定性的作用，从而使得大约8万多种古籍得以保存至今。但是，由于历代战乱接连不断，图书纸质易变，印刷不便，因此保存图书极为不易。脆弱的书页似乎无法抵御来自水火兵虫的无情侵袭，但我们仍能从这些藏书楼的不同命运中解读出相同的东西来，"私"藏与图书的"公共"流通之间存在着不可逾越的鸿沟，而图书的公共流通又决非是"私"藏能够解决的问题。

为什么古代私人藏书楼的藏书终究逃不过流散的厄运呢？藏书楼之"私"是最重要的内在因素，当时的社会缺乏大规模生产图书的条件，私人收集图书艰难，耗费无数心力、财力，若流通开放既要投入精力、财力，又会使藏书破损，甚至流失，以至于绝大多数藏书楼不愿将其藏书拿出来与他人共享。宁波范氏天一阁自建阁至1949年，历十三代，薪火相传而不衰，对图书的管理制度不可谓之不严。天一阁一直有着禁止书籍下阁梯，禁止子孙无故开门入阁等极其严厉的规定，这种禁止流通、封闭甚严并且缺乏起码开放性的做法，实际上导致图书的利用价值大大降低。藏重于用，秘不示人，藏书的价值发生异化，垄断性与封闭性成为我国古代藏书楼相当普遍的特征。

随着印刷文明的不断发展，社会对图书不断的文化需求，明清时代已有一些开明的藏书家开始意识到藏书利用的重要性，他们大胆抨击了藏书楼自我封闭的传统劣性，提出了藏书开放的重要思想。最早明确提出藏书开放主张的是明末清初的曹溶。曹溶，浙江秀水人，其著《流通古书约》中第一次阐述了开放藏书的思想，对那种"以独得为可矜，以公诸世为失策"的偏狭传统进行了抨击。曹溶之后，清代有两位藏书家丁雄飞、黄虞稷为互通有无，订下互借协议《古欢社约》。最有代表性的是清代乾隆年间的藏书家周永年，他撰写了《儒藏说》，建立了"籍书园"，提出了"天下万世共读之"的鲜明主张，他所提倡的"儒藏"，是从社会文化的需求着眼，从知识分子，尤其是贫寒书生的需求出发的："果使千里之内有儒藏数处，而异敏之士或裹粮而至，或假馆以读，数年之间，可以略窥古人之大全，其才之成也，岂不事半而功倍哉！"这是公开利用藏书的首倡。

清末，科举制的废除，连年不断的战争，传统意义上的"士"的消失，对于文化的冲击力相当巨大，在这一特定时段中藏书家精神的变迁。传统意义上的藏书楼怡然自得的，安闲自在的文化梦境已不可寻，读书闲情逐渐不为所重。身遭"国变"，忧思满怀，"故乡千里尽沉沦，何物还堪系此身。只有好书与良友，朝朝肠转似车轮"（钱钧《自题忆书图》），此时读书、校书就带有些追求精神寄托的意味了，藏书家叶昌炽称之为"此亦荆棘丛中安身之一法也"。

近代藏书家们的藏书观念也有了很大的转换，藏书相互借录、传抄，十分普遍，"不仅是友情的标志，也是藏书观念的转变。藏书不再是枕中之宝，而成为可以公之于众的，可以为他人利用的材料"。藏书大忌——"鬻书"（即卖书）也成了寻常事。蒙在藏书上的道德因素与祖先的符咒被理智地剥离，图书的进出、聚散恢复了流通的本来面目。公共图书馆的出现，它对于私人藏书的影响、接替所起到的独特的作用。

1840 年之后，官办、民办学堂（1896～1898 年建学堂 137 所），藏书楼如雨后春笋般地涌现，各地学会林立（1896～1898 年成立学会 87 个），翻译西洋书籍，传抄历代文献风盛行，社会对改革旧式藏书楼的愿望日益迫切。清末近代图书馆的雏形在此条件下开始形成，私人藏书楼开始向公共图书馆转型。

西方新型图书馆（或藏书楼）在中国纷纷建立，如徐家汇天主教堂藏书楼、工部局公众图书馆、圣约翰大学图书馆、格致书院藏书楼、文华公书林等，它们起到了良好的启蒙、示范作用，为中国变革旧式藏书楼带来了新的模式。洋务、维新运动之后，新式藏书楼在国内出现。19 世纪末 20 世纪初各地以浙江的古越藏书楼（1897 年）、北京的京师大学堂藏书楼（1898 年）为代表的新式藏书楼纷纷建立。特别是清朝末期，废科举，办学堂，建立了一批以南京的江南图书馆、北京的京师图书馆为代表的官办省级、国家级图书馆。从此，中国的藏书楼真正走入一个新的历史时期。

藏书楼就这样渐渐淡出了历史，淡出了人们的文化视野，但其仍有着不少值得研究的线索。首先是如何理解这些藏书家的文化意义。藏书楼物质化的建筑背后隐藏的是历代藏书家的追求、信念与文化理想。

洪亮吉在《北江诗话》中将藏书家分为了五类，除了"掠贩家"（书贾）之外，大多是学者或知识分子。他们爱书如命，"菲饮食，恶衣服。减百俸，买书读"，到处搜罗故书，面对藏书的散失或毁灭，而仍然矢志不移、孜孜以求。购书不得则抄书。其中以抄书闻名于世的有朱彝尊、徐时栋、丁丙等。朱彝尊还因偷抄史馆藏书而被贬，在"书"（文化知识）与"官"（政治权力）之间他宁肯要书，用他自己的话来说："夺侬七品官，写我万卷书，或默或语，孰知孰愚。"

这的确是个耐人寻味的选择。在政治权力组织的社会中，知识分子具有什么样的文化信念来支撑他的选择？他的文化选择有什么样的物质生活基础呢？这是很有意思的问题。在印刷业不断普及的明清，这些藏书家又成为多重身份的知识分子，校勘学者、版本学家、出版家或是考据学者，他们的藏书所起到的文化价值决非简单的"守书奴"，他们的自主性、创造性使我们重新理解了藏书家的"藏"。

藏书楼所藏的藏书，具有什么样的文化意义？藏书楼不仅在历史的侵袭中为我们保存了先人的精神遗产，而且在不断地文化传播中也起到了重要的作用。文献不仅仅是静止的，它也映射出地区的文化环境，并对地区的人文素质起到了相当大的熏陶作用。藏书的意义不仅在于"藏"，还在于它对地区人文性格的"塑"的反作用力。大量文化典籍的积淀，增加了这一地区的文化底蕴，提升了这一地区的文化环境、人文素养。江南是文献资源极为丰富的地区之一，文献活动也相对活跃，我们可以说，江南文化的水准与大量文化典籍积淀是息息相关的。为什么江南的藏书楼特别多？江南文盛，科举的成功所带来的政治话语权为江南带来了什么样的改变？江南藏书楼往往注重乡邦文献的收藏，这对于地域文化的自我认知、地域性格的自我塑造具有什么样文化地理学意义？藏书家在藏书过程中，有取有舍，那么他们选择藏书的标准与当时的社会文化特征有何联系？"却有平生如意事，书满青箱。"书负载了先人的情感与文化宿命，绵绵一脉书香流传至今，更多了一份沉甸甸的分量。承继之余，更需要平心静气地看待与研究。

需要注意的是藏书楼与当时的知识分子文化环境。"一个学术共同体要形成公认的话语就要求相关学科具有用途广泛的文献积累。知识系统必须积累有关文献，才能加快新的学术著作发表与出版的速度"[①]。藏书楼构成了当时知识分子文化环境的因素之一，这是一个由藏书家、出版家、书商组成的交流网络，学者从中获取文献资源，进行信息交流，赢得出版机会，形成一定的学术影响，学术研究、藏书楼和书商形成了三位一体的文化网络。在这个以促进学术研究的发展的文化网络中，藏书家起到了重要的作用，有时他们本身就是学术研究圈子中人。"藏书楼、出版业对江南学术共同体中考据学派

[①] 艾尔曼著，赵刚译：《从理学到朴学：中华帝国晚期思想与社会变化面面观》，江苏人民出版社2018年版，第111页。

的兴起发挥了重要作用"。出版家向江南学术界及其学校、书院、藏书楼提供了前所未有的接触珍本古籍的机会，推动了考据学的发展。考据学者辑录了佚失的文献，纠正了过去千百年来文献积累的错讹、附会之处，以显示自己的复古愿望。在文禁森严的时代中，知识分子的这个学术交流环境值得关注。

18世纪，中国出版业迅速发展，大规模的图书收藏及刊行成为现实。明清时期，随着江南商业的发展积累了巨大的财富，这使当地出版家能以前所未有的规模出版图书。出版业的发展改善了江南及其他地区发表、流通及查阅资料的条件，使上述的图书收藏及交流形式成为现实，并推动各种史料系统、广泛的收集。对学术研究而言，它使学者可以迅速和对同一题目感兴趣的同行交流研究成果。值得注意的是，乾嘉时代的图书业在重建中国传统中发挥了重要作用。《四库全书》是在当时的学术交流环境下规模最为庞大的学术工程，它需要不同学科的学者共同合作。它为建立一种有助于资料交换及相应的成果发表的学术与社会交流体制树立了榜样。藏书家和学者们投入这样一个图书整理工程，完成了一部内容极为丰富的丛书与目录。政府修书和地方官员招募幕友的著述也为当时的知识分子提供很多就业与参政的机会，这些文化影响很少被人注意到。

尽管藏书有聚有散，但这些藏书楼都能完好地保存至今。藏书楼是一个奇特的地方，一个时间与空间的奇妙交叉点。书本的脆弱与精神的绵长，砖石的坚固与文字的韧性，文字的时间性与建筑的空间感得到了和谐的统一，有时又似乎对着历史与岁月做出微讽的笑容，收藏的图书已经历经千年沧桑，而墙外正是现代都市的车水马龙。

　　　高墙的胡同

　　　深锁着七家的后庭

　　　谁是扫落叶的闲人

　　　而七家都有着：重重的院落

　　　是风把云絮牵过藏书的楼角

　　　每个黄昏

　　　它走出无人的长巷

（郑愁予《网》）

时间是江南的梅雨季节，雨丝无声无息地笼罩着一切，笼罩着思绪的蒸汽奔涌。

文化具有时代性，同时具有历史的延续性。一所古色古香的藏书楼，是所在地区经济建设和文化发展历史成就的结晶，是乡土文化教育的优良场所，更是所在地区的人文标志。保存、修复和开发当地的藏书楼，对于地方社会经济建设和文化旅游事业，具有不可估量的内在价值。更为重要的是藏书楼是当地经济发展和人文面貌的历史见证，对于了解传统文化，进行知识分子、文化地理学研究、文化认知、文化建设的内在意义重大。

风雨藏书楼，走过飘摇千年岁月。而在每一个现代藏书人、爱书人的心里，有着一座物质存在之外的藏书楼——一个永不被风雨侵袭的藏书楼。

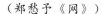 **四 田崇雪：东林书院①**

"风声雨声读书声声声入耳，家事国事天下事事事关心。"

从贴着这副对联的大门内走出来的只能是中国书生："我善养我浩然之气"的传承者，"天下兴亡，匹夫有责"的践行者，道德理想主义的殉道者，因为，他们是孔孟的后人。

那么，就让我们来看一看这座书院，听一听东林的"三声"。

在东林书院的院志上，最早出现的一个名字，并不是后来名噪华夏的东林党人当中的任何一个，而是杨时，宋徽宗龙图阁直学士杨时，为后学创造了"程门立雪"佳话的杨时，是他创建了东林书院。杨时，号龟山，曾受学于理学家程颐。杨时在无锡讲学达 18 年之久（1111～1129 年）。所以东林书院又称"龟山书院"。杨时离锡后，无锡人士在书院东面建造了"道南祠"纪念他。据载：杨时在河南学成南归时，程颐对他这位学生说过一句夸赞的话："吾道南矣！"

---

① 选自刘士林主编：《人文江南关键词》，上海音乐学院出版社 2003 年版。

在理学思想的传播上，东林书院是一座举足轻重的桥梁，而杨时便是这座桥梁的建造者。儒学为国学，古今尽知。而儒学到了宋代，便发展成为儒、道、佛互相渗透的唯心主义思想体系——程朱理学。程颢、程颐兄弟与朱熹之间，地距千里，人隔百年，"二程"居河南洛阳，朱熹乔居福建建阳，理学南迁，杨时是当之无愧的播种人。杨早年受业于"二程"，学成后在无锡讲学，后又南下福建讲学数十年，朱熹为其三传弟子。朱子能在"二程"理学上有所发展，青出于蓝而胜于蓝，理学的播火者杨时功不可没。他是洛学的传人，又是闽学的鼻祖。

杨时走后，东林书院便是 400 余年的荒废和寂寞，直到明万历三十二年，也就是 1604 年，一位从"庙堂之高"走向"江湖之远"的学人的出现。

他就是顾宪成，"断头政治"时代的落魄者，东林书院的修复者，试图用"讲学"这种方式来对"大黑暗时代"行使"舆论监督"的观察家。东林书院因他的出现而名满天下，他也因东林书院而使一生的事业走向辉煌。

顾宪成，字叔时，号泾阳，无锡泾里人。生于明嘉靖二十九年（1550 年）八月初七，卒于万历四十年（1612 年）五月二十三日。幼时家贫，父亲顾学开了爿豆腐作坊，艰苦的生活环境激发了顾宪成奋发读书的决心与进取向上的志向。

万历四年（1576 年），27 岁的顾宪成赴应天（今江苏南京）参加考试，结果以第一名中举，真可谓"一举成名"。

万历八年（1580 年）顾宪成赴京参加会试，又被录取在二甲第二名，被赐进士出身。从此，怀瑾握瑜的顾宪成踌躇满志

《顾宪成像》

地踏上了仕途，开始了他 10 多年的宦海生涯。书生气十足的顾宪成哪能想到，专制王权所需要的并不是他这种"虽千万人我往矣"的个性张扬的"人"，而是"奴才"，于是，未经几个回合便败下阵来。

万历二十二年（1594 年）九月，顾宪成因"忤旨"的罪名被放回原籍。

从北京回到家乡泾里，顾宪成认为：讲学，可以传授知识，风范人物，扶持正论，为国家培养人才，这和自己重人才、重舆论的政治思想是一致的。于是便把精力集中到讲学上来，顾宪成一生最辉煌的事业就此展开。

由于顾宪成在学界政界都有很高的声望，所以慕名来请教他的人很多。顾宪成不顾病体，不管其贫富贵贱，一视同仁，热情接待。后来，他看到前来泾里的人很多，小小的泾里镇上，连祠宇、客栈和自己周围邻居家都住满了客人，还容纳不下，就与长兄性成、次兄自成及弟弟允成商量，在自己住宅南边造了几十间书舍供来人居住，顾宪成的夫人朱氏给学生们烧饭做菜，使学生来了就像回到家里一样。泾溪南北，昼则书声琅琅，夜则烛火辉辉，一派夜以继日奋发攻读的景象。即使许多已有功名、才学亦高的学者也争相前来求教。

在讲学活动中，顾宪成迫切感到必须具备一个固定的讲学场所，从而将分散的讲学活动变成一个有协调组织的统一活动，从而对吴地乃至整个社会产生良好的影响和作用。万历三十二年（1604 年），经顾宪成和吴地学者的共同努力，官府终于批准在无锡城东门内的东林书院遗址重建兴复东林书院。重建工程开始于这年四月十一日，至九月九日告竣，共用了一千二百多两银子。作为首倡发起人之一的顾宪成捐银最多，又去策动吴地官员和缙绅捐资助修，出了大力。顾宪成又亲自为书院讲会审订了宗旨及具体会约仪式，这年十月，顾宪成会同顾允成、高攀龙、安希范、刘元珍、钱一本、薛敷教、叶茂才（时称"东林八君子"）等人发起东林大会，制定了《东林会约》，顾宪成首任东林书院的主讲。

晚明社会，世风不正，尤其是读书人，是非观，荣辱观颠倒，为了矫正这种颓坏的世风，早年的顾宪成自撰了一副对联："风声雨声读书声声声入耳，家事国事天下事事事关心"，书联言志，这在常常舞文弄墨的中国书生来说并不为怪，但我惊异于这副对联所表现出的一种宏大的胸襟和浩然的气魄，与"惟楚有才，于斯为盛"比起来，后者无论如何都显得局促和逼仄。尤其难能的是，对联并没有透露出多少具体的诸如"鲲鹏""鸿鹄"之类的愿望和抱负，而只是一种对"风雨""家国"的"入耳"和"关心"，无论他是"居庙堂之高"还是"处江湖之远"。后来的顾宪成用一生来践行着这副对联。可他也许永远没有想到，这"三事""三声"竟然成了千百年来像他一样的中国书生群体人格精神的怆然象征。

是的，从轴心时代由于食物的匮乏而被排挤出政治中心的中国书生从来就没有放弃过重返祭坛的努力，尽管每一次都是以鲜血和生命做代价。但是，我想，无论如何，它对"两耳不闻窗外事，一心只读圣贤书"的纯"学究派"，"学好文武艺，货与帝王家"的纯"功利派"和"黄金屋千钟粟颜如玉"的纯"欲望派"都是一个极大的匡正，甚至反动。值得注意的是这副对联的位置，由"书房"而"祠堂"，由"祠堂"而"小学"，由"小学"而"书院"，对联位置的几次迁徙反映出了后学对这副对联和东林前驱们的价值认识是一个逐渐深化的过程。

我想，能为这么一座书院撰写了这么一副对联的顾宪成即使什么都不做也够了。

由于东林讲会开创了一种崭新的讲学风气，引起了朝野的普遍关注。一些学者从全国各地赶来赴会，学人云集，每年一次的大会有时多至千人，不大的书院竟成了当时国内人文荟萃的重要会区和江南讲学者遥相应合。东林书院实际上成为一个舆论中心，这里的人们便逐渐由一个学术团体形成一个政治派别，从而被他们的反对者称为"东林党"。东林党也靠着一种"舆论"的话语权与朝廷中的腐朽势力展开了殊死的抗争，主讲顾宪成则自然以其卓越的思想气度成为东林党的精神领袖。

万历四十年（1612年）被指控为"讲学东林，遥执朝政"的顾宪成走完了他62岁的人生历程。然而，东林的"风雨"并没有因顾宪成的离去而停歇。

由万历到泰昌再到天启五十六年的时间里，大明王朝逐渐走向了他腐朽的顶点，不幸的是东林书院的"第一届毕业生"也"生正逢时"。之所以说他们"生正逢时"是因为天启皇帝给他们带来了命运的转机，由在野的清流，一变而为主持朝政的主要力量，首辅刘一景、叶向高，吏部尚书赵南星、礼部尚书孙慎行，兵部尚书熊廷弼，都是东林党人或东林的支持者，可以说王朝的军事、政治、文化、监察和人事大权全都被东林人掌握，《明史》记述此时："东林势盛，众正盈朝。"可谓盛极一时；之所以所他们"不幸"是因为他们碰上了一位集天下万恶于一身、背靠天启、目不识丁的宦官魏忠贤。

"为什么这样一批声势显赫的饱学之士，不能提防一个目不识丁的宦官从背后举起的屠刀？这样一个苦心经营十七年，中国历史上历时最久，影响最大的士大夫集团，失败得如此惨重？"这是历史学家，明史专家刘志琴教授在东林书院的一次演讲当中的设问，问得好，可是她给出的答案是"作为当权的群体力量，没有利用有利的时机，拿出一套行之有效的治国方案，把主要精力和才智都消耗在党派斗争上，这是招致失败的一大失误。在他们踌躇满志的时候，对阉党的聚集力量麻木不仁，丧失警惕，而且提出一个错误的政策，那就是'笼络群奄'，姑息养奸，试图劝告魏忠贤不要干政，这无疑是与虎谋皮。眼看阉党势力日益壮大，他们认识既不一致，行动又迟缓，放着兵部不抓，不用武力做后盾。魏忠贤的爪牙插手内阁，首辅、吏部尚书相继被逐，次辅竟然胆怯辞职，以图息事宁人。在大敌当前之际，没有反对最大的敌手，而是忙于提携同党和派系斗争，所以被阉党轻而易举地一举扑灭，肇成千古冤案。"那么，东林党人"不这样""千古冤案"就能避免了吗？事情远没有那么简单。

说到底这牵涉对东林士人的再评价问题。

慷慨激昂之后我们是否该冷静地反思我们以往对东林的评价是否有点过高了呢？

从东林领袖们一个一个"慷慨赴死"的姿态可以看出，他们并没有把自己的死亡看成是一种大悲剧：个人的悲剧进而推想为朝廷的悲剧、国家社稷的悲剧，相反他们一个个都觉得自己"死得其所"[1]。

高攀龙本可以不死，可他在缇骑到来之前就写下"君恩未报，结愿来生"的遗言投水而死，遗嘱还要家人变卖田产供缇骑费用。

---

[1] 计六奇：《明季北略》，商务印书馆 1936 年版。

杨涟本可以不死，在他被押解途中"都城士民数万，拥道攀号，争欲碎官旗而夺公"，可他却在"四向叩道，告以君臣大义，始得解散"。

左光斗本可以不死，被捕时，县民散发传单，动员殴打捕人的缇骑，左却苦苦劝阻，俯首就擒。

黄尊素本可以不死，听说缇骑将逮捕证遗失，竟然自动换上囚服投案，在临刑前还赋诗叩谢君父。

李应升被捕时，数万人出动拒捕，李却一再拜求市民解散，还说什么："臣罪应难赦，君恩本自宽。"

周顺昌也可以不死。

……

从死亡的迹象看来他们似乎是在"表演"，在"作秀"，在以高昂的生命换取"忠烈千秋"的美名。"名"高于"命"，这是东林士人的价值尺度。这样评价是否"有污先贤"之嫌呢？是否有"以今匡古"之弊呢？非也，回顾一下晚明的思想史就可以了然。

李贽，中国思想史上第一位"思想犯"，无论如何都该成为东林士人们的前驱，可是没有。作为国学的"理学"在"异端"思想家李贽们的抨击下已经开始动摇，至少开始让人生疑，可是东林士人们非但没有生疑，反而更加坚守。

"市民意识"的觉醒、扑面而来的"海风"在东林士人的心灵里竟然没有划过任何痕迹，真的不明白为什么在东林人的"三事""三声"里竟然听不到一点"市声""涛声"。

倘若把高攀龙的投水自杀看成"蹈义"，那么比高氏年长 30 多岁的李贽的"割脉"该算做什么？

这是专制王权精神深入骨髓的悲剧。

面对父辈们的自蹈死地，黄宗羲终于接过了李贽手中的火炬。

"风"太紧，"雨"太急，启蒙的"火炬"熄了燃，燃了熄，直至 200 多年后，在北平，燃成了冲天的大火，烧成了燎原之势。

所谓东林精神，一言以蔽之，就是反对"读死书、死读书"的精神，所谓东林评判，似乎不应该仅限于"道德的评判"，还应当有"历史的评判"，尽管它们之间有可能是悖反。

五 刘士林：江南国学的构建与展望①

国学是北方文化的产物，也是以北方与中原为中心的中国传统社会、文化与学术的独特反映与表现形态。但早在春秋时代就传播到江南地区，并历史地形成了具有独特学理内涵与精神性格的江南话语谱系。在一些民间珍藏的家谱中，还可以看到齐鲁等地的居民早在西周初年就开始南迁江浙一带，说明南北文化的交流与互动要比我们一般设想的历史开端要更早。这是我们提出江南国学的经验基础与学术背景。在以后漫长的中国思想与文化史上，日益成熟的江南国学不仅对北方儒学系统产生了重要影响，有力地促使了中国传统学术的知识增殖与价值多元化，同时，以经济与文教发达的古代江南社会为中心与根据地，江南国学也在相当大的程度上影响了中国传统社会的生活方式与精神文化生态。由于缺乏江南国学理念，以及相对独立的学科支撑，以往关于江南国学的正面研究很少，而相关研究不是从属于江南区域的经济、宗教、社会史、文学艺术研究，就是淹没在江南文学文献、历史文献、哲学文献、宗教文献的收集与整理中，有很大的局限性，不利于我们深入地认识江南国学固有的独特形态与本质。随着江南文化研究在当代的不断升温，如"江南美学与文化研究"曾被列为 2005 年中国学术界十大热点，如《光明日报》推出的"儒学与都市文明对话"（其中涉及儒学的地域性问题），以及与江南传统文化相关的研究生培养制度的出台等，直接推动了整个社会和学术界对江南国学的关注与研究。特别是在国家推广汉语文化、国学复兴、非物质文化遗产保护背景下，以"江南国学"为总体学科框架，以传统的文史哲学科的"江南研究"为支撑学科，积极吸收社会学、文化研究等当代新兴学科的知识与研究技术，建设一门具有重要地方经验与当代世界价值的新兴人文社会学科，正在被迅速地提到学术议事日程上来。而当代以上海为首位城市的长三角地区经济的迅速发展、精神文明与文化建设的不断推进，则为江南国学向纵深发展提供了坚实的社会基础与广阔的发展空间。

---

① 刘士林：《江南国学的构建与展望》，《东方丛刊》， 2008 年第 4 期；人大复印资料《文化研究》， 2009 年第 4 期。

江南国学在学科构架上主要包括三方面的内容。

一是江南国学理论研究。对于任何一门新学科的建设，基本理论体系的建设首当其冲，是一切具体的学术研究与精神生产的基础，直接决定着各种经验事实与经验性知识如何构成与再现，所以，不是一般零碎的、偶然的经验事实与知识积累，而是先于它们的观念、理论与框架才具有更为重要与优先的地位。要想创建一门具有系统的理论范畴、独立的学科属性与重要的应用价值的江南国学也是如此。在某种意义上，基础理论研究一直是我们学术研究与学科建设的弱项，在对象的属性与范围、基本的结构与层面、目的与意义缺乏起码界定下进行的研究，其结果通常有二：第一，大家一直纠缠在概念内涵大小、术语是否精确等琐碎辩论中，无法在学理上实现真正的学术创新和推动学科建设的深入发展；第二，由于问题、对象、范围与目的"不明"，在进行了许多的经验研究与讨论之后，人们多半会发现自己讨论的是一个无法讨论的"伪命题"或无法界定的"宏大对象"，更有甚者则会因此而怀疑与否定某一门学科是否可以成立。这是由于缺乏基础理论研究而导致的必然后果，因为基础理论研究的目的就在于为认识与研究提供基本的技术手段、分类原则与解释框架，使在经验层面上与其他事物相互缠绕、混沌一团的研究对象呈现出来。如江南国学的理论研究可以帮助我们清理出它特有的概念范畴与内在层次、知识谱系与话语系统、历史源流与演变规律，以及与齐鲁儒学或其他地区儒学的差异等。这些都是江南国学得以成立、具有学科合法性以及实现自身可持续发展的重要前提。基础理论研究的深入进展，可以为整理与研究江南国学文献提供一个具有合法性的解释框架，使这一重要的国学资源的个性特征、内在本质与人文价值大白于世。

二是江南国学文献与历史研究。江南地区自古就以经济与文教的发达著称于世，创造了高度发达的区域文化与独具个性的学术传统。这是江南国学得以提出的重要的客观条件与历史资源。由于中国文化在自然地理上分布与发展的差异，使得江南与北方和中原在文化形态与学术生产上有很大的不同。其核心的表现在于，如果说北方文化的深层结构源自齐鲁文化中的政治—伦理要素，那么江南文化的本质特征则在于江南社会中的经济-审美要素。与齐鲁文化相比，除了物质生活的富裕、文化教育的发达之外，江南文化是一种更为纯粹的诗性文化。在江南诗性文化中，有一种最大限度地超越了儒家实用理性、代表着生命最高理想的审美自由精神。这是古代江南民族对中华文明最独特的贡献。江南国学的特质与特色与江南诗性文化息息相关，源自北方与中原的国学正是因为受到江南诗性文化的影响而逐渐脱离了它质朴木讷的政治—伦理形态，开辟出清新、细腻、在思维上更加抽象与纯粹、在感受上富有人情与美感的新体系。在异常复杂的历史与学术史的演进中，这一新体系生产与存留了大量的文献资源，它们在叙事、学理、旨趣、精神、气质等方面既与北方国学相关，同时也由于江南生活方式与文化生产模式的影响而生成了新的本质与重要特征。如古代江南地区的经济、社会与文化三者发展得比较和谐，为个体的感性机能、审美心理等提供了良好的环境与条件，这是在江南地区容易出现戴震那样的"怀疑论者"、顾炎武那样的"职业化学者"，以及李贽一类的儒学异端人物的根源。相反，在经济生产条件较差、政治军事动荡不断的北方与中原，学者很容易把学术研究理解为政治经济斗争的工具，而对"纯思辨""纯学术""纯抒情"的东西则很难认同与理解。所谓北方学者多守成醇厚，而江南学者多喜标新立异，在某种程度上恰好印证了这一点。江南国学文献与历史研究，不仅可以为传统文史哲的"整理国故"提供新的学科生长点，同时对实现当代国学研究的多向与全面发展也是一种重要的学术资源。

三是江南国学文化遗产开发与保护。"学以致用"，这是江南国学研究的实践应用层面，也是在国家推广汉语文化、保护非物质文化遗产，以及江南地区城市文明建设等相关政策背景下的直接产物。江南国学文化遗产形式多样，内容丰富，这主要得力于大自然与江南民族在历史上形成的良性循环，一方面，江南儿女"得江山之助"往往使自身表现出更高层次的人性境界；另一方面，秀丽山川则因"得诗人之助"而倍增其人文内涵与气象。人与自然在古典文化背景下的相互交流与和谐生态，使各式各样的国学文化遗产江南大地上蔚为大观。以人文地理论，如陈亮在永康县①东北五十里方岩开创的五峰书院，如方孝孺曾受聘讲学的宁海西南三十里的"前童"村。以主体精

———————————

① 现浙江省永康市。

神论，如绝食而死的刘宗周，牟宗三评价说"中国文化生命之纲脉，随时表而出之，是学问，也是生命。自刘蕺山绝食而死后，此学随明亡而亦亡"。对这些国学文化积淀深厚的自然地理与人文空间进行保护、修复与开发，既是展示优秀中国传统文化、对国民进行爱国主义教育的基地，同时也可以通过现代创意与设计实现文化资源的产业化，这对于江南地区的物质文明与精神文明建设无疑具有重要的现实意义。就保护的层面讲，主要是在学术研究与田野调查的基础上，发现、挖掘、抢救至今已湮灭不闻或濒于灭亡的江南国学文化遗产，编制江南国学文化遗产名录，使其纳入各省、市、城镇与乡村的非物质遗产保护计划中，并研发它们在当代都市化背景下的生存与发展战略。就开发的角度看，最重要的是根据江南国学自身的历史特点与时代需要，以文化创意与文化产业为战略框架实现江南国学文化遗产当代价值。它既可以是按照时代需要对江南国学文化遗产进行系统的再生产，也可以是对被遗忘了的一人一事一物的发现、修葺与景观化。前者如与"北方圣迹图"工程相呼应，研发"江南儒学的文化线路"，全面展示儒学在江南大地上的历史与精神行程。后者如孔子的弟子澹台灭明，他曾定居南昌开坛讲学，是儒家学术与文化在江南地区最早的传播者之一。他在南昌的墓就在东湖之滨，今南昌二中内。正如白居易在李白墓前所写："可怜荒陇穷泉骨，曾有惊天动地文。"今天还有几人会知道这位在江南大地上传播儒家薪火的先行者呢？类似这样的事情，还有很多，所以说"不可以不弘毅，任重而道远"。

江南国学新学科建设，既是国家文化发展整体战略框架的一部分，也是在以上海为中心的当代长三角地区的一种重要学术实践。江南国学文化不仅在历史上构成了这一地区的精神核心，同时也在"软实力"的层面上直接影响着当代江南经济社会的可持续发展。江南国学的深入研究与不断探索，不仅有助于推动文史哲等传统学科的学术转型，提升与释放人文社会科学服务长三角区域经济社会的水平与能力，同时，江南国学文化遗产的保护、开发与再生产，对上海及长三角的旅游业、文化产业发展也可作出直接的贡献。此外，江南国学在理论研究与实践上的探索与经验，对于中国其他地区的国学研究、精神文明建设、非物质文化遗产保护、传统文化资源产业化等，也将会产生一些重要而积极的示范性作用。

江南的运河文化

　　大运河是世界上开凿最早、规模最大、里程最长的运河，传承着中华民族的悠久历史和璀璨文明，是一部书写在世界地方、华夏大地上的宏伟诗篇。2014 年 6 月 22 日，中国大运河列入《世界遗产名录》，主要包括隋唐大运河、京杭大运河、浙东运河三段。历史上的江南运河，北起镇江、扬州，经太湖东岸苏州，南至杭州，又称江南河、浙西运河等，为京杭大运河的南段。2019 年 5 月 9 日，《大运河文化保护传承利用规划纲要》提出建设大运河文化带，2019 年 12 月 5 日《长城、大运河、长征国家文化公园建设方案》提出建设大运河国家文化公园，位于我国经济最发达的长三角地区的江南运河，成为大运河"一带""一园"中"最精彩的一段"和"最绚丽的一景"。江南运河流经长三角 15 座城市近百座古镇，融汇了吴越、淮扬、皖江、淮河、徽州等地域文化，是江南文化重要的历史文脉和资源富集区，构成了中国大运河色彩最为缤纷、故事最为动听和景色最令人留恋的文化线路，是讲好"中国运河故事"，打造"千年运河品牌"的重要载体，对于构建"中华民族精神的重要标志"具有重大意义。

■ 江南运河文化的发生发展①

　　江南运河贯千里，清波一脉通古今。江南运河如同脐带，连通着江南水

---

① 姜晓云：《江南运河：从文化龛、文化区到文化带》，《文汇报》，2021 年 2 月 9 日。

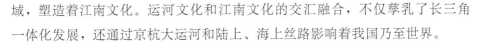

域，塑造着江南文化。运河文化和江南文化的交汇融合，不仅孕乳了长三角一体化发展，还通过京杭大运河和陆上、海上丝路影响着我国乃至世界。

（一）文化凭：江南地区文化的早期形态

如第一讲阅读材料《江南的地理环境》描写，江南地区自古多水，距今8 000年前，江南地区是高海面、高降水的气候条件，能具备人类生存的地方并不多。距今7 500年前，气温与降水有所下降，古长江流至下游时，河水挟持的泥沙逐渐沉积，形成了肥沃的三角洲，为人类生存提供了条件。距今7 000年前，海平面基本稳定，江南地区开始出现先民活动的遗迹，先后出现了河姆渡文化和马家浜文化；到了晚期，海平面不断升高，长江入海口到达扬州、镇江附近，海水入侵杭嘉湖平原形成大片泄湖，除一些高岗外，绝大部分被水淹没。距今6 000～5 000年前，江南地区出现了崧泽文化。到了中期，气候转为干凉，湖泊面积缩小，从遗址发掘中首次发现了水井。距今5 000年前，此时为良渚文化时期，年均温和年降水量都大幅度降低，海水退去，上海滨海平原西部和杭嘉湖平原南部发育成岸外砂咀，江南地区此时进入了先民最适宜生存的时期。距今4 000年以后，气温开始上升，降水增多，海平面又开始上升，江水回灌，水域面积扩大，江南很多地区被淹没，造成了良渚文化的突然消亡。距今3 800年前，进入马桥文化时期，海平面较高，太湖平原环境较为恶劣，湖泊和沼泽广布。到了晚期，气温开始下降，降水量减少，湖泊面积减小，海平面下降，海岸线东移，先民的生活范围扩大。

江南地区的地形受到海侵的持续切割，形成了深切的河槽和相对崎岖的丘陵。随着降水的增多，地表径流也增多，很多平原地区遭到切割侵蚀，形成了诸多的河谷与河间地。先民开荒拓土、围湖造田等生存活动，加快了水土流失，造成长江河口的泥沙沉积量增加，三角洲面积增大。

纵横交错的河网、湖荡，与平原上散布的大小孤丘相组合，将江南地区分割成无数个大小不一的地理单元格。在相对封闭的地理单元格内，一方面创生地的主体文化可以独立生长，另一方面也规避了外来文化过度蔓延而带来负面的影响，因而在史前阶段，江南地区的聚落规模一般不大，且文化特征的差异相对明显。童恩正先生指出："山峦阻隔，河川纵横，森林密布，沼泽连绵，人们只能在河谷或湖泊周围的平原上发展自己的文化，自然的障碍将古代的文化分割在一个一个的文化龛中（cultural niche）。"① 江南地区形成的诸多"文化龛"，不仅限制了本聚落的发展，还阻碍了聚落之间的交流，因而需要创造一种新的方式来打破这种"自然的障碍"，去获得更大的发展。

（二）文化区：江南运河的互联互通

江南地区近则走桥，远则靠船，是船和桥的天下。考古发现，良渚古城遗址已有 11 条坝体共同构成的水利系统，兼具防洪、航运、灌溉等综合功能，是世界上最早、规模最大的水利系统。据《越绝书》记载，春秋时期吴国已开凿"吴古故水道"② 连接苏州和扬州，从而沟通了太湖和长江流域，还开凿了"百尺渎"连通钱塘江"以达粮"，这是江南运河的前身。其后，还开凿胥溪连接太湖和长江、巢湖、淮河。公元前 486 年，吴王夫差在扬州开凿邗沟连接长江和淮河流域，《左传》记载"吴城邗，沟通江、淮"③；还开凿黄沟连接泗水与济水，与齐晋争夺盟主。越国范蠡疏浚山阴古水道，横穿山会平原连接起了东、西小江，这是浙东运河的前身。

公元前 210 年，秦始皇巡视东南，命囚徒"凿丹徒曲阿"，开凿了从镇江至丹阳的运河，将原有线路拉直，"入通吴、会"④。西汉时，吴王刘濞开凿"茱萸沟"，连接扬州与泰州，方便海盐运输。扬州之繁华，鲍照曾在《芜城赋》中写道："当昔全盛之时，车挂轊，人驾肩。廛闬扑地，歌吹沸天。孳货盐田，铲利铜山，才力雄富，士马精妍。"东汉马臻兴建鉴湖，连接起钱塘江与东海，西晋贺循开凿西兴运河，"会土带海傍湖，良畴亦数十万顷"⑤。公元245 年，孙权开凿"破冈渎"，后来梁武帝开凿"上容渎"，从句容到南京先后两次连接起江南运河和秦淮河。

据记载，隋炀帝一方面"发淮南民十余万，开邗沟"，一方面"敕穿江南河，自京口至余杭，八百余里，广十余丈，使可通龙舟，并置驿宫、草顿，欲东巡会稽"。⑥ 江南运河古道得以重新疏凿和拓宽。江南运河连接起长三角

① 杨楠：《考古学读本》，北京大学出版社 2006 年版，第 117 页。
② 袁康、吴平：《越绝书》，浙江古籍出版社 2013 年版，第 228 页。
③ 左丘明：《左传》，中华书局 2018 年版，第 2289 页。
④ 萧子显：《南齐书》，中华书局 1972 年版，第 246 页。
⑤ 沈约：《宋书》，中华书局 1974 年版，第 1540 页。
⑥ 袁枢：《通鉴纪事本末》，中华书局 2015 年版，第 2380 页。

如毛细血管一般的水道，进而连接起各个相对独立的"文化龛"，促进了整个区域的经济社会发展，以至到了中唐，江南不仅从传统意义上长江以南地区的统称演化为长三角及扬州地区的专称，还超越了传统意义上吴文化和越文化的分区成为一个统一的江南文化区。至此，诗性的江南已成为一个著名的地域文化符号，大诗人白居易《忆江南三首》写江南之美、杭州之美、苏州之美，就是一个代表性作品。

（三）文化带：连接陆上丝路和海上丝路

江南运河一直在流淌，河水代表着财富，也代表着文脉。无论是从经济还是从审美来看，江南运河所串联起的文化带，都是世界性的。江南运河沿岸，自北向南分布着扬州、镇江、常州、无锡、苏州、嘉兴、湖州、杭州等城市，在其外延的还有南京、上海、绍兴、宁波等城市。元朝时期的马可·波罗在游历江南运河时这样写道："这条交通线，是由许多河流、湖泊，以及一条又宽又深的运河组成的。这条运河是根据大汗的旨意挖掘的，其目的在于使船只能够从一条大河转入另一条大河，以便从蛮子省直达汗八里，不必取道海上。这样宏伟的工程是十分值得赞美的。然而，值得赞美的不完全在于这条运河把南北国土贯通起来，或者它的长度那么惊人，而在于它为沿岸许多城市的人民造福无穷。沿着运河两岸，也同样筑有坚固、宽阔的河堤，使陆上交通变得十分方便。"[①]

由于我国地势西高东低，大江大河往往向东流。江南运河以自然水系为主，必要时在一些节点上、拐点上或者关键部位上开挖一些起贯通作用的运河，最终形成一张无比巨大的水网，自北向南连接起淮河、长江、钱塘江流域，以及洪泽湖、太湖水系，大量的人流、物流通过水道汇聚江南，并辐射全国。"故人西辞黄鹤楼，烟花三月下扬州"（李白《送孟浩然之广陵》），是自西向江南汇聚；"汴水扬波澜，万里江南通"（岑参《送张秘书充、刘相公通、汴河判官便赴江外觐省》），是自北向江南汇聚；"扬州常节制淮南十一郡之地，自淮南之西，大江之东，南至五岭、蜀汉，十一路百州之迁徙贸易之

---

① 马可·波罗著，陈开俊、戴树英、刘贞琼等译：《马可·波罗游记》，福建科学技术出版社1981年版，第172页。

人，往还皆出其下。舟车南北，日夜灌输京师者，居天下之七"①，是我国西部和南部汇聚江南后的向北运输。在江南运河的作用下，江南文化辐射全国。

江南运河也是我国陆上丝路和海上丝路的连接线。江南良渚古城遗址出土的丝织品残片，距今4700～5200年，是我国迄今发现最早的丝织实物，也是"世界第一片丝绸"。丝绸作为陆上丝路的主要商品，与古江南运河有着密切的关系；隋唐与北宋时期，江南运河更是向陆上丝路运输丝绸等商品的重要通道，晚唐诗人皮日休曾在苏州任职，就发出如此感慨："万艘龙舸绿丝间，载到扬州尽不还。应是天教开汴水，一千余里地无山。"（《汴河怀古》）公元1128年，杜充为阻挡金兵掘开黄河大堤，黄水夺淮不仅使富庶的江淮地区毁于一旦，还淤塞了大运河及其他水道，此后淮安作为江南运河向北延伸的最北端，形成了"南船北马"的运输格局。江南运河的南端，还连接着海上丝绸之路，无论是下东洋、下南洋、下西洋，江南运河都是重要通道，江南地区都是重要腹地，其中苏州的地理位置最为冲要。元初随着海道漕运的开通，苏州太仓的刘家港迅速崛起，苏浙两省的漕粮经江南运河，由太仓港出海，抵天津达北京；海外众商船经刘家港也可直抵苏州，明朝郑和七下西洋都经过刘家港。清人沈寓在《治苏》中称："东南财富，姑苏最重；东南水利，姑苏最要；东南人士，姑苏最盛。"② 杭州作为江南运河的南端，处于大运河和钱塘江交汇处，通江达海，地理位置也十分重要。杭州还通过浙东运河与绍兴、宁波相连，宁波古称明州，是海上丝绸之路东海航线的中心，连接起东洋的日本、韩国，以及南洋和西洋诸国。

二　江南运河文化资源的分布与传承

江南运河作为大运河的重要组成部分，至今仍在发挥着运输、防洪、灌溉等运河的传统功能，同时也在不断被赋予着生态输水、文化旅游区域协调、城乡统筹等新功能。"实用退潮，审美登场"，随着江南运河文化的保护传承，

---

① 杨洵：《扬州府志》，广陵书社2019年版。
② 魏源：《皇朝经世文编》，岳麓书社2004年版，第447页。

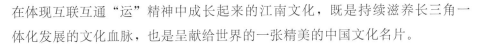

在体现互联互通"运"精神中成长起来的江南文化，既是持续滋养长三角一体化发展的文化血脉，也是呈献给世界的一张精美的中国文化名片。

（一）江南运河沿线的运河遗产分布与构成

经济基础决定上层建筑，"物"的背后是"人"，有着特殊的感性需要、精神内涵与文化形式。肇始于春秋时期、完成于隋代、繁荣于唐宋、取直于元代、疏通于明清——中国大运河厚重的历史，决定了其独特的文化基因。古代中国人开凿运河，最初直接目的是为了便利物资运输和军资调配，维护上层统治者对不同地区的有效统治。古往今来，大运河汩汩流淌在江南大地上，流过江南的城市和乡村，已经在社会结构、生活习俗、道德信仰以及人的气质和性格上给沿线居民打上了深深的"运河"烙印，孕育了繁荣的两岸文明，留下丰富珍贵的文化遗产。

文化遗产形态有"物质文化遗产、非物质文化遗产"之分，它们的共同特点是因运河水而生、成长，传播、发展于运河畔。大运河水文化遗产整体上是一个庞大的、物质形态与非物质形态交错的水文化遗产体系。在人员和物资借助运河水道这一载体进行迁徙与移动的过程中，来自不同区域的人群不断进行着物质与文化的多维度交流活动，使得运河沿岸的江南文化遗产不断地融汇与创新。从空间层面上看，大运河流经沿线地区，从时间层面上看，时间是连续的，从古流至今。如今这些水文化遗产有的已经被历史长河淹没消亡，只能通过文献资料或在老者口述中寻找它们的痕迹；有的却活在江南运河沿线并被完好地保存下来，至今依然在影响着居民的日常生活。这些水文化遗产有着共通的文化源，在不同的地域范围内虽然载体或表现形式有差别，但所表达的内涵有着文化同源性。2014 年中国京杭大运河项目成功入选世界文化遗产名录，申报的系列遗产分别选取了各个河段的典型河道段落和重要遗产点，包括河道遗产 27 段，以及运河水工遗存、运河附属遗存、运河相关遗产共计 58 处遗产。位于江南段的江苏省与浙江省拥有大部分河道与遗存，其中江苏省河道 6 段，遗产点 22 个；浙江省河道 6 段，遗产点 13 个。主要包括。

（1）河道遗产。申遗成功的河道遗产有扬州段、常州城区段、无锡城区段、苏州城区段、南浔段、嘉兴至杭州段、萧山至绍兴段、上虞至余姚段、宁波段、宁波三江口。

（2）依托运河发展起来的历史性街区、历史性文化城镇。申遗成功的此类遗产有无锡清名桥历史文化街区、杭州桥西历史街区、苏州山塘历史文化街区（含虎丘塔）、苏州平江历史文化街区、绍兴八字桥历史街区、南浔古镇。除此之外，在我国七大古都中，江南运河城市杭州名列其中。截至 2018 年 5 月 2 日，国务院审批的 135 座国家历史文化名城，江南运河流经的杭州、绍兴、苏州、扬州、淮安、镇江、无锡、常州、嘉兴、湖州均在列。国家文物局从 2003 年起共同组织评选公布的 6 批中国历史文化名镇，其中属于江南运河沿线城市的就有 20 个。

（3）堤坝、涵闸、码头、古纤道、桥梁、水利设施等运河水工遗存，运河沿岸公署、钞关、驿站、官仓等相关漕运管理机构遗存。如申遗成功的遗产点江都邵伯古堤、宝应刘堡减水闸、嘉兴长安闸、江都邵伯码头、西兴过塘行码头、吴江运河古纤道、绍兴古纤道、苏州宝带桥、嘉兴长虹桥、杭州拱宸桥、杭州广济桥、绍兴八字桥、高邮盂城驿、杭州富义仓。

（4）因运河而兴盛的园林遗迹、建筑等文化景观遗产，运河沿线居民生产生活、社会管理、宗教信仰、审美娱乐的建筑设施和聚落遗产，如名人故居、传统民居、传统乡土建筑等。如申遗成功的遗产点扬州瘦西湖、扬州天宁寺行宫和重宁寺、扬州个园、苏州盘门、扬州汪鲁门住宅、扬州卢绍绪宅、扬州盐宗庙、宁波庆安会馆。

（5）遗址古迹，指的是自大运河开挖以来，运河沿岸人们从事经济、文化、科学、教育等活动的遗址。这类遗址包括历史事件发生地、军事遗址、商贸遗址等，如杭州凤山水城门遗址是地方历史文脉的重要载体。

（6）与大运河直接相关的各种非物质文化遗产，如水事活动、与运河直接相关的诗文字画、航运技术、治水造船技术、船工号子；与大运河间接相关的各种非物质文化遗产，尤其是沿岸城乡范围之内的，比如戏文戏曲、民间技艺、典故传说、老字号、民俗风情、各种口述文化资料等，像苏州的昆曲、评弹等。

经过数千年历史的沉淀，运河文化已经融入江南文化也即水文化之中。大运河融贯南北，连通数省地，使得运河文化具有独特性、包容性、多样性、

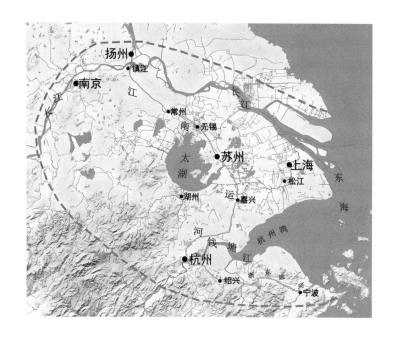

江南运河、浙东
运河示意图

开放性等特质。江南运河沿线文化遗产等级高，类型齐全，包括各种物质、非物质、口头非物质文化遗产，全国重点文物保护单位、古都、国家级历史文化名城、历史文化名镇等，其数量之多、分布之密集，在国内都属于前列。

（二）大运河文化带上的江南文脉

"江南可采莲""杏花春雨江南""小桥流水人家""粉墙黛瓦花格窗""二十四桥明月夜""一江春水向东流""三秋桂子，十里荷花""上有天堂，下有苏杭"等语境中蕴含着江南文化中的自然审美范式，而"画船听雨眠""枫桥夜泊""杨柳岸，晓风残月"等语境中也体现着独特的江南运河文化精神。运河之美，因水而生；运河文脉，依水而眠，在江南运河深层也潜藏着一条文化的河流，即"江南文脉"，并不断自江南地区向北方地区辐射、流淌。

（1）"运河之都"的江南文脉。扬州被誉为"运河之都"，不属于地理意义上的江南，却属于文化意义上的江南，这集中体现了江南文化通过大运河对以扬州为代表的大运河沿岸江南文化拓展区的辐射。随着京杭大运河的全线贯通和旧河道的疏浚，处在南北运河与长江交汇处的扬州，在相当长一段时间里成为东南地区的交通枢纽。当时扬州的制造业和商业都非常发达，最活跃的便数盐商。扬州城现存的诸多园林便是当时盐商大户的私家园林。《桃花扇》的作者孔尚任曾说："广陵为天下文士之大逆旅。"清人李斗《扬州画舫录》也曾记载当时扬州城内诗文会的盛况。

（2）"京城"里的江南文脉。江南文化沿着大运河向北方地区传播，还体现在宋金时期的京城——开封和北京。北京的北海公园是中国现存最古老、最完整、最具综合性和代表性的皇家园林之一，琼华岛随处可见的太湖石堪称公园一绝。太湖石因盛产于江南太湖地区而闻名，是一种玲珑剔透的观赏石头，最能体现"皱、漏、瘦、透"之美。北宋末期，宋徽宗赵佶酷爱奇石，在东京（今开封）建"寿山艮岳"，集天下奇石，这些太湖石都是他动用上千艘船只，专门通过大运河从江南运回，以十只船组成一"纲"，史称"花石纲"。金兵攻陷东京，艮岳的太湖石也成了战利品，金世宗在修建大宁离宫的时候，派人去汴京把艮岳的太湖石通过大运河运到中都，大部分修了北海的琼华岛。江南文化沿着大运河向北传播，不仅仅体现在园林建造上，还包括戏曲（如京剧，徽班从扬州进京）、饮食（如北京烤鸭，源自南京盐水鸭）、教育（"五四"运动的大本营北京大学，校长及骨干教员来自江南）等各个方面。

二 江南运河文化的现代性转换和创新性发展

江南运河是中国大运河体系的重要组成部分，也是大运河文化交响曲的华彩乐章。从历史上看，"江南运河是隋唐大运河、也是元以后京杭大运河的重要组成部分，它北控大江，南倚太湖，上起镇江市东谏壁镇，下迄杭州市的德胜坝（艮山门旁），全长约三百四十公里。它所流经的地域，均为江、浙二省最富饶的地区，唐代著名诗人白居易曾用'平河七百里，沃壤二三州'（《白氏长庆集》卷 27《想东游五十韵并序》) 的名句称颂过它"。① 因为流经中国最富裕的苏浙两省，江南运河在古代中国一直占据着重要地位。就当下而言，江南运河两岸分布着扬州、镇江、常州、无锡、苏州、嘉兴、湖州等长三角核心区的重要城市，它们全部位于上海大都市圈和南京都市圈的范围内，无论是经济总体规模、社会文明程度和文化发展水平，在中国大运河沿线都很难再找出第二个。因此，以江南运河沿线城市轴带为对象，规划建设中国大运河文化示范段和重要文化标识，不仅符合江南运河积淀深厚的历史底蕴，也具备良好的发展基础和现实的可行性。

首先，江南运河自古以来就是一条繁荣发达的"城市廊道"，传承着不可胜数的文明财富和强韧的发展活力。城市是文化的容器。由于经济、商贸发达和人口规模较大，江南运河沿线一直是中国古代城市化水平最高的区域，不仅古代江南运河中心城市扬州、苏州、杭州都位于江南运河沿线，还哺育南浔、乌镇、西塘、南翔、盛泽、甪直、平望、同里等一大批繁华市镇。这些城镇不仅经济发达，而且文化同样繁荣。最重要的是，这一城市传统一直延续至今。在今天的长三角城市群中，杭州、宁波、嘉兴、湖州、绍兴、苏州、常州、无锡、镇江、扬州均分布在运河流域，这 10 座城市的 GDP 在全部运河沿线城市中占比超过 70%，而其中的 8 个就坐落于江南运河沿岸，为建设中国大运河文化示范段和重要文化标识提供了坚实的经济基础。同时，这些江南运河城市也都是国内外知名的人文城市。以国家历史文化名城为例，扬州、镇江、常州、无锡、苏州、嘉兴、杭州、湖州均在其列。此外还有历史文化名镇 20 个。从省级区划的角度看，江苏、浙江都是名副其实的运河文化大省。据大运河文化带沿线基础数据，江苏省目前有名城古镇 73 个 (其中国家级 50 个，省级 23 个)、中国传统村落 28 个、历史文化街区 56 个 (其中国家级 5 个，省级 51 个)；浙江省有名城古镇 91 个 (其中国家级 25 个，省级 66 个)、中国传统村落 249 个 (其中国家级 76 个，省级 173 个)、历史文化街区 29 个 (其中国家级 3 个，省级 26 个)。在中国大运河的十个河段中，其他九个在文化资源上也是很难与江南运河相提并论的。

---

① 唐宋运河考察队编：《运河访古》，上海人民出版社 1986 年版，第 257 页。

　　其次，江南运河自古以来就是一条异彩纷呈的"文化线路"，集聚了灿若星河的物质与非物质文化遗产。文化是城市的灵魂。江南运河城市不仅有雄厚的经济基础和建设资金，同时也是城市的"物质躯壳"和"精神灵魂"结合最好、协调水平最高的区域，因此在运河文明遗产和文化资源上同样储量丰富、价值重大。综合有关统计可知，在大运河世界遗产的体系内，江苏省与浙江省拥有大部分的河道与遗存，具体是江苏省河道 6 段、遗产点 22 个；浙江省河道 6 段、遗产点 13 个。在河道遗产方面，主要包括扬州段、常州城区段、无锡城区段、苏州城区段、南浔段、嘉兴至杭州段、萧山至绍兴段等；在历史文化街区（镇）方面，主要包括无锡清名桥、杭州桥西、苏州山塘、苏州平江、南浔古镇等；在运河水工遗存方面，主要包括嘉兴长安闸、江都邵伯码头、西兴过塘行码头、吴江运河古纤道、苏州宝带桥、嘉兴长虹桥、杭州拱宸桥、杭州广济桥、杭州富义仓等；在文化景观遗产方面，主要包括扬州瘦西湖、扬州天宁寺行宫和重宁寺、扬州个园、苏州盘门、扬州汪鲁门住宅、扬州卢绍绪宅、扬州盐宗庙、杭州凤山水城门遗址等。在大运河文化带的体系内，江苏省大运河核心物质文化遗产基础数据为世界级 46 项、国家级 132 项、省级 45 项；大运河非物质文化遗产代表性项目基础数据为世界级 15 项、国家级 110 项、省级 316 项。浙江省大运河物质文化遗产保护点基础数据为世界级 18 项、国家级 68 项、省级 99 项，大运河非物质文化遗产代表性项目基础数据为世界级 6 项、国家级 91 项、省级 314 项。在中国大运河的十大分段中，江南运河的文明遗产和文化资源也是首屈一指的。

　　最后，江南运河在精神文化上占据了中国大运河的半壁江山，是构建中华优秀传统文化传承体系的战略选项。在长达 3 200 公里的中国大运河沿线，主要分布着京津、燕赵、齐鲁、中原、淮扬、吴越六大地域文化，均为历史底蕴深厚、人文价值重大的文化高地，但就对中华民族性格和中国文化精神的塑造和影响而言，其中最重要的当属中原文化和江南文化。前者是儒家哲学和中原实用理性的根据地，后者是道家哲学和江南诗性文化的大本营。在先秦时代的社会大变革和思想大解放中，以儒家的"入世"精神和道家的"出世"理念为基础而形成的"儒道互补"结构①，不仅是塑造中华民族精神性格和文化心理的基本机制，还深度影响了千百年来华夏儿女的生产方式和日常生活实践，对于传承保护中华优秀传统文化、培育文化自觉和坚定文化自信、实现中华文明伟大复兴的中国梦，依旧有着不可替代的重大战略资源价值。这是因为"在当代实践中最令人担心的是：一方面齐鲁伦理人文那种至阳至刚精神在反传统的全球化背景中逐渐消失，另一方面是江南诗性人文那种优雅品味在反美学的后现代文化中越来越粗鄙化。……以这两种精神资源为文化建设的基础，在诗性人文与伦理人文的矛盾冲突中努力彰显中国文化的生机与丰富内涵，开拓中国文明固有伦理价值与审美价值的新境……既有承担历史、社会与现实道义职责的铁肩与忠心赤胆，又有独与天地精神相往来的宇宙深情与寄托，只有一个这样的现代华夏民族被生产出来，才真正符合中国诗性文化的理念与实践"。② 由此可知，以中国大运河文化建设为战略契机，率先推动齐鲁文化和江南文化的重建和复兴，比其他区域文化有着更为重要和更加紧迫的时代意义。

阅读材料

　　本讲所选的阅读材料凡五篇，刘士林的《经济型城市的中国模式与经验》，提出运河城市是中国经济型城市的代表，对中国古代社会的开放发展作出了巨大贡献。陈璇的《千年运河里的"江南文化"》，认为发达水运推动了南北经济文化的频繁交流，江南运河的畅达为江南文化的发展孕育了丰沃的土壤。姜晓云的《古典运河诗词与"下江南"意象》，认为是"下江南"意象是运河文化和江南文化相互交融的产物，包含着一种从流飘荡的"悠悠"物象，有浓得化不开的异样"离愁"。王晓静的《江南运河里的漕帮》，揭示了漕帮从最初的合法组织到从事贩卖私盐、赌博、欺诈等的黑社会组织及其与青帮、洪帮的联系，展示了江南运河文化的一种独特景观。陈璇的《苏州运河十景》，以诗意的文字介绍了吴门望亭、浒墅关、枫桥夜泊、平江古巷、虎

---

① 李泽厚：《美的历程》，安徽文艺出版社1994年版，第54页。
② 刘士林：《诗性文化的旧邦新命》，华中师范大学出版社2016年版，第103页。

丘塔、水陆盘门、横塘驿站、石湖五堤、宝带桥、平望·四河汇集苏州十大运河文化地标。

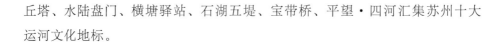

一 刘士林：经济型城市的中国模式与经验①

一方面，与世界上的尼罗河文明、两河文明，以及同一片国土上的黄河文明、长江文明一样，运河文明也属于河流文明；另一方面，它又有自己的特殊性。如果说一般的河流文明在起源上主要依托于自然界的大江大河，那么人工开凿疏浚的河流则是运河文明发生与成长的摇篮。这是运河文明的独特本质所在。在比较研究的意义上，这两种河流文明的根本差异在于：前者在起源中更多地依赖自然环境与资源，体现的是人类对大自然直接的生产与实践行为；而后者的发生与成长则更多地包含了社会与文化的要素，主要功能是对已初步成型的文明模式与经济社会格局的加工与再生产，目的在于推动中国古代世界的内在循环与可持续发展。历代统治者对大运河的疏浚、改造一直不惜血本，就因为它实际上已经成为古代中国的"主干大街"，承担着政治、军事、交通、经济、移民、商贸、税收等多种重要服务功能。

斯宾格勒曾说："世界历史，即是城市的历史。"② 也可以说，运河文明史就是运河城市发展史。沿运河水陆网络在广阔空间上扩展开去的城市与乡村，它们在社会结构、生活习俗、道德信仰及人的气质与性格上，无不打上了深深的"运河"烙印，是运河文明"基因"的再现与物化。作为独特的河流文明谱系，运河文明的精华集中于两岸的城市或中心城区，然后又以城市为枢纽而延伸到古代中国文明肌体的末梢与细部。如城东门和城北门在明清时期是天津最繁华的所在，原因无他，只是因为这两个城门正对着运河，占到了经济地理上的"区位优势"。又如北京齐化门外东岳庙一带，历来是京城人士辐辏之处，也是因为它沾了运河漕运的光。如《析津志》所述："江南直沽海道来自通州者，多于城外居住，趋之者如归。又漕运岁储，多所交易，居民

---

① 节选自刘士林：《六千里运河 二十一座城》，上海交通大学出版社 2022 年版。
② 斯宾格勒著，陈晓林译：《西方的没落》，黑龙江教育出版社 1988 年版，第 353 页。

殷实。"① 经济的发展必然带动以商业为主要标志之一的城市化进程，所以每年三月，东岳庙一带才会出现"道涂买卖，诸般花果、饼食、酒饭、香纸填塞街道"的城市景观。像这样的例子，在运河沿岸城市中是不胜枚举的。

大运河与沿岸城市是一体同胞、唇齿相依的。对于运河城市，它们或是由于运河开通而直接完成了自身的"城市化进程"，从默默无闻的农村或普通市镇发展为具有相当规模或中心意义的大城市。如山东临清，就是由于大运河的开通，把它一个叫"鳌头矶"的水洲改变为一个重要的运输与物流中心，同时也使临清一跃发展为"绅士商民近百万口"② 的明清中心城市。清人贺王昌曾说它"舟车辐辏说新城，古首繁华压两京"（《题清源》其二），这并不是诗人的想象，在明清时期，临清是华北最大的棉布、绸缎和粮食等商品集散和贸易中心。在明代经临清转销的布匹和纺织品每年至少在一二百万匹以上，在清代每年经由这里交易的粮食则达到 500 万～100 万石。以乾隆年间为例，临清城内粮食市场有六七处，粮铺多达百余家。又如唐宋时期的常州，当时江南运河西自朝京门外广济桥入城，经西水门出东水门后穿城而过，使常州获得"三吴襟带之帮，百越舟车之会"的令誉。发达的运河交通，不仅使常州出产的细绫、棉布、纸张成为唐代的贡品，极大地刺激了常州城市经济的发展。同时也由于穿过城区的运河曾数次改道南移，直接推动了常州城区的空间规模不断扩大。③ 或是借助大运河的综合功能超越了城市已有的规模与局限，使城市在空间、人口等方面发展到一个更高的水平。如古建筑学家罗哲文指出："如果没有这条运河，北京城可能就修不起来了。"④ 如故宫太和殿的龙柱、铺地的金砖等，也包括城市建设需要的大量木材与石料等，都是通过运河运来的。与《说文解字·土部》的"城，以盛民也"一致，城市人口是西方城市社会学评价城市化水平的主要依据，运河两岸城市人口增加也是衡量运河对城市发展影响的重要尺度。如苏州正是在大运河开通以后，才"成

---

① 熊梦祥：《析津志辑佚》，北京古籍出版社 1983 年版，第 116 页。
② 中央研究院历史语言研究所编：《明清史料》（甲编第 10 册），中央研究院历史语言研究所印行 1930 年版。
③ 何荣昌：《唐宋运河与江南社会经济的发展》，《运河访古》，上海人民出版社 1986 年版，第 320 页。
④ 李韵：《大运河保护应遵循"原真性""完整性"》，《光明日报》 2007 年 3 月 12 日。

为江南运河线上的中心城市……隋时苏州人户只有一万八千多户，唐天宝间增至七万六千多户，元各年间又发展到十万户，成为江南大郡。"又如运河最南端的杭州，"隋时一万五千户，唐贞观中三万五千户，宋元丰间增至十六万户，南宋初为二十六万户，至咸淳年间高达三十八万户、一百二十多万户口，成为全国最大的城市"。① 运河城市中如此巨大规模的人口，不仅是运河作为交通系统固有的聚集效应的直接表现，同时大量的城市人口也只有依靠运河才能生存与发展。如一千多年来，北京人吃的大米就都是通过运河运来的。

最重要的一点是，许多城市的命运与大运河的兴衰紧密联系在一起。以扬州为例，在京杭大运河走向繁盛的唐代，扬州是一座举世闻名的大都市，"那里商贾云集，店铺栉比，各种货物，从高档的珠宝绫罗到日常生活用品，精美华丽，应有尽有。那里不仅山水风光，明媚秀丽，而且有数不清的倡楼、酒馆、茶店，有风姿绰约的妓女、身怀绝技的艺人、手艺高明的厨师和充满浓郁地方色彩的美味佳肴，可以供人们尽情地吃喝玩乐，尽情地享受挥霍。无论是白天，还是夜晚，扬州的生活总是沉浸在一派热闹、繁华、喧腾的气氛之中"。② 在京杭大运河欣欣向荣的元明清三代，扬州也一直处于繁荣与发展中。真正使扬州命运发生逆转的，是另一种现代交通系统对大运河的取而代之。如现代作家郁达夫所说："自大业初开邗沟入江渠以来，这扬州一郡，就成了中国南北交通的要道；自唐历宋，直到清朝，商业集中于此，冠盖也云屯在这里。既有了有产及有势的阶级，则依附这阶级而生存的奴隶阶级，自然也不得不产生。贫民的儿女，就被他们强迫做婢妾，于是乎就有了杜牧之的青楼薄幸之名，所谓春风十里扬州路者，盖指此。有了有钱的老爷，和美貌的名娼，则饮食起居（园亭），衣饰犬马，名歌艳曲，才士雅人（帮闲食客），自然不得不随之而俱兴，所以要腰缠十万贯，才能逛扬州，以此。但是铁路开后，扬州就一落千丈，萧条到了极点。从前的运使、河督之类，现在也已经驻上了别处；殷实商户，巨富乡绅，自然也分迁到上海或天津等洋大人的保护之区，故而目下的扬州只剩下了一个历史上的剥制的虚壳，内容便

---

① 何荣昌：《唐宋运河与江南社会经济的发展》，《运河访古》，上海人民出版社 1986 年版，第 320－322 页。
② 阎守诚：《隋唐小说中的运河》，《运河访古》，上海人民出版社 1986 年版，第 85 页。

什么也没有了。"①

与人工开凿的大运河关系如此密切，使运河城市与其他中国城市在发生上有很大的区别。如西方城市社会学家认为城市起源于防卫的需要，在《墨子·七患》中也有"城者，所以自守也"②的记载，不少人认为汉语中"城"的本义是城垣，主要功能也是防卫，因而防卫功能也是中国古代城市发生的重要原因与基本内涵。在中国最具代表性的无疑是万里长城，它的功能即"自守"，是中国一个最大的城垣。与之相对，大运河的主要功能则可以称之为"市"，它的基本功能是"买卖所之也"③（《说文解字》），是"致天下之民，聚天下之货"④（《易·系辞下》）。与"城"因防卫需要而倾向于封闭不同，"市"的功能在于推动内部循环与外部交流，这在客观上有助于使中国社会成为一个内在联系更加密切、对外交流更加通畅的有机体。

强大的联系交流功能集中体现在运河城市上，在表层是实用性的交通、物流、商贸等，在深层则直接建构了城市新的存在方式与运行机制。这可以"经济型"与"政治型"来阐述。"政治中心的核心问题不在生产环节而在分配环节，首要功能是如何聚敛与控制社会生活资料与物质财富。为了更有效地强化统治的物质基础与社会秩序，传统政治中心一般也会自觉不自觉地限制、压迫其他城市的规模与实力，如朱元璋对'中古时期最富裕、城市化程度最高和最先进的经济文化中心'苏州的压制，就具有代表性。经济中心的基本功能是扩大生产规模、贪婪地占有自然资源、人力资源以便创造出更多的物质财富，与前者不同，它最突出的城市性格是一种'永无休止'地探索与扩张的浮士德精神"。⑤以苏州为例，"宋代苏州城的建设和城市经济更加兴盛。从现存宋代石刻《平江图》可以看出宋代苏州城市的规模与繁荣。城区有南北向河道六条，东西向河道十四条，街道与河道并行，排列整齐。城里的商业很发达。有米行、丝行、鱼行、船行等数十种行业。运河上往来商船很多。宋龚明之的《吴中纪闻》称苏州'风物雄丽为东南之冠'"。以杭州为

---

① 郁达夫：《扬州旧梦寄语堂》，《郁达夫游记》，上海书店出版社1980年版，第126页。
② 吴毓江校注：《墨子校注》，中华书局2006年版，第37页。
③ 许慎：《说文解字》，浙江古籍出版社2016年，第169页。
④ 王弼注：《周易注》，中华书局2011年版，第363页。
⑤ 刘士林：《都市与都市文化的界定及其人文研究路向》，《江海学刊》，2007年第1期。

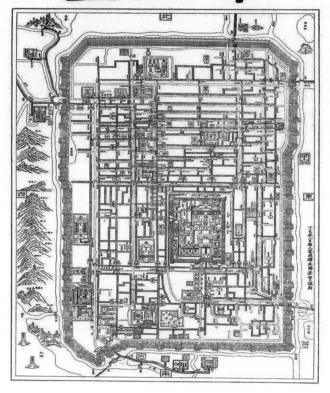

南宋 李寿朋
《平江图》（拓
本）

例，"城市商业十分繁荣，临安城里有四百十四行。北宋
熙宁十年，杭州的商税已居全国首位，共八万二千多贯，
南咸淳年间增至四十二万贯"。① 如果说，政治型城市趋向
封闭，对中国社会的稳定具有重要作用，那么经济型城市
则倾向开放，是一个社会具有活力与创造性的集中体现。
在泛政治化的中国古代城市中，运河城市代表了经济型城
市的中国模式与经验，对于中国当代城市发展特别是市场
经济建设具有鲜明的参照价值与重要的示范意义。

① 何荣昌：《唐宋运河与江南社会经济的发展》，《运河访古》，上海人
民出版社 1986 年版，第 320 - 322 页。

如同有机体一样，社会发展也需要不断地扩大交流互鉴，依赖河流文明而出现的运河城市，在这一点上有其他城市不能比拟的巨大区位优势，对中国古代社会的开放发展作出了巨大贡献。由于中国古代农业文明总体上"喜静不喜动"，容易走向自闭与僵化，因而在运河两岸出现的这些活力充沛、性格外向的城市，对中国古代社会的自我更新与可持续发展，其功劳是怎样评价都不为过的。

二　陈璇：千年运河里的"江南文化"①

大运河，上下两千五百余年，绵延六千余里，是世界文化遗产，更是中华文明的标志。清波一脉通古今，开凿于先秦时期的江南运河，作为中国大运河的组成部分之一，将江南的各个城市如明珠般串联起来，大运河带来的是城市发展的滋味源头，是城市腾飞的汩汩清流，它带来了江南的千载繁华，见证了江南城市的兴替更迭。时至今日，江南运河始终是京杭运河运输最繁忙的航道，在区域经济社会生活中扮演着无可替代的角色。

首先，江南运河与长江、江南自然水网所共同形成的资源优势，是江南社会经济繁盛的源头活水。江南运河，北起江苏镇江，绕太湖东岸经常州、无锡、苏州，南至浙江杭州，贯穿长江、太湖和钱塘江三大河湖水系，同时，又通过吴淞江、太浦河连接上海。在所有运输当中，水运是最便捷且便宜的。自春秋战国以来，江南运河与天然的江河湖海构建了一个庞大的水网，形成了四通八达的水运交通网络，奠定了水乡泽国的自然与人文生态。隋朝开挖疏浚的江南运河，纳入全国统一的漕运体系，是众多江南地区运河中的最主要的漕运水道。江南运河与长江一起，一横一纵搭起了江南地区最重要的水系骨架，又与江南自然水网共同构成了影响江南社会经济文化繁盛的源头活水。我国著名历史地理学家史念海先生曾说过："隋唐时期交通相当发达，运河和长江的水上交通尤为当时后世所称道。运河有不同的渠道，渠道相互连缀，可以通到许多地方。"

---

① 陈璇：《江南运河流淌出"繁华之源"》，《解放日报》，2021年11月23日。

以三江之一的吴淞江为例，《尚书·禹贡》记载"三江既入，震泽底定"。[1]震泽，即太湖。太湖是江南地区的母亲湖，也是吴文化的发祥地。文献中虽未明确三江所指，但基本可知三江即震泽尾闾排泄入海之所。如晋庾阐、张守节等都认为，三江即指太湖下游入海的三条水道——娄江、松江及东江。吴淞江发源于苏州市吴江区松陵镇以南的太湖瓜泾口，是连通太湖及诸多河湖塘浜流入长江的三条通道之一。吴淞江以北新泾为界，上游被老百姓称为吴淞江，北新泾以东是吴淞江下游，进入上海市区后就是上海的"苏州河"。吴淞江的别称"松江"，就是源于上海在古代曾隶属于"松江府"。吴淞江下游近海处被称为"沪渎"，是上海市简称的来源。苏州河岸线是上海近代最早的工业区，集中了数以千计的工厂，其中的纺织厂、面粉厂、火柴厂、钢铁厂、造币厂、啤酒厂、无线电厂、制药厂、石油化工机械设备厂等，都曾在上海乃至全国工业经济史上创下多种纪录。

以苏州为例，苏州有"水韵古城"之称。其"水陆双棋盘"的城市格局一直延续至今。"君到姑苏见，人家尽枕河"，"绿浪东西南北水，红栏三百九十桥"，以太湖为源头和大运河为骨干的江南水系，将星罗棋布的湖泊河荡和纵横交错的水巷河道连成一片，从而形成了苏州举世无双的水城格局。黄金水道的运河水系、水乡古镇风貌水系、三横四直的城内水系及逐水而建的园林水系，交相辉映，融汇合璧。而依靠这样的水网系统，苏州成为历史上南来北往人员、物流的重要集散地和中枢地。同时，借助大运河，漕运和海运在苏州形成了彼此呼应的联动效应，为塑形全国统一性的社会与市场奠定了坚实的经济基础。

其次，大运河，尤其是江南运河的畅达，为江南文化的发展孕育了丰沃的土壤。在绝大多数时期，江南运河沿线受战争袭扰相对较少，随着"永嘉之乱""安史之乱""靖康之乱"后的三次南迁，江南地域的人口快速增长，"平江、常、润、湖、杭、明、越，号为士大夫渊薮，天下贤俊多避地于此"。[2]同时，发达的水运又催生了商业文明的萌芽与发展，南北经济文

---

① 张九成：《尚书详说》，浙江古籍出版社 2013 年版，第 318 页。
② 李心传：《建炎以来系年要录》，中华书局 1988 年，第 405 页。

化的频繁交流，使江南沿运地区长期成为古代中国的经济文化中心，苏州更是在明清时期一度成为江南文化乃至全国文化中心城市。朝鲜人崔溥《漂海录》中有一段话："苏州古称吴会，东濒于海，控三江，带五湖，沃洋千里，士夫渊薮。海陆珍宝，若纱罗绫段，金银珠玉，百工技艺，富商大贾，皆萃于此。自古天下以江南为佳丽地，而江南之中以苏、杭为第一州。此城尤最。……阊门马头之间，楚商闽舶，辐辏云集。又湖山明媚，景致万状。"①

　　清代宫廷画家曾用二十四年时间画了一幅全长1 225厘米，比《清明上河图》长一倍的画卷，取名为《盛世滋生图》，后改名《姑苏繁华图》。画面自灵岩山起，由木渎镇东行，过横山，渡石湖，历上方山，介狮和两山间，入苏州郡城、经盘、胥、阊三门，穿山塘街，至虎丘山止。画家自西向东，由乡入城，描绘了一村（山前）、一镇（苏州）、一街（山塘），据统计，共有人物一万二千余人、房屋建筑约2 140余栋、桥梁50余座、客货船只400余只、商号招牌200余块，画笔所至，连绵数十里内的湖光山色、水乡田园、村镇城池、社会风情跃然纸上，既是研究江南运河最好的资料之一，也是江南文化最好的表达。

　　据《明清进士题名碑录》统计，明清两朝全国录取进士51 681人，其中明代为24 866人，清代为26 815人。江南共考取进士7 877人，占全国15.24％，其中明代为3 864人，占全国的15.54％，清代为4 013人，占全国14.97％。总体而言，明清两代每7个进士，就有1个出自江南。以苏州为例，从隋朝开始至清末废除，共产生了文武状元七八百名，而苏州就有50余位，数量之多为各州之最。"状元"也因此被视为苏州的"特产"。时至今日，从苏州走出去的两院院士有百十多位，在全国也是领先的。

　　江南文化，作为中国优秀传统文化中的一部分，其文化门类繁多，文化内涵深远，文化质量高超，有"繁华之源"之美誉。如唐伯虎诗中的"世间乐土是吴中，中有阊门更擅雄"；这都得益于江南运河带来的得天独厚的自然和社会优势。正如范金民教授说："在明清时期，在近代海运兴起以前，运河

---

① 崔溥：《漂海录》，社会科学文献出版社1992年版。

是全国政治信息沟通、南北物资输送、各地文化传播、全国人才交流的最重要通道。明清时期的人，凡是有一定文化的，中过举的，做过官的，可以说没有不经过运河的。"

再次，江南运河的流通，为江南文化的输出与交融畅通了渠道，是江南文化传播不竭的动力源泉。大运河全线贯通后，不独成为南方漕粮北上的输送线，也是南北之间商品往来、人文交流的大通道。如翁俊雄先生说："德宗兴元以后，汴河复通。此后，南来北往的旅客，多经此路。"不止是唐宋，在明清时期，江南经济与文化获得更高层次的发展，大运河的交通枢纽意义也变得更加重要。当时，上至公卿显宦，下至平民百姓，只要有船可乘，他们大多会舍鞍马、弃车轿。这在如《三言二拍》等的古代小说中留下许多动人的故事与细节。

以昆曲为例，嘉靖年间昆曲兴起后，到明末"今京师所尚戏曲，一以昆腔为贵。"一时间竟出现了"多少北京人，乱学姑苏语"的盛况。明末徐树丕说："四方歌曲，必宗吴门，不惜数千里重资致之，以教其伶伎。然终不及吴人远甚。"[1] 在清代陈森的《品花宝鉴》里，有一段昆曲北上传播的生动描写：

> 京里有个什么四大名班，请了一个教师到苏州买了十个孩子，都不过十四五岁，还有十二三岁的；用两个太平船，由水路进京。……那个教师姓叶叫茂林。是苏州人。从前在过秦淮河卞家河房里，教过曲子，我认得他。承他好意，就叫我们搭他的船进京。在运河里粮船拥挤，就走了四个多月。见他们天天的学戏，倒也听会了许多。我们这个船上，有五个孩子，顶好的有两个：一个小旦叫琪官，年十四岁。他的颜色就像花粉和了胭脂水，匀匀的搓成，一弹就破的。另有一股清气，晕在眉梢眼角里头。唱起戏来，比那画眉、黄鹂的声音还要清脆几分。这已经算个绝色了。更有一个唱闺门旦的叫琴官，十五岁了。他的好处，真教我说不出来。要将世间的颜色比他，也没有这个颜色。要将古时候的美人比他，我又没有见过古时候的美人。世间的活美人，是再没有这样好的。

---

[1] 邓子勉编：《明词话全编》，凤凰出版社 2012 年版，第 4963 页。

就是画师画的美人，也画不到这样的神情眉目。

可见，昆曲的北上传播，运河起了十分重要的作用。此外，苏样、苏意、苏酒、吴馔、苏作等，也是通过运河传播至全国各地的。明万历年间的王士性说："姑苏人聪慧好古……又善操海内上下进退之权，苏人以为雅者，则四方随而雅之，俗者，则随而俗之。……又如斋头清玩、几案、床榻，近皆以紫檀、花梨为尚，尚古朴不尚雕镂，即物有雕镂，亦皆商周、秦、汉之式，海内僻远皆效尤之，此亦嘉、隆、万三朝为盛。"[1] 不仅如此，它们甚至流传至日本、朝鲜、琉球和西欧，"大抵日本所需，皆产自中国，如室必布席，杭之长安织也。妇女须脂粉，扇、漆诸工须金银箔，悉武林造也。他如饶之磁（瓷）器，湖之丝绵，漳之纱绢，松之棉布，尤为彼国所重"。[2]

同时，因为有了运河，中原地区的士大夫也因为仰慕、追捧江南文化而纷纷南下。戏剧大家孔尚任在《郭匡山广陵赠言序》中写道："天下有五大都会，为士大夫必游地，曰燕台、曰金陵、曰维扬、曰吴门、曰武林。"[3] 其中三个是运河城市，而且集中在江浙两省。在江南和中原之间，这一来一往，如渔歌互答，形成了南北文化对话、交流、互鉴的主干道，有力地促进了古代中华文明的循环通畅和中国优秀传统文化的融汇贯通。

三　姜晓云：古典运河诗词与"下江南"意象[4]

江南是一个充满诗性精神的所在，这里有隐隐的青山、缤纷的花树、低徊的明月和清风、如烟细雨下轻轻摇动的舳舻，还有小桥流水人家、诗酒和似水流年、自由如风的快乐岁月、空灵玄虚的思想。关于江南的意象，我国古典诗词里俯拾皆是，而且美丽得摄人心魄。这些江南意象的产生，半是起源于江南人对故乡的回望，半是归功于异乡人的反观。《晋书·文苑·张翰》

---

① 王士性：《广志绎》，中华书局1981年版，第33页。
② 姚士麟：《见只编》，商务印书馆1936年版。
③ 孔尚任著，汪蔚林编：《孔尚任诗文集》，中华书局1962年版。
④ 姜晓云：《古典诗词中的"下江南"意象》，《光明日报》，2021年7月5日。

记载，"翰因见秋风起，乃思吴中菰菜莼羹鲈鱼脍，曰：'人生贵得适志，何能羁宦数千里以要名爵乎！'遂命驾而归"，① 从而成就了后世文人津津乐道的"莼鲈之思"。白居易的《忆江南》组词，以异乡人的视角发现了江南的日常诗意，从此"江南好"成为"忆江南"的代名词。京杭大运河作为北方进入江南的重要通道，也成了古典诗词的审美对象，因而有着"唐诗之河""宋词之河"等美誉。这些运河诗词中所蕴含的"下江南"意象，是一个重要的文学母题，目前研究者甚少，值得深入探讨。

（一）"下江南"意象是运河文化和江南文化相互交融的产物

古代江南，水乡泽国，几乎无路，以河代路，近则走桥，远就靠船，是船和桥的天下。据《越绝书·吴地传》记载，春秋时期吴国曾在其腹地开"吴古故水道"，"出平门，上郭池，入渎，出巢湖，上历地，过梅亭，入杨湖，出渔浦，入大江，奏广陵"，连接起苏州和扬州，从而沟通了太湖和长江流域；并向南开"百尺渎"，"奏江，吴以达粮"，从而沟通了太湖和钱塘江流域。吴古故水道和百尺渎所构成的水道，就是江南河即江南运河的前身。其后，"吴城邗，沟通江、淮"②，向北连接起长江和淮河流域；"吴王夫差既杀申胥，不稔于岁，乃起师北征，阙为深沟，通于商、鲁之间，北属之沂，西属之济，以会晋公午于黄池"③，继续向北连接起淮河和沂河、济水流域。吴国开凿的上述水道，是京杭大运河的前身。此外，越国还疏浚了"山阴故水道"④，这是浙东运河的前身。公元前210年，秦始皇凿丹徒水道，取直江南河的北段；三国时孙权进行疏浚，使得邗沟和长江船只直接从"丹徒水道入通吴会"（《南齐书·州郡志》）。

江南河联通南北，不仅打破了江南地区地理意义上的封闭状态，促进了经济和社会的发展，还超越了该地区文化意义上的传统吴、越文化的分区，使之成为一个统一的江南文化区。"江南可采莲，莲叶何田田"（汉乐府《江南》）；"江南佳丽地，金陵帝王州"（谢朓《入朝曲》）；"江南地方数千里，

---

① 房玄龄：《晋书》，中华书局1974年版，第2384页。
② 左丘明：《左传》，岳麓书社1988年版，第402页。
③ 左丘明：《国语》，辽宁教育出版社1997年版，第140页。
④ 袁康、吴平：《越绝书》，时代文艺出版社2008年版，第74页。

士子风流，皆出其中"①；"暮春三月，江南草长，杂花生树，群莺乱飞"（丘迟《与陈伯之书》），这些六朝诗文中所呈现出的南塘采莲、士子佳丽、草长莺飞等江南意象，具有一种不同于北方政治伦理精神的诗性审美气质。我国历来有"北上南下"之说，江南运河的畅通，使得北方人士纷纷"下江南"。

（二）"下江南"意象中包含着一种从流飘荡的"悠悠"物象

我国古典诗词里的"下江南"意象，滥觞于隋炀帝杨广。杨广不仅"敕穿江南河，自京口至余杭，八百余里，广十余丈，使可通龙舟，并置驿宫、草顿，欲东巡会稽"②，还沿着运河乘船三下扬州，并以诗纪之。《泛龙舟》一诗写道："舳舻千里泛归舟，言旋旧镇下扬州。借问扬州在何处，淮南江北海西头。六辔聊停御百丈，暂罢开山歌棹讴。讵似江东掌间地，独自称言鉴里游。"扬州是杨广驻守过的旧镇，深受六朝文化的浸染，如今故地重游、衣锦而归，并且摆脱了崎岖山路、颠簸车马的束缚和煎熬，在宽敞舒适的船上顺流而下，赏看倒映在水里的江南风物，悠然的心情溢于言表。"物物而不物于物，则胡可得而累邪"③，其中自有一种"从流飘荡，任意东西"（吴均《与朱元思书》）的审美心态。"尽道隋亡为此河，至今千里赖通波。若无水殿龙舟事，共禹论功不较多"（皮日休《汴河怀古二首》），这是对运河沟通南北的高度肯定，也是对隋炀帝下江南的政治否定。

唐宋时期，江南逐渐成为士人心目中的一片乐土，沿着大运河乘船顺流而下江南，也是一件"悠悠"乐事。孟浩然在《自洛之越》中写道："皇皇三十载，书剑两无成。山水寻吴越，风尘厌京洛。扁舟泛湖海，长揖谢公卿。且乐杯中物，谁论世上名。"政治上失意的诗人，终于在江南找到了心灵上的慰藉。"江南风土欢乐多，悠悠处处尽经过"（张籍《相和歌辞·江南曲》），"悠悠"一词道尽了乘船下江南的美好。白居易在谏言不被朝廷采纳后，主动申请外放，到杭州、苏州等地任职，"汴水流，泗水流，流到瓜洲古渡头。吴山点点愁。思悠悠，恨悠悠，恨到归时方始休。明月人倚楼"（《长相思》），该词从思妇如水一般绵绵不绝的"愁思"中，反衬出游子在江南生活的"悠

---

① 萧子显：《南齐书》，岳麓书社1998年版，第466页。
② 司马光：《资治通鉴》，中华书局1956年版。
③ 庄子：《庄子》，吉林文史出版社2001年版，第105页。

悠"；而且从汴水到泗水，再到扬州的瓜洲古渡，最后到达长江以南的吴地，也反映出游子"下江南"的清晰线路。北宋词人王观在《卜算子·送鲍浩然之浙东》一词中写道："水是眼波横，山是眉峰聚。欲问行人去那边？眉眼盈盈处。才始送春归，又送君归去。若到江南赶上春，千万和春住。"词中不仅描绘了江南山水之美，值得悠游，更值得长住，而且把江南的地理范围延伸到了浙东。

江南运河和浙东运河沿线，从北向南依次分布着扬州、镇江、常州、无锡、苏州、嘉兴、湖州、杭州、绍兴、宁波等城市，还通过天然河流湖泊和人工运河串联起星罗棋布的江南小镇，其中扬州、杭州、苏州等运河城市更是无比繁华。"君到姑苏见，人家尽枕河。古宫闲地少，水港小桥多"（杜荀鹤《送人游吴》）；"闲梦江南梅熟日，夜船吹笛雨萧萧。人语驿边桥"（皇甫松《梦江南》）；"二十四桥明月夜，玉人何处教吹箫"（杜牧《寄扬州韩绰判官》）；"春水碧于天，画船听雨眠"（韦庄《菩萨蛮》）；"春风又绿江南岸，明月何时照我还"（王安石《泊船瓜洲》）；"小楼一夜听春雨，深巷明朝卖杏花"（陆游《临安春雨初霁》）；"天上天堂，地下苏杭"（范成大《吴郡志》），到达江南，无论身在船上、桥下、渡口、驿站，还是梦里、念中，此地的悠悠生活，总是那么难忘。

（三）"下江南"意象中总有浓得化不开的异样"离愁"

下江南，意味着除了情感之外，一切均已安顿好了，可最难安排的往往就是那颗驿动的心。下江南，意味着与政治中心的渐行渐远，与故乡亲友的离别，与心爱之人的永诀，其中自然有一种或痛彻心扉或黯然销魂的离愁别绪。况且船行运河之上，是既封闭而又开放、既固定而又流动、既热闹而又冷清、既无聊而又充满希望的，四时的变化、风物的变迁，也容易感荡心灵。"寒雨连江夜入吴，平明送客楚山孤。洛阳亲友如相问，一片冰心在玉壶"（王昌龄《芙蓉楼送辛渐》），在下着雨的寒夜渡江来到异乡，第二天一早却以主人的身份送客，还要回应洛阳亲友的询问乃至质疑，作者内心的孤独可想而知。张继的《枫桥夜泊》，更是"下江南"诗词中的代表作。"月落乌啼霜满天，江枫渔火对愁眠。姑苏城外寒山寺，夜半钟声到客船"，万籁之中，变化无穷，诗人隐身其中，只余一点迷离的希望，这番离愁，只有放在运河之上、人生如寄之中，才能得到更好的理解。

下江南的种种离愁，在宋词中更是表现得迂回婉转，无以化解。"寒蝉凄切，对长亭晚，骤雨初歇。都门帐饮无绪，留恋处，兰舟催发。执手相看泪眼，竟无语凝噎。念去去，千里烟波，暮霭沉沉楚天阔。多情自古伤离别，更那堪，冷落清秋节！今宵酒醒何处？杨柳岸，晓风残月。此去经年，应是良辰好景虚设。便纵有千种风情，更与何人说？"（柳永《雨霖铃·寒蝉凄切》）词中写的是汴梁（"都门"）一别，乘船沿着运河返回江南（"楚"），一路无声，酒醒后唯见"杨柳岸，晓风残月"。周邦彦也是在汴梁（"京华"）告别心爱之人，返回家乡杭州（"故国"）途中，写下《兰陵王·柳》一词，借柳写离情："柳阴直，烟里丝丝弄碧。隋堤上、曾见几番，拂水飘绵送行色。登临望故国，谁识、京华倦客？长亭路，年去岁来，应折柔条过千尺。闲寻旧踪迹，又酒趁哀弦，灯照离席。梨花榆火催寒食。愁一箭风快，半篙波暖，回头迢递便数驿，望人在天北。凄恻，恨堆积！渐别浦萦回，津堠岑寂，斜阳冉冉春无极。念月榭携手，露桥闻笛。沉思前事，似梦里，泪暗滴。"词中既有杨柳，还有堤岸、流水、舟船（"篙"）、驿站、河港（"浦"）、渡口（"津"）、桥等运河意象，通过层层铺垫，伤别之情可谓深入骨髓。

"节过中和日有三，台星一点下江南"（周邦彦《寿陈运干》），"想君行尽嘉陵水，我已下江南"（王质《眼儿媚·送别》），"丙子正月十有三，挝鞭伐鼓下江南"（汪元量《湖州歌九十八首》），这些诗词中的"下江南"，已经成为一个相对固定的文学意象，其中既包含下江南的种种诗意和美好，又多了一份失去江南后的悲哀及叙事，从而对元明清文学及社会产生了很大的影响。

四　王晓静：江南运河里的漕帮[①]

《三国志·吴主权传》注引《吴书》说："谷帛如山，稻田沃野，民无饥岁，所谓金城汤池，强富之国。"[②] 又《陈书·宣帝纪》载，陈朝的江南已是

[①] 节选自王晓静：《二分尘土——江南人文空间的城镇与村落》，上海交通大学出版社 2019 年版。
[②] 陈寿：《三国志》，崇文书局 2009 年版，第 506 页。

"良畴美拓，畦畎相望，连宇高薨，阡陌如绣"。[①] 因此，自古以来，江南就是漕粮的主要供应地区，该地区的漕运直接关系到了国家的生死存亡。因此，谁握住了江南运河的水上大权，谁就有资格与朝廷一争高下。为此，许多朝代都设有专管漕运的官员，如唐朝设置了转运使，宋朝设置了发运使，元朝设了都漕司二使，明清两代都设了漕运总督。

即便如此，由于漕运带来的强大经济驱动，唐朝安史之乱后，藩镇林立，各地节度使有土地，有百姓，有军队，还有财赋，割据一方，拥兵自重，互相之间战争不断，并对江南漕运产生了很大的影响。一些节度使不但阻断漕路，甚至借口衣食不足，抢夺漕运物资以供军用。

张弓认为，唐代江南漕运线路有主线和辅线之分。主线比较著名，即为河汴转运线；辅线乃江汉转运线，并且江汉线又可分为襄—洋支线和襄—商支线两条。在安史乱前，江南漕运基本上都是走河汴线的，而在叛军混战时期，由于河汴线时常被阻断，江南漕运则以江汉线为主，以确保京师的粮食供应。[②] 相比较而言，河汴线无论是路程远近、耗时长短还是水文情况，均是江汉线所不能比的。而江汉线则要把集中在扬州的江南物资先从长江逆流而上到达鄂州，难度无疑大了许多。因此，江南漕运走江汉线只是一时权宜之计，而非长久之策。而对于地方节度使而言，控制了河汴线这条江南漕路，也就是控制了唐中央的经济命脉。[③] 历史记载，唐廷向以江淮漕粮为重，组织数千漕船，年运百余万石江淮漕粮北上。唐德宗时，节度使李希烈僭越称"楚帝"，割据东南，导致漕运一度中断。没有了运河疏通的京畿地区顿时陷入恐慌之中，即便是宫中也只能勉强度日。直至李希烈被部将杀掉，漕运才重新开启。唐朝皇帝在得到消息后高兴地说："米已至陕，吾父子得生矣。"可见，当时江南漕运的作用对国家生死存亡具有重要意义。[④]

明清两代也是依靠运河南粮北调，供应京师和边防，维持漕运近六百年。运河一开，往来的船家们渐渐组织在一起，由漕运水手组成的帮派就成了运

---

① 姚思廉：《陈书》，中华书局 1972 年版，第 82 页。
② 张弓：《唐朝仓廪制度初探》，中华书局 1986 年版，第 34 页。
③ 杨兴：《唐代中后期江南漕运与藩镇研究》，《凯里学院学报》 2011 年第 4 期。
④ 朱巍：《古代运河折射国运兴衰》，《北京日报》 2012 年 11 月 28 日。

清 《乾隆漕运图》（局部）

河上最具传奇色彩的一个群体。可以说，漕帮因漕运而来。有学者研究称：从明至清的漕运水手组织经历了水手罗教—水手行帮—早期青帮的演变轨迹。漕运水手行帮会社的形成标志着漕运水手组织在性质上的根本变化。乾隆三十三年（1768年）对"水手罗教案"的严厉惩治迫使水手罗教的活动由庵堂转移到老船堂，由公开转为秘密，并逐渐形起了一套权力体系，最终促使具有宗教互助性质的水手罗教转变为具有民间秘密组织性质的行帮会社。[1]

事实上，最初的漕帮是合法组织，据帮内文献记述：雍正帝通令各省，挂榜招贤办理漕运。翁、钱、潘三位祖师，得到这个消息，心中大喜，便到抚署揭了黄榜。那时河南抚台名田文镜。三位祖师见了田巡抚，说了来历，便条陈整顿漕运办法。田巡抚大喜，当与漕督同本上奏。雍正帝当旨谕，饬三位祖师归漕河总督张大有节制，并听命于勘视河工钦差何国宗指挥。三位祖师便辞别田巡抚，来到清江浦，请见张漕台及何钦差。何、张二人，即命三位监造粮船，并督理浚河修堤工程。三位祖师，复请张、何

---

[1] 吴琦：《清代漕运水手行帮会社的形成：从庵堂到老船堂》，《江汉论坛》，2002年第12期。

二人转奏，请恩准许开帮收徒，以便统一粮务。清廷批准所请。

到了清末，随着海运的兴起，江南漕运的分量下降。漕运在光绪二十七年（1901年）完全停止，漕帮被迫上岸，向上海和运河沿线及其他地区发展。因失去了原有的经济收入，很多人开始从事贩卖私盐、赌博、欺诈等勾当，又凭借其严密的组织性和江湖义气，成为运河沿岸地区的准军事化的黑社会组织。漕帮入民国后，正式改称清帮（青帮）。因此也有研究表示，近代秘密社会如青帮、洪帮的兴起与漕帮的兴衰有直接的关系。

运河沿线城乡是青帮居留和活动的集中地区。进入民国后，由于商品经济的进一步发展，城市生活的不断变化，那些离开漕运而缺乏现代生产技能和文化知识的青帮成员，为了谋生和发财，便利用青帮组织上的严密性和重义气的帮风，从事贩卖毒品、贩卖人口等非法冒险勾当，并与各地流氓合伙开设赌场、妓院及公共娱乐场所，划地称霸，欺压百姓，成为社会上一股恶势力。张啸林、黄金荣、杜月笙等，就是在上海和江南运河沿线从事这些罪恶活动的青帮"大亨"。①

江南漕运对沿运地区的影响，还表现在沿运近河地区民众的气质风貌上。如明代人在修纂苏州方志时说：苏州人总的说来"尚文"，但细分起来，城西"过华"，城东"近质"，城郊山区"多俭，或失之固"，而靠河居民则"多智，或失之讦"。从明人的评论中可以看出，在紧挨运河的苏州西部城区，街市繁荣，民风浮华；而城东相对冷清，民风近于质朴；在远离运河的郊区，居民则崇尚节俭，甚或失之固执；而沿河百姓则机智，却不免失之于奸猾。这一点也印证了上文提到的青帮盛行于上海和江南运河沿线的说法。

五　陈璇：苏州运河十景②

（一）吴门望亭：白马轻舟的水乡吴韵

今日京杭大运河由北向南，一路蜿蜒，过了苏锡交界处横跨运河的丰乐桥，就到了苏州境内，而沿线流经的第一个乡镇即为望亭。后人在回溯望亭

---

① 杨百会：《走进台儿庄：改变历史的漕帮》，《齐鲁周刊》，2013年1月27日。
② 陈璇主编：《苏州运河十景》，古吴轩出版社2021年版。

地名由来时，经常会提到南朝大诗人庾信的父亲庾肩吾留下的《乱后行经吴御亭》，诗里的开头四句是："御亭一回望，风尘千里昏。青袍异春草，白马即吴门。"这首古诗后世通行的版本里多作"御亭"，而早期流传的版本里也有写作"邮亭"的。这里的"御亭"有考证说是源于三国时期，为东吴孙坚在此所置亭。顾颉刚先生《苏州史志笔记》甚至将亭的来历上推到了秦代的乡亭行政区划。方志里还记载唐贞观年间，常州刺史李袭誉依据庾诗直接将"御亭"改成了"望亭"。

望亭的名称来自一首诗，这和宋代大臣王珪因张继《枫桥夜泊》将"封桥"改为"枫桥"的情形相仿，诗性江南的文化属性同样也隐含在水乡泽国地名的人文色彩里。御亭也好，望亭也罢，总之因时局动荡而心绪黯淡的庾肩吾风尘仆仆，青袍春草，白马吴门，一见此亭，心情随之豁然开朗，画风为之一变。舟一程，驿一路，来到这里。这里是吴门，清嘉的吴门；这里是江南，明丽的江南。

（二）浒墅关：江南要冲活码头

浒墅关，原名"虎疁（liú）"，相传因秦始皇时期蹲守虎丘的白虎遁走至此而得名，后因南唐、吴越时期两次避讳改称"浒墅"，宋代又称"许市"。明宣德、景泰年间，在此设立的收取运河往来船只钞税的榷（què）关制度渐趋完善，由户部选派官员出任榷关主事。浒墅关成为江南运河段仅有的两大钞关之一。清代沿袭这一制度，后主事渐由清廷内务府选派的苏州织造官员兼任。浒墅关舟楫辐辏，往来络绎，素有"江南要冲地，吴中活码头"之称。旧有"浒墅关八景"，位于运河畔西侧、因清乾隆帝品题而改称的"昌阁风桅"是八景之首。

浒墅关是一个有王者之气的地方。原本是水乡荒郊，偏偏就和历史上许多帝王逸事真真假假地纠缠在了一起，让往来的舟客旅人路经此地，平添了多少烟水苍茫、古今兴衰之慨。

先秦时，吴国一意进取中原、北上争霸的雄主夫差落败了，卧薪尝胆的越国君主勾践赢得了最终胜利。公元前 473 年，夫差兵败国亡，逃到了浒墅关境内的秦余杭山（即今阳山）。东汉赵晔应该是有感于兴衰无凭，在《吴越春秋》中对这一幕做了生动的描绘："吴王率群臣遁去，昼驰夜走，三日三夕，达于秦余杭山。胸中愁忧，目视茫茫，行步猖狂，腹馁口饥，顾得生稻而食之，伏地而饮水。"[1] 一代霸主竟落得如此狼狈，最终被勾践葬在了阳山。在浒墅关旧志中，建制沿革一开头就讲此地原名虎疁，是因秦始皇统一六国后为求得吴王剑，派人马掘阖闾墓，有一只蹲守其上的白虎逃逸至此而得名。到了唐代，为了回避李氏先祖李虎的名讳，于是把第一个"虎"字改成了"浒"；到了五代吴越立国，因要回避吴越王钱镠的名讳，第二个"疁"字又被改成了"墅"。而在民间，老百姓直接把"浒"念成"许"。有一个关于乾隆皇帝下江南至此错读字的故事流传甚广。

清代乾隆帝和他的祖父康熙帝多次下江南沿运河经过浒墅关，历史上确有其事，但民间"乾隆下江南"的故事与史实大相径庭。更有意思的是，在老百姓的口口相传中，明代的正德皇帝也子虚乌有地下了回江南。在昔日江南水乡，民间曾有一种"夜航船"，大抵行程耗时一个晚上，夕发朝至。船上空间狭小，人员拥挤，再加上水面风波晃动，往往坐船的人难以入眠，在这样的时刻，历史风云都被演绎成了渔樵闲话，就很能理解了。

清　王翚、杨晋《康熙南巡图》（局部）

（三）枫桥夜泊：诗里枫桥独有名

枫桥景区，以寒山古寺、江枫古桥、铁铃古关、枫桥古镇和古运河"五古"著称。枫桥镇，因枫桥得名。古桥紧依运河，横跨枫江，为官道（古驿道）必经。唐以前，枫桥称"封桥"，官府在此设卡检查过往商旅船只，每晚苏州城的城门关闭后，运河即封航，船舶要在此停泊待旦。这也就有了张继

---

[1] 赵晔著，吴管校，徐天佑注：《吴越春秋》，商务印书馆 1937 年版，第 116 页。

的《枫桥夜泊》一诗。从此，这首诗成了苏州城的一张名片，让寒山寺及整个运河上的古镇声名大噪，响彻全球。依河而建的枫桥镇，自隋唐以来，随河成市，因水成街，依市成镇。宋元之际，枫桥以市肆闻名。至清代，以枫桥为中心，形成了全国最大的米豆集散地。至今，当地还流传着"打听枫桥价，买米不上当"之说，枫桥米市的枫斛也成为当时全国米粮度量器具的标准。1949年4月27日，苏州城解放的第一声枪响也是在铁铃关打响的。20世纪50年代，大运河苏州段实施了枫桥裁弯取直的急湾改造工程，至此，在新、老运河之间，形成了一个新的岛屿——江枫洲。

（四）虎丘塔：斜而不倒的大运河千岁航标

游船沿着苏州山塘河迤逦而行，夹岸垂柳间，虎丘塔宛如挺拔向上的竹笋，从塔尖到塔身渐次映入眼帘，古朴苍凉，却又清丽动人。虎丘山素有"吴中第一名胜""江左丘壑之表"之称。山上的虎丘塔，是大运河苏州段的航标之一。现存之塔兴建于五代末年到北宋初年（959～961年），至今已有1000余年历史。因虎丘山上的寺庙一度称"云岩禅寺"，这座塔又被称为"云岩寺塔"。这座七级八面、以砖结构为主的仿木结构楼阁式佛塔，高47.7米，塔体向北偏东方向倾斜，塔顶中心偏离底层中心2.34米，最大倾斜度3°59′，为世界著名斜塔，1961年3月被国务院公布为第一批全国重点文物保护单位。塔内曾发现一批珍贵文物，其中五代越窑青瓷莲花碗用秘色瓷工艺烧制，为稀世珍宝，现收藏于苏州博物馆。塔下的剑池，一般认为是春秋末期吴王阖闾的葬身之地。

（五）平江古巷：行遍江南路，此处烟水尽繁华

"若说江南十分美，九分便在姑苏城"，江南风物的婉约旖旎早就深深地刻印在了苏州城市的肌理中。如今，想要在苏州城里走一走，去寻找"最江南"的风味，平江古巷定是必去的所在。平江路，南起干将东路，北越白塔东路和东北街相接，古称"十泉里"，是一条沿河的小路，河名为平江河。平江路历史街区是大运河苏州段七个遗产点段之一，是苏州古城迄今保存最典型、最完整的历史文化保护区，堪称古城缩影。街区中古巷、老宅众多，名人汇集。千百年来，古巷、老宅和名人，构成了苏州的历史。平江连漕运，河街尽繁华。时至今日，对照南宋《平江图》及明末《苏州府城内水道总图》，平江古巷依然保持着"水陆并行，河街相邻"的格局。

（六）水陆盘门：现存最古水陆城门

盘门，古称"蟠门"，因"水陆相半，沿洄屈曲"而改称"盘门"。盘门为苏州古城前身"阖闾大城"八门之一，历史可追溯到春秋后期的吴王阖闾元年（前514），至今已历2500余年。现存的盘门重建于元末至正十一年至至正十六年（1351～1356年），由陆城门、水城门、瓮城、城楼组成，东西两侧与城墙连接，总占地面积约12800平方米，为全国现存唯一的古代水陆城门。著名古建筑专家陈从周教授曾夸赞："北看长城雄伟，南看盘门秀丽。"盘门是苏州古城的象征之一，2006年5月被国务院批准列入第六批全国重点文物保护单位名单。盘门与瑞光塔、吴门桥合称"盘门三景"。吴门桥为"步入吴门第一桥"；瑞光塔内曾发现一批珍贵文物，其中真珠舍利宝幢现入藏苏州博物馆，为该馆镇馆之宝。

（七）横塘驿站：年年送客横塘路

横塘，在苏州古城的西南侧。南宋苏州昆山人龚明之的《中吴纪闻》中有记载："有小筑在盘门之南十余里地名横塘。方回往来其间。"[①] 方回是北宋词人贺铸的字。《青玉案》是贺铸晚年退隐苏州期间所作。他因最后一句"一川烟草，满城风絮。梅子黄时雨"而得名"贺梅子"，而横塘，也自此平添了几分委婉缠绵的情致。

横塘驿站，位于苏州古城外西南距胥门约4千米的胥江与京杭大运河交汇处，据守胥江小岛的最西端，面南背北，三面环水，大运河与胥江从它两侧汇聚又分流，是古代苏州郊外的水陆驿站，亦是大运河沿线为数不多的水陆驿站，属于江苏省文物保护单位。因为横塘驿站的稀缺性——它是全国现存一个半古邮驿中的一个，加上地处诗意浓郁的横塘，故而倍加引人瞩目。横塘驿站始建时间不明。驿亭四角皆为石柱，南北皆有栅栏门，东西皆为墙并有窗洞，两面墙里共砌有大大小小9块碑刻。从古驿亭南面的两侧石柱上刻着的一副对联可知，该驿站是同治十三年（1874年）重修的。驿站东南面有横跨胥江的三孔彩云桥，使之与堤岸连接，古亭、古桥两相依傍，颇为动

---

① 龚明之：《中吴纪闻》，上海古籍出版社1986年版，第130页。

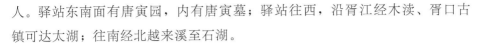

人。驿站东南面有唐寅园，内有唐寅墓；驿站往西，沿胥江经木渎、胥口古镇可达太湖；往南经北越来溪至石湖。

（八）石湖五堤：昔日争霸战场，今朝圆融乐土

石湖，位于苏州古城西南 5 千米处，原是太湖内湾之一，居上方山东麓，有越来溪贯通南北。这里曾是春秋吴国的王室苑囿，吴国贵族在此游猎、祈祝。吴越争霸时，这里是战场之一。相传，越王勾践从太湖东北开挖越来溪并拓挖石湖以行船、屯兵攻打吴国。石湖得名与传说中湖底多石有关。也有因附近石舍村（后改为莫舍村）而得名一说。可以明确的是，石湖是因宋范成大筑墅湖畔，孝宗御书赐以"石湖"二字而声名彰显的，当时的士大夫们路过吴地，一定会来石湖看看，石湖逐渐就成为"吴中胜景"。越来溪北行在横塘接胥江与大运河，往南则通太湖。又相传越国名臣范蠡在兴越灭吴之后携西施即经石湖南去归隐五湖。石湖东面有镇名曰"蠡墅"，传为取纪念范蠡之意。

石湖，为国家 4A 级风景区，是太湖国家重点风景名胜区的 13 个景区之一。水域面积 2.56 平方千米，湖面由越堤和石堤分为东石湖、西石湖和南石湖，此外还有吴堤、杨堤和范堤。西面是上方山、吴山、七子山等，山水相依、相映形成秀丽的自然景色，让人流连忘返。更让人回味的是石湖厚重的历史人文遗迹：越城和吴城遗址、楞伽寺塔、石佛寺、范成大祠、行春桥、越城桥、渔庄、顾野王墓和申时行墓，以及新郭老街、蠡墅古镇等，从新石器时代的文化遗迹到春秋吴越争霸的遗存，再到隋、宋、元、明、清直至民国的古迹，无不引人遐思。石湖五堤联结起自然、历史，山水与人文在这片时空交融，形成这一名贯古今的"吴中胜景"。

（九）宝带桥：一架星桥控五湖

运河水静静地从姑苏城流过，也流过偌大一座苏州城里大大小小上百座石桥。唐代诗太守白居易有诗云："绿浪东西南北水，红栏三百九十桥。"水多，桥多，这便是苏州，这便是江南。但若论起这大运河苏州段上桥梁的三甲，那么，宝带桥、枫桥和彩云桥妥妥的是能够上榜的。和大多数江南的古桥不同的是，大运河上的桥，往往不如水巷弄堂中的桥那么温婉，处在运河之上的桥，高耸、宽阔，气势非凡。这些桥里颇有名气的，是澹台湖畔的宝带桥——作为中国十大名桥之一，宝带桥是我国现存古代桥梁中最长的多孔石桥。从空中俯瞰，长长的石桥如同一条美丽的宝带，优雅地横跨于澹台湖北侧的玳玳河上。"穿城载月连江湖，枫桥宝带过千帆"，不禁要问，1000多年前，为什么要造一座跨度如此巨大的石桥？

宝带桥，别名长桥，横卧于大运河苏州段和澹台湖之间，是中国古代十名桥之一，也是中国现存建造时间较早的古桥之一，被乾隆称为"吴中第一桥"。始建于唐元和年间，相传由刺史王仲舒捐身上宝带筹措建桥资金而建成，因此得名。又有说因桥似宝带浮于水上而得名。宝带桥是大运河沿线现存最长、桥孔最多、结构最轻巧的连拱古石桥。宝带桥以桥代堤，沟通陆路，53孔设计既有利于太湖洪水宣泄，又保证了运河航道稳定。宝带桥的建造凝聚了我国古代造桥匠师的聪明才智，柔性墩与刚性墩相结合的营造体现了古代造桥匠师对结构力学的认识深度，是桥梁史上的杰出范例。

（十）平望·四河汇集：水光天色，新版运河繁华图

平望，隶属苏州市吴江区，物产丰阜，土地肥沃，乾隆皇帝称"幸浙皆取道吴江"。大运河苏州段约96公里的河道，58公里在吴江，而在平望，有超过17公里的新老运河穿镇而过。史书记载，隋唐以来，自南向北有塘路穿插于葭苇之间，"天光水色，一往皆平"，这就是平望名字的由来。平望依水而建、缘水而兴、因水而美。京杭大运河自此向南到钱塘一分为三，与太浦河纵轴交汇，形成了新运河、古运河、太浦河、塘河，四河汇集的独特禀赋与"莺湖八景"等绝胜，造就了水运时代"大商巨舶""百货辏集"的"巨镇"，被阮仪三教授赞为"大运河沿线历史城镇中，传统运河空间尺度保存最好，城镇与运河空间联系最为密切的一座"。平望·四河汇集坚持新老呼应、两片联动，水、岸、城、村、人共生共荣，运河文化旅游景区依托"一桥、一寺、一道、一湖"景观，以"京杭大集"呈现运河生活新场景；运浦湾片区聚焦"一塔、一驿、一带、一院、一品"，将四河元素、运河文化融入经济发展、城镇建设、民生服务全领域，描绘现代版"运河繁华图"。

第十讲

江南的城市文化[①]

　　自古以来，江南地区就以经济、教育与文化的发达而著称于世，创造了高度发达的城市文明与独具个性的区域审美文化传统。改革开放以来，以上海为中心的长江三角洲地区，以建设世界级城市群为战略目标，日益发展成为在经济社会与文化联系上更加密切的城市共同体，不仅经济社会发展与城市综合实力一直位于中国城市群的前沿，也为中西部不发达地区的城市建设提供了重要的本土经验与示范意义。当代江南城市研究主要集中在经济社会方面，对江南地区的区域性文化传统注意和重视不够。而实际上，江南地区特有的人文地理、社会结构及文化价值，不仅直接参与了历史上江南城市的发生发展，也在更深的层次上影响着它在今天的发展及在未来的存在。

一　中国城市的南北之别与江南城市文化的历史形态

　　中国城市是江南城市存在的背景，也是江南城市文化研究的基础与前提。从人类城市的起源与历史看，中国城市的特点可从两方面加以考察。

　　首先，就时间层面而言，中国城市的最大特征在于发生得很早。一些西方

---

① 刘士林：《江南城市与诗性文化》，《江西社会科学》，2007 年第 10 期。

学者在分析中国近代社会落后的原因时，总是喜欢把它归结为中国古代城市文明的不发达。其实从世界历史范围着眼，中国即使不一定是地球上最早出现城市的地区，至少也是城市文明最早的发祥地之一。根据考古学的报告，早在 4 700 至 4 000 年之间或更最早的时期，黄河中下游的河南、山东与长江中下游的湖南、浙江等地就有了众多城址。[①] 从古文献有关记载看，在《诗经·大雅·绵》中已有周人筑城的文字记录。在整个古代社会进程中，中国城市一直是世界文明的中心。早在汉代，中华民族就创造出辉煌的东西二京，它们的富丽堂皇已永远被摹写在两汉赋家的著述中。而左思作《三都赋》导致洛阳纸贵的佳话，也不仅仅只是因为作者的文采华艳；北宋都城汴梁在当时是世界上最伟大的都市，一幅《清明上河图》把它的巨大丰赡描绘得淋漓尽致；即使偏安一隅的南宋都城临安，其物产之丰富、人口之众多在当时也罕有其匹，正如柳永歌咏的"东南形胜，三吴都会，钱塘自古繁华。烟柳画桥，风帘翠幕，参差十万人家"。直到 13 世纪末，杭州依然是当时人口最多、最富庶和最享盛名的世界性大都会，其生机勃勃、奢侈豪华的城市生活，曾使得著名的马可·波罗为之深深倾倒。还有苏州，"南宋苏州给人的印象极为深刻清晰；13 世纪，世界上很少有城市能在规模、秀丽和财富上与苏州相提并论"。[②] 而元代和明代早期的苏州则被称为"巨大、宏伟的城市"。[③] 罗伯特在 1940 年代访问苏州时，也赞不绝口地说："每一件出色的东西都来自苏州，优美的图画、精细的雕刻、精美的丝绸和优雅的女士。"[④] 由此可知，在中国古代城市文明星光灿烂之时，后来那些声名显赫的西方大都会实际上还没有开始它的历史航程。

其次，就空间角度着眼，中国城市还有一个特殊性即所谓的南北之别。由于中国文化在自然地理上分布与发展的不同，使得江南城市与北方城市——这两个最具代表性的城市文化形态之间呈现出明显的差异。如果说，

[①] 李学勤、徐吉军主编：《长江文化史》，江西教育出版社 1995 年版，第 55 页、第 71 页。
[②] 马可·波罗著，陈开俊等译：《马可·波罗游记》，福建科学技术出版社 1982 年版，第 174 页。
[③] 林达·约翰逊主编，成一农译：《帝国晚期的江南城市》，上海人民出版社 2005 年版，第 32 页。
[④] 林达·约翰逊主编，成一农译：《帝国晚期的江南城市》，上海人民出版社 2005 年版，第 102 页。

中国南北文化的根本差别在于政治与审美、实践理性与诗性智慧的二元对立，那么也可以说，江南城市与北方城市的本质区别正是从这个深层结构中转换出来的。因而，要想把握江南城市文化的深层内涵，首先要了解什么是江南文化的本质特征？在我看来，一方面，仅有雄厚的经济基础不是江南城市文化的独有特色，因为有"天府之国"之称的巴蜀地区在富庶上就可与它媲美；另一方面，仅有文人荟萃的精神文化传统也不能算是它的本质，与之相去不远的齐鲁地区在这方面更有资格成为中国文化的代表。江南文化之所以不同于中国其他的区域文化，关键在于它在本质上是一种诗性文化。以齐鲁礼乐文化为代表的北方文化相比，江南文化的这一特点就更加鲜明突出。如果说齐鲁礼乐文化本质上是一种伦理人文，那么具有很高审美价值的江南文化则可命名为诗性人文。江南文化的诗性人文内涵，不仅是中国古典人文精神的最高代表，同时，这种带有浓郁的非意识形态性、非政治经济学性的诗性人文精神，也是一种与当代语境中的都市文化、大众文化或审美文化最接近的传统精神资源。这很可能就是中国现代化（城市化）进程在江南地区开始最早、发育最充分的文化与历史根源。深入研究与重架江南诗性文化谱系，不仅有助于挖掘深藏着的中国城市文化基因与特质，还可为当代城市文化建设提供一种重要的本土参照。

从城市文化发展史的角度看，除去自身特征比较混沌的早期，相对成熟的江南城市主要表现为三个典范形态。

一是以南宋都城临安为代表的江南城市文化形态。这是江南城市文化走向成熟的第一个表现形态。在当时，没有任何一个江南城市可以与之相提并论，即使是被称为"巨大、宏伟的城市"的苏州。这是因为，"只要杭州作为国家的首都，苏州将只能一直是杭州体系中的一座繁荣的卫星城"。[①] 把临安看作是江南城市文化的第一个典范形态，主要基于这样两方面的考虑。首先，尽管在江南地区很早就有一些邦国的都城存在，但由于它们在中国古代城市中的附属地位，因而很难成为可以影响中国文化整体格局的真正中心。其次，尽管此前在北方文化圈中已出现有诸如唐代长安、洛阳、北宋汴梁等中心性

---

① 林达·约翰逊主编，成一农译：《帝国晚期的江南城市》，上海人民出版社 2005 年版，第 32 页。

城市，但由于它们在文化创造上的理念与动力主要根源于现实政治利益，而不是发自文化自身生产与消费的内在需要，因而可以称之为中国城市文化典范，但却不可以替代江南城市文化典范。在某种意义上，古代士大夫对南宋朝廷不绝于耳的政治—伦理批判，恰好证明了临安城市文化的本质在于"去政治化"或"非主流意识形态性"，以及江南城市文化与北方城市文化在谱系上的巨大差别。这与江南文化本质上是诗性文化密切相关，同时，也正是在以经济—审美为深层结构的江南城市文化中，那些在北方文化圈中一直被批判和压抑的东西——非政治化的审美趣味、非经典的艺术探索、非正统的生活时尚、非主流意识形态的人生价值取向，这些与现代都市文化具有家族类似性的江南传统城市文化要素才开始培育、发展起来。

二是以明清时代的南京为中心的江南城市文化繁盛形态。明清时代的南京是一个包含多个卫星城的中心大都会。这可以一个西方人的观察来说明。1595 年，利玛窦到达南京，他的第一感觉是："论秀丽和雄伟，这座城市超过了所有其他的城市。"[①]（《利玛窦中国札记》第 3 卷）在给友人的一封信中，他又把南京称为"全中国最大最名贵、差不多是全国中心点的都市"。正是在这一时期，富裕的江南地区不仅在经济上支持着整个国家机器的现实运转，同时在意识形态、精神文化、审美趣味、生活时尚等方面也开始拥有"文化的领导权"。在这一时期的城市文化中，还呈现出许多的新特点。举其要者如下：第一，与北方城市文化的再生产主要依托于政治利益的现实需要不同，江南城市文化的创造更多的成为一种纯粹的文化生产活动，而审美趣味与生活时尚的生产与消费是它的中心原则。第二，与传统社会中的主体意识形态主要来源于政治伦理教化不同，一种与农工士商等相对立的充满诗情画意的文人话语，成为对个体的意识、心理与生活方式影响越来越大的新权威。第三，这一时期的江南城市文化在功能上也发生了重要的变化，即由服务于古代社会的意识形态控制和上层建筑需要，转向以满足新兴的市民阶层的文化心理利益为主要目的。第四，生命个体在森严壁垒的传统社会结构中获得了更多的独立性与更大的自由发展空间，如"扬州八怪"和《儒林外史》中那

[①] 利玛窦·金尼阁著，何高济等译：《利玛窦中国札记 传教士利玛窦神父的远征中国史》，广西师范大学出版社 2001 年版，第 201 页。

些游离于传统生活方式之外的士人，都是借助于江南城市这一特殊的社会文化土壤才获得了生存的"物质条件"。①凡此说明，古代江南城市文化在发展到高峰期的同时，一些重要的现代城市文化特征也开始进入到中国人的社会生活中。对这个时期的历史经验予以实证研究，不仅可纠正许多似是而非的传统观点（如把中国古代城市等同于放大了的乡村等），也可以为当代中国城市文化建设提供一种真实的历史精神资源。

三是从近代向现代演变过程中的上海新型城市文化。在描述中国城市文明时，当代人有一种说法："两千年看西安，一千年看北京，一百年看上海。"尽管这在细节上仍有可商榷之处，但在中国城市从传统到现代的演进中，上海的延续性、前卫性、典范性与代表性，明显是其他最早的一批通商口岸如广州、厦门、福州等无法相比的。一位西方人曾描述到，1834年的上海港"桅杆林立"，当时上海的船只数量已是广州的两倍。而根据罗兹·墨菲的估计，1832～1834年，上海曾是当时世界上居于领先地位的港口之一，它的运输量等于甚至超过了同一时期的伦敦。城市的繁荣极大地推动了文化发展。尽管在古代江南地区，上海在文化上一直很边缘，但由于城市本身在开埠以后的迅速发展，因而在经历了大约七八十年之后，海派文化不仅在江南城市中迅速崛起领先，同时也成为中国现代文化中心。这其中的原因主要有三。首先，天然的地理位置使上海成为中西文化交流、对话的自由市场。这一点可与20世纪的北京作一个比较，尽管北京也是西方文化的传播重镇与集散中心，但正如当时的《新青年》一样，它所关注的主要是政治意识形态与社会革命问题，这与北方文化圈的政治—伦理深层结构密切相关。与之不同，上海则主要是西方市民文化与生活方式的集散中心。在这一点上，上海与"商女不知亡国恨"的南京、"西湖歌舞几时休"的杭州等传统江南城市，除了在生活方式与文化趣味上增加了西洋风格之外，在深层结构上是一脉相承的。其次，长江三角洲固有的雄厚物质基础与丰富人文资源，为上海这个现代都市的跨越式发展提供了最有力的支撑。江南地区，自古富庶，物质基础固不待言。就人力资源而言，一方面，江南地区自明清以来已成为中国学术文化

---

① 刘士林：《江南都市文化的历史源流及现代阐释论纲》，《学术月刊》，2005年第8期。

的中心，许多学者经常讲到江南士人在科举考试中的骄人战绩足以资证；另一方面，上海还是自晚清以来兴起的留学新潮的出发点与归宿地，大批具有现代意识与技术的新型人才，往往从这里出发又回归到这里。像所有的现代国际都市一样，尽管上海本身并不直接生产各种人力资源，但城市所具备的各种现代性"物质条件"与"精神基础"，使之在中国现代人力资源的重新配置中成为最大的受益者。再次，上海还属于江南地区传统负担与包袱最小的"新大陆"。其中一个重要原因说来多少有些贬义，就是它在近现代以前的"没文化"。不用说与扬州、南京、苏州、杭州这些传统学术文化中心相比，就是与周边更小的城市如常州、无锡、南通相比，也很难说它有什么优势与亮点可以炫耀于人。但另一方面，这个"短"也是它的"长"。马一浮在《泰和宜山会语》论及先秦诸子与"六艺"关系时，曾提出一个很有趣的说法。他把诸子与传统学术的关系分为四类：一是"得多失多"，二是"得多失少"，三是"得少失多"，四是"得少失少"。如果说那些传统文化积淀过于沉重的城市（如南京、扬州等）属于"得多失多"，那么像上海这样的"新兴贵族"则恰好可用"得少失少"来概括。以上这些，是上海可以迅速取代江南传统大城市的原因所在。

二 从物质生产方式看江南城市文化模式

尽管江南城市文化内容十分繁富杂乱，但其文化模式却可从两方面加以确定：一是在中国版图上看，江南城市文化是一种不同于北方的独特谱系；二是就江南地区而言，它还有一个重要的特点是不同于江南乡镇文化模式，这是由城乡之间的发展差异造成的。由此可知，只要我们弄清了江南与城市、江南城市与江南乡镇的文化差异，也就大体上把握住了江南城市文化的深层结构及其精神风貌。尽管在一般的意义上，物质文明、政治文明与精神文明是造成发展差异的三大要素，但在中国古代大一统的政治格局下，由于政治文明本身的变化不大，因而物质文明与精神文明也就成为影响江南城市文化模式的主要原因。从这两方面入手，可以对江南文化模式产生更深刻的认识。

在"物质文明"层面上，对江南文化模式影响最大的显然是"物质生产方式"，这既是中国诗性文化在不同自然地理与经济空间中发生裂变的直接原因，同时也是江南城市诗性文化进行自身再生产最重要的社会背景。具体说来，这主要表现为以工商业为核心的江南城市与以政治统治为首要功能的北方城市，以及有半农半工商的江南乡镇的差别上。

从城市形态与功能的角度看，南北城市在类型上有明显的差异。一般说来，江南城市在结构上可称为以传统工商业为主体的"经济型城市"。以明清时代江南的中心城市苏州为例，与北方或中原的中心城市相比，它有三个显著特点：一是城市空间的形成与城市工业发展密切相关。"在明中叶至清中叶的三个世纪中，苏州城市有显著扩大。这个扩大同时表现为城市地域范围的扩展与城市人口的增加。苏州城市变化的主要趋势，是城市从府城内扩大到城厢附郭和郊区市镇，从而形成一个以府城为中心、以郊区市镇为'卫星城市'的特大城市。苏州城市变化的主要动力来自城市工业的发展。城市工业的发展，并非单纯的府城工业向外转移，而是在比较优势的基础上形成的合理的地域分工。经过这三个世纪的发展，到了清代中期，城市工业在苏州经济中已经居于主导地位。"① 二是城市市场经济体系高度成熟。尽管在一般意义上，"明清时期中国经济最具时代意义和历史意义的发展是向市场经济的转化。具体而言，就是政府对经济的直接干预逐渐减弱，市场机制在经济发展中的作用不断加强"。② 但更多的研究告诉我们，正是以苏州这样的江南大都市为中心，一种多层级的、辐射全国的古代市场经济体系才真正地成熟。关于多层级，如李伯重所说："明中叶至清中叶苏州府城的商业腹地，由小而大，可大致分为4个层级：最直接的是苏州府辖下地区；其次是整个江南地区；再次是施坚雅所说的'长江下游经济巨区'；最后，作为明中叶至清中叶中国最大的商业城市，苏州的商业功能覆盖了中国最主要的经济地区。"③ 至于辐射面，则如陈学文所描述的："苏州不仅是江南区域市场，而且已具有全

---

① 李伯重等主编：《江南的城市工业与地方文化》，清华大学出版社 2004 年版，第 7 页。
② 许檀：《明清时期城乡市场网络体系的形成及其意义》，《中国社会科学》， 2000 年第 3 期，第 191－202 页。
③ 李伯重等主编：《江南的城市工业与地方文化》，清华大学出版社 2004 年版，第 23－24 页。

国市场的规模，它的经济辐射力已遍及全国各地，而全国各地的商品和商人都汇集到苏州来。"① 三是苏州中心城区与周边城镇在经济功能上出现了显著的区别，"府城内首先出现了商业集中的地区，后来又逐渐形成工业集中的地区。……此时的苏州东城，可以说已成为当时中国最大的城市工业区"。与此形成鲜明对照的是，"郊区市镇由于地域范围较小，因而似乎并未像府城那样形成专门的工业区、商业区和居民区"。② 由此可知，由于在"物质生产方式"上出现了不同于传统农业生产的城市工业，不同于传统政治分配体制的相当成熟的市场交换系统，才使得以苏州为代表的江南城市，不仅与以政治为中心的北方城市，也与一般的江南城镇在生产结构与经济功能上发生了重要变化，并在不少方面具备了现代都市的内涵与特征，为江南城市文化的发展与演化提供了新的"物质基础"与"社会条件"。

与之相对，北方中心城市则主要是"政治型城市"。这是从其起源时代就开始积淀的。"中国古代城市大量兴起的第一个高潮是在公元前 11 世纪左右，周武王建立起封建领主制的西周王朝。为了维护和巩固封建领主的统治，开国之初，周天子在土地国有制的基础上，分封了大量诸侯国。这些大小诸侯受封之后，必然要到自己的封地去进行统治，这样就出现了众多因政治需要而建立的城市。"③ 而为了农业文明的根本利益，从西周开始一直延续到唐代，统治者不仅对各级城市的规模有严格的限制，同时对于城市中的商业与商品经济空间也有严格的规定。流风所及，北方城市的最高发展形态主要是"政治中心"，其最突出的特征是政治因素对城市空间具有决定性的影响，以唐朝都城长安为例，"长安城内除宫城外，有东西两个市，一百零八坊，每个市又大约占两个坊的位置，商业交易区是相当狭小的。这是中国封建社会内部商品经济发展还不充分的表现。坊和市，四周都有围墙和门，坊内都设有鼓楼，依太阳出落，按鼓声而启闭。从建筑形式来看，坊市之墙，实乃是城中之城，可以说是一种封建堡垒式的城市格局"。④ "政治中心"最关心的是国家机器的

---

① 陈学文：《明清时期太湖流域的商品经济与市场网络》，浙江人民出版社 2000 年版，第 256 页。
② 李伯重：《多视角看江南经济史》，生活·读书·新知三联书店 2003 年版，第 433 - 434 页。
③ 陶思炎等著：《中国都市民俗学》，东南大学出版社 2004 年版，第 20 页。
④ 陶思炎等著：《中国都市民俗学》，东南大学出版社 2004 年版，第 22 页。

正常运行，其核心是政治与军事。尽管政治与军事不直接从事生产，不增加一个社会的物质基础，但由于它们是控制资源最有效与最直接的手段，所以一直成为"政治中心"的头等大事。这除了严格规定各级城市的规模，以免给王城造成现实的威胁，另一个常用的手段就是运用各种政治、军事手段削弱"经济型城市"的实力。如朱元璋对"中古时期最富裕、城市化程度最高和最先进的经济文化中心"苏州的态度，可以说是最有代表性的个案。据祝允明记载，"（太祖）愤其城久不下，恶民之附寇，且受困于富室，而更为死守。因令取诸豪族租佃簿历，付有司，俾如其数为定税。故苏赋特重，惩一时之弊"。①

在城市结构与功能上的重大差别，当然会直接影响到城市文化模式的形成与演化。与北方的"政治型城市"不同，江南城市的基本功能是扩大生产与流通的规模、贪婪地占有自然资源、人力资源以便创造出更多的物质财富，由此形成了与北方政治伦理文化截然不同的倾向于消费和奢华的江南城市文化。以南朝的建康为例：

> 南朝的建康，商业繁荣。史言"丹阳旧京所在，人物本盛，小人率多商贩，君子资于官禄，市廛列肆"。作为商业活动主要场所的"市"，在东吴的基础上大大发展起来了。《隋书·食货志》亦云建康"有大市百余，小市十余所"。这些市大部分分布在秦淮河以北、冶城以东，其中不少是在寺院附近。如建初寺前的大市、栖霞市等等。因为东晋、南朝佛事隆盛，寺院周围人烟稠密，来往频繁，是交易的好地方。市场名目繁多，且分工专业，一些商品有专门的市场。商品有三吴地区的粮食、丝帛、青瓷、纸张，长江中游来的铜、铁、矿石，海外的香料、珍宝等等。另外还有不固定的草市，甚至宫中也列苑市。东吴时还没有按货物种类列市，到南朝已出现了牛马市、纱市等名称，并且贸易量很大。②

以唐代的扬州为例：

---

① 陈建：《皇明通纪》，中华书局 2008 年版，第 220 页。
② 陶思炎等著：《中国都市民俗学》，东南大学出版社 2004 年版，第 26 页。

唐开元十八年正月望日，帝谓叶天师曰："今夕何处最丽？"对曰："广陵。"帝曰："何术以观之？"师曰："可。"俄而虹桥起殿前，板阁架虚，栏楯若画。帝步而上，太真、高力士及官数人从行，步步渐高，顷到广陵。寺观陈设之盛，灯光照灼殿基，士女鲜丽……（《玄怪录》）

以明代的南京为例：

明代南京的商业区主要集中在秦淮河两岸，其中江东门、三山门、聚宝门、三山街一带最为繁华，明初曾在这里开设了醉仙、轻烟、翠柳、梅艳、淡粉、叫佛等十六座大型酒楼，以供功臣、贵戚、官僚和文人墨客消遣享乐之用。人们爱吃的烤鸭、烤鹅是这些酒楼的拿手名菜。南京景点中最著名的当属秦淮河。从南朝开始，秦淮河两岸酒家林立，气氛奢靡，无数歌船往来河上，许多歌女寄身其中，轻歌曼舞，丝竹缥缈，王孙公子流连其间，佳人故事留传千古。一时灯红酒绿，纸醉金迷。唐朝诗人杜牧写了"烟笼寒水月笼沙，夜泊秦淮近酒家。商女不知亡国恨，隔江犹唱后庭花"这首著名的《泊秦淮》来描述当时六朝金粉醉生梦死的景象。隋唐之后，秦淮风情一度冷落。明清再度繁华，富贾云集，青楼林立，画舫凌波，成江南佳丽之地。秦淮风光，以灯船最为著名。河上之船一律彩灯悬挂，游秦淮河之人，必以乘灯船为快。每逢盛时，灯船蜿蜒似火龙，素称"秦淮灯船，天下第一"。[1]

由以上几个例子可知，江南城市文化最突出的特点是与工商业活动，以及城市的消费本性密切相关。这具体表现江南城市的文化街区与商业街区往往是一体化的。如清代扬州主要的商业街区在新城的西南角，同时又与集中在这一区域的丝绸、装饰品、珠宝和化妆品零售贸易为邻。[2]又如江南城市的

---

① 陶思炎等著：《中国都市民俗学》，东南大学出版社 2004 年版，第 43 页。
② 林达·约翰逊主编，成一农译：《帝国晚期的江南城市》，上海人民出版社 2005 年版，第 168 页。

文化活动多与水、桥、码头等相关，这也是因为这些地点先有了较为发达的商业功能。16 世纪葡萄牙人克路士对中国南部一些城市的叙述，也可为此提供一个佐证："这些桥形成城市的主要集市，那里卖各种东西，但主要是食物，同时舟船运载大量粮草驶抵达桥的两侧，出卖运来的货物。"① 同时，由于商贾和市民的娱乐需要，在本是便于商业活动的河流两岸，也形成了更为丰富的城市消费文化集聚区。如南京秦淮河的河房：

> 河岸雕栏画槛，绮窗丝障，十里珠帘。河房之外，家家有露台，朱栏绮疏，竹帘纱幔。河房便寓，便交际，便淫冶。画船箫鼓，去去来来，周折其间。夏月浴罢，杂坐水楼中，茉莉风起动，儿女香甚。女客团扇轻纨，缓鬓倾髻，软媚动人，煞是一派艳景。②

而在杜牧诗歌中"二十四桥明月夜"的所在地，根据考证，也不过是依附于扬州发达的城市经济而存在的一个"红灯区"。在某种意义上，这与江南城市的"去政治化"有直接关系，与之相比，北方城市文化在发展中就没有这么好的运气。以城市的空间功能演化为例，江南城市的商业区多具有自发性，是按照市场规律而扩张或延伸的。但在"以农为本"的北方城市，其商业街区不仅规模小，普通市民也没有经商的自由。如唐代以前，统治者一般只允许有"市籍"的商人在城市特定城区从事商业经营，而违反规定者则会受到严厉的惩罚。在《朝野佥载》中记载了一个有趣的故事：京城四品官员张衡在退朝回府的路上，因为肚中饥饿，就买了一个刚出笼的蒸饼，在马上举饼大嚼，未想到却被一位御史看在眼中并被参奏，而当政的武则天立马下令，不许他以后晋升三品。关键在于，以维护秩序为最高理念的政治型城市与以追求享受为根本目的的经济型城市的矛盾是很难调和的。如江南城市在日常生活上倾向于奢华，但在明太祖的时代就受到沉重的打击。如朱元璋就饮食器皿的质料所作的规定：公侯与官一品、二品，酒注、酒盏用金，其余的器皿用银；三品至五品，酒注用银，酒盏用金；六品至九品，酒注、酒盏

① 博克舍编著，何高济译：《十六世纪中国南部行纪》，中华书局 2019 年版，第 73 页。
② 陈宝良：《飘摇的传统：明代城市生活长卷》，湖南人民出版社 2006 年版，第 93 页。

用银，其余都用瓷；庶民百姓，酒注用锡，酒盏用银，其余用瓷、漆。至于漆器，均不许用朱红、稜金及雕琢龙凤一类纹饰。（《大明官制·礼部》）在这种严厉的政治压制下，一向生活奢侈的江南地区也不得不低眉顺眼，如江阴县①在明朝初年的宴会上，其菜肴的数量就缩减为以八盘为限，四人合坐，凑成一席。（嘉靖《江阴县志》卷4）

从城市与乡镇的角度看，由于中国政治"重北轻南"的传统，由于江南社会经济更发达等原因，江南乡镇在总体上对古代政治的依赖程度小于北方城镇。这其中所显示的正是经济基础对上层建筑固有的反作用。也就是说，经济发展水平越高，对政治的依赖性就会相对减少。多一分经济实力，就多一分自由发展的可能。以南北乡村为例，它们所不同的不仅是种小麦或种水稻、养蚕或绩麻，或者是由于土地、气候、水文等原因"多收三五斗"或"少收三五斗"，而是有着一些质的区别。如在经济活动方面，北方乡村主要是从事农业生产劳动，农民一般很少与工商活动发生联系。但在江南农村与乡镇，则出现了"工农之间界线模糊"的情况，"由于农村工业化和商业化的发展，江南农村居民常常是农、工、商多种职业兼营，并非只是种田的'专业农民'，相反，在市镇居民中，也有不少人把其全部或部分劳动时间用于农业生产劳动"。② 以松江为例，在明嘉靖年间，这一地区就以出产棉布著称，"中户以下，自织小布，以供食"；至清嘉庆年间，仍然是"乡村纺织，尤尚精细，农暇之时，所出布匹，日以万计"。③ 又如对现实政治的依赖程度方面，有学者指出："在长江三角洲，商品化程度高，国家政权势力渗透少，村社组织力量薄弱，而同族集团却高度稳定；华北则相反，商品化程度低，国家政权势力渗入村庄，村民流动频繁，同族组织不稳定，而超族的村社组织却力量强大。"④ 此外，最有意思的是，在江南地区，能否在务农的同时兼职商业，还成为判断人的智力的一个尺度。如顾炎武曾表达过这样的意思：靠务农而有所收获，虽能有一倍的利润，但付出的劳动最多，所以是由愚懦的人来做；

① 现江苏省江阴市。
② 李伯重等主编：《江南的城市工业与地方文化》，清华大学出版社2004年版，第15页。
③ 段本洛等著：《苏州手工业史》，江苏古籍出版社1986年版，第52页。
④ 黄宗智：《长江三角洲的小农家庭与乡村发展》，中华书局1991年版，第315页。

靠做工而有所收获，利益更大，但付出的劳动也比较多，所以是由雕杇的人来做；靠经商而有所收获，利益要多三倍，而且付出的劳动较少，所以是有心计的人来做。[1]但由于在物质文明积累、制度文明建设，以及在城市文化发展阶段上的差异，因而无论是对政治及其意识形态系统的游离程度，还是在经济生产的性质与规模上，江南乡镇与江南城市的差别仍是显而易见的。

这既可从乡村、市镇与城市工业在性质上的不同加以认识，还可通过比较乡镇与城市在市场经济规模上的差异来理解。城市工业与农村工业的区别比较明显，"从生产性质上来说，农村工业基本上是一种很小范围内的地方自给性工业，主要依靠的是本地原料和市场；而城市工业则主要是一种'外向型'工业，即其所使用的原料大多数来自外地，产品也有很大一部分供给外地市场。在生产方式方面，农村工业主要是农家副业生产，生产的专业化程度、工艺水平以及产业层级都较低，而城市工业则并非主要是工匠的专业生产，在生产的专业化程度、工艺水平以及产业层级等方面都处于较高地位。"[2]而市镇工业则介乎两者之间，一方面，它属于"城市工业"，与农村工业相比，不仅技术上领先，"即使是同一行业，市镇上的专业化生产与农村里的农家副业生产，无论是在生产的工艺水平上，还是在生产的效率与产品的质量等方面，都有明显的差别"。[3]但另一方面，市镇工业不仅集聚程度低，在总体上也从属于中心城市。如李伯重对明清时代苏州工业格局的分析：

> 留在府城内的工业主要是产业层级较高的工业。集中了这些工业的府城也因此而成为苏州城市工业的中心。城厢附郭的工业以产业层级处于中等的工业为主，而郊区市镇则集中了产业层级较低的工业，因此它分别成为苏州城市工业的中层与低层。在这种合理的产业地域分工的基础之上，三者形成了一个以府城工业为中心的工业体系。[4]

---

[1] 顾炎武：《天下郡国利病书》，上海古籍出版社 2022 年版。
[2] 李伯重等主编：《江南的城市工业与地方文化》，清华大学出版社 2004 年版，第 41 页。
[3] 李伯重等主编：《江南的城市工业与地方文化》，清华大学出版社 2004 年版，第 43 页。
[4] 李伯重等主编：《江南的城市工业与地方文化》，清华大学出版社 2004 年版，第 63 页。

　　江南城市与乡镇在工业发展上的区别，也适用于描述其市场经济的差异。尽管江南乡镇在市场贸易等方面也有相当的发展规模，如浙江乌程县的乌镇和桐乡县的青镇合称乌青，是从宋代就发展起来的大镇，在明中叶居民就有四五千家。据说，这里到处修建的佛塔寺庙、桥梁街巷如果旧了，就进行改建，呈现出一派"府城气象"。而到了康熙时，这里已是"商贾走集于四方，市井数盈于万户"。（《乌青文献》卷1）再以明清吴县盛泽镇为例：

　　　　吴越分歧处，青林接远村。水乡成一市，罗绮走中原。尚利民风薄，多金商贾尊。人家勤织作，机杼彻晨昏。（明　周灿《盛泽》）

　　　　远商鳞集，紫塞雁门。粤、闽、滇、黔辇金至者无虚日，以故会馆、旅邸、歌楼、舞榭，繁阜喧盛，如一都会焉。（清　沈云《盛湖杂录》）

　　　　迄今居民，百倍于昔。绫绸之聚，亦且十倍。四方大贾辇金至者无虚日。每日中为市，舟楫塞港，街道肩摩。盖其繁阜喧盛，实为邑中诸镇之第一。（乾隆《吴江县志》卷四）

　　从这里的一诗、一文、一方志看，盛泽的"城市化水平"已然很高，是江南乡镇在明清时代城市化进程迅速发展的标志，如所谓"自明中叶以来，太湖流域市镇如雨后春笋般大量兴建、发展起来……大大小小的市镇像群星拱聚在太湖四周广大土地上，其中有些市镇规模甚至超过了府、州、县城，经济非常发达，生产、消费、交换和服务各种功能齐备"。[1] 但由于江南乡镇的政治地位不高，所以不仅比起城市来更容易受到压制与限制，如康熙前期就颁布"机户不得逾百张"以限制民间丝织手工业的发展，[2] 而且更为重要的是，它们在空间规模、人口数量、经济总量、消费水平等方面，与堪称当时"国际化大都市"或"世界城市"的苏州、杭州相比，更是有云泥之别。

　　在江南城、乡之间存在的这些差异，直接决定了两者在"社会生活方式"上的不同。一个时代的生活观念与生活方式，既直观地展示了这个时代的

---

[1] 陈学文：《明清时期太湖流域的商品经济与市场网络》，浙江人民出版社2000年版，第384页。

[2] 段本洛等著：《苏州手工业史》，江苏古籍出版社1986年版，第32页。

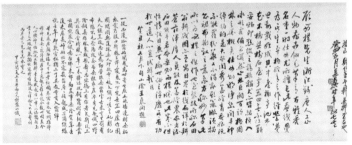

清　顾洛《蚕织
图卷》

"物质文明"发展水平，也集中体现了一个时代的权力意
志与政治需要。从这一角度出发，可以明显见出江南城、
乡在"文明发展程度"上的差距。即使在已相当富裕的江
南乡镇，人们在生活观念上依然倾向于儒家哲学，如"耕
读为本""勤俭持家"等素朴生活方式，就是北方意识形
态与生活观念在江南乡镇的直接表现。在明清时代的家训
或发蒙读物中，其所宣扬的基本上也是齐鲁文化的理念与
话语。

传家二字耕与读，防家二字盗与奸。倾家二字淫与赌，守家二字勤与俭。（《增广贤文》）

人生在世，多见多闻，勤耕苦读，作古证今。（《训蒙增广贤文》）

念祖考创家基，不知栉风沐雨，受多少苦辛，才能足食足衣，以贻后世；为子孙长久计，除却读书耕田，恐别无生活，总期克勤克俭，毋负先人。（《围炉夜话》）

这与"舞低杨柳楼心月，歌尽桃花扇底风""钿头银篦击节碎，血色罗裙翻酒污"的江南城市生活，是完全不同的。一个有趣的例子是明末一些士大夫发起了"不入城"运动，他们不喜欢城市生活的奢华与糜烂，因而选择逃到乡镇去。又如清人颜元把自己少年时的轻薄不检归结为生活在城市里（《未坠集序》），这从一个侧面表明了江南城、乡在"社会生活方式"上的重要区别。从中可以见出，由于文明发展程度不同，江南乡镇对"政治文明"的依附要比江南城市严重得多。

三 从精神生产方式看江南城市文化模式

在"精神生产方式"上，江南城市与北方城市和江南乡镇也有明显的差异。表现于南北城市，是中国诗性文化裂变为两个子系统，"由于中国南北文化的根本差别在于政治与审美、实践理性与诗性智慧的二元对立，因而中国诗性文化还可以更具体地划分为以'政治—伦理'为深层结构的'北国诗性文化'和以'经济—审美'为基本内涵的'江南诗性文化'。前者以齐鲁礼乐文化为表征，后者则以江南诗性文化为代表"。[1]由于江南乡镇与北方文化的联系更加密切，诗性文化的这一裂变也可以用来指称江南城乡的精神文明差异，所不同的只是程度与细节而已。与"物质文明"重经济、"政治文明"重制度不同，"精神文明"的核心在于"礼"与"乐"。正如《乐记》中："乐者，天地之和也；礼者，天地之序也。和，故百物皆化；

---

[1] 刘士林：《江南都市文化的"文化理论"与"解释框架"》，《江苏社会科学》，2006 年第 4 期。

序，故群物借别。""礼"的功能在于划定秩序，相当于今天的法律与伦理；
"乐"的目的在于生产和谐，相当于今天的艺术与审美。两相比较，前者的
基本功能是"区别文明人与野蛮人"，后者的主旨在"区别自由的人与异化
的人"。由于后者涉及人的愉快、幸福与自由目标，由于人的愉快、幸福与
自由是判定一个社会是否"全面发展"最重要的尺度，因而可以说，"乐"
比"礼"更高一层，代表着人类发展的更高文明水准与理想境界。在这个
意义上讲，南北城市、江南城乡在"文明程度"上的差异，主要不在其政
治、经济等"硬件"方面，而是突出地表现于"重礼"与"重乐"的不同
侧重上。

从"礼"的层面看，在北方城市与江南乡镇中，最突出的空间特征即政
治伦理功能重于经济生产功能，这是它们在"精神文明"层面上一致地表现
为"礼重于乐"的根源。

以南北城市论，北方最具代表性的是故都北京，它以天子明堂为中心逐
层逐级向四周延伸的空间结构，是以"君臣"为中心的政治—伦理理念在城
市空间中的感性显现。而江南城市苏州与之完全不同，其城市空间的生产是
以月桥商业区——唐代设置的坊市为中心，在工业、商业、贸易等经济资本
的驱动下向各个方向扩张的。正如西方学者所说："1008 至 1016 年间，尽管
少数的专业化的市场已经在城市的其他角落建立起来，但主要的商业街区依
然是月桥东西两侧的市场。这些主要的市场是唐代坊市制的延续。唐代的坊
市制是按区块而不是按街道规划城市，这种规划有利于政府的控制，而且市
场有着官方制定的规则。在宋末，商业区已经向各个方向伸展，占据了城市
景观中很大的一部分。"[①]

以江南城乡论，也是如此。以伦理习俗为考察对象，可以很好地说明两
者对"礼""乐"的态度。在某种意义上，江南乡镇是传统礼俗最忠实的信仰
者与实践者，在维护风化与纲纪等方面，它们比北方的政治中心往往更加顽
固不化。如江南乡镇对越轨男女的惩罚，其严厉与残酷是世人皆知的。这说
明江南乡镇生活的核心原则即"万恶淫为首"，他们最害怕"礼崩乐坏"，是

---

① 林达·约翰逊主编，成一农译：《帝国晚期的江南城市》，上海人民出版社 2005 年版，第 28
页。

北方意识形态与伦理规范忠诚的卫道士。在"慈孝天下无双里，锦绣江南第一乡"的徽州棠樾，驰名于世的牌坊群就是一个很好的证据。但在江南城市生活中，对同一件事情不仅羡慕者有之，鼓励、纵容者有之，更有甚者还把它们美化为"越名教而任自然"的解放行为。由于这个原因，即使是古代色情小说，也最喜欢以苏州、扬州、杭州为生活场景。在北方，文人本是伦常纲纪的布道与捍卫者，但在江南地区，文人往往率先成为三纲五常的罪人。如清代江苏巡抚汤斌曾这样指责"喜作淫词"的三吴文人："优觞妓筵，酒船胜会，排列高果，铺设看席，靡费不赏，争相夸尚"。① 再举一个服饰方面的例子，万历年间，一位名唤李乐的闲居官员来到城里，惊奇地发现，满街的生员秀才竟然全是红丝束发、唇涂红脂、面施白粉，身上穿的也全是红紫一类颜色的衣服，如同艳丽的妇人。在回到乡下以后，他感慨万千，曾改古诗纪事："昨日到城郭，归来泪满襟。遍身女衣者，尽是读书人。"（李乐《续见闻杂记》卷 10）这一被时人称为"服妖"的时尚，② 就是由饱读圣贤之书的江南士人所为。但今天看来，透过其道德说教的外衣，这恰好说明江南城市生活的"去道德"与"去教化"本质。如果说，与北国诗性文化相比，江南诗性文化最明显的是其审美气质，那么与江南乡镇诗性文化相比，江南城市诗性文化则呈现出更加自由、活泼的感性解放意义。

从"乐"的层面也明显可见出三者的不同。在古汉语的语境中，"乐"主要有"伦理"与"审美"两层内涵。前者再现的是"礼"与"乐"的相互交融与和谐，表现为政治伦理对审美文化与个体快乐的渗透与规约；后者揭示了两者之间存在的矛盾与对立，它表明自由与愉快总是建立在对社会束缚与伦理异化的最大超越上。

在北方城市与江南乡镇，固然也有快乐与自由等审美经验，但由于受制于更强大的政治—伦理结构，所以在总体上呈现为"寓教于乐"，即娱乐、快感与自由体验只是手段，最终目的仍是崇高的"道德主体"。就此而言，北方城市与江南乡镇的审美经验不够纯粹，在本质上是一种"道德趣味"，并只能与具有较高伦理价值的对象产生审美共鸣。由此引申，南北城市、江南城乡

---

① 吴元炳：《三贤政书》，清光绪五年铅印本。
② 陈宝良：《飘摇的传统——明代城市生活长卷》，湖南人民出版社 2006 年版，第 30 页。

在"乐"的层面上，其最大的区别即"审美趣味"与"道德趣味"的不同。如果说，在北方城市及江南乡镇，艺术与审美活动只是实践道德的工具，或者说精英是文化生产与消费的主体，而普通大众只是被动的接受者，那么正是在江南城市中，艺术与审美才逐渐由手段发展为目的本身，其中一个最重要的标志是文化艺术生产与消费的市场化。如龙登高在分析临安娱乐市场时所说："各种文化与娱乐活动早已有之，通常主要是特权享受，或自娱自乐，或相互娱乐，而不是通过市场来开展的，不发生交易行为。中晚唐以后，娱乐作为一种消费服务，开始在市场上出现。在南宋临安，以谋生和营利为目的的文化娱乐活动已相当普遍，娱乐市场发育趋于成熟，并推动着娱乐业的成长，这在经济史和文化史上都具有阶段性的意义。"[①] 由此可知，至少从南宋临安开始，一种与当今大众文化相类似的文化消费与娱乐活动，在最发达的江南城市中已渐成气候。

由于城市空间经济功能的强化与政治伦理功能的衰退，使江南城市直接表现出与西方近代市民生活甚至是当代消费社会相似的特征。以明清时期的苏州娱乐业为例，"这个城市以享乐主义闻名。马丁·马丁尼在他的著作中认为，这里对于酒色的享乐已经达到了最高的层次，特别是在'花船'中，这些花船的奢华甚至是很多精美的豪宅难以相比的"。[②] 尽管正统人士一概称之为"大伤古朴之风"，但作为一种历史必然，这又是任何人无力挽回的。如张瀚《松窗梦语》说：

> 民间风俗，大都江南侈于江北，而江南之侈尤莫过于三吴。自昔吴俗习奢华、乐奇异，人情皆观赴焉。吴制服而华，以为非是弗文也；吴制器而美，以为非是弗珍也。四方重吴服而吴益工于服，四方重吴器而吴益工于器。是吴俗之侈者愈侈，而四方之观赴于吴者，又安能挽而之俭也。

---

① 龙登高：《临安娱乐市场分析》，载于李伯重等主编：《江南的城市工业与地方文化》，清华大学出版社 2004 年版，第 117 页。
② 林达·约翰逊主编，成一农译：《帝国晚期的江南城市》，上海人民出版社 2005 年版，第 104 页。

由此可知，以江南城市独特的"物质生产方式"和"精神生产方式"为基础，最终形成的是一种完全不同于北方城市或江南乡镇的都市生活方式。表现在现实生活中，其最突出的特征是"吃喝玩乐"。以日常宴饮为例，在《武林旧事》卷六，曾详细记载过一次菜肴多达 200 多种的盛大宴会，其中鱼虾禽肉为 41 种，水果和蜜饯为 42 种，蔬菜 20 道，干鱼 29 道，此外还有 17 种饮料、19 种糕饼和 59 种点心。以日常服饰为例，褚人获曾记载有一首《吴下歌谣》，其中讲到"苏州有三件好新闻"，是"男儿著条红围巾，女儿倒要包网巾，贫儿打扮富儿形"。①（《坚瓠补集》卷六）以日常游玩为例，尽管北方城里人与江南乡镇人也游玩，如士大夫赋闲或致仕以后，但那本质上是有节制的与高雅的，以不伤大雅，即不触及政治理想与伦理原则为前提。但江南城市市民与此不同，如苏州虎丘中秋节："每至是日，倾城阖户，连臂而至。衣冠士女，下迨蔀屋，莫不靓妆丽服，重茵累席，置酒交衢间。"②（《袁中郎全集》卷二）在某种意义上，江南城市文化模式的最大特点是多元化与多样性，可以适应不同人等的消费与享受。在这个意义上，江南城市文化把中国诗性文化提高到一个新的高度，代表了中国诗性文化在历史上的最高发展水平，同时，作为古代江南人民留给我们的一笔极为珍贵的古典人文精神资源，对它的深入研究与现代阐释，对提高当代中华民族的生活质量，提升当代城市文明发展水平等方面，也具有十分重要的参照价值与借鉴意义。

阅读材料

本讲所选的阅读材料凡四篇，张兴龙的《江南城市文化资源的地理与历史概况》认为，江南地区独特的自然、地理和社会环境既是江南城市产生的基础，也是江南城市文化资源类型及特征展示的流动舞台。刘士林的《古代江南中心城市》提出，直到近代上海崛起之前，作为江南中心城市的主要有南京、扬州、苏州、杭州，但真正符合城市发展规律、持续时间较长、具有

---

① 褚人获：《坚瓠补集》，清早期刻本（1645—1735 年）。
② 袁宏道：《袁中郎全集》，世界书局，国学整理社 1936 年版。

韧性发展特点并得到普遍认可的，则非苏州、杭州而莫属。刘士林的《现代作家解读江南城市》，认为现代作家对江南城市的文学书写和人文思考，是城市研究的重要方法和重要资源，对于了解中国城市的现代转型和当代长三角建设具有弥足珍贵的价值。朱逸宁的《江南小镇的文化内涵与精神》，从人口相对聚集的城市化特点、生活形态相对固定及节奏较为舒缓的乡村性特征等方面，阐释了江南小镇的文化精神内涵。

一　张兴龙：江南城市文化资源的地理与历史概况[①]

江南城市文化资源的发生和积淀，源自江南城市的出现与发展，在空间层面上，江南地区独特的自然、地理和社会环境既是江南城市产生的基础，也是江南城市文化资源类型及其特征生成的制约条件。在时间层面上，江南城市发生、发展和繁荣的历史，是江南城市文化资源类型及特征展示的流动舞台。

首先，江南地区温热湿润、水网密布的自然地理状况，影响着以水为根本特征的江南城市文化资源的生产。

古代江南地区温热湿润的气候、江湖密布的地理状况，积淀了江南城市文化资源鲜明的"水"性特征。

江南地区温热湿润，考古学研究表明，在新石期时代太湖地区有象群存在，[②] "杭州湾以南的浙江余姚河姆渡遗址的下文化层也出土亚洲象骨骼，并出土红面猴和猕猴骨骼"，[③] 这说明当时的长江下游"较现在温湿"。[④] 一直到秦和西汉，中国气候还是温暖时期，气温要较今天高。距今 7 000 年前，江南属典型的海洋性亚热带季风气候，距今 5 300 至 5 000 年间，气温比现在高 1～2℃。[⑤]

---

① 节选自刘士林主编：《江南文化资源研究》，百花洲文艺出版社 2019 年版。

② 浙江省博物馆自然组：《河姆渡遗址动物遗存的鉴定研究》，《考古学报》， 1978 年第 1 期。

③ 浙江省文管会、浙江省博物馆：《河姆渡遗址第一期发掘报告》，《考古学报》， 1978 年第 1 期。

④ 张之恒：《长江下游新石器时代文化》，湖北教育出版社 2004 年版，导论第 2 页。

⑤ 吴维棠：《从新石器时代文化遗址看杭州湾两岸的全新世古地理》，《地理学报》， 1983 年第 2 期。

　　江南地区水网密布，水乡泽国是基本地理特征。在江南城市最发达的明清时期，这里同属一个水系——太湖水系。

　　　　太湖水系，古有三江五湖之称。实际上，严格地说，应当是一河二溪三江五湖。一河，即江南运河，北起镇江，南抵杭州，纵贯江南平原中心地域，是京杭大运河的南段。二溪，即太湖水系的上流和水源，在西北是荆溪，西南是苕溪。……荆溪、苕溪两水系，把太湖西部的宁、镇、常、湖、杭五府，与东部苏、松、嘉三府联系了起来。……一般都认为三江是介于长江与钱塘江之间、位于太湖东面的入海河流。……太湖上纳二溪之水，下通三江出海，形成了太湖水系的中心。①

　　总之，"江南地区地理环境上具有典型的'水乡泽国'及山水秀美的特征。人们普遍认为江南居民灵秀颖慧与江南的'水'性特征相关"。② 这一特点直接影响了江南城市的发生与发展，进而对城市规划选址、民居建筑、节日庆典、生活风尚等城市文化资源的生成产生作用。

　　江南早期城市选址深受自然地理条件影响，如苏州阖闾城、武进淹城、扬州邗城等春秋战国时期最具代表的江南城市。苏州阖闾城最终选定在姑苏山东北三十里的石质残丘和水网平原的交汇处，这里在地理环境上，"苏州地处东临大海、北倚长江、南面和西面依接太湖和太湖平原的浏河边上，它通过长江可与中国中、西部经济腹地联系，通过海洋可与世界各地交往。这些条件使苏州城数千年久盛不衰"。③ 武进淹城"筑城方法为平地推土，未见夯打，亦无基槽；内、中、外三条护城河相互连通，并接城外河道，进出淹城只有水路，没有陆路"。④ 扬州邗城，"城的南沿临蜀冈南麓断崖，断崖下即是长江。城系方形，为版筑城垣，周长约十华里。城南有两道垣，外城垣和内城垣之间有濠，外城之外，也有濠环绕。传说城没有南门，北面为水门，只

---

① 李伯重：《多视角看江南经济史》，生活·读书·新知三联书店2003年版，第448—449页。
② 景遐东：《江南文化与唐代文学研究》，复旦大学博士学位论文2003年，第30页。
③ 参见徐桂卿：《城市地貌学形成的时代背景及其在城市建设中的作用》，载中国城市地貌研究会筹备组编：《中国城市地貌研究》，成都地图出版社1992年版。
④ 曲英杰：《长江古城址》，湖北教育出版社2004年版，第371页。

有东西两面有城门，这种形制，与江南的越城、奄城遗址很相合"。① 随着社会的发展，后来的江南城市对自然地理条件的依赖并不像早期那么明显，但是，城市布局、建筑模式依然保留着江南水乡自然地理特征。例如，苏州被称为"东方威尼斯"，"苏州城市水多、桥多，其民居景观往往总是与水景、桥梁建筑结合在一起，从而体现其独特的文化与自然氛围"。②

江南城市的自然地理条件，直接渗透到市民生活习俗、节日庆典等文化活动中。③ 所谓"百里不同风，十里不同俗"，江南的一方水土孕育了江南民族不同于其他区域的生活方式。越是在古代社会，人类对自然环境和地理条件的依赖性越强，这种自然和地理特征对城市文化资源的影响也就越深刻。虽然许多习俗和节日具有不分地域、不分时代的共性特征，但是，在究竟如何过的具体"细节"上还是存在着南北差异和城乡区别的。这使得江南城市民俗不同于黄河流域的中原城市，也不同于长江中上游的巴蜀和荆楚城市。饭稻羹鱼、桑麻遍野、舟楫代步成为江南城市民俗与生活方式的集中体现，它们形成的核心要素是水。

江南地区长期远离北方政治中心，政治伦理羁绊较弱，人性轻扬，俗好商贾的社会环境，为城市经济的繁荣创造了条件，促进了江南城市以商业为中心的城市建筑、生活习俗等文化资源独特精神的形成。

王孝通的《中国商业史》指出："春秋之商业，可分为二期：第一期为黄河流域之商业，第二期为扬子江流域之商业，故其时强国之势，亦由北而趋南。"④ 即春秋初期，中国古代商业以北方黄河流域最为发达，到了春秋晚期，中国商业活动的繁荣出现了从黄河流域向长江流域南移的情况，"吴、越皆扼扬子江之口者，故其势渐强，然而所谓春秋之趋势，由北而趋南者，盖由黄河趋扬子江，又由扬子江上流趋于扬子江下流，岂非随商业之趋向而进行乎"？⑤ 也就是说，早在春秋晚期，中国商业经济活动的重心就已经从黄河流域逐渐转移到了江南地区。

① 朱福烓、许凤仪：《扬州史话》，江苏古籍出版社 1985 年版，第 7 - 8 页。
② 王振复：《中国建筑的文化历程》，上海人民出版社 2000 年版，第 234 页。
③ 童恩正：《中国北方与南方古代文明发展轨迹之异同》，《中国社会科学》， 1994 年第 5 期。
④ 王孝通：《中国商业史》，团结出版社 2007 年版，第 24 页。
⑤ 王孝通：《中国商业史》，团结出版社 2007 年版，第 25 页。

以扬州为例，《旧唐书》卷五九《李袭誉传》称："江都俗好商贾，不事农桑。"杜佑《通典》的扬州卷《风俗》中说："扬州人性轻扬，而尚鬼好祀。"桓宽的《盐铁论》记述：

> 荆、扬南有桂林之饶，内有江、湖之利，左陵阳之金，右蜀汉之材，伐木而树谷，燔菜而播粟，火耕而水耨，地广而饶财；然民窳偷生，好衣甘食，虽白屋草庐，歌讴鼓琴，日给月单，朝歌暮戚。赵、中山带大河，篆四通神衢，当天下之蹊，商贾错于路，诸侯交于道；然民淫好末，侈靡而不务本，田畴不修，男女矜饰，家无斗筲，鸣琴在室。是以楚、赵之民，均贫而寡富。[1]

江南地区商业环境的优越，促进了江南城市商业经济的繁荣，推动江南城市走向与北方"政治型城市"不同的"商业型城市"发展道路，由此奠定了江南城市商业文化繁荣的基础。在北方城市，"就其外形所显示的，主要是理性行政的产物"。[2] 江南城市的产生往往不是出于政治统治的需要，而是强调对经济商业环境的依赖，更有利于城市商业文化资源的生产。

二 刘士林：古代江南中心城市[3]

在古代江南地区，由于经济、商业和文化的发达，城镇化进程后来居上，城市层级体系相对健全，并自然而然地、合乎城镇化规律地形成了南京、扬州、苏州、杭州等在全国乃至世界上具有重要影响力的中心城市。结合"扬州与成都号为天下繁侈，故称扬、益"[4] 等文献记载，在古代江南地区具有中心城市地位的主要是南京、扬州、苏州和杭州。四个城市各有特点，南京是

---

[1] 参见王利器校注：《盐铁论校注》（上），中华书局 1992 年，第 41-42 页。
[2] 马克斯·韦伯著，康乐、简惠美译：《中国的宗教》，《韦伯作品集》（第五卷），广西师范大学出版社 2004 年，第 48 页。
[3] 节选自刘士林：《江南文化中心城市规划与长三角高质量发展》，《苏州大学学报（哲学社会科学版）》，2022 年第 2 期。
[4] 李吉甫：《元和郡县志》，中华书局 1983 年版，第 1071 页。

政治中心城市，扬州主要是商业中心城市，苏州首先是经济中心，然后才获得了较高的政治地位，为苏州成为文化中心城市提供了坚实基础。杭州在江南地区的影响力一度超过苏州，直接原因是杭州在南宋成为帝都。一个文化中心城市的基本条件是文化成为城市发展的核心要素和动力机制，照此说来，在古代江南地区真正具有文化中心城市地位的无疑只有苏州和杭州。

历史上的苏州，以红尘中"一二等富贵风流之地"著称于世。如果说"富贵"是指其经济中心地位，那么"风流"则是指其文化和生活方式的巨大影响和无穷魅力。古代苏州巨大的物质生产创造和富甲天下的富庶是无须讳言的。中唐以后，苏州作为全国经济中心之一的重要地位已基本确定。如白居易说："况今国用多出江南，江南诸州，苏为最大。"①，如范成大说："唐时苏之繁雄，固为浙右第一矣。"② 这种地位已经奠定就非常稳固，并一直延续到明清时代。顾炎武曾测算过明初苏州的赋税上缴情况："考洪武中，天下夏税秋粮以石计者总二千九百四十三万余，而浙江布政司二百七十五万二千余，苏州府二百八十万九千余，松江府一百二十万九千余，常州府五十五万二千余，是此一藩三府之地，其民租比天下为重，其粮额比天下为多。"③ 及至清初，则有"东南财赋，故苏最重；东南水利，姑苏最要；东南人士，姑苏最盛"④ 之称。康熙六年，江苏布政使孙代在《五府分藩公署记》中写道："东南财赋甲天下，而江苏五府又甲于东南"。⑤。由此可知，至少自中唐以来，苏州已成为江南地区乃至全国的经济中心之一。

在古代中国上，依托良好的区位条件和人民的勤劳创造，不少地区都曾出现繁华的经济中心城市，但一般都难以摆脱"其兴也勃焉，其亡也忽焉"的历史循环。苏州不仅以延续千年的繁华打破了这一铁律，也把古代中国农业文明城市的繁华提升到前所未有的高度。

与纯粹以生产力发达和商业繁荣的经济中心不同，苏州有一个重要特点是"兼有较高的政治地位"。明清时期的苏州在行政级别上尽管只是"府州

① 白居易：《白香山集》，文学古籍刊行社 1954 年版。
② 范成大：《吴郡志》，江苏古籍出版社 1986 年版。
③ 顾炎武：《天下郡国利病书》，上海古籍出版社 2022 年版。
④ 魏源：《皇朝经世文编》，岳麓书社 2004 年版，第 447 页。
⑤ 李铭皖、谭钧培、冯桂芬：《同治苏州府志》，江苏古籍出版社 1991 年版。

级”城市，但高度发达的经济和无比繁荣的城市生活，使苏州获得了远远超过其行政级别的特殊待遇，并成为江南地区行政管辖中心之一。如明代的巡抚都御史、巡按御史都常驻于苏州。清朝江苏布政使则设治于苏州府，专门负责位于江苏南部的苏州、松江、常州、镇江、太仓州的大小政务。与城市史学家把江南城市看作是“工商型城市”不同，严明认为苏州是一座“政治型城市”，“苏州城又成为江苏巡抚的驻节之地，苏州府府治的所在地，而且吴县、长洲、元和三个附郭县的县治也都设在苏州城内。清朝时期的苏州成为省、府、县三级行政中心共同所在的城市，其‘政治性城市’的性质自不待言”。[①] 这完全符合城市发展的普遍规律，即那些拥有雄厚经济基础、良好交通条件、发达商业系统的城市，必然要“实至名归”地获得更高的政治地位和待遇。

在古代江南中心城市中，苏州和杭州可并称“双子星”。尽管在某些阶段、某些方面可以分出伯仲，但从总体上看，这两座城市都是数一数二的江南大都市。从杭州城市发展史的角度对此进行追溯和探讨，有助于丰富我们对江南中心城市历史演化的认知和把握。

中国是世界上城市起源最早、也是在古代城市最发达的国家之一。但在南朝时期江南大规模开发之前，我国的城市体系主要分布在中原一带。此时江南地区城市化水平偏低，有地位的大城市更少。据对《史记》《汉书》等历史文献的统计分析，汉代有“都会”之称的大城市为 13 个，但在其中根本看不到杭州。“直到南朝时，杭州所在的地域仍然没有形成一个足以担当州郡级中心职能的城市，以致境内的盐官、钱塘、富阳三县，与余杭、临安、於潜三县，还分别隶属于吴郡和吴兴郡，整个境域处于一种松散的状态。即使到了南朝末年的陈，虽设立了钱塘郡，也只是州郡县三级制下的郡”。[②] 由此可知，杭州在中古以前的地位，大约仅相当于今天一个普通的地级市，与今天苏州的行政界别基本一致。

杭州一名始于隋朝，也是古代杭州迈向江南中心城市的起点。这已为学

---

① 刘士林等：《江南城市群文化研究》下册，高等教育出版社 2015 年版，第 420 页。
② 周祝伟：《7—10 世纪杭州的崛起与钱塘江地区结构变迁》，社会科学文献出版社 2006 年版，第 4 - 5 页。

术界公认，如"隋朝统治时间虽短，但对杭州正式成为一个城市，却起了奠基作用"。[①] 如"进入隋唐以后，杭州城才全面走上了快速发展的道路"。[②] 如"隋代开启了杭州城市的新纪元，但隋代对于杭州城市兴起的最大意义并不在于直接给杭州的繁荣带来的经济和文化效益，而是奠定了此后杭州跻身于国内著名大都的基础。此前杭州城市的规模和经济发达程度十分有限，既无法跻身于北方黄河流域的长安、洛阳等大都市行列，也不能与长江流域的扬州、苏州等城市相比"。[③] 杭州在隋朝以来迅速崛起的基本条件，隋唐大运河的开通起到了关键作用，"杭州不仅是京杭大运河的最南端，从东南一隅的州治所在地获得了直通国家政治中心洛阳的机遇，同时，作为浙东运河的起点，奠定了其在江南水道运输城市中的特殊地位。此后，杭州一跃成为重要的商业城市、著名大都会"。[④] 发展到唐代，杭州的经济和商业已经非常繁荣，成为全国重要的经济中心之一。据记载，"唐代杭州店肆达三万余家，每年商税收入达五千万缗，约占全国商税收入的百分之四"。[⑤] "到晚唐时，杭州城的城市商业在钱塘江地区各州中已经迅速地脱颖而出，初具区域中心市场的雏形"。[⑥] 尽管杭州已成为商业中心城市，但从整个唐代看，城市地位总体上还是不高，也不能和苏州相提并论。"就晚唐前期的杭州来说，在整个东南地区，其地位应该说还处于三流的水平。同为浙江西道辖区内的苏州，作为道内的政治、经济重心，地位即高于杭州。"[⑦] 由此可知，直到隋唐两代，杭州一直排在苏州之后。

真正的变化发生在宋代，"地有湖山美，东南第一州"。这是嘉祐二年（1057 年）宋仁宗赠给杭州知州梅挚的两句诗。即在北宋最高统治者看来，此时杭州已超越苏州成为"东南第一"。这当然不纯是诗歌的想象，而是有着坚

---

① 林正秋：《杭州古代城市史》，浙江人民出版社 2011 年版，第 7 页。
② 陈国灿、奚建华：《浙江古代城镇史》，安徽大学出版社 2003 年版，第 299 页。
③ 刘士林等：《江南城市群文化研究》下册，高等教育出版社 2015 年版，第 575 页。
④ 刘士林等：《江南城市群文化研究》下册，高等教育出版社 2015 年版，第 578 页。
⑤ 林正秋：《杭州古代城市史》，浙江人民出版社 2011 年版，第 8 页。
⑥ 周祝伟：《7—10 世纪杭州的崛起与钱塘江地区结构变迁》，社会科学文献出版社 2006 年版，第 280 页。
⑦ 周祝伟：《7—10 世纪杭州的崛起与钱塘江地区结构变迁》，社会科学文献出版社 2006 年版，第 114 页。

实的经济基础支撑。如"北宋熙宁十年，杭州的商税已居全国首位，共八万二千多贯，南宋咸淳年间增至四十二万贯"。① 在城市总体发展水平上，"到北宋中后期，杭州无论是城市人口还是经济发展水平，抑或对社会的影响，都已称得上是东南第一，成为浙江乃至整个东南地区的中心城市"。② 对此还可从几个方面来了解。一是杭州在北宋时期取代南京成为东南地区的行政中心。"我们可以把南京和杭州做个比较，两浙路的最高行政机关设在杭州，江南东路的最高行政机关设在南京，通过晚唐时期经济中心不断南移，两浙路已经超过了江南东路，两浙路还管辖着苏州、润州（今镇江）、常州，而江南东路管辖的宣州、徽州、歙州、江州、池州、饶州等地区，很明显没有两浙路来得富庶，苏州在北宋已属于杭州的管辖范围了，而南京管辖范围远远比不上杭州所管辖范围富庶，苏州和南京就被杭州比下去了。"③ 二是杭州已跻身于当时中国六大都市之列，和当时的北京、洛阳、南京、开封、西安等平起平坐，而苏州则未能进入。除了作为全国政治中心的优势，杭州自身的发展同样是重要原因。以宋代杭州城市人口为例，"元丰年间（1078～1085 年），杭州人口已经达到二十万二千八百多户，超过江宁（十二万七百十七户）、平江（十五万二千八百二十一户），成为江南人口最多的州郡"。④

　　南宋杭州作为国内最大、最繁华的大都市，还有两个重要证据。一是柳永《望海潮》写的："东南形胜，三吴都会，钱塘自古繁华。烟柳画桥，风帘翠幕，参差十万人家。"据说金主完颜亮闻此，"欣然有慕于'三秋桂子，十里荷花'，遂起投鞭渡江之志"。⑤ 二是《马可·波罗游记》将杭州称为"天城"，认为"这座城市的庄严和秀丽，堪为世界其他城市之冠。这里名胜古迹非常之多，使人们想象自己仿佛生活在天堂，所以有'天城'之名"。⑥ 这部游记还有一些细节，也有助于人们了解这座当时世界上最繁华、最宏伟的城

① 何荣昌：《唐宋运河与江南社会经济的发展》，《运河访古》，上海人民出版社 1986 年版，第 322 页。
② 陈国灿、奚建华：《浙江古代城镇史》，安徽大学出版社 2003 年版，第 107 页。
③ 虞云国：《宋代杭州是传统江南市民文化的鲜活样本》，东方网 2020－01－02。
④ 林正秋：《杭州古代城市史》，浙江人民出版社 2011 年版，第 13 页。
⑤ 罗大经：《鹤林玉露》丙编卷 1"十里荷花"条，中华书局 1983 年版，第 241－242 页。
⑥ 马可·波罗著，陈开俊等译：《马可·波罗游记》，福建科学技术出版社 1982 年版，第 175 页。

市。如"城内各行各业共有十二种行会，每一行会各有一万二千个商家，每个商家至少有十二个工匠，有的是二十人，也有的为四十人。这些工匠们总是有干不完的活儿，因为此城的产品畅销于国内其他城市"。如"城内除掉各街上密密麻麻的店铺外，还有十个大广场或市场，这些广场每边都长达半英里"。以上足以说明，宋元时期的杭州不仅是江南和中国最繁华的城市，在当时世界城市版图上也具有重要地位。

和苏州一样，杭州的繁华自此也一直延续下来。如明代《成化杭州府志》记载："吾杭为东南江海重藩会区，土地之广，人民之众，物产之富，贡赋之重，山川清淑，人民英明，宫室城池之壮，商贾货财之聚，为列郡雄。"[1] 又如中心城市的一个基本特征是拥有众多的卫星城，明清时代的杭州就形成了具有当代"都市圈"意义的城镇层级体系，"南宋杭州市镇数量为36个，明代中期为46个，到了清朝康熙、乾隆时期则增至136个，从宋代到清朝增长了近4倍。……这些城镇数量众多，并且紧密地分布在杭州的周围，由此在地理空间上形成了以杭州大都市为中心、以市镇为卫星城的新型都市空间格局"。[2]

与宋代的杭州相比，苏州依然繁荣发展。但是已经无法和作为南宋首都的杭州相比。"南宋苏州给人的印象极为深刻清晰；13世纪，世界上很少有城市能在规模、秀丽和财富上与苏州相提并论。然而，只要杭州作为国家的首都，苏州将只能一直是杭州体系中的一座繁荣的卫星城"。[3] 政治因素对杭州中心城市地位的奠定发挥了至关重要的作用，这在学术界也已形成共识。如"宋代杭州借助政治中心的独特优势，及经济市场的强大辐射力，一举奠定了江南地区中心城市的地位。当时的苏州虽然与杭州齐名，但由于政治地位和经济市场上的差距，苏州无法撼动杭州的区域中心城市地位"。[4]

但这场江南中心城市的竞争并没有就此终结。从两者的发展模式看，苏州是先有经济中心的地位，再自然而然地获得较高的政治地位，然后再成为江南地区的文化中心城市。而杭州尽管也是先有一定的经济基础，但主要是

[1] 陈让、夏时正纂修：《成化杭州府志》，齐鲁书社1996年版，第175页。
[2] 刘士林等：《江南城市群文化研究》下册，高等教育出版社2015年版，第640页。
[3] 林达·约翰逊主编，成一农译：《帝国晚期的江南城市》，上海人民出版社2005年版，第31页。
[4] 刘士林等：《江南城市群文化研究》下册，高等教育出版社2015年版，第644页。

依靠不期而遇的政治机遇才超越了苏州，并成为江南地区首屈一指的中心城市。所谓"成也萧何，败也萧何"。一旦支持杭州的政治因素有所削弱乃至消失，苏州就会再次超过杭州。如在明清时期，苏州作为江南中心城市的辐射和影响力更胜一筹，"苏州不仅是江南区域市场，而且已具有全国市场的规模，它的经济辐射力已遍及全国各地，而全国各地的商品和商人都汇集到苏州来"。① 此时两者相比，"以区域市场中心地等级而论，杭州已退居其次。……江南市场的蓬勃发展造就了苏州这样一个区域中心城市"。② 还有一个值得关注的因素与运河有关。正如杭州崛起在很大程度上得力于隋唐大运河的开通，苏州在明清时期再次超越杭州，同样是借助了其在江南运河的核心位置，"依靠运河的苏州则是传统时代中心城市的典型，并发展到极致"。③

"上有天堂，下有苏杭"。由于历史、政治、交通、经济、商贸、文化等原因，苏州和杭州在江南中心城市上可谓"各领风骚数百年"。对此作出公允的评价是马可·波罗，他把苏州称为"地上的城市"，同时把杭州称为"天上的城市"。他说："苏州城漂亮得惊人……居民生产大量的生丝制成的绸缎，不仅供给自己消费，还行销其他市场……这里的商业和工业十分繁荣兴盛。苏州的名字，就是指'地上的城市'，正如京师的名字，是指'天上的城市'一样。"④ 在他眼中这两者并无高下，都是当时中国和世界第一流大都会。总之，直到近代上海崛起之前，作为江南中心城市的主要有南京、扬州、苏州、杭州，但真正符合城市发展规律、持续时间较长、具有韧性发展特点并得到普遍认可的，则非苏州、杭州而莫属。

三　刘士林：现代作家解读江南城市⑤

江南名城众多，不能一一道来。但把南京、杭州、扬州和苏州称为江南

---

① 陈学文：《明清时期太湖流域的商品经济与市场网络》，浙江人民出版社 2000 年版，第 256 页。
② 龙登高：《江南市场史：十一至十九世纪的变迁》，清华大学出版社 2003 年版，第 230 页。
③ 龙登高：《江南市场史：十一至十九世纪的变迁》，清华大学出版社 2003 年版，第 230 页。
④ 马可·波罗著，陈开俊等译：《马可·波罗游记》，福建科学技术出版社 1982 年版，第 174 页。
⑤ 刘士林：《现代作家解读江南城市》，《光明日报》 2012 年 6 月 4 日。

城市"四大名旦"，应该不会有太大的问题。现代作家生活和写作的那段历史时期，是传统江南城市向当代长三角城市群过渡和转型的关键时期。同时，以作家的眼光看江南城市的兴衰与变迁，不只是比一般的学术研究多了些人文情怀，更重要的是以诗性直观的方式表达了对江南城市的人文观察与思考。通过现代作家的独特视角和文学书写，从另一个侧面了解古代江南名城在现代化进程中的兴衰际遇，深入剖析它们独特的性格、气质与内在冲突，可以为当代江南城市文化建设和长三角江南文化品牌打造提供借鉴。

（一）杭州和南京：与政治中心的距离决定态度

要想深入了解现代作家江南城市书写的意义，首先需要对古代城市有一些规律性的认识。经济史学家曾将中国城市分为"开封型"与"苏杭型"，前者的核心功能是政治与军事，历史上的北方都城与军事要塞城市都属此类。后者的核心功能是经济与消费，江南城市也包括其他区域的商业中心城市属于这一类。但另一方面，在权力资源过度集中和意识形态高度专制的古代社会，"苏杭型"城市不可能按照自己的意志自然地演化和自由地发展，只能在政治与经济的矛盾夹缝中"苟全于世"。江南城市最基本的性格和最深层的气质，就是在这样的大背景下积淀、生成，不断解构又不断重建的。我把江南城市文化性格称为"欲罢不能"和"欲说还休"。一方面，由于雄厚的经济实力必然要求在上层建筑上有所建树，"苏杭型"城市就如同喜欢"纸上谈兵"的古代书生，总是会不由自主或半推半就地卷入政治斗争的漩涡；但另一方面，由于政治与军事均不是江南城市的所长，每一个想成为政治中心的江南城市，最后都难逃"金陵王气黯然收"或"六朝如梦鸟空啼"的悲惨宿命。这时，真正能够安慰和吸引它们的，就不再是"闻鸡起舞"和"中流击楫"的英雄事业，而是"自作新词曲最娇，小红低唱我吹箫"的文人情怀或"钿头银篦击节碎，血色罗裙翻酒污"的世俗快乐。在这方面，最有代表性的是杭州和南京。

南京与杭州分别是吴文化区与越文化区的政治中心，在历史上也有过称霸一时、与北方列强相抗的光荣历史。由于这样的地位与传统，这两个城市的政治与军事冲动在江南城市群中也最为突出。以元初、清初为例，在中原和北方的"关西大汉"纷纷放弃抵抗、屈膝折节之后，人们印象中一直软绵绵的江南"才子佳人"往往挺身而出，成为在军事上抵抗外族入侵、在文化上捍卫夷夏之别的主力军。从深层说，这与江南城市文化中深藏的"政治情结"有关。但实际情况正如我们在历史上反复看到的，江南每一次抗争的结果无不以自身的失败而告终。久而久之，就逐渐形成了一种"不谈政治""躲避崇高""尤厌言兵"的江南城市理念与主流价值文化，并在此背景下形成了专注于日常生活细节和感官享受的诗性生活方式与游戏人生态度。在花轻如梦、细雨如愁的南宋词里，在沉迷于男欢女爱、魔怪刺激的明清市井文学中，都是如此。这也是历史上很多正统士大夫不遗余力地对"南朝""南宋""南明"口诛笔伐的主要原因。

尽管都以江南诗性文化为基本价值取向，但由于在地理、人口、历史、生活方式、文化心态、性格气质等方面的差异，南京与杭州在城市性格与文化上又表现出一些微妙的不同。这是因为两个城市与政治的关系有远近与亲疏之别。

具体说来，杭州在军事上基本上是不设防的城市，更容易臣服于现实与命运的安排。古代如此，法国汉学家谢和耐在《蒙元入侵前夜的中国日常生活》中曾写道："有没有理由说此一时期乃是纷扰的时期？……这确实是一个不安宁的时期。然而显而易见的是，直至兵临城下，杭州城内的生活仍是一如既往的悠哉闲哉。"① 现代依然如此，画家、散文家任微音在《雨丝风片游杭州》中指出："杭州号称天堂，自然有构成天堂的条件，首先是它交通经济地理的重要，扼钱江的咽喉，是浙东平原丰富产物的集中市场。它的地理形势为兵家所必争。但是在历史上却又没有经过许多剧烈的战争，平均起来，承平的日子多，这就大大的有益于居民的安逸感。"② 其实，并不是杭州"不思进取"，不想成为可以独占天下资源的国家政治中心，而实在是经历和眼见的失败太多、教训太沉痛，才被迫放弃了"欲罢不能"的政治冲动，主动选择了"欲说还休"的文化立场，把主要的精力与心思花费在观赏自然美景、把玩有限的人生和珍惜日常生活上。

与杭州的"低眉顺眼"不同，南京是不甘心就范而又屡战屡败的"英

---

① 谢和耐：《蒙元入侵前夜的中国日常生活》，江苏人民出版社 1995 年版，第 4 页。
② 曹文趣：《西湖游记》，浙江文艺出版社 1985 年版，第 306 页。

雄"。这与城市自身的条件与资源有关。从地理环境上看，杭州一马平川，不仅大海阻断了东方的退路，实际上居民也不愿意离开这个安乐窝；南京不仅有长江天险可以依仗，自身在地势上也是"龙盘虎踞"，正如诸葛亮当年在清凉山感慨"钟阜龙蟠，石城虎踞，真帝王之宅也"，这是南京很难主动放弃雄霸江东的一个重要原因。从城市起源上看，所谓"三岁看到老"，南京一开始就是一个军事中心，春秋时代先后做过吴王夫差和越王勾践的兵工厂，以后又多次成为大江以南的政治中心和北伐的桥头堡，这就使它很不甘心一直寄人篱下。从城市发展机制上看，与江南城市主要依赖于商业经济活动不同，作为"金陵帝王州"的南京本身就一直是江南地区的"统治阶级"，由于经常可以尝到"不劳而获"的好处，所以它既不甘心长期向别人进贡，同时又希望能够从其他地区获得更多的给养。从城市文化上看，杭州文化在构成上比较简单，越地一带的江南文化是核心内容。南京地处中国南北文化冲突与交流的要冲，受北方与中原文化的影响较重，它的政治与意识形态内涵远比一般的江南城市突出。一个最简单的例子是李香君与苏小小，尽管都是追欢卖笑的风尘女子，但她们在政治态度与抱负上却截然相反。

与政治中心的距离和在历史中形成的不同态度，是同属江南的杭州和南京在性格与精神气质上表现出很大差异的主要原因。这在一般的江南城市社会与文化研究中，即使不是被完全忽视，也基本上不受重视。正是在现代作家的江南城市经验与话语中，这种最感性、也最本质的"细节真实"才大白于世。

以杭州为例，郁达夫写过一篇《杭州》，他最欣赏的不是儒家的政治抱负和入世理想，而是明朝人高濂写的一本叫《四时幽赏录》的闲书，其中列举了杭州一年四季的日常生活：春天是孤山月下看梅花、八卦田看菜花、虎跑泉试新茶、西溪楼啖煨笋、保俶塔看晓山、苏堤看桃花；夏天是苏堤看新绿、三生石谈月、飞来洞避暑、湖心亭采莼；秋天是满家弄赏桂花、胜果寺望月、水乐洞雨后听泉、六和塔夜玩风潮；冬天呢，也有很多好去处，如三茅山顶望江天雪霁、西溪道中玩雪、雪后镇海楼观晚炊、除夕登吴山看松盆等。郁达夫用吴自牧的"临安风俗，四时奢侈，赏观殆无虚日"来概括杭州的城市性格和文化。由此出发，就比较容易理解为什么南宋不可能收复北方领土，因为杭州的城市生活与文化过于温柔富贵，很容易使人意志涣散、意乱情迷，成为感官和欲望的俘虏。这种城市文化性格当然是有很大缺陷的。但反过来想一想，与北方和中原常见的金戈铁马和朔风凛冽相比，这种生活尽管不够崇高、悲壮、气吞山河、义薄云天，但它难道不应该是一切奋斗和牺牲的真正和最后目的吗？古代很多的北方志士来到江南，常会感叹"没来由短尽英雄气"，在这个意义上并不是不可以理解的。

南京就不一样了。不知道大家有没有去过南京，南京给我的感觉就是"阴"和"沉"。在杭州你最容易感受的是古人讲的"优游"，是所谓的"饱食终日，无所用心"，是一种没有很大现实压力和激烈矛盾冲突的舒适和慵散。但在南京就完全不同，在这个城市的历史和记忆中，充满了太多的挫折、压抑和无奈。南京就像一个被剥夺了爵位的废帝或废后，一方面，尽管在颜面上仍不失大家闺秀的庄重和整饬，但由于这种样子建立在对内心失败和绝望之上，因而无论如何这个城市都很难真正阳光起来。这是南京的"阴"、叫人捉摸不透的根源。另一方面，废帝或废后毕竟又不同于普通人，他们曾有过的辉煌和壮观使每个游客都无法轻视，这是南京的"沉"、形象气质厚重的根源。但可惜的是，这两种性格与气质在南京的结合，并没有形成一种真正的"深沉"品性，这就特别容易走极端或剑走偏锋。具体说来，向上的一路是走向禅宗的"寂""无"。在现代作家中，把这种性格写得最精微的是朱自清，在他的散文《南京》中有一段写玄武湖："这里的水是白的，又有波澜，俨然长江大河的气势，与西湖的静绿不同。最宜于看月，一片空蒙，无边无界。若在微醺之后，迎着小风，似睡非睡地躺在藤椅上，听着船底汩汩的波响与不知何方来的箫声，真会教你忘却身在哪里。"而向下的一路是走向反文化的"肉"与"身"。南京人爱以"大萝卜"自况，本义是说南京人的朴实与缺心眼。与操着吴侬软语、文化到了极致的苏杭人完全不同，像苏州评弹或越剧《红楼梦》中的儿女温情，在南京文化中不仅不存在，还是南京大萝卜们嘲笑的对象。南京人有一句口头禅叫"多大事"，"多大事"就是说没有什么大不了的事，或者说"有什么大不了的呢"。从深层讲，这可以解释为，南京人由于丧失了现实世界，所以就看不上或不在乎这个世界。当代的南京，很可惜就是这样的。这座本来很有文化的"文化名城"，经常有各种出格的事情发生，南京人自己在谈这些事情时，最喜欢用的调侃语就是"又在全国打响了"。它的意思是说，只要"打响"、引起关注或吸引眼球就行，至于是以什么方式或内容都无所谓。

（二）扬州迟暮：除了交通，还有文化

早在隋唐时期，扬州已是闻名于世的"国际化大都市"，其人口众多与商业繁华的城市景观，大约只有北宋都城汴梁可以相比。明清时代的扬州，借助富可敌国的盐商，又成为全球最奢华和消费文化最发达的城市。这方面的记载，可以说遍布扬州的地方文献。但在今天面对古代的扬州，很容易想到《浮士德》里的名句："你是多么美呀，请你暂停！"是的，扬州在现代时期的迅速衰落，就像一个无比丰腴、富贵、娇艳的美妇人突然遭遇无法承受的打击，人们甚至来不及记下她的绝代风华，来不及为她的命运变故唱一曲挽歌，一切就成了明日黄花。

扬州作为江南工商业城市的杰出代表，本身也是中国古代城市的典范形态之一。它在现代时期像"楼兰美女"一样"突然死亡"，是我们研究江南城市时一个重要的"标本"。传统工商业中心城市多以便利发达的水路交通为家底，同时，在交通中区位优势的消长与交通工具的变革也在深层决定着城市的兴衰。扬州也是如此。如果说古代扬州兴盛的主要原因是隋炀帝开凿江南运河，那么，导致它衰败的直接原因是铁路这种现代交通系统的出现。城市与乡村相比，最大的特点是人口与资源的集聚，美国城市学家芒福德就把城市比喻为一个"容器"。对于城市而言，人太多、商业太繁华固然不理想，但这还不是最坏的结果。而最坏的结果无疑是"人去城空"。一个城市一旦丧失了对人口、资源与资本的吸引力，这时距离它解体的日子也就为时不远。如同许多曾经繁华一时的商业中心城市，一旦扬州的交通优势不再，城市的商业功能和各种寄生性的消费产业也就随之凋敝，原来拥挤不堪的城市人口四散而去，"门前冷落鞍马稀"的结局就不可避免。

但除了交通因素，还有一个重要的原因是城市文化的性质。关于扬州的这一方面，是另一个著名的现代作家、艺术家丰子恺先生发现的。在散文《扬州梦》中，丰先生记述了他的一段真实经历。有一天，他教孩子们读南宋姜夔的《扬州慢》，当念到"二十四桥仍在"时，再也按捺不住内心的激动与向往，于是带着学生前往维扬胜地，想亲自验证一下二十四桥到底还在不在？接下来的叙述很生动，不妨给大家读一读——

> 到大街上雇车子，说"到二十四桥"。然而年青的驾车人都不知道，摇摇头。有一个年纪较大的人表示知道，然而他却忠告我们："这地方很远，而且很荒凉，你们去做什么？"我不好说"去凭吊"，只得撒一个谎，说"去看朋友"。那人笑着说："那边不大有人家呢！"我很狼狈，支吾地回答他："不瞒你说，我们就想看看那个桥。"驾车的人都笑起来。这时候旁边的铺子里走出一位老者来，笑着对驾车人说："你们拉他们去吧，在西门外，他们是来看看这小桥的。"又转向我说："这条桥以前很有名，可是现在荒凉了，附近没有什么东西。"

姜夔词中的"二十四桥"，源自杜牧的"二十四桥明月夜"，联系唐代另一位诗人徐凝的"天下三分明月夜，二分无赖是扬州"，可知"二十四桥"是扬州城的文化标识。但到了现代时期已凋敝如此，当然会叫人百般感慨：为什么一个好不容易打造出来的城市品牌，会如此容易泯灭和被遗忘，而且又是这样快、这样干净和彻底。在很大程度上，这是扬州文化过度商业化的必然结果。一方面，如同政治地位低下的商人一样，中国古代的商业城市也是最缺乏保护的，一旦它的实用价值消失，所有的政治寄生虫就会迅速转移并卷走所有的资源，城市的地位和影响于是一落千丈；另一方面，这与作为扬州文化主体的商人也有很大关联。寄生于农业社会中的商人，目光短浅，顺风使舵，缺乏坚定的政治抱负与远大理想，只会享受和消费，对文化也只是附庸风雅或浅尝辄止，不可能指望他们为一个城市的文化负责。

在大力发展文化产业、文化服务业的背景下，今天的很多城市都开始有点像古代扬州。比如城市的过度商业化，甚至很多大的文化项目也都交给企业和商人去经营，这是有很大问题的，或者说以后肯定会出很大问题。古代扬州文化的命运留给我们的启示就在于：城市的繁华固然离不开商人，但城市文化是绝对不能依赖商人的。

（三）花园苏州：一个文化城市的隐忧

与总想成为政治中心的南京、一心一意想过好小日子的杭州，以及不知明朝梦醒何处的扬州相比，在江南城市群中，最像江南的是苏州。与北方城市相比，江南城市的一个突出特点是经济发达。据经济史家的研究，在明清时代，苏州就是"一个以府城为中心、以郊区市镇为'卫星城市'的特大城市"。这种经济上的优势一直保持至今，苏州经济在当代长三角城市群也是数一数二的。与北方城市相比，江南城市的第二个特点是景观漂亮。"江南园林甲天下，苏州园林甲江南"。在中国城市中，苏州就像一个大花园，这也是无须赘言的。其中要强调的只有一点，就是苏州园林最能代表江南园林的特色。陈从周先生有一篇《园林分南北　景物各千秋》，其中讲江南园林摆脱了北方皇家园林的"庸俗"，充满了"清雅平淡"的"书卷气"，好像都是讲给苏州的。最有意思的是，陈先生不是以建筑史家，而是以一个散文家的身份写这篇文章的。所以，这仍应该纳入现代作家眼中的江南城市变迁的范围。

苏州是典型的园林城市。苏州的好，不在于园林的规模与豪华，而是提供了一种有别于城市政治、经济功能的文化空间，使自然山水、乡村文明与城市发展水乳交融，多元并存，提供了一种有价值、有意义的感性生活空间。当代作家陆文夫、余秋雨对此都有生动的描写：

> "阿要白兰花啊——"，小巷里又传来了女子的叫卖声，这声音并不激昂慷慨，除掉想做点买卖之外，也不想对谁说明什么伟大的意义，可我却被这声音激动得再也无法入睡了……
>
> "阿要白兰花啊——"，那悠扬的歌声渐渐地消失在春雨里。（《深巷又闻卖米声》）
>
> 柔婉的言语，姣好的面容，精雅的园林，幽深的街道，处处给人以感官上的宁静和慰藉。现实生活常常搅得人心志烦乱，那么，苏州无数的古迹会让你熨帖着历史定一定情怀。有古迹必有题咏，大多是古代文人超迈的感叹，读一读，那种鸟瞰历史的达观又能把你心头的皱折慰抚得平平展展。看得多了，也便知道，这些文人大多也是到这里休憩来的。他们不想在这儿创建伟业，但在事成事败之后，却愿意到这里来走走。

> 苏州，是中国文化宁谧的后院。(《白发苏州》)

这在很大程度上暗合了霍华德"花园城市"，或者说很好地体现了芒福德讲的"文化是城市的灵魂"。尽管在当代城市化进程中，苏州传统的城市空间与文化功能已有变异，一些现代城市的坏习气也沾染了它，比如你到吴中第一名胜虎丘想拍一张全景，就很难绕开乱七八糟的电线杆。但与其他江南城市相比，苏州城市化的代价又是最小的。它的旧城区保存得相对完好，它的市民与前工业化时代依稀相仿。这是在今天的苏州，每一个普通人都如同古代的"江南游子"，在这里仍可以重温"深巷明朝卖杏花"的旧梦，并找到家园感的根本原因。

(四) 上海：一个农业民族的"爱欲"和"惶恐"

上海是长三角城市群的首位城市，也是中国城市化和国际化最高的城市。这是人人皆知的。但从另一个角度说，这也表明上海和我们传统的生产生活方式、文化心理结构甚至是审美趣味的脱节最严重。关于现代国际大都市，我曾把它比喻为"坏女人"。一方面，它浑身散发着现代的性感、光泽和其他刺激人的浓烈气息，非常诱惑人，特别是容易诱惑刚进城的农村人；另一方面，由于这个女人与我们熟悉的古典女性在形象、性格、气质上差别巨大，在我们和她的交往中，存在着很多我们完全不熟悉、甚至是从心理和情感上十分厌恶的游戏规则，这是很多人又总是强烈地希望摆脱这个"现代围城"的根源。也可以说，在对上海这个现代大都市的态度上，最鲜明地见证出我们这个传统农业民族对现代世界的"爱欲"和"惶恐"。

实际上，这种特别矛盾的态度和这份特别复杂的情感，从上海刚开始有国际大都市的模样时，就被当时的评论家异常敏锐的嗅觉发现和捕捉到了。1904 年，在蔡元培主编的《警钟日报》上，曾发表一篇没有署名的文章。其中写道：

> 上海何以美？上海者，上海人之上海也。上海人得此天然地势，宜其组织特色文明，随上海潮流，灌注全国，使全国人饱饮吾上海文明乳汁，再出其余力灌注全地球，使全地球人饱饮吾上海文明乳汁。果尔，则全

国人民脑智之发达，皆受吾上海人之赐，全地球人民脑力之扩充，皆食吾上海人之福。上海人荣耀，即上海荣耀。上海形势既不辜负吾上海人，吾上海人又安得辜负此上海形势？

上海何以丑？上海者，固上海人之上海，而非白皙人公有之上海也。上海人不能爱惜此天然形势，碎裂上海地图，抛弃祖父白骨，失寸失尺，渐渐干没入白人手中，宜其低头于白人势力圈下，上海人之主权，从此扫地，上海人妻孥之堕落，永无了期。嗟嗟，风月主人，宛其死矣，迷离妖梦，尚未醒乎？怪哉上海人，执几重奴券，似有余荣，受无数痛鞭，居然不觉。丑哉上海人，虽倾西江之水，洗不尽上海之污点。

这其中的矛盾是显而易见的。一方面，作者对上海独特的区位优势和现代文明成果报以最高度的赞美；另一方面，作者又对上海作为西方殖民文化的大本营和集散中心表达了最愤怒的情怀。实际上，即使在一百年后的今天，我们对城市的态度依然没有超出这个原型结构。特别是最近一段时间以来，以"中国城市化是伪城市化"为代表，各种"逆城市化""反对国际大都市"的舆论与思潮日见高涨，其中也包括不少的城市规划、城市社会研究的专家，但从深层看，他们只看到城市化带来的城市病和社会问题，却忽视了城市化进程给中华民族带来的巨大进步。他们不明白的是，当今世界是城市的世界，"大都市强则国家强，大都市弱则国家弱"，还可以说，他们对城市的理解和态度，只是接近了百年前那个不知名作者的一半，而且是消极的一半。这在某种意义上也表明，现代作家对江南城市的解读与认识，在今天仍然值得我们认真学习和思考。

在这篇文章中，我觉得最难能可贵的，是作者在文末发出的"腐朽所蒸，香草怒生焉，艰危交逼，人才崛起焉"。从原理上讲，这完全符合城市社会学家对大都市发生与发展的一般看法，即社会的多元化与文化的多样性及其各种成分之间的混乱和冲突，本身就是一个现代大都市发生必需的肥沃土壤，因而，在这篇充满文学战斗激情的评论中，恰好揭示出现代上海之所以最终能够成为"远东第一大都市"的必然规律。

但是问题也在这里。上海这个现代化大都市已经矗立在世界东方，但它究竟是不是我们民族所希望的那个城市家园，或者说，在这个过于西化、过于物化、过于商业化的现代大都市中，我们这个传统的农业民族究竟能不能安身立命，都是值得继续探讨和严肃追问的。在这个意义上，让走得太远的上海，以及在当代城市化进程中以上海为榜样、走得过急、过快的中国城市，重新回顾一下江南城市的现代进程，特别是现代作家对这个进程的意见与批评，不仅是必要的，而且应该是必不可少的。

四 朱逸宁：江南小镇的文化内涵与精神[①]

（一）江南小镇是储存文化记忆的容器

研究小镇，必须厘清"镇"这个概念。学界一般认为，中国古代的镇，最早是作为军事要塞的形式出现的，后其军事功能逐步退化，至北宋中期，镇就由军事单位完全变成了乡村市场，处于"都邑和农村小聚落之间中介"[②]的地位，从"市镇"这一称谓可见一斑。

在某种程度上，江南小镇人口的流动也是近现代长三角地区城市化的特征之一。[③] 到了现代，城镇、市镇、乡镇、小镇等名词常常混用。在行政上，今天的镇则是指县以下的基层行政单位。由于城镇化的速度加快，小镇也在不断变化，有些原建制镇实际上已经在城市化过程中与城市融为了一体，而有些称谓上的"小镇"却又不具有行政上建制镇的地位。因此在论述时，我们应把小镇、小城镇以及市镇等当作一个动态的、不断演化的、较为宽泛的概念，这样有利于从中探寻小镇的文化内涵与精神。其中，江南小镇对今天我们理解和建设中国小镇文化有重要的参考价值。芒福德认为，城市具有储存文化的功能。[④] 在中国历史上，不仅城市是这样，小镇同样是储存文化记忆的容器。

---

① 朱逸宁：《江南小镇的文化内涵与发展路径》，《中国国情国力》，2017 年第 6 期，第 17－19 页。

② 包伟民：《江南市镇及其近代命运：1840—1949》，知识出版社 1998 年版，第 34 页。

③ 参见刘石吉：《明清时代江南市镇研究》，中国社会科学出版社 1987 年版。

④ 刘易斯·芒福德著，宋俊岭、倪文彦译：《城市发展史——起源、演变和前景》，中国建筑工业出版社 2005 年版，第 104 页。

宋元到明清时期，江南小镇发展速度较快，数量不断增加，达到了古代城镇发展的最高峰。南宋时，浙西环太湖和浙东沿海 7 个府州就有 630 个小镇。① 明朝江南六府的小镇数量达到 316 个，清朝时更达到了 459 个。② 它们地处城乡之间，加强了江南都市和乡村的联系，使得农副业与城市商业结合为一体。明清两代，江南的小镇更加繁荣，像震泽、盛泽、朱家角、王江泾等，商贾云集，货物流通，亦不亚于大都会，③ 冯梦龙在《醒世恒言》中曾这样描述盛泽镇："镇上居民稠广，士俗淳朴，俱以蚕桑为业。男勤女谨，络纬机杼之声通宵彻夜。"④ 这一时期的江南小镇富庶繁荣，文化昌盛。由于城、镇、村的体系已经形成，江南小镇不仅衔接了中国农业文明与乡土社会的传统，而且形成了独立的小镇文化结构，即以农工商贸经济为基础、城市商业市民文化为核心、传统乡村生活为外在形态的新型市镇文化。按照学者赵冈的说法，和传统意义上为农业消费服务的小镇不一样，江南小镇是为农业生产服务的，形成了超越层级式的小镇规模。⑤ 这种模式是与当时古代农业社会的经济体系、江南地区的地理环境相适应的。如果研究近古中国的商品经济以及商业文化、市民文化的发展，那么江南小镇是不可替代的案例。

由于江南小镇既具有人口相对聚集的城市化特点，又具有生活形态相对固定、节奏较为舒缓的乡村性特征，因此形成了独特的江南小镇文化。

江南小镇文化满足了中国很多文人的心理期待：如果有机会，他们可以进入城市，接近权力中心成就功名大业；如果仕途不顺，则可隐居于此，等待机会再度入世。正如李泽厚所说："不但'兼济天下'与'独善其身'经常是后世士大夫的互补人生路途，而且悲歌慷慨与愤世嫉俗，'身在江湖'而'心存魏阙'，也成为中国历代知识分子的常规心理以及其艺术意念。"⑥ 对于明清江南知识分子而言，小镇就是这种处在"江湖"与"魏阙"之间的缓冲地带。在专制日益强化、对知识分子的思想控制越来越严苛的环境中，他们

① 陈国灿：《南宋城镇史》，人民出版社 2009 年版，第 92 页。
② 参见樊树志：《明清长江三角洲的市镇网络》，《复旦学报》， 1987 年第 2 期。
③ 钱杭、承载：《十七世纪江南社会生活》，浙江人民出版社 1996 年版，第 21－22 页。
④ 冯梦龙：《醒世恒言》，人民文学出版社 1956 年版，第 373 页。
⑤ 参见赵冈：《中国城市发展史论集》，新星出版社 2006 年版。
⑥ 李泽厚：《美的历程》，文物出版社 1981 年版，第 53 页。

也需要一个介于"出世"和"入世"之间的区域，使自己的精神获得慰藉与释放。正因为此，江南小镇就成为文化交流和思想碰撞的场所，也就是芒福德所说的"储存文化"的容器。

阅读氛围和藏书文化是中国小镇精神的重要元素。以江南小镇的藏书楼为例，由于书籍是文化的重要载体，故而藏书楼在古代社会中起到了文化记忆库的作用。江南地区的文化和经济都很发达，印刷出版业非常兴盛。江南小镇大多环境优雅，既远离喧嚣又不失便利，因此江南文人喜欢以其作为藏书之所，这里的藏书楼最为集中。其中更有像钱谦益这样著名的藏书家，以及绛云楼这样收藏丰富、文化价值极高的藏书楼。明清时期，在苏浙一带的昆山、吴江、秀水、慈溪等地有不少藏书楼，像升恒堂、得月楼、培林堂、万卷楼、天一阁等，这些藏书楼所藏图书不仅质优而且量大，有些藏书家还进行校勘、著述等学术工作，在保存和传播文化典籍等方面做出了很大的贡献。但凡汇聚各种珍本图书的地方，就会吸引文人慕名而来，当时包括一些名流如陈子龙、黄宗羲等也聚于此，藏书楼的存在也使江南小镇成了一个独特的文化集散地。从某种意义上讲，小镇既是连接江南文化乃至中国传统文化的枢纽，又是珍藏这些文化记忆的活态"藏书楼"。在国家发展改革委的《关于加快美丽特色小（城）镇建设的指导意见》中，强调了特色小镇要有"历史记忆、文化脉络"，[①] 江南小镇的文化责任与历史使命就是为中华民族储存文化与精神记忆。

（二）江南小镇是现代人的精神故乡

当代中国之所以出现了"乡愁"这一问题，并非是城市人完全失去了故乡的观念，而是指在快速城市化过程中，不仅城市变化剧烈，农村更是急速衰败，二者都产生了超出人们意愿之外的改变，造成人的心灵无法找到"故乡"，因此精神上失去了依托，这种状况与中国式城市化进程的特点有关。

在走向现代化过程中，中国文化渐进式的发展路径被打破，乡村文化常

---

① 中华人民共和国国家发展和改革委员会：《关于加快美丽特色小（城）镇建设的指导意见》，中华人民共和国国家发展和改革委员会网站，2022 年 6 月 26 日访问，https://www.ndrc.gov.cn/xxgk/zcfb/tz/201610/t20161031_963257.html? code＝&state＝123。

常在反向拉动工业文化和城市文化，形成了城乡二元对立的文化结构。其特殊性在于：就古代社会而言，中国城乡文化已经成熟，但在面对现代文明浪潮时，在缺乏一种合理过渡机制的状况下，骤然被抛入西方主导的现代化进程中。和中国不同，经历了文艺复兴与启蒙运动，从资本主义工业革命发展而来的主要西方国家，以及经历过明治维新的日本，基本上完成了对城乡关系的调整。同时，依附于古代政治制度的中国城市文化，也没有培育出现代城市化和城乡关系的土壤，相反却继承了古代社会的等级制，越靠近中央政权核心的城市发展机会就越大，资源就越密集，而远离权力中心的乡村又加速衰退，这就在无形中形成了一股力量，撕裂了城乡之间的关系。由此，使得很多中国人的"乡愁"在现代化的大都市和日益没落的农村中均无处着落。

如何协调城乡关系，一直是各国城市化面临的重要课题。实际上，小镇正是缓解这种对立、重新协调城乡关系的枢纽。它既不像大城市那样处于现代化的前沿，由于快速发展而易引发各种"城市病"，又不像乡村那样在工业化浪潮中迅速衰败，由于人口向城市集中而出现"空心化"。它可以成为城市与乡村文化的"中继站"，使得这两种文化的过渡变得自然和顺畅。同时，只有弥补小镇发展这一环节，让城、镇、村一起发展，才有可能尽快为人们的"乡愁"找到真正的依托，现代江南小镇已经具备了这一文化功能。

今日江南小镇的文化内涵和精神特征在以下两方面：一方面，它所承袭的是古代江南文化成熟期的传统，在其发展过程中并未发生断裂。江南文化不仅以审美和诗性精神为特征，而且具有相对健全的城市文化、小镇文化以及乡村文化体系。影响古代江南小镇的文化要素中，拥有更高发展程度、以"经济"和"审美"为核心的江南诗性文化特质，[①] 居于最核心的地位。因此，在现代化和城镇化的过程中，现代江南小镇发扬了江南城市诗性文化精神，以此为基础形成了新型小镇文化，不仅有利于构建现代城乡诗意审美生活形态，而且可以解开现代人徘徊于城乡间的情感纠结，成为安放人们"乡愁"

---

① 参见刘士林：《江南城市与诗性文化》，《江西社会科学》， 2007 年第 10 期。

的容器、中国文化的"藏书楼"，以及中国人的精神故乡。

　　另一方面，和其他内陆小镇相比，江南小镇依托中国最成熟的现代城市群之一——长三角城市群。它是当前中国的城市群中较为成熟的一个，江南小镇通过长三角城市群较早接触并吸收了现代文明的部分成果，这构成了江南小镇文化内涵与精神的重要源流。尤其是当前，在新时期社会主义文化大繁荣和大发展的背景下，中国的新型城镇化和城市文化发展进入了深耕细作阶段，这些都有利于江南小镇文化的进一步提升。如果把江南小镇的这一优势善加利用，以开放式的现代经济作为基石，以包容性的文化精神作为核心，承载我们"乡愁"的新型小镇文化就会形成。由此，江南小镇可以为中国的乡村振兴和人文城市建设提供助力，成为名副其实的特色小镇。

当代乌镇

第十一讲

江南文化与长三角一体化

2018 年，是对长三角具有重大战略意义的一年。从国家层面来看，习近平总书记先后就推动长三角更高质量一体化和支持长江三角洲上升为国家战略作出重要指示。从上海层面来看，江南文化首次和红色文化、海派文化一起被提升到战略资源的高度，同时也列入打响城市文化品牌的三大重点任务。从地理上看，传统江南地区与长三角城市群的核心空间基本吻合。在人文上看，包含吴越文化、皖南村镇文化和海派文化的江南文化则构成了长三角传统文脉的主体形态。目前，浙江、江苏和安徽也在积极响应开展江南文化的研究和建设，为形成区域价值共识和提升区域文化自信，创造了前所未有的良好社会条件和重大战略契机。

一 世界城市群的趋势与中国城市群的现状

（一）世界城市群发展的文化转向

城市群的理论源自西方，《牛津地理学词典》的界定是："任何超过 1 000 万居民的众多中心、多城市、城市区域，通常由低密度的定居和复杂的经济专门化网络所支配。"① 城市群理论之父戈特曼对此提出了五项标准：一是区域内有比较密集的城市；二是有相当多的大城市各自形成都市区，核心城市与都市区外围社会经济联系密切；三是有联系方便的交通走廊把核心城市联系起来，都市区之间有密切的社会经济联系；四是人口须达到 2 500 万左右；五是国家核心区域，同时也是国际交通枢纽。② 从总体上看，西方城市群理论是一种经济学模式，因此最看重的是人口、经济和交通三要素。

在经济和文化发展日益交融的全球背景下，当今世界的城市群已经形成了两种不同的发展方式，一是以经济、交通和人口集聚为基本特征的"经济型城市群"，此模式肇始于 20 世纪 60 年代人类历史上第一个城市群——主要依赖长约 500 英里的美国高速公路 U．S．I 轴（axis）形成，并因此实现了经济快速增长的波士华（BosWash）城市群。这也是今天中国众多城市群最直接和最重要的模仿对象。二是以文化、生态和生活质量为建设目标的"文化型城市群"。在全球人口爆炸、能源危机、生态环境急剧恶化的大背景下，伦敦、巴塞罗那、香港等先后提出建设世界文化城市，以技术产业和风险投资取胜的北加州城市群（Nor-Cal）、以潮流和产业设计中心为目标的意大利城市群（Rome-Milan-Turin）、以金融、设计和高科技为竞争优势的大东京城市群（Greater Tokyo）等，③ 则走在了文化型城市群规划建设的前列。

（二）中国城市群的发展现状与问题

自 2005 年国家"十一五"规划首次提出"城市群"战略以来，目前我国初具规模或得到普遍认可的城市群（包括以"经济区"命名的"准城市群"）已在 30 个左右，其中，排名居前的十大城市群（京津冀城市群、长三角城市群、珠三角城市群、山东半岛城市群、辽中南城市群、中原城市群、长江中游城市群、海峡西岸城市群、川渝城市群和关中城市群），以不到 1/10 的土地面积，承载了全国 1/3 以上的人口，并创造了全国 1/2 以上的 GDP。未来 5 到 10 年内，预计我国城市群将涵盖 815 个城市中的 606 个，人口和经济规模

---

① 梅休：《牛津地理学词典》，上海外语教育出版社 2001 年版，第 276 – 277 页。
② 程相占：《西方大都市带思想要略》，载于刘士林主编：《2007 中国都市化进程报告》，上海人民出版社 2008 年版，第 118 页。
③ Richard Florida et al., The Rise of the Megaregions, Cambridge Journal of Regions, Economy and Society, 2008,1(3):459 – 476.

分别会占到城市总人口和GDP的82%和92%。城市群在我国国民经济和社会发展中的龙头地位和核心作用日益凸显。[1]

但就总体发展状况而言，我国城市群仍存在着三大问题。在全球层面看，主要问题是"发育不足"。与20世纪中后期形成的世界五大城市群、[2] 美国21世纪初期涌现的十大城市群、[3] 2008年西方学者佛罗里达提出的全球经济产出排名中超1000亿美元的前40个城市群相比，[4] 由于起步晚、资源条件不足和发展环境复杂等原因，我国城市群尚未形成良好的城市层级和分工体系，区域协调和一体化水平上比较滞后，在城市生态环境和文化软实力方面的差距更大，并出现了"城市群未立"而"城市病多发"等危险迹象。在全国范围看，主要问题是"发展不平衡"，和长三角、珠三角、京津冀三大城市群相比，目前扎堆出现的中西部城市群尽管数量已远超东部，经济总量、交通基建和人口规模也有较快增长，但整体发展水平却与前者差距很大，在城市规划、产业发展等方面的"雷同化"与"同质竞争"问题，不仅不利于培育城市群内部良好的城市层级和分工体系，还有可能重蹈东部发达地区"先污染，再治理"的覆辙。在城市群自身方面，主要存在着四大瓶颈：一是在发展模式上呈简单化和粗放型，不利于城市群的均衡和精明增长；二是未形成有效

① 上海交通大学城市科学研究院：《城市群：未来城镇化的主平台》，《光明日报》 2014年6月3日11版。

② 1976年，戈特曼在《城市和区域规划学》杂志发表《全球大都市带体系》提出，主要包括：①从波士顿经纽约、费城、巴尔的摩到华盛顿的美国东北部大都市带；②从芝加哥向东经底特律、克利夫兰到匹兹堡的大湖都市带；③从东京、横滨经名古屋、大阪到神户的日本太平洋沿岸大都市带；④从伦敦经伯明翰到曼彻斯特、利物浦的英格兰大都市带；⑤从阿姆斯特丹到鲁尔和法国西北部工业聚集体的西北欧大都市带。（Gottmann, Jean, Megalopolis system around the world, Ekistics, 243,109-113,1976）

③ 2005年，弗吉尼亚工学院大都市学会主任罗伯特·E. 郎格（Robert E. Lang）与同事唐·达维尔（Dawn Dhavale）发布《超越大都市带：美国新"大都市带"地理扫描》调查报告，提出了10个大都市带区域（Megapolitan area），主要包括①以纽约为中心的东北部大都市带；②以芝加哥为中心的中西部大都市带；③以亚特兰大为中心的皮德蒙特高原大都市带；④以迈阿密为中心的佛罗里达半岛大都市带； ⑤以休斯敦为中心的墨西哥湾沿岸大都市带；⑥以达拉斯为中心的I-35走廊；⑦以洛杉矶为中心的"大峡谷"大都市带；⑧以菲尼克斯为中心的埃科透匹亚（Ecotopia）大都市带；⑨以旧金山为中心的北加州大都市带；⑩以西雅图为中心的卡斯卡特大都市带。（Lang, Robert E. Beyond Megalopolis: Exploring American's New "Megapolitan" Geography, 2005, http://www.mi.vt.edu/uploads/MegaCensu-sReport.pdf, 2006-04-01）

④ Richard Florida et al., The Rise of the Megaregions, Cambridge Journal of Regions, Economy and Society, 2008,1(3):459-476.

的文化协调和联动机制，层级体系和一体化缺乏内生动力；三是区域合作尚处于"浅表阶段"，战略与规划的"同质化"问题十分突出；四是环境污染严重和资源约束加大，发展风险和不可持续性日益凸显，[①] 这些问题在严重制约我国城市群自身发展的同时，也直接影响到国家新型城镇化建设的质量和内涵，是亟待破解和应对的重大现实挑战。

（三）文化引领城镇和区域经济发展的新阶段

借鉴和学习西方城市群的理论和实践，同时紧密结合我国新型城镇化的战略需要，上海交通大学城市科学研究院对城市群作出了新的界定：城市群是一个在人口、经济、社会、文化和整体结构上具有合理层级体系，在空间边界、资源配置、产业分工、人文交流等方面具有功能互补和良好协调机制的城市共同体。[②] 在理论研究的基础上，认为一个理想的城市群应具备三大特征：一是城市层级体系合理，区域内大、中、小城市空间布局合理，具有"环境友好型"的特点；二是经济秩序良好，不同城市在经济分工上具有很强的互补性，一般不会出现"同质竞争"；三是拥有共同的"文化小传统"，城市之间除了交通、经济联系密切，在生活方式和文化价值上也有很高的认同感。

与此相呼应，中国城市开始从以 GDP 为衡量指标的"国际大都市"迷梦中觉醒，并逐渐走上以"宜居城市"（北京，2005）和"文化大都市"（上海，2007）为代表的文化转型之路。在此背景下，以 2012 年《中原经济区规划（2012—2020 年）》提出"华夏历史文明传承创新区"为开端，以 2019 年《大运河文化保护传承利用规划纲要》明确提出"以大运河文化保护传承利用为引领、统筹大运河沿线区域经济社会发展"的发展主线为标志，城市文化成为城市群规划建设的"标配"，这说明中国的城镇化正在进入文化引领城镇和区域经济发展的新阶段。对于城市群而言，则意味着"文化型城市群"将取代"经济型城市群"的传统模式，成为我国新型城镇化的主体形态和更高发展目标。

---

① 刘士林：《我国城市群发展面临的挑战》，《人民日报》，2013 年 7 月 14 日第 5 版。
② 刘士林等主编：《城市群蓝皮书：中国城市群发展指数报告（2013）》，社会科学文献出版社 2013 年第 1 版，第 4 页。

长三角一体化的发展历程及主要问题

（一）长三角一体化的发展历程

长三角的一体化始于 1982 年，至今已走过 40 多年的历程。关于长三角的概念和空间范围，一直处在持续的变化和调整之中。改革开放以来，已形成 6 种主要形态。

一是 1982～1984 年的"上海经济区"。1982 年，国务院提出"以上海为中心建立长三角经济圈"，最初设想的范围包括上海、南京、宁波、苏州与杭州。当年 12 月 22 日，国务院发出《关于成立上海经济区和山西能源基地规划办公室的通知》，正式确立上海经济区的范围是以上海为中心，包括苏州、无锡、常州、南通、杭州、嘉兴、湖州、宁波、绍兴长江三角洲的 9 个城市。1983 年 1 月，姚依林副总理在《关于建立长江三角洲经济区的初步设想》中指出：长江三角洲经济区规划范围可先以上海为中心，包括长江三角洲的苏州、无锡、常州、南通和杭州、嘉兴、湖州、宁波等城市，以后再根据需要逐步扩大。2 个月后，直属国务院、由国家计划委员会代管的上海经济区规划办公室成立，区域范围为上海市和 10 个郊县；江苏省 4 个市（常州、无锡、苏州和南通）和 18 个县；浙江省 5 个市（杭州、嘉兴、湖州、宁波和绍兴）和 27 个县。这是长三角经济区（城市群）概念的雏形。

二是 1984～1988 年的上海经济区扩大版。1984 年 12 月，国务院决定将上海经济区的范围扩大为上海、江苏、浙江、安徽、江西一市四省，拥有人口近 2 亿，面积达 52 万平方公里，工农业总产值和国民收入均占全国的 1/4 以上。1985 年 2 月，中共中央、国务院批转《长江、珠江三角洲和闽南厦漳泉三角地区座谈会纪要》，提出"应该开放珠江三角洲和长江三角洲，进而陆续开放辽东半岛、胶东半岛，北起大连港，南至北海市，构成一个对外开放的经济地带。"在此背景下，1987 年纳入福建，长三角经济区再次扩容，包括了除山东以外的整个华东地区。相关各省轮流召开过一次高层会议，先后制定出《上海经济区发展战略纲要》和《上海经济区章程》。但在 1988 年 6 月 1 日，国家计委撤销了上海经济区规划办公室，上海经济区以"流产"而告终。

对此一般解释是国务院机构改革要裁减一批机构。但五省一市间巨大的经济社会发展差距和利益冲突，也是其难以维系的重要原因。

三是 1992～2008 年以江浙沪 16 城市为主体形态的长三角城市群。1990年 4 月 18 日，中共中央、国务院作出开发开放上海浦东重大决策，长三角区域一体化发展重新提上议事日程。长三角相关城市以城市群名义的破冰之旅，始于 1992 年 6 月在京召开的"长江三角洲及长江沿江地区经济规划座谈会"，会议建立了长江三角洲协作办（委）主任联席会议，对长三角城市群的发展具有决定性的意义。1996 年，该联席会议由长江三角洲城市经济协调会取代。长江三角洲城市经济协调会最初包括上海和杭州、宁波、湖州、嘉兴、绍兴、舟山、南京、镇江、扬州、常州、无锡、苏州、南通 13 个地级市。1996 年地级市泰州设置，长三角城市群的城市数量扩展到 15 个。2003 年 8 月台州市进入，以江浙沪 16 城市为主体形态的长三角城市群最终得以形成。此后这个主体框架一直保持稳定并受到普遍认可。

四是 2008 年长三角地区 2 省 1 市 25 城市版。2008 年 9 月 16 日，国务院颁布《关于进一步推进长江三角洲地区改革开放与经济社会发展的指导意见》，提出要把长三角地区建设成为亚太地区重要的国际门户和全球重要的先进制造业基地，具有较强国际竞争力的世界级城市群。2010 年 6 月 7 日，国家发展改革委发布《长江三角洲地区区域规划》，首次在国家战略层面上将长三角区域范围界定为苏浙沪全境内的 25 个地级市，主要是在原有 16 个城市的基础上，加进了苏北的徐州、淮安、连云港、宿迁、盐城和浙西南的金华、温州、丽水、衢州。但该规划仍把 16 城市列为长三角区域发展规划的"核心区"。顺便提及的是，当时的一些媒体报道时称 2 省 1 市共 26 个地级以上城市，是由于相关人员错误统计造成的。

五是 2016 年长三角城市群 3 省 1 市 26 城市版。2016 年 6 月 3 日，《长江三角洲城市群发展规划》发布，在 2 省 1 市 25 城市的基础上去掉了江浙的一些城市，同时将安徽省的 8 个城市纳入长江三角洲城市群。该规划的范围包括了上海市，江苏省的南京、苏州、无锡、南通、泰州、扬州、盐城、镇江、常州，浙江省的杭州、湖州、嘉兴、宁波、舟山、绍兴、金华、台州，安徽省的合肥、芜湖、马鞍山、铜陵、安庆、池州、滁州、宣城，总数为 26 个地级市。但在一体化建设方面，主要问题还是磋商、文件、论坛多，只在一些局部地区如沿 G60 国道的沪浙地区在交通、科技等等方面有所对接，而真正按照市场机制、突破行政壁垒的实招、实事和实绩还不是很多。

六是《长江三角洲区域一体化发展规划纲要》的 3 省 1 市全域版。2019 年 5 月 13 日，习近平总书记主持召开中共中央政治局会议，会议审议了《长江三角洲区域一体化发展规划纲要》。规划范围包括上海市、江苏省、浙江省、安徽省全域（面积 35.8 万 km²）。以上海市，江苏省南京、无锡、常州、苏州、南通、扬州、镇江、盐城、泰州，浙江省杭州、宁波、温州、湖州、嘉兴、绍兴、金华、舟山、台州，安徽省合肥、芜湖、马鞍山、铜陵、安庆、滁州、池州、宣城 27 个城市为中心区（面积 22.5 万 km²），辐射带动长三角地区高质量发展。以上海青浦、江苏吴江、浙江嘉善为长三角生态绿色一体化发展示范区，示范引领长三角地区更高质量一体化发展。以上海临港等地区为中国（上海）自由贸易试验区新片区，打造与国际通行规则相衔接、更具国际市场影响力和竞争力的特殊经济功能区。

（二）文化是影响长三角城市群建设的深层次问题

长三角的发展目标是 2020 年建成世界级城市群。与 20 世纪世界五大城市群、与 21 世纪美国十大城市群相比，目前长三角的基础设施、经济总量、信息化水平等已不输于其中任何一个，但在层级体系和分工、区域一体化发展、生态联防联治、文化合作交流上仍有较大差距。这不是因为缺乏书面上的政策机制及相关法规条文，而主要是在城市群发展中未形成相匹配的文化和价值认同机制，致使在经济和交通上已紧密捆绑在一起的长三角，在很多时候仍表现为"一大堆联系松散的单体城市"，而不是"内在联系紧密和对外协调一致"的共同体。

改革开放以来，由于资源与环境的相似与发展规划的趋同，"产业同构"与"同质竞争"一直是影响长三角一体化的两个挥之不去的"幽灵"，各城市之间的重复投资、重复建设比较严重。表面上看，直接的经济利益是主要原因，但实际上，一切经济矛盾在最深层都必然涉及文化。对于长三角而言，不是每个成员都不明白只有组团作战才能实现共赢，但一种结构优化、层级清晰、功能互补的长三角城市群之所以在现实中步履维艰，深层原因就在于缺乏能有效解决城市间矛盾与纠葛的文化交流与心理认同机制。在深层次上看，这种文化与价值纽带的缺乏，与长三角选择的"经济型城市群"发展模式密切相关。因为这种模式主要用人口规模、交通联系、经济总量来评价一个城市群是否成功，这就必然导致大家都把主要精力放在基础设施、产业和投资等"硬件"方面，而对城市群的生态问题、生活质量问题、文化生活问题有所忽视。在长三角高质量发展的新时代，我们必须认识到：长三角一体化绝不只是经济一体化进程，必然包括政治、文化、社会在内的全面发展。只有把江南文化与长三角一体化的关系提升到这个新高度和新境界，才能真正解决过去粗放发展的后遗症，实现长三角的科学与全面发展。

缺乏文化和价值认同是长三角一体化发展面临的最大的后遗症之一。各城市之间缺乏必要的文化和价值认同，结果必然是"见了好处大家一拥而上，见到责任和义务能推就推"。这是过去"长三角的圈一直画不圆"的深层原因。在这个意义上，以明清时代的江南区域文化为战略资源，扬弃西方城市文化和城市发展观，不仅有助于建立长三角"江南文化和价值的区域合作机制"，也有助于促进和引导大家发展成为一个真正的区域"命运共同体"。在缺乏江南文化共同体意识时，长三角在面对"去产能"、生态环境保护等疑难问题时，一般只能通过制定明确一致的政策、标准统一的考核问责等"霹雳手段"来强行落实一体化目标和责任。这个固然有必要也有效，但总体说来成本很高，要依靠庞大的行政资源来督促。但江南城市群却给了我们另一种启示，就是除了行政、法律上的"霹雳手段"，还可以通过以文化、价值为核心的"菩萨心肠"来引导人们把被迫行为变为自觉行为，同时这才是对"见了好处大家一拥而上，见到责任和义务能推就推"的根本性的解决之道。让大家既有共同的利益关系，也有良好的情感基础，避免一碰到问题和挑战，就出现"夫妻本是同林鸟，大难临头各自飞"。

城市群的本质是在更大的空间范围内为更多的城市人口提供"有价值、有意义、有梦想"的城市生活方式。一种理想的城市生活方式，既要有富足的物质生活、健全的制度保障，更要有个体的幸福和梦想。这是人们来到城市、建设城市的最高目的。随着我国全面建成小康社会目标的逐渐实现、国家治理体系和治理能力现代化的不断完善，作为基本保障的物质文明和制度文明已得到较好地实现，但作为"人民群众对美好生活更高层次的向往"的城市生活方式却成为棘手的问题，并集中体现在"逃离北、上、广"和"大城市伪幸福"等极端心态与言行上。这是一种典型的城市异化现象，以房奴、车奴、卡奴、路怒族和抑郁症患者为例：他们在城市中不是感到幸福，而是感到不幸和受苦；不是找到了自由发展空间，而是处处受到钳制和压抑；不是实现了生命的价值和意义，而是丧失了最初的热情和理想。这个问题如果不能得到有效解决，就不可能真正实现"人民城市为人民"的目标。

三　江南文化引领长三角高质量一体化发展

（一）江南文化对当今世界和中国发展具有独特的"经世致用"价值

从文化比较的角度看，西方文明最重要的贡献是理性文化，中华民族最独特的创造是诗性文化。前者的贡献不少，如恩格斯说现代科学和工业"结束了人们对自然界的幼稚态度以及其他幼稚行为"，但西方理性文化也导致了感性与理性、主体与自然的二元对立，这是当今世界深陷于自然生态危机和精神生态危机的根源。后者尽管有弱点，如现代新儒家一直探讨的"伦理文化如何开出现代科学新功能"等，但就其提倡的"天人合一""物我浑然""仁者爱人"等精神理念，在全球生态危机和社会矛盾不断激化加剧的时代背景下，无疑为构建一种真正包容性和可持续的生产生活方式提供了文化理论和实践机理。

（二）明清江南城市群为长三角新型城镇化提供了重要的借鉴模式

长三角城市群的目标是到 2020 年建成世界级城市群。目前的主要短板是城市层级体系不健全和产业市场分工机制不完善，导致了重复规划、重复投资建设、产能过剩等突出问题。在中美贸易摩擦不断升级、生态环境保护压力持续加大、城市 GDP 增长面临下行考验的背景下，这些问题可能进一步加剧和激化。深层原因在于，作为中国传统社会开放最早、程度最高的地区，长三角在城市规划、建设、运营中最喜欢照搬西方经验或模式。以"二元对立"为基本特征的西方文化和生产生活方式，在城市群内部则很容易造成一种激烈竞争和矛盾关系，每个城市都只想"支配"和"虹吸"，而不愿意"服务"和"外溢"。

城市的本质是文化，西方城市的本质是西方文化的载体和集中体现，受西方"二元对立"文化的影响，西方城市之间也主要体现为一种"他人就是地狱"的矛盾和对抗关系。但在明清时代的太湖经济区，依托江南地区的生产生活方式和区域文化，就出现了一个以苏州、松江、常州、镇江、应天、杭州、嘉兴、湖州和太仓为主要城市的城市群，并因在城市层级体系和产业、市场分工协作上的良性和良好关系机制而成为国家的核心功能区。这说明精细、平和、不走极端的江南诗性文化，不仅善于处理人和人之间的关系，也能够很好地处理城市和城市之间的矛盾。

（三）品质优雅的江南文化引领建立高品质的长三角城市文化

传承发展优秀江南文化，契合习近平总书记在文化传承发展座谈会上"要坚持守正创新，以守正创新的正气和锐气，赓续历史文脉，谱写当代华章"的重要讲话精神。是新时代推进长三角高质量发展的必由之路。长三角共建江南文化的有利条件众多。首先，与经济欠发达地区相比，长三角雄厚的经济实力为区域文化建设提供了坚实的物质基础，持续支持区域文化实现更高水平的重建和复兴。其次，与其他经济和文化协调发展水平较低的区域相比，集聚着世界一流文化人才和团队的长三角，在文化发展理念特别是在开放发展和国际化上，同样拥有其他区域不具备的视野和优势；最后，江南文化是长三角共同的传统文化资源，也是一个在中国乃至世界文化体系中均拥有良好口碑和无穷魅力的小传统，重建江南文化不仅有利于解决长三角内部的文化冲突和矛盾，也有利于在中国和世界建设一个传统文化复兴示范区。

阅 读 材 料

本讲所选的阅读材料凡三篇，刘士林的《关于海派文化与江南文化的问答》，对上海的得名、早期历史、起源、兴起、人物、融入世界经济、江南中心转移、区域城市关系等进行了阐述。刘涛的《江南书院滋养长三角人文根基》，就江南书院的历史、精神及其当代传承保护做了讲解并提出对策建议。

刘士林的《长三角与大湾区：文化引领高质量发展》，比较了两者的文化发展定位，并提出大湾区要吸收借鉴长三角江南文化规划发展的经验教训。

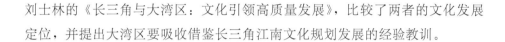

一　刘士林：关于海派文化与江南文化的问答①

（一）

1. 很多人都知道，上海的别称"申城"，跟"战国四公子"之一的春申君有关。可为何上海又简称"沪"呢？历史上，上海还有别的"名字"么？

一般说来，地名的形成不外乎三个来源，一是和自然环境相关，因最具自然地理标志意义的山川河流等而得名；二是和社会发展相关，为了纪念历史上重大的政治、军事、经济、生产、制度等；三是和文化生产有关，很多地名都是因一些重要历史人物得来的。目的无非一个，就是增加文化资本，容易被记住和传播。

上海也是如此。"申城"源于春申君。春申君名黄歇，是今天河南省潢川县人，古代上海在他的封地吴，相传他本人也曾来巡视过。"沪"和上海先民独特的生产方式相关。"沪"字繁体作"滬"，从水从扈，扈的本义是捕鱼工具。南朝顾野王《舆地志》记载："插竹列于海中，以绳编之，向岸张两翼，潮上即没，潮落即出，鱼随潮碍竹不得去，名之云扈。"在今天的长江或太湖岸边，有时还可以看到这种捕捞方式。

另外，上海还有"海上""上洋"等名称，但如今已主要是方志中的东西了。

2. 在人们的印象中，上海似乎一直是资源富足、交通便利之地。但有观点认为，早期上海的历史，就是一部与水患相斗争、变水害为水利的历史。这是真的吗？

这种印象应该说是不对的，基本上不了解上海的城市史。空间是城市的两大要素之一，上海的空间资源从未充足过。从历史地理上看，上海主要市区约到 10 世纪前叶才形成，土地资源一直高度紧张，直到今天，空间不足仍

① 熊月之、戴鞍钢、刘士林：《上海：从"一隅之地"到"江南中心"》，《解放日报》，2018年 6 月 4 日。本文为采访全文稿。

是影响城市发展的主要瓶颈之一。上海还是自然资源匮乏型城市，基本上不具备有开采价值的矿产资源，生物资源匮乏，植物群落结构简单，林木资源有限等。而交通便利则是在其他地区高度发达并以上海作为通江达海的集散地之后才有的。

为什么会有这种印象？是因为不了解一个基本原理：即刺激城市发生和发展的真正因素，往往不是优越的自然资源与条件，相反却是各种艰苦的环境与悲剧性的处境。西方谚语"希腊和贫穷是一对孪生子"，讲的就是这个道理。从这个角度，说上海早期历史是治理水患的历史有一定的道理。水患是古代文明生存的重大挑战，也是刺激其向更高水平发展的动力。在浦江镇召稼楼有一个展厅，讲明代叶宗行如何开挖范家浜、实现大黄浦和吴淞江合流的故事，可以作为一个例证。

3. 这两年来，青龙镇遗址的考古发现持续引发关注。短短 20 年间，青龙镇就从"市井人稀"之地，发展为港市贸易内贯杭苏湖常诸府、外通漳泉明越温台诸州的"富商巨贾豪宗之所会"。请问，背后有怎样的机缘？

任何城市的起源，都会有一个"中心地"。上海的第一个"中心地"，就是唐代华亭县的青龙镇。青龙镇在今天青浦东北的吴淞江南岸，是唐代对外贸易的新兴港口。宋代的青龙镇更加发达，文献记载表明，此时已有日本、新罗等国的海船在此卸货付税，进行官方贸易。当时有很多日本的珍奇货物，就是通过青龙镇港进入中国内地的。

但青龙镇也不是"一夜走红"的。城市发展和个体的成长很相似，既要有艰苦的努力和长期积累，也要有特殊的机缘和环境。本不起眼的青龙镇在唐宋的崛起，主要有三方面原因：一是在区域范围上，受益于江南地区在南朝以后经济、社会、文化的迅速发展；二是在中国范围内，青龙镇因日益融入江南地区而间接获得了整个国家政策和资源的惠顾；三是在东亚范围内，青龙镇作为江南地区和唐宋帝国的重要商埠获得了其他市镇不可能有的丰富资源和发展机会。

尽管后来由于吴淞江潮淤水涸使青龙镇逐渐衰落，但近现代上海大都市特有的商贸、航运和国际化特征，在青龙镇都已流露出端倪，因而可以看作是上海城市形态与功能的原型。

（二）

1. 有人提出，上海不只是以港兴市，还有因棉兴市的景象。这又有着怎样的故事？

一个城市的兴起，是空间、政治、经济、人口、社会、文化、科技等因素相互斗争、博弈又最终协调、平衡的结果，不是单一的哪个因素。芒福德曾认为流浪汉也有贡献于雅典的繁荣。

不过，上海从江南城市发展为近现代大都市，的确存在着"因棉兴市"的现象。主要原因有两方面：一是上海地区自古就与商业、制造业密切相关。汉代的海盐县就在今金山区境内，因所产散盐质好量多多被运往吴都苏州。上海镇从元初就从闽、广引进棉种和广泛种植，带动了棉纺织手工业和商业贸易，发展现代纺织业的基础较好。二是以棉花为主要原材料的现代纺织工业，是近现代工业化和城市化的象征。哲学家冯友兰曾感慨说：工业革命以来，农民自己种棉花、纺棉布，但还要去买"洋布"。这是自给自足的小农手工作坊无法抗衡现代工业革命的大趋势造成的。基于这两方面的原因，近现代上海出现了棉纱大王荣德生、纺织大王郭子彬等一批近现代民族工业资本家，他们在商业成功后又积极投身于城市建设和社会事业，对上海发展做出了巨大的历史性贡献。

2. 说到棉纺织业，不得不提黄道婆。这位上海的"奇女子"，到底作了什么贡献？在中国传统社会中，其人其事得以流传，又有着怎样的奇遇？

马克思说："衣食住行用等物质条件是人类生存和发展的前提和基础"。唐代政治家、嘉兴人陆贽也有一句名言："生人大端，衣食为切"。对中国这个传统的农业文明国度而言，男耕女织构成了最基本的日常生产生活方式。松江人黄道婆出身贫苦，以一个女性的坚韧和钻研，先到闽广学习先进纺织技术，再根据自己的实践经验进行技术改造，最后再回到故乡无私地传授给百姓，使淞沪成为当时的纺织业中心，形成了松江布匹"衣被天下"的盛况。这些故事大家都是很熟悉的。

长期以来，关于江南女性有一种"阴柔化"叙事，讲的多是春恨秋悲、吟诗作画、卿卿我我……但黄道婆身上再现了江南女性的另一面，那就是勤劳、务实、善于思考和勇于创新的工匠精神。我觉得这是今后特别需要发掘和传承的。

3. 上海的另一位历史名人，应该说就是徐光启了。他被誉为"沟通中西文化的先行者"和"勤奋著述的杰出科学家"。这样的多重标签，在明清时期的江南是不是也算"特例"？如何介绍、评价徐光启？

不是特例，徐光启是当时那个时代精英阶层的杰出代表，在他身上充分体现了中国古代士大夫对历史进程的深刻洞察和担当精神。

关于徐光启的研究已是汗牛充栋。今天主要谈一下他对世界变化的先知先觉和先行。中西文化的大冲突和大融合，在中国古代主要有两次：一次是西方汉学家所说的"佛教征服中国"，另一次是始于明清的"基督教东渐华土"。前者是因为汉代中华民族的生命力过于旺盛和强悍，需要"实则虚之"，因此讲"空"，讲"无生"的佛教哲学广受欢迎、深入社会各界。而明清时代正好相反，由于只能高谈性理的宋明理学的长期侵蚀，此时最需要的是"虚则实之"。徐光启曾沉痛地说："佛教东来千八百年，世道人心未能改易，则其言似是而非也。……必欲使人心为善，则诸陪臣所传事天之学，真可以补益王化，左右儒术，救正佛法者也。"与佛教讲的出尘"妙理"不同，基督教最受当时仁人志士赏识的是与物质生产直接相关的天文、历算、化学、机械技术等"实理"。"返虚入浑，积健为雄"，是徐光启和他的追随者所承载的中华民族走向"近代社会"的理念和精神。

4. 明末以来，上海具体是怎样逐渐融入世界经济、文化体系的？有没有什么典型事例说明？

以宋代的青龙镇和上海镇为代表，上海完成了融入江南和中国框架的进程，在元代又持续发展，为融入世界经济和文化体系创造了有利条件。

世界经济和文化体系的形成，也就是今天讲的全球化，是一个持续了数百年的历史进程，这个起点是始于15、16世纪之交的西方大航海时代。美国学者本特利把"从1500年延续至今的现代时代"称为"世界史的第六个时代"，"在这个时代，世界上的所有地区和民族最终进入到持续不断的相互交流之中，因此，这个时代宣布了真正的世界史全球时代的到来。"同样在这个时代，和中国多数城市按照农业文明的惯性选择增加农业垦殖作为应对全球化挑战不同，上海选择了商业贸易这一现代方式来吸纳世界资源，这是上海第一次找到了现代大都市的感觉和方向，由此越来越快地赶上了世界前进的步伐。

其中的典型事例很多，只要看一看西服、礼帽、交谊舞、西餐，还有罗素、泰戈尔等人在华受到的欢迎程度，就可知道和其他内陆城市不同，上海对西方文明一点心理和文化障碍都没有。

（三）

1. 有观点认为，从苏州到上海，江南地区的经济中心实现了转移；从广州到上海，近代中国的贸易版图实现了跨越。请问，如何理解上述看法？上海是不是仅凭优越地理位置而成为中心的？上海是怎样源源不断吸纳内地人口的？

百乐门开业旧报

这个说法有一定的道理。从明中叶到清中叶，苏州城市规模不断扩展、城市人口大幅度增加，有人称之为是一个"以府城为中心、以郊区市镇为'卫星城市'的特大城市"。但不应仅限于经济方面，也不应仅限于江南地区。实际上开埠以后，上海在19世纪后期就成为全国的金融中心，上海工业在20世纪30年代就占到全国半壁江山，在新中国一直是中国最大的工业城市。这背后不仅是苏州这个传统的江南经济中心转移到上海，而是可以理解为在上海诞生了一个中国现代经济中心。在贸易上看，上海取代广州发生在1852年左右，是因为地处长江口的上海，有着比珠江口更加广阔的腹地，因此导致了近代中国贸易版图发生巨变。

上海吸引人口的能力特别强。据统计，自开埠到新中国成立前这一百年左右，在老城区、英美租界和法租界，除了集聚过数以百万的华人，外侨人口最多时曾超过 15 万，所属国籍和民族超过 60 个，甚至有南美的乌拉圭侨民。如果按照比例，当时的国际化程度甚至高过今天很多倍。这与上海开放的性格和传统包袱少、交流阻力小密切相关。上海不仅吸引了大量新移民，还杂糅中外创造了以时尚著称的现代生活方式，也是上海城市魅力越来越大、经济社会持续繁荣的根源。

2. 在近代上海的经济辐射之下，诸如宁波、无锡、常州、南通、芜湖等城市异军突起。其中有着怎样的具体联系？这是否足以证明，上海在崛起过程中并不追求"一家独大"？

关于古代江南地区，我们提出一个"江南城市群"的概念。城市群是城市发展的高级形态，除了区域内城市众多，还要求各城市之间要形成合理的层级体系和分工合作机制。在明代全国 50 个工商城市中，在江南的有南京、苏州、常州、镇江、松江（上海）、嘉兴、湖州、宁波、扬州等。到鸦片战争前夕，江南地区人口超过 10 万的城市有 10 个，占当时全国的一半。这些城市不是散乱无序的，而是以大城市为中心，形成了分工合理、功能互补的城市层级关系。

一个区域和城市群发展的好不好，关键是看首位城市是否称职。城市科学告诉我们，首位城市的主要职能有二：一是支配，二是服务。如果仅有支配而没有服务，就会导致内部的冲突与无序竞争。在江南城市群中，中心城市天然地实现了"支配"功能与"服务"职责的和谐，这是明清江南地区持续繁荣数百年的根源。我一直认为，认真研究古代江南城市群的内在机制，有助于今天长三角的一体化进程。

3. 还有一种错误的观念，即把开埠后"大上海"的形成简单等同于外国资本输入的结果。实际情况是怎样的？上海是怎样从交通中心发展为金融中心的？

城市是人类建造的最复杂的空间聚落，也是一个内在机制超级复杂的系统。把一个大都市的形成归结为某种单一要素或原因，明显是站不住脚的。同理，单纯从交通中心演化为金融中心考察上海的形成，也是比较片面的。

上海如何成为上海？可以和南通做一比较。20 世纪早期的南通，经过张謇长达 30 余年的实业救国、地方自治和社会建设，曾被誉为"近代第一城"。

但由于缺乏国际化的视野与素质，甚至排斥全世界的资源与资本，所以很快衰败下来。上海之所以被称为大上海，主要因为它是一个"五方杂处"的高度异质化社会，西方列强、地方政府也包括青红帮等，谁也不可能凭一己之力就决定上海的命运。只有这样才能为"乱世英雄"提供自由的舞台，而激烈、残酷的自然竞争与野蛮比拼，既有助于资本与资源的迅速集聚，也培养出居民处理复杂问题与局面的头脑和生存能力，因而最后不是一切井然有序的南通，而是上海最终发展为一个现代大都市。从这个意义上，上海未来的发展战略，一定是要与更高程度、更高质量和更加全面的开放发展紧密结合起来。

（四）

1. 伴随区域经济重心的转移，海派文化应运而生。有人觉得，海派文化仅指上海一地的文化。由此，就将海派文化和吴越文化、长三角文化割裂开来了。请问，这样的论调存在怎样的问题？

关于海派文化，由于在起源上和"十里洋场""冒险家的乐园"联系在一起，所以常被目为洋气、时髦乃至于腐化、堕落的象征。周作人就说："上海滩本来是一片洋人的殖民地；那里的（姑且说）文化是买办流氓与妓女的文化，压根儿没有一点理性与风致。这个上海精神便成为一种上海气，流布到各处去，造出许多可厌的上海气的东西……"受此影响，海派文化经常成为道德批判的对象。但这不能解释为什么海派文化已实际上成为中国现代都市生活方式的象征，也不能解释为什么还有那么多人喜欢上海的城市气质和情调。而把海派文化和历史上的江南文化和当代的长三角文化对立起来，也同样是不了解自身的原因。

要纠正这些狭窄和表面化的理解，需要追溯海派文化的真面目。我曾提出作为现代上海重要文化原创的月份牌，最能体现海派文化的风格与气质。从月份牌的要素分析看，以公司广告和赠阅形式为中心，月份牌再现了西方现代文明的商业实用主义；以内容方面的"二十四孝"图为中心，月份牌延续了中原文化圈的伦理实践理性；以形式方面的时髦美女为中心，月份牌又与江南诗性文化的精神与趣味十分贴合。在一个小小的月份牌上，实际上正体现了西方实用主义、北方实践理性与江南诗性文化三者的结晶，同时也恰到好处地满足了人们的物质需求、社会需求和情感需求。这是海派文化可以成为中国现代都市文化的杰出代表，也是人们为什么会对她深深着迷的心理根源。

2. 还有观点提出，日益现代化、国际化的上海，与江南文化的经典景象距离越来越远了。对此，您有何看法？海派文化的都市特性，如何与传统相衔接？

远和近都是相对的，也与观察角度相关。一方面当然可以说越来越远，昔日的小桥流水人家都变成了摩天大楼和汽车社会。但另一方面也可以说越来越近，世博会提出的"城市让生活更美好"和龚自珍说的"三生花草梦苏州"并无本质差别。海派文化是典型的现代都市文化，尽管在发生阶段深受西方文明影响，但上海毕竟是中国的上海，开埠以来大量迁入的本土移民，同样把各地的文化与生活方式加入这个大熔炉中，这恰好实现了都市文化需要的异质性。

如何实现现在与过去的衔接，关键是做好顶层设计。从深层结构看，海派文化既包含了以现代文明为主体的西方工具理性，也包含了以儒家文化为主体的中国实用理性，同时还包含着以审美自由为最高理想的江南诗性文化。其中，工具理性有利于现代文明的生长，实用理性有利于社会秩序的建构，而江南诗性文化则"最有可能成为启蒙、培育中国民族的个体性的传统人文资源"，因此这已是一个在逻辑上十分完美的文化形态。按照这个原理去设计，就容易完成海派文化与传统文化以及世界优秀文化的衔接。目前的主要问题是，这三者并不均衡，其中西方因素占比较大，如何把相对弱势的中国和江南传统文化扶持起来，在对立互补中达成新的平衡，是上海未来文化建设特别需要研究和关注的。

3. 当前，上海正在主动融入长三角区域协同发展，积极打造具有全球影响力的世界级城市群。回顾从"一隅之地"到"江南中心"的历史进程，可以得出怎样的启示？

我想主要有两点：一是更加开放，不断提升开放发展的质量，提升上海服务功能的能级，从一座"精明、工于算计、小富即安"的海派城市，发展到主动为其他人、其他城市乃至整个国家和民族着想的"全球城市"的新境界，二是更好地融入本土，这就要注重江南文化的纽带作用。海派文化最大的问题是社会评价指数偏低，不受欢迎、不被待见和容易被孤立。江南文化是每个中国人都容易接受的，作为长三角城市群首位城市，上海理应以江南文化重建为核心，真正培育出海纳百川、谦和大气的城市精神。

二　刘涛：江南书院滋养长三角人文根基①

书院源于唐、兴于宋，经元、明、清直至近代，始终具有"私办自主"的显著特征，是管理体系完备、经费来源多元的教育组织和学术研究机构。国内书院总数曾达到七千多所，对传播传统文化、促进人文交流、改善社会治理的积极影响至今犹存。今天，虽然大多数以"书院"为名的机构、组织并不具有传统书院教学、藏书、祭祀及"养士""议政"的功能，但书院文化蕴涵的士人情怀、教化理念、人文精神，如"源头活水"仍在滋养延续中华文明的血脉传承。

历史上，江南地区书院的分布密度和发达程度都长期高于国内其他地区，不但有力支撑了江南"人文之盛甲于天下"（《乾隆江南通志•序》）的区域形象，也促进了民众对江南文化的普遍认同。宋代，现在的陕西、山西、河南、河北四省当时境内总计只有 19 所书院，仅占书院总数的 2.67％。同一时期，今天的浙江（156 所）、安徽（20 所）、江苏（29 所）三省境内当时则建有书院 205 所。明代创建书院 1 699 所，分布在今天的 25 个省区，其中安徽 99 所、江苏 66 所、上海 5 所、浙江 199 所。清代创建书院 3 868 所，今天的 31 个省区都有分布，其中安徽 95 所、江苏 115 所、上海 37 所、浙江 395 所，浙江位居全国第一。② 南宋大儒朱熹的哲理诗流传甚广，"半亩方塘一鉴开，天光云影共徘徊；问渠那得清如许，为有源头活水来。"的诗句紧贴生活，含义隽永，生动描绘了人们对新知识、新事物所应该保持的进取心态，据考证是创作于今浙江淳安县姜家镇内的瀛山书院。"风声雨声读书声，声声入耳；家事国事天下事，事事关心。"的对联家喻户晓，提倡青年学子拥有家国情怀，既要认真读书，又要关心国家大事，其出处就在无锡的东林书院。

---

① 刘涛：《传承江南书院文化活水》，《解放日报》，2019 年 9 月 24 日。
② 陈谷嘉、邓洪波：《中国书院制度研究》，浙江教育出版社 1997 年版，第 353－360 页。

南宋以降直至近代，中国文化的重心始终是在南方，由杭州-苏州构成的南北向文化轴心全面取代了以往开封-洛阳的东西向文化轴心。在此过程中，江南书院的迭相兴起扮演了十分重要的角色。唐代，书院初起，主要集中在今天的陕西、四川、江西、福建、浙江，江苏、安徽未有分布。宋代，民众生活安定富足，民心向学，书院进入快速发展期，湖州安定书院、宜兴东坡书院、绍兴稽山书院、金华丽泽书院、东阳石洞书院、无锡东林书院等著名书院都创建于此一时期。从历史上看，包含吴文化、越文化、徽州文化、海派文化四大板块的江南文化，其空间范围与今天的长三角城市群大体一致。江南地区的书院不仅曾经培养出大批科举名人和学术名家，为江南地区整体文明程度的提高、经济社会的持续繁荣发展作出了支撑性贡献，同时也是今天长三角共建江南文化共同体的一份最深厚、最重要的文化资源。

2019 年，韩国申报的"新儒学书院"入选世界文化遗产。"礼失于野，东邻拾之"的现实给我国的书院文化传承利用工作敲响了警钟。联合国教科文组织世界遗产委员会在韩国"新儒学书院"成为世界遗产的文件中明确指出，"朝国新儒学书院是韩国新儒学文化传统的杰出见证，其中许多教育实践和社会活动还在继续开展。韩国新儒学书院展示了一个历史过程，在这个过程中，来自中国的新儒学思想根据韩国当地的情况进行了调整，从而产生了朝国新儒学学院，这些学院在功能、规划和建筑方面都是这个转变和本土化过程的杰出见证。"① 在长三角一体化深入推进的大背景下，深入挖掘江南书院繁盛背后城市文脉汇通、文化功能互补的体制机制，以文化创意、数字科技与文化旅游的融合促进其传承转化、创新发展，有利于活态延续长三角众多历史文化名城的文脉，增强对长三角一体化的文化自信与文化自觉。

首先，要明确书院文化的主旨与当代社会发展的主流趋势相契合。书院与"有司奉诏旨"创办的官学，"乡党"中"贤士大夫"倡议筹设的私学并称中国传统社会教育体系的三大支柱，既为中华优秀传统文化的重要源头，又是中华文明历史脉络的重要载体。古代江南书院的讲学活动，其内容多蕴含着天下兴亡、匹夫有责的担当意识，精忠报国、振兴中华的爱国情怀，崇德

---

① 联合国教科文组织官方网站，http://whc.unesco.org/en/list/1498

向善、见贤思齐的社会风尚，孝悌忠信、礼义廉耻的荣辱观念，这些都是传承中华优秀传统文化、建设社会主义文化强国所不可或缺的关键要素。

其次，要重视书院包容开放属性的彰显。宋代之后的历代书院，不论规模大小，其招生都没有对地域、身份进行严格限制。但当下各地对本地书院文化资源的整理挖掘，却往往偏重于本地籍贯人士的学术活动及成就，而对外籍学人对本地书院文化传承的贡献重视不够。未来应以增强、促进"包容开放，交流互动"为重点，从有关人物、事件、景观、遗址、文物、典籍、传说、专著、论文中选取若干代表性事项，塑造书院文化的"重心"和"主体"。

最后，要策划一批具有较强操作性和现实可行性的主题性文化活动。可以选取具有文化教育功能的书院旧址，将传承文以载道、以文化人的教化思想和推行求同存异、和而不同的处世方法相结合，吸引公众积极参与庆典、展会、比赛、表演、讲座、论坛等活动。如位于丽泽书院旧址的金华一中，尝试聘用"丽泽先生"，在中学恢复书院的讲习制度。这些探索都可以考虑在长三角有条件的地方推广，并在比较成熟时向社会开放。

三　刘士林：长三角与大湾区——文化引领高质量发展①

2019 年 2 月 18 日，中共中央、国务院印发《粤港澳大湾区发展规划纲要》（以下简称《湾区规划》）。《湾区规划》中的粤港澳大湾区（以下简称"湾区"）包括香港、澳门和珠三角九市（广州、深圳、珠海、佛山、惠州、东莞、中山、江门和肇庆市），总面积 5.6 万平方公里，2017 年末总人口约 7 000 万人。近两年各界高度关注的湾区，正式走上中国发展的舞台中心。在关于大湾区的总体定位中，有一个新的定位就是人文湾区、健康湾区、休闲湾区，为今后的区域和城市规划更关注文化建设开了一个好头。② 2019 年 5 月 13 日，中共中央总书记习近平主持召开中共中央政治局会议，会议审议了《长江三角洲区域一体化发展规划纲要》。会议指出，长三角是我国经济发展

---

① 节选自刘士林在上海市社会科学联合会、广州市社会科学联合会、华南师范大学 2019 年 12 月 13 日联合举办的首届江南文化·岭南文化论坛的主旨演讲。
② 刘士林、周枣、宋冠南：《解读粤港澳大湾区规划》，《中国建设信息化》，2019 年 3 月上。

最活跃、开放程度最高、创新能力最强的区域之一，在全国经济中具有举足轻重的地位。长三角一体化发展具有极大的区域带动和示范作用，要紧扣"一体化"和"高质量"两个关键，带动整个长江经济带和华东地区发展，形成高质量发展的区域集群。和大湾区异曲同工的是，在《纲要》中，江南文化首次被提升到支撑一体化发展的文化基础的重要地位。

大湾区人文湾区、健康湾区、休闲湾区新定位和江南文化作为支撑长三角一体化的基础，是对我国城镇化建设"侧重硬件、忽视软件"的一种重要纠正。为什么两大区域战略都把文化建设摆到更加重要的地位上？这是因为两者面临着共同挑战与问题。城市群的本质是在更大的空间范围内为更多的城市人口提供"有价值、有意义、有梦想"的城市生活方式。一种理想的城市生活方式，既要有富足的物质生活、健全的制度保障，更要有个体的幸福和梦想。这是人们来到城市、建设城市的最高目的。随着我国全面建成小康社会目标的逐渐实现、国家治理体系和治理能力现代化的不断完善，作为基本保障的物质文明和制度文明已得到较好地实现，但作为"人民群众对美好生活更高层次的向往"的城市生活方式却成为棘手的问题，并集中体现在"逃离北、上、广"和"大城市伪幸福"等极端心态与言行上。这是一种典型的城市异化现象，以房奴、车奴、卡奴、路怒族和抑郁症患者为例：他们在城市中不是感到幸福，而是感到不幸和受苦；不是找到了自由发展空间，而是处处受到钳制和压抑；不是实现了生命的价值和意义，而是丧失了最初的热情和理想。这些问题如果不能得到有效解决，就不可能真正实现"人民城市为人民"的发展目标。

从规划内容看，《湾区规划》首次提出"共建人文湾区"，主要包括塑造湾区人文精神和推动中外文化交流互鉴两大部分，具体涉及推进中华优秀传统文化传承发展、提升居民文化素养与社会文明程度、完善公共文化服务体系和文化创意产业体系、建设岭南文化中心和对外文化交流门户、深度挖掘和弘扬孙中山文化资源等内容。人文湾区提出的背景源自《国家新型城镇化规划（2014—2020年）》提出的"注重人文城市建设"。此前，已有一些城市在规划中提出建设人文城市，但在城市群级别的规划上还是第一次正式提出。人文城市是一种以文化资源和文化资本为主要生产资料、以服务经济和文化产业为主要生产方式、以人的知识、智慧、想象力、创造力等为主体条件、以提升人的生活质量和推动个体全面发展为社会发展目标的城市理念、形态与模式。它揭示出城市发展的目的，不只是城市人口增加，也不只是经济总量与财富的聚集，更重要的还在于是否提供了一种"有价值、有意义、有梦想"的城市生活方式。

人文城市是"以人为本"在城市发展中的真正落实。从这一角度，也可以说人文湾区是湾区建设的最高目的。但从目前的规划内容看，人文湾区涉及的内容还比较"初级"，基本上局限在公共文化事业、市民道德行为养成、丰富群众文化生活等方面，而对于湾区人如何才能获得更有价值、更有意义的人生，过上更加美好和更高文化质量的城市生活，落笔和探索还比较少。与其他经济区（城市群）拥有1至2个中心城市不同，粤港澳大湾区包括了三个关税区、四个核心城市。群雄并起、直通海外、引领开放的发展格局形成了优势互补的鲜明特色和显著比较优势，但三地经济制度、法律体系、行政体系以及社会文化的差异也会给区域经济社会持续协同发展带来很多突出问题。港澳特殊的多元文化环境受到基本法的明确保障，文化市场监管、社会舆论构成、民族认同与国家认同的现实构建都较为复杂，给不良社会思潮侵袭、西方敌对势力借题发挥留下了空间。未来需要以党的二十大报告提出的"丰富人民精神世界"为指针，逐渐超越实用性的人文湾区建设思路，探索建立更高品质、更具审美和艺术内涵的湾区文化，为人民群众提供高质量的文化消费产品和服务，最终把粤港澳大湾区建成人文城市、人文湾区的典范。

第一，充分体现新时代文化建设的新要求，适应世界文明发展的大势。党的十九大之后，中国特色社会主义新时代成为持续贯穿我国改革发展全局的大逻辑。"新时代"的突出特征是以"文明＋"的新理念引领经济、政治、文化、社会、生态文明各领域改革的顶层设计和整体谋划。在国内建设中更加关注人的全面发展和社会文明程度的全面提升，更加重视硬实力与软实力的协调共进；在国际交往中着重强调坚持和平发展道路，以文明交流超越文明隔阂、文明互鉴超越文明冲突、文明共存超越文明优越，推动构建人类命运共同体。为避免在三地的深入交流融合、利益格局分化重整中出现过多不和谐的杂音，导致坚定"四个自信"和"举旗帜、聚民心、育新人、兴文化、展形象"工作出现难以应对的重大风险，建议在粤港澳大湾区的规划建设中强化文化战略意识，尽快启动、实施"多元文明互鉴共享"研究计划。

第二，弘扬传承大湾区（广东）共同的悠久文脉，体现对中华文明形成演进的历史贡献。岭南文化在中国文化格局中的地位远不如中原文化、江南文化显赫，其鲜明特色和最重要功能就在于为东西文明汇通发挥了"孔道"和"阀门"作用。百年前，近代文化名人梁启超先生在《世界史上广东之位置》中对此有过生动的诠释。他说，广东一地，在中国史上就是"鸡肋"，"崎岖岭表，朝廷以羁縻视之；而广东亦若自外于国中"；在世界史上，广东则是反映"各民族竞争交通大势"，西方文明进入中国，中华文明输出西方的最重要地点之一。广东没有出过在中国历史上举足轻重、影响绝大的名人，而广东人"对内竞争力甚薄，而对外竞争力差强"的地方特性，其基础就是与内地交通还不如与海外交通方便。① 当下，大湾区也是我国人口国际化程度最高、对外贸易最为活跃的地区。

第三，接续、强化近年来广东文化强省建设与的战略定位，为发挥粤港澳地区的综合优势注入新动能。2010 年，广东省委、省人民政府印发《广东省建设文化强省规划纲要（2011—2020 年）》提出用 10 年左右时间，把广东建设成为率先探索中国特色社会主义文化发展道路的示范区，具体包括我国社会主义核心价值体系建设的示范区、全国公共文化建设示范区、全国乃至全球具有较强竞争力的文化创意产业中心、华南现代文化传播中心和全国对外文化交流枢纽等，展示了广东在文化发展方面创优争先的勃勃雄心。2017年，国家发改委和粤港澳三地政府共同签署《深化粤港澳合作　推进大湾区建设框架协议》，明确提出在澳门建设以中华文化为主流、多元文化共存的交流合作基地。在此前签订的粤港合作、粤澳合作框架协议中，也都有共建共享文化事业、文化产业建设成果的内容。当下，以传承创新优秀传统文化为内容的国家级示范区、实验区在国内已有多个，但体现文明互学互鉴、共享发展成果，为发挥多元文化环境对于激发文化创造活力的积极效果探路，为遏制亚文化与主流文化冲突负面影响积累经验的重大工程项目尚未出现。

---

① 张品兴主编：《梁启超全集》，北京出版社 1999 年版，第 1683－1693 页。

　　第四，吸收借鉴长三角江南文化规划发展的一些经验。2018 年 4 月 26 日，习近平总书记就推动长三角更高质量一体化作出重要指示。2018 年 4 月 29 日，上海确立了建设红色文化品牌、海派文化品牌、江南文化品牌三大重点任务。目前，不仅上海已将江南文化提升到战略资源的高度，浙江、江苏和安徽也在积极响应，为形成区域价值共识和提升区域文化自信创造了前所未有的良好社会条件和重大战略契机。一个时期以来，江南文化未能发挥应有的作用，主要原因有两方面：一是维系江南区域经济社会的传统机制已经老化，而新的城市群文化联系机制未能建立起来，在"青黄不接"中无法为促进区域社会融合发展创造出新的精神文化资源；二是由于时代背景的巨大转换，作为人类城市发展的高级空间形态的长三角城市群，其规模之巨大、影响之广泛以及对城市之间开放与融合程度的要求，远非古代城市在农业文明背景下结成的"松散"联系所可比拟。

第十二讲

江南文化的回顾与展望[①]

    江南地区就以经济、教育和文化的发达著称于世，在古代中国创造了高度发达的生产生活方式与独具个性的区域文化传统。区域内传统的吴文化、越文化和近代崛起的海派文化联系密切、相关性很强，一直是推动这一地区经济社会和文化发展的核心力量与主导机制。目前，上海、浙江、江苏和安徽已将江南提升到战略高度，为形成区域价值共识和提升区域文化自信创造了良好社会条件和重大战略契机。站在新的历史起点上，回顾江南诗性文化走过的道路，总结其在概念、内涵、功能、原理等方面的基础理论创新成果以及在哪些可以转换、哪些需要创新等方面的实践探索经验，回答回应江南文化引领长三角"实现什么样的发展、怎样实现发展"等重大问题，把江南文化最基本和最重要的精神标识及具有当代价值、世界意义的文化精髓更好地提炼、展示出来，为更好地推动江南文化的现代性转换和创新性发展，引领长三角城市和区域一体化高质量发展提供重要的参考借鉴。

[①] 刘士林：《诗性文化和城市文化双重语境下的江南文化创新研究》，张鸿雁等主编：《城市更新与生活美学》，中国建筑工业出版社 2023 年版，第 325－344 页。

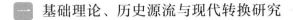

一　基础理论、历史源流与现代转换研究

一是界定与阐释江南范畴的基本内涵。以马克思"人体解剖对于猴体解剖是一把钥匙"为方法论，从成熟形态的角度对江南范围进行界定。我们以李伯重先生的"八府一州"说为基础，吸收"江南十府说"中的宁波和绍兴，同时，还将扬州、徽州等纳入江南的范围。关于它们之间的关系，我们借鉴区域经济学理论，将"八府一州"看作是江南的"核心区"，而将其他地区视为"外延"。明确"八府一州"是江南区域在历史上自然演化与长期竞争的结果，圈定了江南地区的核心空间与主要范围，其在经济社会与文化上的主体地位是很难被其他地理单元"喧宾夺主"的①。

二是梳理与明确江南区域文化的历史源头。在关于江南区域文化的看法上，学界常见的观点是"一分为三"，即"吴文化""越文化"和"海派文化"。随着安徽全境纳入长三角，江南文化也自然延展为"一分为四"的新形态，即"吴文化""越文化""海派文化"和"徽州文化"。这一划分尽管便于应用和描述，但由系统论"整体大于部分之和"这一基本原理可知，作为有机整体的江南文化必然大于吴、越、海派、徽派四者之和，因而对它们的单体研究决不等同于江南文化研究。要找到江南文化作为一个独立谱系的存在根据，就需要从原始发生的角度去追寻。综合 20 世纪考古学、历史学的研究，早在新石器时代，长江文明已发育得相当成熟。以上古时代自成一体的长江文明为背景，可以找到江南文化发生的历史摇篮。通过第三讲的论述可知，江南文化的历史渊源是长江文明，而不是黄河文化的传播产物。在解决了这样一个原则性的问题之后，可以为重新理解江南文化提供一个全新的解释框架。在习近平总书记提出"把长江文化保护好、传承好、弘扬好"之后，江南文化的历史根脉也将变得更加名正言顺。②

三是提出并论证江南诗性文化的理论观点。在学术层面上，要论证江南

① 刘士林：《江南与江南文化的界定及当代形态》，《江苏社会科学》，2009 年第 5 期。
② 刘士林：《在江南发现诗性文化——刘士林教授在全国审美文化学术研讨会上的演讲》，《解放日报》，2004 年 10 月 17 日。

区域文化的独立性，关键是要弄清江南文化的独特创造与深层结构。从历史上看，文人荟萃、文化发达是江南的主要特征，但实际上这并不是江南区域文化在中国最独特的本质，因为孕育了儒家哲学的齐鲁地区在很大意义上更有资格代表中国文化。使江南文化与中国其他区域文化真正拉开距离的，是因为在其中有一种最大限度地超越了儒家实用理性、代表着生命最高理想的审美自由精神。如果说，在江南文化中同样有伦理的、实用的内容，并与北方-中原文化圈一脉相通，那么也可以说，正是在审美自由精神这一点上，真正体现出古代江南民族对中国文化最独特的创造。由此可知，江南文化本质上是一种以"审美—艺术"为精神本质的诗性文化形态。或者说，江南诗性文化是江南文化的核心内涵与最高本质。江南诗性文化在江南文化研究中的"理念"地位，也决定了江南诗性文化本身还是江南文化建设的"诗眼"和"龙珠"。①

四是提出并进行江南文化基础理论的研究。具有独立品格与话语形态的江南文化理论研究一直是一个较大的空白，系统研究、原创理论更少。我们以马克思文化理论与方法为指导，借鉴西方文化研究与中国审美文化研究的理论成果，以诗性文化理论为基础性的学术框架，以诗性人文学术方法为总体性的方法论，对江南文化理论的基本问题、研究对象与范围、框架体系、价值形态等进行系统与深入的探讨。主要内容包括：以区别长江文化与黄河文化为空间背景，追溯江南文化的文化背景与渊源；以区别江南文化与齐鲁文化为区域背景，揭示江南文化的诗性与审美本质；以江南轴心期为理论基础，还原江南区域文化精神的历史生成过程；以江南之江南、中国之江南、世界之江南为基本时间框架，揭示江南文化发展的主要历史阶段及其内在关联；以吴文化、越文化与海派文化为基本空间框架，研究江南文化发展的主要小传统及其结构关系；在区域文化比较的语境中，探讨江南文化与荆楚文化、巴蜀文化、岭南文化等的异同；在江南城乡文化比较的框架下，研究江南城乡不同的文化结构与价值形态；以城市化进程为背景，探讨江南文化资

---

① 刘士林：《在江南发现诗性文化——刘士林教授在全国审美文化学术研讨会上的演讲》，《解放日报》，2004 年 10 月 17 日。

源的保护、开发和可持续发展理论①。

五是提出并论证古代江南地区与当代长三角城市群的关系。古代江南地区高度发达的经济与文化，特别是在明清时代形成的高度发达的以苏州、杭州、南京等为中心的江南城市共同体，是中国现代化与城市化进程在江南地区开始最早、并一直遥遥领先于中国其他地区的根源。长三角的变革经历了第十一讲所述的六个历程，总体上看，尽管当今长三角与往昔江南已有不小的变化。但由于核心地理空间和主要文化资源的基本不变，所以仍可把长三角城市群看作是古代江南的当代形态。也就是说，长三角城市群并不是无本之木，如1980年代的长三角经济区概念，其雏形可追溯到明清时期太湖流域经济区。而1990年代以后的长三角城市群，其胚胎早在古代江南城市发展中就已开始培育。这是研究江南文化最需要关注的现实背景与发展趋势②。

江南城市模式、形态、传统与功能研究

一是建构了江南城市群独特的城市模式理论。中国古代社会有两个基本特点，一是在物质生产上对自然条件与环境高度依赖，二是在社会生产上主要以"乡土中国"为中心。依靠众多发达的城市及其开拓的区域经济社会空间，以古代的扬州、苏州、南京、杭州等为核心城市的江南城市群，在以农为主的中国古代社会中创造了独特的城市模式。非农业城市人口和新型城市社会关系，是江南城市群形成和持续繁荣发展的重要基础。同时，由于江南涉及的地理、人口与文化空间巨大，在很大程度上改变了中国古代社会的历史进程。这其中又以江南运河沿线城市最具代表性，沿着京杭大运河的"主干大街"，江南城市的生产生活方式和消费文化，曾深刻影响了北方的山东、河北、天津、北京及西部的河南、陕西等。具体说来，在江南城市群中培育的是一种不同于政治中心和军事中心，而是以经济中心或商业中心为主要功能的城市模式。这些城市在不少方面具备了现代都市的内涵与特征，为中国

---

① 刘士林等：《风泉清听——江南文化理论》，上海人民出版社2010年版。
② 刘士林：《明清江南城市群研究及其现实价值》，《复旦学报》（社会科学版），2014年第1期。

古代文明在江南地区的发展与演化提供了新的"物质基础"与"社会条件"。

二是诠释了江南城市群创造的江南都市文化形态。借助于江南地区共同的文化源头和在古代城市化进程中密切的地理、交通、经济与文化联系，江南城市日益发展为一个水平更高、规模更大的城市共同体。同时，以此为基础又创造出远远高于其时代一般城市的文化发展水平，并在某种意义上具有现代都市文化功能与特征的江南城市诗性文化。其核心要素一是不同于北方城市诗性文化，这主要表现为"政治"与"经济"的对立；二是不同于江南乡镇诗性文化，其差异在于"伦理"与"审美"的不同。作为一种本土性的都市文化模式，在中国古代城市文化中达到顶峰的江南都市文化，对重新考量中国传统文化的复杂形态、现代价值以及探索如何实现其创造性转化和创新性发展，可以说具有不可替代的标本价值与示范意义[1]。

三是还原了江南都市文化的典范形态与深层结构。其一，以南宋临安为代表的江南都市文化形态。尽管江南地区很早就有邦国都城存在，但其附属地位很难影响中国文化的大格局。临安是江南都市文化走向成熟的第一个表现形态。与唐代长安、洛阳、北宋汴梁等不同，其在文化创造上的理念与动力已不再是现实政治利益，而是发自城市文化自身生产与消费的内在需要。其二，以明清时代的南京为中心的江南都市文化繁盛形态。富裕的江南城市群不仅在经济上支持着整个国家机器的现实运转，在意识形态、精神文化、审美趣味、生活时尚等方面也拥有了"文化领导权"。同时，江南都市文化在这一时期呈现的许多新特点，与现代都市文化在内涵上十分接近。其三，从近代向现代演变过程中的上海新型都市文化。在从传统到现代的演进中，上海都市文化的延续性、前卫性、典范性与代表性，是中国其他早期通商口岸无法比拟的[2]。20世纪一百年来，海派文化已成为中国都市文化的一个基本象征。这三种城市群和都市文化形态，是长三角城市群最直接的历史基础。

四是探讨了江南中心城市的历史源流及其文化形态。对一个城市群而言，中心城市有两大基本职能：一是支配，二是服务。明清时代的江南城市群，以苏州为中心，形成了分工合理、功能互补的城市层级关系，实现了中心城

---

① 刘士林：《江南城市与诗性文化》，《江西社会科学》，2007 年第 10 期。
② 刘士林：《江南都市文化的历史源流及现代阐释论纲》，《学术月刊》，2005 第 8 期。

市"支配"功能与"服务"职责的统一，这是历史上的江南城市群能够实现功能互补和共存共荣的根源。与之相比，在长三角城市群过去长达30年的探索中，人们之所以多次感慨"长三角的圈始终画不圆"，主要是中心城市只想"支配"而不情愿"服务"，以及各种大城市"什么都想要、什么都不愿意放弃"造成的，从过去的化工、汽车、纳米到当下的人工智能产业、大数据产业等，都是如此。众所周知，今天长三角一体化建设取得诸多重要突破，但面对世界百年未有之大变局，未来的发展并非一帆风顺，如在资源、产业等方面的冲突与无序竞争仍不时出现。就此而言，有关中心城市的历史与文化研究十分重要。我们重点选择了扬州、苏州、南京、杭州和上海这五个城市，对其城市的历史源流与都市文化进行了较为全面的研究，以期为这些城市本身以及整个长三角文化建设提供历史参照与传统经验。

五是从城市文化角度揭示了影响长三角城市群发展的原因及路径。与西方相比，长三角城市群主要落后在文化软实力上，这与一个多世纪以来江南都市文化的衰落与边缘化直接相关。其一，战争中断了江南地区自明清以来一直领先的城市化进程。其二，改革开放以前中国选择的"政治型城市化"模式，使已获得充分发展的长三角出现了相当严重的倒退与萎缩。其三，改革开放以来以不可持续为本质特征的"经济型城市"发展模式，进一步加剧了经济社会快速发展与文化事业每况愈下的矛盾。在全球人口爆炸、能源危机、生态环境急剧恶化的当下，无论是文化产业直接带来的富可敌国的巨大经济效益，还是文化事业对精神文明、社会建设与心理生态健康的深层作用，都表明文化占有的地位越来越重要。以上海"文化大都市"和"长三角世界级文化城市群"为战略定位，江南文化研究承担着为长三角提供文化认同与价值归属的国家战略使命。

六是阐述了江南城市群与文化研究的时代价值。以"国际化大都市"与"世界级城市群"为中心的都市化进程，正在成为推动与影响当今世界发展的核心机制与主要力量。都市化不仅直接影响着当今社会发展，也深刻改变了我们对历史和传统的理解。江南城市群正是由此而生的一个新的研究对象。早在1976年，戈特曼就将"以上海为中心的城市密集区"称作世界第六大城市带。2008年，国务院提出建成具有较强国际竞争力的世界级城市群，长三角正式纳入国家战略层面。城市群建设不只是经济的一体化进程，也包括政治、文化、社会在内的丰富内容。中国古代经济社会最发达、文化教育最富于创造活力的江南地区构成了长三角城市群的核心区，其特有的人文地理、城市传统、社会结构及文化传统等，直接影响着长三角今天的存在与发展，是必须关注的文化经验和精神资源。不仅有助于长三角城市群文化研究的系统和深入发展，同时还可为中国当代城市文化发展提供一种具有"地方性知识"意义的参照框架。①

三 江南文化产业、建筑文化、艺术文化、民俗文化研究

一是提出并进行江南城市文化资源与产业的研究。文化资源是文化发展直接的现实对象，是潜在的自然文化遗产和文化生产力要素，不仅决定了文化产业的方式、规模与性质，也是一个地区文化事业发展的客观环境与条件。江南城市文化资源丰富，为我们实现从江南文化的历史研究到现代开发提供了丰富的资源储备。一方面，根据文化资源理论的基本规律与特点，建立江南文化资源的分类框架，按照物质资源、社会资源和审美资源三大原则，对复杂、纷乱的江南文化资源进行系统的梳理与编码，为江南文化资源的开发、创意和产业化提供基础。另一方面，根据当代文化产业发展的规律与特点，研究江南文化的要素集聚、文化品牌创建、文化事业发展等问题，同时，在长三角城市群文化发展的框架下，在政策、机制、形式等方面展开江南文化的研究，为催生更大规模、更具竞争力的江南文化产业群描绘途径。②

二是从诗性文化角度展开江南城市建筑文化的研究。江南建筑有着独特的风格和悠久的传统，集中体现了诗性文化的理念与需要。由于古代江南民族与自然环境及资源的亲和关系，江南古代建筑的主要特征不是表达人对自然的征服，而是在很大的程度上依赖于大自然的地理与环境条件，这样的格局直到现代以来才遭到毁灭性的破坏。在现代化进程中，和其他地区一样，江南城市建筑的精神个性与传统形态迅速消亡，在空间与功能上日益趋同、

---

① 刘士林等：《江南城市群文化研究》，高等教育出版社 2015 年版，第 20 - 21 页。
② 刘士林等：《江南文化资源的类型及其阐释》，《江苏行政学院学报》， 2011 年第 5 期。

千篇一律，不再具有诗意和适合人们居住、生活。在当今长三角城市空间的规划、设计与建设中，由于西方理性建筑文化以现代化的名义迅速取得了霸权地位，以及当代规划与建筑师自觉不自觉地以西方为标准与摹仿对象，遂造成了理性文化诸要素在其建筑空间中沧海横流，结果是建筑的单质化与同质化正成为江南城市空间生产普遍的宿命与噩梦。究其原因，当代江南建筑基本上是理性建筑观念与文化的产物，是理性文化战胜、驱逐了中国诗性文化的结果。① 以传统江南建筑的材料、技术、审美观念、设计风格、建造过程等为研究对象，建构与还原江南建筑中的诗性文化因素与谱系，为当代江南建筑借助诗性文化的精神资源，开拓出感性与理性、人类与自然和谐共生的新风格提供思想资源与基础。

三是从诗性文化角度展开江南城市审美文化的研究。以文学艺术为主体的江南城市审美文化自古以来十分发达，相关的研究也很多，但由于一直缺乏相对统一的审美文化理论基础，所以大多研究局限"专而深"的层面，而很难看到不同文学艺术类型之间的深层文化与美学联系。我们以"诗性文化"作为江南审美文化研究的理论基础与价值根源，以江南艺术环境、江南艺术精神、江南诗文、江南绘画、江南工艺、江南园林、江南戏曲、江南服饰等为具体的研究对象与范围，对江南审美文化从发生、源流、典范形态、审美精神、现代性价值等角度进行一次综合性的研究。在具体的研究中，以江南区域和江南诗性文化为背景和主线，深入并集中研究最能体现江南审美文化精神的文学艺术类型，超越以时间顺序写文学艺术史的传统模式，强调环境—精神—艺术创作的内在逻辑关系，实现对客体与主体、形式与内容、艺术精神与文化创造之间关联性的深度认识与把握，对江南文学艺术共有的诗性文化本质和审美文化精神加以提炼和阐释，为江南文学艺术继承传统、推陈出新提供重要的参照系。

四是从诗性文化角度展开江南城市民俗文化的研究。民俗是大众沟通情感的纽带和彼此认同的标志，是规范行为的准绳和维系群体团结的黏合剂，也是世世代代锤炼和传承的文化传统。与中国其他区域不同，江南民俗最大

---

① 刘士林：《中国诗性文化与都市空间生产》，《光明日报》，2006年8月21日。

的特点在于它的诗性文化功能与特征。我们从"诗性文化理论"切入江南民众世俗生活的历史流变与渊源，借江南地区民俗文化展示江南诗性文化在民间特殊的存在方式与生命力，在研究内容上涉及衣食住行、人生礼仪、岁时节令、民间工艺、娱乐游艺、民间艺术和信仰等习俗生活，厘清江南民俗文化中诗性精神的发展脉络，从诗性生活方式角度建构江南城市民俗文化理论的主体框架，同时从审美现代性的角度探讨江南城市民俗文化资源的当代价值，为当代江南传统民俗文化的保护与文化产业发展提供路径。

四 江南文化的现代性转化与创新性发展研究

一是关于江南文化引领长三角一体化研究。从地理上看，传统江南地区与长三角城市群的核心空间基本吻合。在人文上看，包含吴越文化、皖南村镇文化和海派文化的江南文化则构成了长三角传统文脉的主体形态。江南文化善于处理和协调"生产关系和生产力""社会和个人"的矛盾关系，可以最大限度地实现物质与精神、功利主义与审美主义的融合发展。没有对长三角城市群高度的文化认同，在现实中就很难走出"单打独斗"的怪圈。在当代中国的现代化进程中，江南诗性文化可以为实现政治、经济、社会、文化、生态协调发展贡献重要的思想文化资源。江南文化代表了我国区域文化在审美和艺术上的最高水准，是中国本土最符合马克思"人的全面发展"和"按照美的规律来建造"的思想文化谱系，对应对现代人普遍的精神和心理危机、促进长三角社会、文化和精神生态的保护建设具有重大战略资源价值。

二是关于江南文化引领长三角乡村振兴的研究。在我国全面建成小康社会、打赢脱贫攻坚战之后，乡村振兴将成为"十四五"时期中国农村发展的主旋律。费孝通先生的《江村经济》和20世纪后期的"苏南模式"，一直影响着改革开放以来的苏南地区的城镇化进程，为其他地区的农村发展、城乡融合发展提供了重要的示范。其最重要的特点是，环境优美、生活富裕、商业兴旺、教育发达、秩序井然……其最大成功是，与一些地区人们竞相逃离农村，导致农村空心化、土地撂荒不同，苏南乡村日益成为人们向往的美好生活家园。关于未来江南乡村的高质量发展，一个重要思路是"回到费孝通"提出的"高层次的超过一般的物质的生活"。长三角乡村既有丰富和深厚的江南区域文化传统，在改革开放以来也积累了雄厚的经济基础。现在的关键是转变发展观念并做好顶层设计，把"高层次的超过一般的物质的生活"作为更高层次的发展方向，把近年来不够自觉、不够系统、不够长远的文化建设集聚起来，充分发挥自身在自然环境、历史文脉和区域文化资源上的优势，探索并走出一条"人文乡村振兴模式"。

三是关于江南文化引领长三角治理现代化的研究。老子说："天下大事，必作于细"。一是很多"大事"和"大患"，都是由于不注重小事、细节而酿成。二是在问题和矛盾处在萌芽状态时，也是最容易解决或解决成本较低的。城市是人类的杰作，任何一件很不起眼的小事，也都可能成为引发重大公共危机的"黑天鹅"。在每一个环节、每一个阶段都加以管理和呵护才能保持城市的生命力。这种高度复杂和敏感的现实环境，是倒逼城市治理日益精细的主要原因。长三角尽管人口众多、空间巨大、社会结构超常复杂，但并不是"无序的复杂"，而是由一个个城市、一个个个体、一个个社会组织、一个个空间单元、一个个生产生活行为等要素，按照政治的、经济的、社会的、文化的规律规则有机组合而成。其中任何一个局部的风险和危机，最早就潜伏、酝酿于其中。以江南文化的精细化本质和功能为引领，以"绣花的细功夫"从"一针一线"处入手，在城市运行的细微处和城市管理服务的琐碎处下功夫，深入把握和及时掌控每个要素的变化和趋势，与其承载的海量异质社会需求形成匹配和对应关系，建立长三角精细化治理机制，既有助于把矛盾解决在"萌芽"阶段，也可把人文关怀落实到长三角城市群的每个角落。

五　江南文化的比较与战略规划研究

一是关于江南文化与海派文化的研究。上海在江南地区的地位，是一个不断变化和兴替的过程。直到 10 世纪前叶，上海主要是一个"小跟班"的角色。当时的青龙镇尽管已有"小杭州"的美誉，但与唐宋的扬州、苏州和杭州等相比，明显只是江南地区的一个商贸节点。上海在江南地区真正找到感觉，是在 1843 年正式开埠以后。具有划时代意义的变化发生在 20 世纪 30 年代，此时的上海不仅成为中国最大的工业城市，也是名副其实的"中国现代文化中心"。后来中国的电影、音乐、舞蹈、戏剧、文学及西方礼仪、餐饮、节日文化等，都是经上海传播和普及的。在这个时期，上海在融合西方实用主义、北方实践理性与江南诗性文化的基础上创造出属于自身的海派文化，成为中国现代都市文化的杰出代表。以家喻户晓的"月份牌"为例，以公司广告和赠阅形式为中心，再现了西方现代文明的商业实用主义；以内容方面的"二十四孝"为中心，延续着中原文化圈的伦理实践理性；以形式方面的时髦美女为中心，又与江南诗性文化精神十分贴合。因此可以说，不仅江南文化始终是上海文化的核心资源，后者也因前者的滋润而呈现出迷人的大都市魅力和气质。

二是关于江南文化与长江文化的研究。2020 年 11 月 14 日，习近平总书记在全面推动长江经济带发展座谈会上发表重要讲话，提出"要把长江文化保护好、传承好、弘扬好，延续历史文脉，坚定文化自信"。长江和黄河同是中华民族的母亲，同为中华民族的重要象征和中华文明的精神标识。在历史传承上看，以太湖为中心的古代江南地区是长江文明的重要发祥地之一，以诗性智慧为内核的江南文化是长江文化中久负盛名的人文景观。江南文化是长江文化最具魅力和影响力的"诗眼"，长三角城市群是长江经济带高质量发展和现代化建设的"龙头"，而近年来长三角城市群共建江南文化品牌的实践经验，则为推动长江文化与长江经济带协调和全面发展提供了重要参照。具体说来，以生态保护为优先的长江经济带建设，无疑更需要有优秀传统文化和当代先进文化的基础支撑。一个很显然的事实是，它们不可能是建基于人与自然截然对立的西方理性文化及工具主义，而应是以人与自然、社会和谐共存为理想的中国诗性文化及实践理性。在过去的研究中，我们曾多次指出，江南文化是中国诗性文化的典范形态，从江南诗性文化中孕育成长起来的江南人民及江南生产生活方式，代表了中华民族在历史上处理人与自然、人与社会、人与自身矛盾的最高水准，因此必然要成为引领沿江区域文化转化创新的榜样，并在当代长江文化传承保护弘扬发挥出"龙头"作用。当然，如同长江经济带是长三角城市群的广阔腹地一样，长江文化也是江南文化发挥更大作用的广阔天地。从丰富多样的长江文化中吸取营养，进一步拓展江南文化的视野和胸襟，更好地服务长三角及长江经济带建设，也是未来江南文化创新需要深入探索和努力实践的。

三是关于规划建设江南文化传承创新示范区的研究。面向"十四五"时期和2035愿景发展目标，由三省一市联合研究和探索共建国家级江南文化传承发展示范区的可行性，不仅可以将长三角已开始的江南文化提升到新的高度，也可以为现实中火热建设的长三角世界级城市群提供更加深厚和强大的文化和软实力支撑。长三角共建江南文化传承发展示范区的有利条件众多。具体如第十一讲所述，长三角雄厚的经济实力所提供的坚实的物质基础；在文化发展理念特别是在开放发展和国际化上的视野和优势；江南文化在中国乃至世界文化体系中的良好口碑和无穷魅力。共建江南文化传承发展示范区，不仅有利于解决长三角城市群内部的文化冲突和矛盾，也有利于在中国和世界建设一个传统文化复兴示范区。最后，共建江南文化传承发展示范区，契合习近平总书记在文化传承发展座谈会上"赓续历史文脉，谱写当代华章"的重要讲话精神。立足江南文化的深厚底蕴，建立高品质的长三角城市文化，不仅可以为人民群众提供高质量的文化消费产品和服务，还有助于切实促进和引导长三角真正发展成为一个"命运共同体"。

六　重大理论价值与重大现实意义

研究江南文化，并不局限在"发思古之幽情"。这不仅是因为在历史上，江南区域内传统的吴文化、越文化和近代崛起的海派文化联系密切，一直是推动这一地区经济社会和文化发展的核心力量与主导机制。同时也因为在改革开放以后，以上海为首位城市的长江三角洲地区，一直把区域经济社会与文化的一体化发展作为战略目标，并最有希望和条件在中国建设成世界级城市群。在这个过程中，江南地区特有的人文历史地理、社会生活结构及精神文化传统等，不仅直接而且也深度地影响着长三角地区的当代发展和未来走向。

关于开展江南文化研究的重大理论与现实意义，我们认为主要可以从三方面看：

一是开展江南文化研究具有重要的现代性价值。现代性的基本困境在于，在现代物质文明的条件下获得了充分发展的个体，如何才能解决"自我"与"他人"之间日益严重的分裂与对立。在中国文化传统中，除了审美功能发达的江南文化，其他区域文化传统对个体基本上都是充满蔑视与敌意的。在这个意义上，江南文化最有可能成为启蒙、培育中华民族个体性的传统人文资源。尽管它主要局限在情感机能方面、不够全面，但却是来自中国文明肌体自身，也是我们所能设想的最有可能避免抗体反应的文化基因。[①] 从 20 世纪的新文化运动以来，以西方现代哲学中的存在主义、生命哲学、现代审美主义、精神分析哲学等为代表，我们已经引入了为数众多的西方个体性的哲学美学和文化理论，但它们不仅没有解决中华民族的现代性困境，反而彻底扰乱了当代中国人的意念、心理和精神生态。与其继续引进西方那些并不适合中国的现代性理论，反倒不如从江南文化中寻找文化生态治理和重建的理念和资源。

二是开展江南文化研究有助于促进长三角城市群的建设。当今世界是城市世界。《国家新型城镇化规划（2014～2020 年）》提出"把城市群作为主体形态"。目前，我国城市群的主要问题是"经济一体化"和"文化一体化"的不平衡。而综合实力在我国城市群中排名第一的长三角城市群，也同样未能免俗。古代江南在地理范围上与当今长三角核心区大体吻合，传统江南文化对这一地区的城市化进程曾起到重要的推动和支撑作用。而今天的江南文化之所以对长三角城市群未能起到应有的作用，深层原因在于：一是维系江南区域经济社会的传统文化机制已经老化，而新的机制却由于种种现实原因未能建立起来；二是由于时代背景的巨大转换，当今长三角地区建设规模之巨大、人口之众多及其对城市开放融合发展的要求，远非在农业文明背景下江南城市的"松散"联系可以比拟，这是传统江南文化很难胜任解释现实、指导现实的重要原因。当代长三角文化正处在"青黄不接"的状态，急需从传

---

① 刘士林：《在江南发现诗性文化——刘士林教授在全国审美文化学术研讨会上的演讲》，《解放日报》， 2004 年 10 月 17 日。

统江南文化中寻找新的精神资源。[①] 从总体上看，当代长三角既有经济与资源等方面激烈的矛盾与竞争，更有在政治与文化上共同的长远利益。如果说，长三角文化建设的不足乃至匮乏，是影响长三角区域融合与一体化战略的深层原因。那么也可以说，只有通过作为长三角地区传统联系机制的江南文化的当代转型与创新，才能为长三角区域一体化发展提供必需的文化认同与价值归属。通过江南文化理论创新，为长三角区域的良性与可持续发展提供"内在生产观念"与"实践性原理"，已成为江南文化研究的重大问题和当务之急。

三是江南文化研究可以极大地促进江南文化产业发展。在人口爆炸、能源危机、生态环境急剧恶化的全球框架内，有识之士关于人类发展提出的共同对策是走文化发展之路。在政治经济学的意义上，文化发展主要包括文化产业和文化事业两大板块，无论是文化产业直接带来的富可敌国的巨大经济效益，还是文化事业对精神文明、社会建设与心理生态健康的深层作用，都表明文化发展在人类可持续发展中的战略地位越来越重要。与此同时，无论是文化产业的发展还是文化事业的建设，实际上都不可能脱离不同地区的优秀传统文化资源的支持。江南文化资源丰富，为实现从江南文化的历史研究到现代开发提供了丰富的资源储备，同时在长三角城市群的框架下也可催生出更大规模、更具竞争力的江南文化产业集群。在这个意义上，以远古长江文明为母体、觉醒于魏晋南北朝时代、在唐代以后逐渐成为全国经济中心、在南宋以后逐渐成为全国文化中心、在明清时代达到繁荣鼎盛的江南地区及其文化传统，作为中国当代文化建设的重要资源和独特谱系，江南文化研究在长三角文化产业发展中将发挥更加重要的作用。

阅读材料

本讲所选的阅读材料凡三篇，苏晓静、刘士林的《江南文化的理论与方法》认为，目前占据主流地位的是经济学和社会学的理论与方法，需要探索

[①] 刘士林、朱逸宁、张兴龙等：《江南城市群文化研究》，高等教育出版社2015年版，第20-21页。

建立一种与江南诗性文化本身相适应的诗性人文学术理论与方法。姜晓云的《长三角一体化发展的精神血脉》，从历史和区域两个维度梳理总结了江南文化的脉络和谱系，对未来打造长三角共同江南文化品牌具有重要启示。刘士林的《江南文脉传承引领长江文化复兴》提出，从丰富多样的长江文化中吸取营养，进一步拓展江南文化的视野和胸襟，更好地服务长三角及长江经济带建设，是未来江南文化创新需要深入探索和努力实践的。

一 苏晓静、刘士林：江南文化的理论与方法[①]

关于文化的概念，目前在全球学界已有超过一百五六十种界定，同时，世界各地研究文化的理论学派和研究方法也为数众多。江南文化研究既需要从中获取借鉴和参照，也要结合自身的实际找到最合适自身的理论与方法，以便充分揭示出其特有的本质和独特的价值。

在文化理论上看，一种真正属于江南的文化理论，在一个逻辑上的必然要求是能最大程度地揭示和呈现江南文化的本质。如果我们使用的理论没有充分澄明了江南文化的本质而是遮蔽了它，只能说明我们没有找到最合适的"那一个"。目前大家使用的江南文化理论，可以归纳出三种学术语境，即基于经济学的经济人文语境、基于社会学的社会人文语境和基于美学的诗性人文语境。经济人文语境主要关注的是江南物质文化的富庶，社会人文语境主要关注的是江南社会文化的醇美，但这两方面并不是江南文化的本质所在。这可以通过比较江南文化和巴蜀文化、齐鲁文化来了解。首先，尽管江南的第一个突出特点是所谓的"鱼米之乡"，但雄厚的经济基础却并非为江南地区所独有，在中国有"天府之国"之称的巴蜀地区同样也是"富甲天下"的。其次，文教发达、文人荟萃、文运昌盛也不能看作是江南文化最独特的本质，因为孕育了儒家哲学的齐鲁文明在这方面更有资格作中国传统文化的代表。江南文化之所以成为江南文化，不仅在于它和巴蜀文化一样拥有发达的"物质文明"，也不仅仅在于它和齐鲁文化一样拥有高度的"礼乐文明"，而在于

---

① 节选自苏晓静、刘士林：《关于江南文化研究的若干重要问题探讨》，《装饰》，2017年第3期。

它比这两者在文化上还要"多出一些东西"。如果说物质文明没有太大的可比性，那么也可以说，与人文积淀深厚悠久、"讽诵之声不绝"的齐鲁礼乐之邦相比，江南文化多出的是一种"越名教而任自然"、超越了文化实用主义、代表着生命自由理想的审美精神。在我国的区域文化中，只有江南文化充分关注到人的审美需要和自由本质，代表着个体生命在更高层次上的自我实现，所以我们认为，诗性文化是最适合研究和阐述江南文化本质、规律和特色的文化理论。

在学术方法上看，与诗性文化理论相适应的是一种诗性人文的研究方法。在当下的江南文化研究中，占据主流地位的一直是经济学和社会学的研究方法。由于它们自身浓郁的"实用主义"倾向，对江南和江南文化这样在中华民族记忆和中国区域文化中具有高度审美精神和诗性价值的对象，并不具有逻辑上的自明性和理论上的合法性。因此，在建构江南文化研究方法时，除了借鉴一般的经济学、历史学、社会学等方法，更需要把诗性智慧或美学方法作为江南文化研究的总方法论。这就需要充分运用诗学、艺术学、审美人类学等人文艺术的方法资源，为江南文化研究建构一种新的诗性人文学术方法，以充分认识和把握江南文化的审美本质和诗性价值。在这个方法论的建构过程中，我们认为很重要的一点是切忌把审美问题简单化。一般人总是有一个错觉，以为像江南文化这样的感性审美对象很容易处理，甚至是简单借鉴一下经济学、社会学的方法即可。但实际情况恰恰相反，由于审美对象本身特有的不确定性与发散性，要解释它们的内在机制与存在方式，往往需要比一般实证性的理论与学术更复杂的思维与方法才能做到。具体言之，就是要特别注意把美学的江南研究与经济学的江南研究和历史学的江南研究区别开，因为正是在后两种当代江南研究中，江南文化特有的审美本质与诗性价值被遮蔽了。相信不少人都有一个经验，就是在古今诗歌中无比美好的江南文化，一旦进入到经济学和社会学的研究中，就会变得索然无味和毫无美感，这主要是因为没有找到正确的和合适的方法。当然，我们这样讲不是要完全排斥经济学与历史学的江南研究，而是说要解决好"谁是目的与谁是手段"的关系问题。经济学与历史学的研究提供的只是江南文化发生发展的物质条件与社会背景，而如何在这个基础上认识和探索江南文化的内在本质和精神价值，才是江南文化研究最根本和最不能遗忘的目的。而要想在研究中做到这一点，首先需要的是一种方法论的自觉，即要找到那把能够打开江南文化密码的钥匙。

总之，文化研究本身涉及历史学、社会学、美学、艺术学、文学等学科，同时江南文化本身也是一种具有地理边界、独特生产生活方式的区域文化，而只有首先明确了江南文化研究的基础理论和方法论，才能把研究推进到学理上更纯粹、内涵上更完整的新境界。

二 姜晓云：长三角一体化发展的精神血脉

我国传统文化是一个多元文化的共同体，这个共同体是在长期的历史发展中由众多地域文化融合而成的。地域文化作为我国文化不可分割的组成部分，有着自己的土壤，也有着特有的生长模式，在不间断的历史发展中形成了区域特色文化。《长江三角洲区域一体化发展规划纲要》指出要"继承发展优秀传统文化，共同打造江南文化等区域特色文化品牌"。江南文化等区域特色文化扎根长江三角洲地区，对内是促进长江三角洲区域一体化发展的文化之脉，对外有着极其显著的文化品牌效应。

史初的长江三角洲地区，在相对封闭的地理单元格内，一方面创生地的主体文化可以独立生长，另一方面也规避了外来文化过度蔓延所带来负面的影响，因而聚落规模一般不大，且文化特征的差异相对明显。童恩正先生指出："（由于）山峦阻隔，河川纵横，森林密布，沼泽连绵，人们只能在河谷或湖泊周围的平原上发展自己的文化，自然的障碍将古代的文化分割在一个一个的文化龛中（cultural niche）。"[1] 这样的文化，通常被称为"水文化"，崇尚自然、灵动。刘师培从地缘方面找寻个中原因："北方之地，土厚水深，民生其间，多尚实际。南方之地，水势浩洋，民生其际，多尚虚无。"[2] 王国维从人性方面予以考察："南方人性冷而遁世，北方人性热而入世；南方人善玄

---

[1] 童恩正：《中国北方与南方古代文明发展轨迹之异同》，《中国社会科学》，1994年第5期，第173页。

[2] 刘师培：《南北学派不同论》，见钱锺书主编：《刘师培辛亥前文选》，生活·读书·新知三联书店1998年版，第400页，

想，北方人重实行。"①梁启超则从历史发展方面进行总结："探玄理，出世界；齐物我，平阶级；轻私爱，厌繁文；明自然，顺本性：此南学之精神也。"②

在长江三角洲地区，最早出现的区域文化类型是越文化和吴文化。"越之于吴，同土连域"③，"吴与越同音共律，上合星宿，下共一理"④，习俗上都是"文身断发"⑤，属于百越文化。后来逐渐产生分野，越文化是中原地区夏文化和越地土著文化结合的产物，吴文化是中原地区周文化和吴地土著文化结合的产物。夏文化由禹开创，禹为人"敏给克勤"⑥，即头脑活、能吃苦、时刻不让自己闲着，这种品质传给他的后世守墓人也就是越文化开创者无余即为"质朴"⑦，在越王勾践身上还有"卧薪尝胆"的坚忍。勾践采用"计然七策"中的五策而国富，采用文种"九术之策"中的"三策"而灭吴，范蠡将"计然七策""用之家"⑧而富甲一方，都体现了越文化重经济功用的特点，当然越文化还传承了夏文化信鬼神等传统。当传说中孔子想用"奏雅琴"对越王"述五帝三王之道"时，勾践的回答最能体现东汉末年越人对自我文化的认知："越性脆而愚，水行山处，以船为车，以楫为马，往若飘然，去则难从，悦兵敢死，越之常也。"⑨

周文化由后稷开创，后稷"好耕农"⑩，农业为经济之本，自然有德于民，这是周礼之端，这种品质传给他的后人也就是吴文化开创者太伯，就是礼让王位，"荆蛮义之"⑪。吴文化是周文化和吴地土著文化的结合，集中体现在季札身上：季札三次礼让王位，"弃其室而耕"⑫，很有先祖风范；季札观乐，体现出他对周代礼乐文化的精通，"渊""泱泱""荡荡""沨沨""深"等评语的

---

① 王国维：《屈子文学之精神》，见傅杰主编：《王国维论学集》，中国社会科学出版社1997年版，第315-316页。
② 梁启超：《清代学术概论》，中国人民大学出版社2004年版，第23页。
③ 赵烨著，张觉校注：《吴越春秋校注》，岳麓书社2006年版，第192页。
④ 赵烨著，张觉校注：《吴越春秋校注》，岳麓书社2006年版，第149页。
⑤ 司马迁：《史记》，中华书局1982年版，第1739页。
⑥ 司马迁：《史记》，中华书局1982年版，第51页。
⑦ 赵烨著，张觉校注：《吴越春秋校注》岳麓书社2006年版，第172页。
⑧ 司马迁：《史记》，中华书局1982年版，第3257页。
⑨ 赵烨著，张觉校注：《吴越春秋校注》岳麓书社2006年版，第286页。
⑩ 司马迁：《史记》，中华书局1982年版，第112页。
⑪ 司马迁：《史记》，中华书局1982年版，第1445页。
⑫ 司马迁：《史记》，中华书局1982年版，第1450页。

使用，也体现出吴地水文化对他的影响；季札挂剑，"心已许之"，至死不渝，是魏晋风度的滥觞。子游是吴人，从孔子学，问孝，论事君，在武城用礼乐化育士民，在周礼方面用功颇深，被誉为"文学子游"。崇尚礼乐，耕读传家，是吴文化的优良传统。

战国时东越、西汉时吴国、三国时吴国、五代十国时吴国和吴越国等王国的先后出现，吴郡、吴县、越州等行政区划的长期存在，吴派、越派等思想和文化派别的不断涌现，都是吴文化、越文化生生不息的重要体现。

在吴文化和越文化的基础上，逐渐产生出一种跨越吴文化和越文化的更大类型的区域文化——江南文化。江南文化的发现，一方面源于江南人对家乡的回望，一方面源于域外人对江南的体验。西晋，张季鹰"莼鲈之思"，被传为江南佳话。唐代，杜荀鹤《送人游吴》写道："君到姑苏见，人家尽枕河。古宫闲地少，水港小桥多"，此后"小桥流水人家"成为江南的代名词。域外人尤其是北方人到了江南，很容易发现江南文化的独特之处。白居易任职杭州和苏州、苏轼任职杭州时留下的优美诗篇，尤其为人所称道。

大运河不仅促成了统一的江南文化区的形成，还形成了具有自身特色的大运河文化，从而成为长江三角洲地区

京杭大运河南端
拱宸桥

一种重要的文化类型。大运河为人工河，主要用于漕运，其疏浚和漕运皆由中央政府负责，因而也被称为"官河"；在运河上走船，虽然没有大风大浪的袭击，但每道船闸都是一个关口，有着更加复杂的"人际关系"。维扬文化就是大运河文化的一个典型代表，由于明清两朝将漕运总督府和河道总督府设在淮安，再加上扬州的盐商闻名天下，因而发展出一种极其丰富、精细乃至豪奢的消费文化。清代薛福成《庸庵笔记》记载的"河工之宴"，"食品之繁，虽历三昼夜之长，而一席之宴不能毕"。各色人等的汇聚和南北物资的会通，还促进了以"码头"为中心的大众娱乐文化的发展，四大名著的作者大都生活在大运河之滨，大运河也为明清小说增添了极其丰富的社会内容。

徽文化源自徽州（今黄山），它作为一种极富特色的区域文化，崛起于北宋后期，发展于南宋，鼎盛于明清，主要包括理学、建筑、工艺、徽剧、徽菜等方面。徽文化随徽商进入长江三角洲地区，与江南文化之间相互渗透，产生了非常重要的影响。程朱理学的奠基人程颢、程颐及理学集大成者朱熹，祖籍均为徽州篁墩，形成了著名的新安理学，重视伦理纲常，倡导读书穷理。徽派建筑以民居、祠堂和牌坊最为典型，"青砖小瓦马头墙，回廊挂落花格窗"，江南民居就深受其影响。宣笔、徽墨、宣纸、歙砚被誉为"文房四宝"，更是江南才子们的挚爱。在吸收弋阳腔和西秦腔等基础上，到清代中期，徽剧风靡全国，形成了一个唱、念、做、打并重的剧种，"四大徽班"由扬州进京，把徽剧推向顶峰；道光年间，徽剧与汉剧结合产生了京剧。

海派文化是近代在上海地区产生的一种极富特色的区域文化。上海本为吴地，吴文化的影响根深蒂固。战国时春申君黄歇疏通河道，抑制水患，黄浦江得名"黄埔"、上海市简称"申"源于此，从而打下了楚文化的烙印。此后上海地区长期处于江南文化区。北宋时上海地区设置市舶务，到元代发展成为全国七大市舶司之一，海上丝绸之路文化的影响很深。清末上海成为首批五个通商口岸之一，西方各国纷纷入驻，全国特别是江南地区人口大量汇聚，随之带来各种各样的文化。"海者，泛滥无范围之谓"（徐珂《清稗类钞》），海派文化的产生，是中外文化杂糅的结果，其实质是新兴的工商城市文化，与传统的乡土文化截然不同。海派文化最显著的特征，就是"洋气"，追求新鲜、时尚、先进的文化特别是西洋文化，马克思主义在中国的传播和中国共产党在上海的成立，是一个必然的结果；第二个特征是"上善若水，海纳百川"，扎根传统文化，尊重多元文化，城市空间的多元划分也有助于不同文化的共存；第三个特征是"契约"精神，崇尚理性的商业文化，具有职业精神。当前，海派文化、江南文化、红色文化已经成为上海的三大文化之根。

"从空间与时间的两个维度来看，江苏地域文化应该分为吴文化、金陵文化、维扬文化、徐淮文化、苏东海洋文化等五个文化区域"[①]。浙江省域文化，可以分为吴文化、越文化、瓯文化等三个文化圈，其西南山区也深受徽文化的影响。安徽省域文化由徽州文化、淮河文化、皖江文化、庐州文化四个文化圈组成。当然，如果进一步细分，许多市域、县域甚至乡域都有不同类型的文化，这些区域文化"小传统则表现为地区与族群的风俗和习惯，是长期形成的，往往由一种集体无意识来维系，因此变易得将相当缓慢。就是说，小传统更具有超稳定的惰性力，改变起来不仅缓慢，而且困难得多。"[②] 如果进一步扩大，这些区域都属于江南文化区，也就是长江三角洲区域文化区，是中华文化的重要组成部分。

刘士林：江南文脉传承引领长江文化复兴[③]

长江和黄河同是中华民族的母亲，同为中华民族的重要象征和中华文明的精神标识。在历史传承上看，以太湖为中心的古代江南地区是长江文明的重要发祥地之一，以诗性智慧为内核的江南文化是长江文化中久负盛名的人文景观。从现实地位上讲，在空间上以古代江南地区为核心范围的长三角城市群，在经济社会发展上一直稳居中国城市群之首，在人文上融会贯通了吴文化、越文化、徽州文化、海派文化四大谱系的长三角江南文化，构成了社

---

① 陈书禄、纪玲妹、沙先一主编：《江苏地域文化通论》，江苏凤凰教育出版社 2014 年版，第 7 页。
② 刘梦溪：《学术思想与人物》，河北教育出版社 2004 年版，第 274 页。
③ 刘士林：《以江南文化建设引领长江文化复兴》，《新华日报》，2022 年 5 月 31 日。

会主义文化强国建设最具魅力、最具活力和最具影响力的文化高地。2020 年 11 月 14 日，习近平总书记在全面推动长江经济带发展座谈会上发表重要讲话，提出"要把长江文化保护好、传承好、弘扬好，延续历史文脉，坚定文化自信"。站在新的历史起点上，统筹长江经济带建设和长江文化传承创新两大发展目标，以江南文化的高质量发展引领长江文化的现代性转换和创新性发展，以长三角城市群新发展格局构建带动长江经济带开启现代化建设新征程，具有重大的现实意义和深远的历史意义。

（一）长江文明是江南文脉的源头和依据

长江文明概念的提出，与 20 世纪中国考古在长江流域的重大发现紧密联系在一起。在中华文明起源研究中，由李学勤和徐吉军担任主编、江西教育出版社出版的《长江文化史》，用了大量考古学证据，证明早在新石器时代，长江地区就有相当高度的文化，并得出长江与黄河同为中华文明摇篮的结论。在起源意义上把长江文明与黄河文明区分开，不仅有助于发现中华文明在上古时期的丰富内涵和历史真实，也为构建多元一体、多根系一脉的中华文明新体系奠定了理论基础。同时，这也为重新认识长江文化体系、重新诠释江南文化史提供了可能。

以与黄河文明双峰并峙的长江文明为背景，2004 年，我们提出了长江文化是江南文化的摇篮，并以着力破除主流的"中原文化中心论"为切入点，探索构建属于江南文化自身的理论、方法和价值体系。具体说来，以黄河文明为母体的中原文化，其核心是一种政治—伦理结构，而以长江文明为土壤的江南文化，其核心则是一种经济—审美结构。它们不仅生产出不同的文化价值体系，也塑造了不同的人物精神性格。以中原文化语境解读江南文化存在，不仅不能客观认识和把握江南文化的真实存在，在很大程度上还造成了一系列片面乃至完全错误的观点和结论。由此得出，只有首先解构了中原文化语境在江南文化研究中的合法性，才能为江南文化研究及南北文化比较提供一种可靠语境。还需要指出的是，尽管我们的理论与方法主要基于江南地方经验的范围，但对其他同属于长江文明的文化小传统，如巴蜀文化、荆楚文化、赣鄱文化、皖江文化等，也具有一定的普适性和参考价值。

（二）长江流域城市和城市群是长江文化保护传承创新的重要载体和主要平台

斯宾格勒有一句名言："世界历史是城市的历史"。也可以说，"长江文化史是长江沿线城市发展史"。关于文化与城市的关系，以美国城市史家芒福德的论述最为精辟。第一，城市的三大功能之一是"容器"，而且是"专门用来贮存并流传人类文明的成果"。第二，与乡村生活和乡土文化相比，城市都代表着一种更高级、更有价值和意义的文化和生活方式，即"不论任何特定文化背景上的城市，其实质在一定程度上都代表着当地的以及更大范围内的良好生活条件的性质。"按照这些基本原理，初步可以得出两个结论：一是长江流域城市是长江文化特有的"容器"；二是长江沿线城市文化代表着长江文化最高的"境界"。因此，无论是还原长江文化的发生和历史演化，还是加强长江文化资源的保护传承利用，都需要把长江流域的城市置于更加重要和突出的位置。

按照有关专家的统计，在中华文明5 000年的辉煌历史中，先后产生了"60多座重要都城、几十座重要省城和2 000多座县城"，其中很大的一部分就分布在长江流域，它们的兴衰也主要是由长江这条黄金交通水道决定的。以肇始于秦代的成都为例，"于公元前311年筑城，城周20里，修整里闾，市张列肆，仿咸阳制。城墙至宋代犹存，城内房屋观华丽，街巷车马来往，街市繁荣。"（傅崇兰《中国城市发展史》）以宋元时期的苏州为例，马可·波罗说："苏州城漂亮得惊人……居民生产大量的生丝制成的绸缎，不仅供给自己消费，还行销其他市场……这里的商业和工业十分繁荣兴盛。"需要关注的是，古代长江流域的大城市都具有典型的"南方城市"特点，即不仅是政治和工商业中心，文化艺术功能同样高度发达。因此，它们不仅在长江文明发展史上具有举足轻重的地位，也是长江文化创新的策源地和消费的主要空间。

在长江经济带版图上，重庆、宜昌、长沙、武汉、南昌、安庆、芜湖、南京、镇江、苏州、常州、无锡、南通等，不仅在历史上都是长江流域的枢纽城市或重镇，在今天依然是长江沿线主要城市群的核心或重要节点城市，同时还是长江流域传统文化的资源富集区和传承保护主体功能区。文化是城市的灵魂。尽管城市群的基础条件是交通紧密程度及经济与人口集聚水平，但从深层次和长时段的角度，一个城市群的形成不仅离不开积淀深厚的区域

清　徐扬《乾隆南巡图》卷六《驻跸姑苏》

文化，同时后者也是前者兴衰和建设质量的重要制约或决定因素。这是长江经济带主要城市群全都扎根于长江流域重要区域文化的根源。如巴蜀文化之于成渝城市群、荆楚文化之于长江中游城市群、江南文化之于长三角城市群、云南文化之于滇中城市群、贵州文化之于黔中城市群。除了这五大国家级城市群，其他如湖湘文化之于长株潭城市群、赣鄱文化之于鄱阳湖城市群、皖江文化之于皖江城市带等，都表明长江流域城市群与其区域文化小传统密切相关。而长三角之所以在我国城市群中长期占据首位，在综合发展水平上远超长江流域其他城市群，在很大程度上也是得益于南北向上与中原文化双峰并峙、在东西向上独占长江文化鳌头的江南文化的内在支撑。而这一点，恰是以往城市群研究、规划、建设中所忽视和遗漏的。就此而言，我们不仅要把长江两岸城市和城市群看作是长江经济带建设的主体，同时也应把它们看作是长江文化传承保护的重要载体和推动长江文化走向全面复兴的主要平台。

（三）江南文化与长三角是长江文化和长江经济带的一面镜子

文化是城市的灵魂。长三角城市群作为由 26 个城市组成的共同体，长江经济带作为包含了 11 个省级行政区的 110 多个城市组成的共同体，同样遵从这一城市科学的基本原理和规律。长三角的发展目标是建成世界级城市群。与 20 世纪世界五大城市群、21 世纪美国十大城市群相比，目前长三角在城镇基础设施、空间面积、经济总量、人口规模、生态联防联治、信息化服务等领域已不输于其中任何一个，但在城市层级体系和分工、城市管理人性化和柔性治理、营商环境和公共服务、城市软实力与市民文明程度、人文交流与文化消费质量等方面还有不同程度的差距。这不是因为缺乏书面上的政策、规划、机制及相关法规条文，相反近年来各方面的政策与规划文件可以说异常丰富繁多，而主要是在物质文明与精神文明、物的城镇化与人的城镇化、"硬基建"与"软基建"等方面出现了新的不协调与不平衡，尤其由于缺乏与高度组织化、复杂化的城市群相匹配的文化和价值认同机制，致使在经济、交通、社会治理上紧密捆绑在一起的长三角，在很多时候、很多领域仍是"一大堆联系松散的单体城市"。从城市群发展模式的角度，当今世界的城市群主要可划分为两种形态：一是侧重经济、交通、人口的"经济型城市群"，二是侧重生态、生活质量和人生价值的"文化型城市群"。就此而言，说明长三角城市群仍处在"经济型城市群"的初级阶段，对此我们曾提出规划建设长三角文化型城市群，以便为拥有巨型躯壳的长三角赋予"文化的灵魂"。

长江经济带尽管被称为经济带，但与一般的巨型区域经济战略不同，其目标不是发展重工业或现代产业集群，而是"共抓大保护，不搞大开发"。或者说，是要用生态保护和生态文明建设引领长江经济带走高质量发展的新路。从区域战略规划的角度看，这与我国 2019 年以大运河传承保护利用之名推出的首个"文化带"可谓异曲同工、殊途同归。在《大运河文化传承保护利用规划纲要》中，开门见山地指出："为强化顶层设计，明确大运河文化带的方向、目标和任务，推进保护传承利用工作，打造宣传中国形象、展示中华文明、彰显文化自信的亮丽名片，以大运河文化保护传承利用为引领、统筹大运河沿线区域经济社会发展，制定本规划纲要。"因此，我们也把大运河文化带的主题归纳为"文化引领区域和城市高质量发展"，即把文化建设置于区域经济社会发展的战略引领地位。对于以生态保护修复为中心任务的长江经济带规划，在这个意义上也不妨称之为"长江生态引领型经济带规划"，由此也就可以将其发展主线明确为：以生态保护和生态文明建设为中心，引领长江流域经济高质量发展和长江文化大发展大繁荣。长江文化作为长江沿线省市共有的文化传统和精神家园，在长江经济带现代化新征程中，不仅被赋予了重大的使命担当，也必将发挥更重要的作用。

2019年12月1日，中共中央、国务院印发《长江三角洲区域一体化发展规划纲要》，提出"共同打造江南文化等区域特色文化品牌"。不仅使传统江南文化研究再次成为新时代的显学之一，同时还引发了城市建设、商业消费、文化旅游等方面的连锁反应，有力推动了江南文化现代性转换和创新性发展的具体实践。继2016年3月《长江经济带发展规划纲要》发布之后，2022年1月长江国家文化公园建设正式启动，新增西藏和青海，将建设范围扩展到13个省市。既可以看作是对2016年3月《长江经济带发展规划纲要》主要侧重生态环境保护、立体交通走廊构建、产业转型升级等的重要补充，同时还赋予了长江文化在长江经济带和社会主义文化强国建设中的新使命新任务。2019年以来，长三角城市群共建江南文化品牌的实践经验，为推动长江文化与长江经济带协调和全面发展提供了重要参照。江南文化是中国诗性文化的典范形态，长江文化是江南文化发挥更大作用的广阔天地，从丰富多样的长江文化中吸取营养，进一步拓展江南文化的视野和胸襟，更好地服务长三角及长江经济带建设是未来江南文化创新需要深入探索和努力实践的。

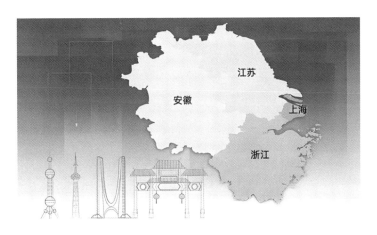

长三角一体化"三省一市"

后　记

　　如果从 2003 年 8 月出版的《江南的两张面孔》算起，我们团队的江南文化研究已有 20 余年了。在这不算短的岁月里，我们提出了江南诗性文化理论，在江南文化的起源、空间界定、历史规律、价值特性、城市文化模式、运河文化精神、江南城市群、长三角一体化等方面都有开拓和建树。既希望在学术和理论范式上有所创新，也希望在"求实学，务实业"方面有所建树。

　　这本《我欲因之梦吴越：江南文化十二讲》，既是我们团队江南文化研究的一个集成，同时也包含了我们的新思考和新探索。具体包括以下几个方面。

　　在学术创新上，坚持江南诗性文化的理论逻辑，以区别中国诗性文化与西方理性文化、江南诗性文化与中原诗性文化为基础，以区别江南文化资源和江南的中国文化资源、江南文化精神与江南的中国文化精神为出发点，发掘阐述江南的本质内涵和纯粹气质，讲述地道的江南故事。

　　在内容设计上，追寻江南区域文化的历史逻辑，围绕"江南的地方有多大""江南的历史有多长""江南何时长大成人""江南人有哪些个性性格""江南人怎么生活和思考""江南文化的个性与特点""江南有什么好东西""江南有哪些深刻的东西""江南和一条人工河流的关系""江南的城市故事""江南与长三角的前生今世""今天该如何研究江南"十二个部分展开，以一种更灵动的思维和更简洁的话语展示江南文化的内涵和变迁。

在编写形式上，结合当代读者的现实需要，采取"主题讲稿＋阅读材料"的总体框架，每一讲以一篇主题明确、立意鲜明、层次清晰、行文流畅的讲稿为中心，以数篇与主题讲稿有关的理论、历史、地理、文化等文章为辅助阅读材料，并以加导语的方式对阅读材料的特点、代表性及阅读中的注意事项等略加说明。

在行文风格上，以"事中见理、理中见情"为审美理想，既注重以学术研究为基础的"新知"，强调提供对江南文化的新知识、新体验、新理解，又重视以审美感受为基础的"美文"，力求思想性、学术性与趣味性相统一，同时配有古代地图、生活风物图片、文学插图、人物图像与古籍书影等，使书的内容更加丰富，易于和读者发生共鸣。

在现实关怀上，秉持"文章合为时而著，歌诗合为事而作"的优秀传统，以文艺学、美学、文化史、城市史等为学理基础，探索建立一种融基本理论建构、历史经验阐释及服务国家发展战略为一体的综合交叉型研究，尤其注重阐发江南文化对江南城市品牌打造、长三角一体化发展及中华优秀文化传承发展的时代价值和意义。

本书由我担任主编，王晓静（上海交通大学媒体与传播学院）、姜晓云（南京师范大学图书馆）、李正爱（浙江科技大学人文学院）、朱逸宁（南京信息工程大学文学院）、陈璇（苏州城市学院太湖研究院）、孔铎（山东财经大学文学与新闻传播学院）担任副主编，具体章节的作者如下：

绪论：人人尽说江南好（刘士林）

第一讲　江南的空间范围（刘士林）

一、以江东为主体空间的古典江南

二、以"八府一州"为核心空间的明清江南

三、以长三角为基本空间的当代江南

阅读材料：

一、江南的地理环境（姜晓云）

二、鱼米之乡（李正爱）

三、梅雨时节（朱逸宁）

四、金陵王气（冯保善）

第二讲　江南的文化变迁（刘士林）

一、第一期发展：中古江南诗性文化

二、第二期发展：明清江南城市诗性文化

三、第三期发展：当代江南文化

阅读材料：

一、上古江南的文明创造（刘士林）

二、江南文化与宋朝文化略谈（刘士林）

三、海派文化是江南文化的新形态（周武）

第三讲　江南的诗性精神（刘士林）

一、黄河与长江的二元背景

二、良渚文明是江南诗性文化的源头

三、东晋六朝与江南诗性精神的生成

阅读材料：

一、碧螺春（刘士林）

二、昆曲二章（洛秦：昆曲；万宇：豫剧与昆曲）

三、江南地区的私家园林（张婕）

四、春花秋月何时了（李正爱）

五、一勺西湖水的诗性表达（李燕）

第四讲　江南人物的谱系（刘士林）

一、从符号到人物的学理进程

二、江南文化主体与中国文化主体的关联与阐释

三、江南诗性文化主体的类型与阐释

阅读材料：

一、苏州人物的历史谱系及当代价值（刘士林）

二、南巡帝王的江南世界（王晓静）

三、江南工业的主要历史人物（张立群）

第五讲　江南的生活哲学（刘士林）

一、南北文化及生活理念比较

二、超越节俭和奢华

三、工艺美术原理与实践

阅读材料：

一、我在美丽的江南（刘士林）

二、江南的青山与绿水（洪亮）

三、江南饮食之菜蔬篇（周继洋）

第六讲　江南的文化性格（刘士林、张兴龙、周枣）

一、江南文化是诗性文化（刘士林）

二、吴文化、越文化与徽州文化（张兴龙、周枣）

三、江南文化与中原文化（刘士林）

阅读材料：

一、中国人是一根有情感的芦苇（刘士林）

二、中原文化与中华民族精神的历史形成（刘成纪）

三、江南文化与齐鲁文化（刘士林）

四、江南与岭南的文化互动（李正爱）

第七讲　江南的文化资源（刘士林、刘新静）

一、江南文化资源的构成

二、江南文化资源的类型

三、江南文化资源的现代困境

阅读材料：

一、江南农桑文化的地理分布与主要类型（孔铎）

二、练塘与江南的陂塘水利工程（李正爱）

三、西塞山前白鹭飞（施依秀）

四、夜半钟声到客船（刘铁军）

第八讲　江南的知识构架（刘士林）

一、传统江南文化研究的主要流派及问题

二、当下江南文化研究的问题及根源

三、深化江南文化研究的注意事项及旨归

阅读材料：

一、江南国学：诗与思的中国对话（刘士林、姜晓云、查清华）

二、吴派、皖派、扬州学派、浙东学派（姜晓云）

三、藏书楼（万宇）

四、东林书院（田崇雪）

五、江南国学的构建与展望（刘士林）

第九讲　江南的运河文化（姜晓云、刘士林）

一、江南运河文化的发生发展（姜晓云）

二、江南运河文化资源的分布与传承（姜晓云）

三、江南运河文化的现代性转换和创新性发展（刘士林）

阅读材料：

一、经济型城市的中国模式与经验（刘士林）

二、千年运河里的"江南文化"（陈璇）

三、古典运河诗词与"下江南"意象（姜晓云）

四、江南运河里的漕帮（王晓静）

五、苏州运河十景（陈璇）

第十讲　江南的城市文化（刘士林）

一、中国城市的南北之别与江南城市文化的历史形态

二、从物质生产方式看江南城市文化模式

三、从精神生产方式看江南城市文化模式

阅读材料：

一、江南城市文化资源的地理与历史概况（张兴龙）

二、古代江南中心城市（刘士林）

三、现代作家解读江南城市（刘士林）

四、江南小镇的文化内涵与精神（朱逸宁）

第十一讲　江南文化与长三角一体化发展（刘士林）

一、世界城市群的趋势与中国城市群的现状

二、长三角一体化的发展历程及主要问题

三、江南文化引领长三角高质量一体化发展

阅读材料：

一、关于海派文化与江南文化的问答（刘士林）

二、江南书院滋养长三角人文根基（刘涛）

三、长三角与大湾区：文化引领高质量发展（刘士林）

第十二讲　江南文化的回顾与展望（刘士林）

一、基础理论、历史源流与现代转换研究

二、江南城市模式、形态、传统与功能研究

三、江南文化产业、建筑文化、艺术文化、民俗文化研究

四、江南文化的现代性转化与创新性发展研究

五、江南文化的比较与战略规划研究

六、重大理论价值与重大现实意义

阅读材料：

一、江南文化的理论与方法（苏晓静、刘士林）

二、长三角一体化发展的精神血脉（姜晓云）

三、江南文脉传承引领长江文化复兴（刘士林）

作为主其事者，我谨再次向各位作者表示深深的感谢和敬意，同时希望本书能得到更多读者朋友的喜爱，携手为江南文化的复兴发展各尽所能，共襄美好未来。是为后记。

刘士林

2024 年冬于春江锦庐